Michael Römling

Aachen

Geschichte einer Stadt

Tertulla-Verlag

Michael Römling

Aachen

Geschichte einer Stadt

Tertulla-Verlag

Vorwort

Aachen – dieser Name steht nicht nur in jeder Enzyklopädie ganz vorn. Mit Kaiser Karl vererbte eine der überragendsten Gestalten, von denen die europäische Geschichte erzählen kann, dieser Stadt eine Bedeutung, durch die sie in den folgenden Jahrhunderten immer wieder an erster Stelle von etwas stand. Vom politischen Zentrum eines Reiches wurde sie nach dessen Zerfall und nach einem immerhin mehr als ein Menschenalter dauernden Dornröschenschlummer zum symbolischen Zentrum eines anderen Reiches. Erster Krönungsort, dann erster Wallfahrtsort, dann erster Badeort Deutschlands und nebenbei dessen westlichste Großstadt: Aachen hat immer in einem vielschichtigen Spannungsfeld zwischen seiner Rolle als Mittelpunkt und Stadt an der Grenze gelebt. Und jedes Jahr, wenn hier der nach dem kaiserlichen Übervater benannte Karlspreis vergeben wird, zeigt Aachen sich als das, was es in gewisser Weise zu dessen Zeiten schon war: eine ganz und gar europäische Stadt.

Die Geschichte einer solchen Stadt in einem Band zusammenzufassen, ist in doppelter Hinsicht eine Herausforderung. Zum einen ist die Bändigung des Stoffes, der in Tausenden von Veröffentlichungen untersucht und dargestellt wurde, eine Aufgabe, die sich nur mit einem an Tollkühnheit grenzenden Mut zur Lücke bewältigen lässt. Zum anderen müssen immer wieder die Unebenheiten einer Geschichtsschreibung geglättet werden, die sich bei den Lieblingsthemen der Aachener Geschichte zu unübersichtlichen Gebirgen auftürmt. Es soll versucht werden, jeder der ineinander verflochtenen Epochen von der Antike bis zur Gegenwart ihre verdiente Bedeutung zukommen zu lassen, und das heißt, bei allem Respekt: keine Extrawurst für Karl den Großen.

Durch dieses Buch wird nach Soest und Münster die kleine Familie der roten Bände endgültig zu einer Reihe. Soest, Münster, Aachen: darin liegt in historischer Hinsicht eine Steigerung, die sich, vorsichtig ausgedrückt, so nicht lange fortsetzen lässt. Als Fluchtpunkt dieser ansteigenden Linie historischer Städte ist eigentlich nur ein Ort denkbar: Rom, die Stadt, in der ich mit Unterbrechungen acht Jahre lang gelebt habe und auch weiterhin willkommen zu sein hoffe. Fürs erste bin ich wieder im Norden angekommen, oder besser gesagt: tief im Westen, wo es ja bekanntlich viel besser ist als man glaubt.

Michael Römling

ISBN: 978-3-9815602-3-7

www.tertulla.de

Gestaltung: Hilbrich Mediengestaltung GbR, Arnsberg

Inhaltsverzeichnis

Einleitung

In der westlichen Vorhalle des Aachener Münsters hockt rechts auf einem Sockel ein aus Bronze gegossenes Tier, das meistens als Wölfin, manchmal aber auch als Bärin oder Hündin angesehen wurde. Seit Jahrhunderten begrüßt sie die Eintretenden, fängt ihre Blicke auf und scheint sie bisweilen zu erwidern, je nach dem Eindruck des jeweiligen Besuchers mal freundlich, mal spöttisch; den Kopf mit dem offenen Maul vorgereckt und die Vorderläufe leicht gegrätscht, so mag sie auf den einen angriffslustig wirken und auf den anderen verteidigungsbereit; verspielt, neugierig, zutraulich, dann wieder aufsässig und rebellisch – es liegt im Auge des Betrachters. Als sie, wahrscheinlich zur Zeit des Philosophenkaisers Marc Aurel,

in einer römischen Werkstatt gegossen wurde, war Aachen ein mehr oder weniger unbedeutendes Erholungsbad für das Militär in der niedergermanischen Provinz. Und dennoch landete die Wölfin nicht zufällig hier. Unter den zahllosen Schätzen des Aachener Doms ist sie durch Alter und Herkunft gewissermaßen geadelt, sie gehört zum Geburtsgewicht der Stadt, zum Inventar ihrer ersten Stunde, seit Karl der Große die Skulptur – wahrscheinlich aus Rom – in seinen Palast brachte, wo sie als Hauptfigur aus der Gründungssage der Ewigen Stadt ein wenig von deren symbolischem Glanz abstrahlen durfte. Millionen von Blicken und Millionen von Händen haben sie seitdem gestreift und betastet. Plündernde Normannen stürmten an ihr vorbei, dann wieder Könige auf dem Weg zu ihrer Krönung mit Kurfürsten und Pagen im Gefolge, dann Gläubige, Pilger und Badegäste, die heute wiederum weitgehend von schnatternden Schulklassen abgelöst worden sind. Könnte sie die Blicke zurückwerfen, die sich seit mehr als zwölf Jahrhunderten wie eine unsichtbare Patina auf ihr zottiges und mit Scharten übersätes Fell gelegt haben – die Aachener Geschichte würde sich in ihr spiegeln wie auf einer Leinwand.

In den folgenden zwölf Kapiteln soll die Geschichte dieser Stadt, deren Zeugin die Wölfin ist, sozusagen epochenweise heruntergeschält werden. Glaubt man der Legende, dann begann diese Geschichte damit, dass der Teufel nach der Fertigstellung der Kirche, getäuscht von den Aachenern, unserer Wölfin durch das heute noch sichtbare Loch in ihrer Brust die Seele aus dem Leib riss. Glaubt man den Archäologen, wurde die Öffnung von Handwerkern gebohrt, als die Wölfin zwischenzeitlich in einen Wasserspeier verwandelt wurde. Auf jeden Fall ist diese Geschichte ebenso verschwenderisch reich an glanzvollen und denkwürdigen Ereignissen wie an bezeichnenden Anekdoten für den Alltag der Menschen, die für die große Politik und ihre Akteure die meiste Zeit über kaum mehr waren als Staffage, Verfügungsmasse und Ressourcenbeschaffer – und dennoch waren sie es, die diesen Ort zum Leben erweckten und am Leben erhielten, denn die große Geschichte ist ohne diese zahllosen kleinen Geschichten blutleer und unverständlich. Lange bevor die Wölfin in ihre Aufgabe als Brunnenfigur und Beobachterin eingesetzt wurde, scharten sich hier einige Menschen um ein paar dampfende Tümpel. Aachens Geschichte beginnt mit dem Wasser. Spitzen wir also die Wolfsohren und hören wir, wie die Quellen sprudeln.

1. Kelten, Germanen und Römer

Das gefällige Bild von pelzbehängten Steinzeitmenschen, die nach der letzten großen Eiszeit aus dem Dunkel der Urwälder treten und an den Aachener Quellen eine Siedlung gründen, muss, kaum entworfen, schon wieder korrigiert werden. Die Menschheit brauchte einige Jahrtausende, um überhaupt vom Nomadenleben zur Sesshaftigkeit zu finden, und dieser Weg war kein gerader. Durchgehende Besiedlung einzelner Plätze findet sich nirgendwo – kein Wunder vielleicht, wenn man sich klar macht, dass zwischen den zaghaften Ansätzen von Ackerbau und Viehzucht und den ersten mesopotamischen Hochkulturen mehr Zeit ins Land ging als von diesen Hochkulturen bis zum Atomzeitalter. Irgendwann zog man weiter, angelockt von besseren Jagdgründen, vertrieben von räuberischen Stämmen auf Wanderschaft, verdrängt von Klimaveränderungen oder obdachlos gemacht von Naturkatastrophen.

Der nur nach Osten offene Aachener Talkessel war für Menschen auf der Suche nach Siedlungsplätzen und Ackerland ohnehin nicht gerade erste Wahl: schlechte Böden und die sumpfige Umgebung der Quellvorbrüche machten das heutige Stadtgebiet zu einer Einöde am Waldrand, in der sich nur selten jemand niederließ. Als man sich dann doch für die Gegend zu interessieren begann, waren es nicht die Quellen, die die Siedler anlockten, sondern Rohstoffe: Feuerstein vom Lousberg, zunächst aufgelesen, dann gezielt abgetragen und aus dem Berg geschält, mauserte sich zum Handelsgut und seine Gewinnung machte die Anlage von Siedlungsplätzen vor Ort zur Notwendigkeit. Als diese wieder aufgegeben wurden, geschah für lange Zeit zunächst einmal fast nichts. Erst im zweiten Anlauf scheinen die Menschen dann wirklich wegen der Quellen gekommen zu sein. Mit den Römern begann die planmäßige Nutzung des Thermalwassers, dem Aachen den entscheidenden Impuls für seine Geburt verdankt. Um die Zeitenwende tritt der Ort unverhofft und endgültig in die Geschichte ein, um sich dort seinen Platz zuweisen zu lassen.

1.1. Das älteste Gewerbe

Springen wir noch einmal zurück in die Steinzeit. Für die Herstellung von Werkzeugen und Waffen waren harte und scharfkantige Steine naturgemäß besonders begehrt. Nun hatte sich vor Millionen von Jahren auf dem Lousberg eine etwa sechs Meter dicke Kalksteinschicht gebildet, in die einige durch mehr oder weniger komplizierte geochemische Prozesse entstandene Lagen von Feuerstein, auch Silex genannt, eingebettet waren, die genau die gewünschten Eigenschaften aufwiesen. Noch in der Altsteinzeit, mehr als 30 000 Jahre vor unserer Zeitrechnung, hatte man begonnen, Feuerstein zu Werkzeugen zu verarbeiten. Und irgendwann wurden die umherstreifenden Sammler auch am Fuß des Lousbergs fündig, von dessen Kuppe die durch Erosionsprozesse brüchig gewordenen Gesteinsschichten abbröckelten. Jahrtausendelang beschränkte man sich darauf, die umherliegenden Brocken aufzulesen. Mit der Jungsteinzeit aber begann die größte Umwälzung der Menschheitsgeschichte: Umherstreifende Jäger wurden zu sesshaften Bauern, es bildeten sich dörfliche Ansiedlungen, in denen erste Ansätze von Arbeitsteilung, Überschussproduktion und Tauschwirtschaft praktiziert wurden, während die Bevölkerung durch wirkungsvollere Anpassung an die Umwelt und bessere Ernährung stetig wuchs. Die Niederrheinische Bucht mit ihrem fruchtbaren Lößboden bevölkerte sich mit Gruppen von Menschen, die Häuser bauten, Tiere hielten und Keramik herstellten.

Im Stadtgebiet von Aachen sind, wohl wegen der schlechteren Bodenqualität, abgesehen von vereinzelten Zufallsfunden keine Siedlungsplätze bekannt. Dafür schlug hier nun die große Stunde des Bergbaus, denn die Nachbarn brauchten Feuersteingeräte. Der Silex vom Lousberg wurde zum Exportgut, dessen systematischer Abbau um 3000 v. Chr. damit einsetzte, dass man die feuersteinführenden Schichten von den Seiten her abzutragen begann. Umfangreiche Ausgrabungen haben es möglich gemacht, die dabei verwendeten Techniken erstaunlich genau zu rekonstruieren. Der Abraum aus den waagerecht vorangetriebenen, nach oben offenen Stollen wurde zunächst den Hang hinuntergekippt und später, als sich auf der Hügelkuppe bereits ein Plateau gebildet hatte, einfach nach hinten umgeschichtet. Die dort in großer Zahl geborgenen Rohlinge und Halbfabrikate sowie Werkzeuge aus Felsgestein und Hirschgeweih belegen, dass das abgebaute Steinmaterial gleich vor Ort verarbeitet wurde. Der Lousberg ist damit vielleicht das älteste Industriedenkmal Deutschlands.[1]

Mit Feuerstein und Hirschgeweih: Steinzeitmenschen auf dem Lousberg bei der Arbeit

Die Auswertung der Funde vom Lousberg ist ein Paradebeispiel für die atemberaubenden Möglichkeiten der Wissenschaft, mit geradezu indiskreter Gewissenhaftigkeit Momentaufnahmen vom Alltag dieser Menschen zu liefern – fast so, als würde jedes verhauene Werkstück bei seiner Freilegung durch die Archäologen nachträglich von dem Fluch eingeholt, den ein fahrlässiger Steinschmied ihm vor fünftausend Jahren in seiner fremden Sprache hinterherrief, während es den Abhang hinunterkullerte. Und auch von dem Steinschmied wissen wir allerhand: an der Abnutzung der von ihm weggeworfenen Werkzeuge lässt sich noch feststellen, ob unser Mann nun Rechtshänder oder Linkshänder war, und schließlich fand sich unter dem Abraum neben einer Feuerstelle ein als Sitzgelegenheit verwendeter größerer Stein, der von einer dicken Schicht aus Abfällen umgeben war, darunter eine fast fertige Beilklinge und die zugehörigen Abschläge. Bei der Auswertung der Funde konnte die Herstellung der Klinge aus dem steinernen Rohling durch Ansetzen der verstreuten Splitter in ihrem Ablauf rückwärts rekonstruiert werden, dabei ergab sich aus der Verteilung dieser Splitter ganz nebenbei sogar die Sitzposition, die der namenlose Steinschmied an einem ganz normalen Arbeitstag vor mehr oder weniger fünf Jahrtausenden eingenommen hatte.[2]

Nach der Bearbeitung wurden die Klingen vom Lousberg geschliffen oder ungeschliffen von Händlern übernommen und abtransportiert. Die Fundorte von Werkzeugen aus Aachener Feuerstein wurden in einem Radius von 200 Kilometern um den Ort ihrer Herstellung verteilt gefunden, wobei die starke Fundkonzentration am Lauf von Maas, Erft und Rur sowie zwischen Lippe und Ruhr darauf hindeuteten könnte, dass der Transport vorzugsweise in Einbäumen auf dem Wasserweg erfolgte. Die Tatsache, dass der Aachener Stein auch in der Nähe anderer Feuersteinvorkommen gefunden wurde, spricht für seine offenbar auch auswärts bekannte Qualität.[3] Insgesamt dauerte die Blütezeit des Feuersteinbergbaus auf dem Lousberg etwa von 2900 bis 2500 v. Chr. Am Ende dieser Zeit war fast die gesamte Hügelkuppe bis auf einen schmalen Kamm in der Mitte abgetragen. Noch heute kann man beim Spaziergang auf dem Lousberg an einigen Stellen Unregelmäßigkeiten von wenigen Metern Höhe entdecken, die beim Umschichten des Abraums entstanden sind.

Der Lousberg, vielleicht Europas ältestes Industriedenkmal

Der Lousberg war nicht der einzige Ort in der unmittelbaren Umgebung von Aachen, an dem Silex abgebaut und bearbeitet wurde, allerdings ist er der am besten erforschte Fundplatz. Feuersteinfunde an der Hartmannstraße und an der Komphausbadstraße, darunter auch einige Halbfabrikate, deuten darüber hinaus darauf hin, dass auch in der heutigen Innenstadt solche Beilklingen hergestellt wurden. Während die Lousbergfunde jedoch durch den aufgeschichteten Abraum geschützt wurden, zerstörte die spätere Bebauung in der Innenstadt seit der römischen Zeit die meisten Zeugen dieses frühen Gewerbes, so dass eine Rekonstruktion der dortigen Werkstätten bisher noch nicht möglich war. Auch Siedlungsspuren und Begräbnisplätze wurden noch nicht gefunden.

Über die Organisationsform des Steingewerbes und die Herrschaftsverhältnisse vor Ort ist nichts bekannt. Während in Gizeh bereits die weltberühmten Pyramiden entstanden, lebte Nordeuropa noch in weitgehend unklaren politischen Verhältnissen. Immer noch sind kulturelle Strömungen vor allem mit Hilfe von Keramikscherben und Gräbern zu unterscheiden, immer noch werden Spuren zumeist absichtslos hinterlassen, und immer noch spielen vor allem geologische und klimatische Faktoren bei der Auswahl der Siedlungsplätze die entscheidende Rolle. Und während der Stein langsam von der Bronze als Werkstoff abgelöst wurde, fiel der Fleck auf der Landkarte, an dem Aachen einmal werden sollte, in einen zweitausendjährigen Schlaf.

1.2. Vom Tiber zum Rhein

In den letzten Jahrhunderten vor der Zeitenwende wird das Bild der Bevölkerung in den Gebieten ohne schriftliche Überlieferung allmählich klarer. Anhand von Artefakten und Gräbern, Ortsnamen und regionalen sprachlichen Überbleibseln lassen sich Gruppen unterscheiden und in Hierarchien einordnen, über die in der Wissenschaft viel gestritten worden ist. Als die Römer kamen, begann die schriftliche Überlieferung auch für die eroberten Barbarenländer, was die Fragestellungen zum Teil aber noch komplizierter machte: allein im Rheingebiet sind etwa 40 verschiedene Stammesnamen aus römischer Zeit überliefert.[4] Über einige von ihnen ist so gut wie gar nichts bekannt, während viele andere immerhin kurz vom Scheinwerfer der Überlieferung gestreift wurden, nämlich dann, wenn sie Allianzen schmiedeten, Abgesandte schickten, Hilfskontingente stellten oder besiegt und umgesiedelt wurden. Wieder andere verschmolzen miteinander zu neuen übergeordneten Gebilden oder gingen in schon bestehenden Stammesverbänden auf. Während die Stämme in Gallien sich grob dem keltischen Kulturkreis zuordnen lassen, lebten im heutigen Deutschland germanische Gruppen, einige wenige von ihnen auch westlich des Rheins, wo sie von keltischen Stämmen umgeben und dementsprechend starker kultureller Beeinflussung ausgesetzt waren.

Der Startschuss für die nun folgende Entwicklung fiel im Jahr 59 v. Chr. in Rom: Durch einen Volksbeschluss ließ sich der Konsul Gaius Julius Caesar nach einer bis dahin atemberaubenden Karriere neben der Statthalterschaft in zwei anderen Provinzen auch das Gebiet der *Gallia Transalpina* übertragen, ein Landstreifen entlang der südfranzösischen Mittelmeerküste, der ein Menschenalter zuvor unter dem Namen *Gallia Narbonensis* geschaffen worden war, um Italien mit Spanien zu verbinden. Von dort aus begann er den großen, von ihm selbst später ausführlich beschriebenen gallischen Krieg, durch den der Grundstein für die römische Herrschaft bis zum Rhein gelegt wurde. Die einheimischen Stämme traten ihm dabei keineswegs geschlossen entgegen, sondern standen in den verschiedensten Spannungen, Bündniskonstellationen und Abhängigkeitsverhältnissen zueinander, die von den Römern mit feinem Gespür für die Schwächen ihrer Gegner genutzt wurden, um diese gegeneinander auszuspielen.

Im Zuge dieser Eroberungen gelangten so ein paar Jahre später zum ersten Mal römische Legionäre in das Aachener Gebiet. Zwischen Maas und Rhein siedelte damals der mit den Römern zeitweilig verbündete Stamm der Eburonen. Als diese unter der Führung ihres Fürsten Ambiorix plötzlich aufbegehrten und 15 Kohorten niedermetzelten, die bei einem Ort namens Aduatuca in einen Hinterhalt geraten waren, schlug Caesar mit aller Härte zurück. Der Vernichtungskrieg gegen die Eburonen markierte den ersten tiefen demografischen Einschnitt in unserer Gegend im Zusammenhang mit den römischen Feldzügen. Die Eburonen verschwanden von der Landkarte, wenngleich wahrscheinlich kleine Gruppen die Vergeltungsaktion überlebten und in anderen Stämmen aufgingen. Aduatuca indes konnte bis heute nicht geortet werden. Lokalhistoriker haben immer wieder versucht, Aachen zum Schauplatz der Tragödie zu machen, allerdings ist ein schlagender Beweis für diese gefällige These bisher noch nicht erbracht worden. Es scheint, dass Aduatuca eher im Nordosten der heutigen Stadt gelegen hat.[5]

Wie auch immer – nach dem rücksichtslosen Vorgehen gegen die Eburonen brach die antirömische Koalition in Gallien zusammen. Ein letzter großer Aufstand unter dem Arvernerfürsten Vercingetorix im folgenden Jahr wurde ebenfalls von Caesar niedergeschlagen, dann kehrte in Gallien Ruhe ein. Das Gebiet zwischen Maas und Rhein scheint zu dieser Zeit zunächst weitgehend entvölkert gewesen zu sein. Doch schon bald sickerten – diesmal unter dem wachsamen Auge der neuen Herren – andere Stämme ein. Von Westen kamen die Tungrer, von Osten die Ubier, die wahrscheinlich durch die Wurm voneinander getrennt waren, wodurch Aachen genau im Grenzgebiet zwischen diesen Stämmen zu liegen kam; schließlich gab es noch den kleinen Stamm der Sunucer, vielleicht eine Splittergruppe der Eburonen, die der Vernichtung entgangen war.[6] Die ungenaue und überdies wenig spannende Auflistung der Bevölkerungsbewegungen in dieser Zeit zeigt deutlich, wie wenig aussagekräftig die Quellen dazu insgesamt noch sind. Dennoch sollte man die Na

Modell eines Gallorömischen Umgangstempels bei Kornelimünster

men dieser drei Stämme im Hinterkopf behalten, denn sie werden in der Folgezeit noch eine gewisse Rolle für die Region spielen. Die Sunucer werden schon deshalb mit der unmittelbaren Umgebung von Aachen in Verbindung gebracht, weil in einem in Kornelimünster gefundenen Heiligtum eine Inschrift auf die Verehrung einer Göttin namens Sunuxal hinweist, in der man die Hauptgottheit des kleinen Stammes vermutete.[7] Etwa zwei Jahrhunderte später war dieser in den Ubiern aufgegangen.

Damit sollten wir einen Blick auf Aachen selbst werfen. Einige wenige Funde aus der Zeit der römischen Eroberungen deuten darauf hin, dass die Thermalquellen nun doch endlich genutzt wurden. Möglicherweise gab es eine kleine Siedlung am Südhang des Markthügels, von der sich bei Ausgrabungen einige Reste im Schutt fanden. An den Quellen selbst entstanden vielleicht schon zu dieser Zeit Heiligtümer für die keltischen Gottheiten Grannos, Sirona und Epona. Vor allem Grannos brachte es im Zusammenhang mit Aachen zu einiger Berühmtheit, da der erst im frühen Mittelalter überlieferte Name des Ortes in seiner lateinischen Form *Aquae Granni* auf die Verehrung dieses Gottes hinweist. Die damit verbundene Anekdote hat einen Stammplatz in der Literatur zur Aachener Geschichte: der fränkische König Pippin habe im Jahr 765 bei den Ruinen der römischen Bäder in Aachen einen Dämon vertrieben, der das Quellwasser mit allerhand unappetitlichen Flüssigkeiten verschmutzt hatte. Verlockend, wenn auch wahrscheinlich unzutreffend ist dabei die Theorie, dass die Legende als Hinweis auf ein Fortleben der keltischen Opferkulte gedeutet werden kann, bei denen Blut und Eingeweide geschlachteter Tiere in die heiligen Quellen geworfen wurden. Dass solche Überlieferungen sich acht Jahrhunderte an einem Ort halten konnten, ist – ob wahr oder nicht – zumindest bemerkenswert.[8]

Die römische Herrschaft über Gallien wurde um so lockerer, je weiter man nach Osten kam; mit den Germanen gab es nach wie vor ein unerledigtes Problem. Caesar war längst ermordet und sein Großneffe und Adoptivsohn Augustus hatte nach jahrelangen Kämpfen sein Erbe angetreten, da wurde es wieder unruhig. Um 17 v. Chr. machte der östlich des Rheins siedelnde germanische Stamm der Sugam-

Augustus
(63 v. Chr. – 14 n. Chr.)

brer bei einem Überfall auf das römische Gebiet die V. Legion unter der Führung des Legaten Marcus Lollius nieder und erbeutete den Legionsadler. Mit dieser für Augustus nicht hinnehmbaren Demütigung begann eine neue Serie von Feldzügen, die die Römer über den Rhein bis tief in germanisches Gebiet führten. Ziel war die Verkürzung der friedlosen Grenze durch Eroberung des Landes bis zur Elbe. Das Ergebnis des mit Unterbrechungen mehr als 30 Jahre dauernden Krieges ist bekannt: Mit gewaltigem Aufwand konnten immer wieder einzelne Stämme unterworfen werden, ohne dass das Binnenland jenseits des Rheins jemals unter die geschlossene und unbestrittene Kontrolle der Römer geriet. Um die Zeitenwende operierten zwölf Legionen von zehn Militärlagern aus im Grenzgebiet, doch nachdem durch die Unvorsichtigkeit des Statthalters Publius Quintilius Varus allein drei Legionen in dem berühmten Hinterhalt im Teutoburger Wald[9] untergegangen waren, befand sich die Großmacht vom Tiber im Norden auf dem Rückzug. Tiberius, Nachfolger von Augustus und mit den germanischen Angelegenheiten aus eigener Erfahrung bestens vertraut, machte dem Abenteuer im Jahr 16 unserer Zeitrechnung schließlich ein Ende, nachdem man durch ein paar abschließende Prestigeerfolge das Gesicht einigermaßen gewahrt hatte.

Mit dem Einrücken der Invasionsarmeen in das vorher nur locker an Rom gebundene unmittelbare Grenzgebiet konnte eine stärkere Romanisierung im Hinblick auf Kultur und Verwaltung nicht ausbleiben. Das Grenzland wurde zunächst zum Militärbezirk, aus dem die Legionen ihre Ressourcen bezogen. Als im Reich nach dem Selbstmord des Kaisers Nero (54 – 68) die Kämpfe um die Nachfolge zum Bürgerkrieg ausarteten, zeigte sich, wie brüchig der Frieden an der hochgerüsteten Grenze immer noch war. Kaum hatten die rheinischen Legionen in Köln den niedergermanischen Militärbefehlshaber Aulus Vitellius zum neuen Kaiser ausge-

Nachbau des Xantener Legionslagers

rufen, da zog dieser im Januar 69 große Teile der Grenzarmee ab, um in Italien gegen seine Konkurrenten anzutreten. Sofort brach ein Aufstand beim Stamm der an der Rheinmündung siedelnden Bataver aus, der immer weitere Kreise zog: neben anderen innerhalb der Reichsgrenzen lebenden Stämmen beteiligten sich auch beutelustige Germanen von der anderen Seite des Rheins, es gelang ihnen sogar die Eroberung des Legionslagers *Castra Vetera* bei Xanten. In Rom hatte sich inzwischen Vespasian als Alleinherrscher durchgesetzt und schickte neun frische Legionen nach Germanien, die den Aufstand schließlich niederschlugen.

In der Folge wurden alle vier niedergermanischen Legionen und die Hilfstruppen ausgetauscht. Bisher hatten die Befehlshaber der Grenztruppen das Sagen gehabt. Mit der Einrichtung der zivilen Verwaltung schälte sich zur Zeit des Kaisers Domitian (81 – 96) aus dem Militärbezirk die römische Provinz Niedergermanien – *Germania Inferior* – heraus. Ihre Ostgrenze bildete der Rhein, die Westgrenze verlief entlang der Maas bis Maastricht und dann in unbekanntem Verlauf nach Südosten durch Ardennen und Eifel bis in die Nähe von Gerolstein und von dort aus wieder nach Nordwesten, wo sie zwischen Bonn und Koblenz an den Rhein stieß. Der für römische Provinzen magere Zuschnitt erklärt sich daraus, dass die *Germania Inferior* durch neu erobertes Land vielleicht bis zur Elbe aufgestockt worden wäre, wenn die von Tiberius abgebrochene Offensive über den Rhein erfolgreicher verlaufen wäre. Während die südlich angrenzende Provinz Obergermanien – *Germania Superior* – weit über den Rhein hinausreichte, blieb Niedergermanien ein Torso, der durch die Anwesenheit der Limestruppen und deren häufige Auseinandersetzungen mit den germanischen Stämmen in ihrer Nachbarschaft stark vom Militär geprägt war und blieb.[10]

Konkret sah der Übergang Niedergermaniens in den offiziellen Rang einer Provinz vor Ort so aus: die Stämme in den Gebieten zwischen Rhein und Maas hatten früher unter militärischer Aufsicht gestanden und zunächst den Status so genannter Foederaten bekommen, sie fungierten also als Verbündete unter Anerkennung der römischen Oberherrschaft, die im Kriegsfall zur Stellung von Truppen verpflichtet waren. Nach der Entlassung aus der Militäraufsicht und der Zusammenfassung der Stämme in der neu gegründeten Provinz gab es verschiedene Stufen der Selbstverwaltung. Größere Stämme bekamen den Status einer *civitas* und damit ein fest umrissenes Gebiet mit einem Hauptort, dessen Entwicklung zur Stadt die Römer nach Kräften förderten, um das Land besser verwalten und die einheimische Oberschicht, der man mit Steuervorteilen die Ansiedlung schmackhaft zu machen versuchte, genauer kontrollieren zu können. Die Zusammenhänge zwischen den verschiedenen Ebenen der römischen Verwaltungshierarchie sind nach heutigen Begriffen nicht ganz leicht zu verstehen. Die Schwierigkeit ergibt sich daraus, dass im römischen Reich der Rechtsstatus des Einzelnen nicht nur durch dessen Wohnort, sondern auch durch seine Zugehörigkeit zu ethnischen und gesellschaftlichen

Gruppen bestimmt wurde, während in modernen Staaten, die diese Bezeichnung verdienen, üblicherweise dasselbe Recht für alle gilt und die Staatsbürgerschaft nur noch in wenigen Bereichen und die ethnische Zugehörigkeit nirgendwo mehr rechtliche Unterschiede bedingt. Die römische *civitas* war demnach ein Kompromiss zwischen einer territorialen Verwaltungseinheit und einer ethnischen Gruppe, der am besten mit dem Begriff einer Gebietskörperschaft innerhalb der Provinz beschrieben werden kann.

Im Umland von Aachen stießen, wie gesehen, das Siedlungsgebiet der Tungrer und das der Ubier aufeinander; beide hatten nach dem Ende der Feldzüge in Germanien den Status einer *civitas* bekommen, die Sunucer als unbedeutender Stamm dagegen nicht. Im Hinblick auf die Privilegierung ihrer Bewohner stand oberhalb der *civitas* die *colonia*, deren Bewohner das römische Bürgerrecht genossen; und im Verhältnis der beiden Verwaltungseinheiten zueinander zeigt sich, wie vielschichtig und dennoch ausgeklügelt das römische System war: eine *colonia* konnte als Stadt inmitten einer *civitas* liegen; das beste Beispiel hierfür ist Köln als Hauptort in der *civitas* der Ubier, der in seinem Namen bis heute die Bezeichnung seines ehemaligen Rechtsstatus behalten hat. Einwohner einer *colonia* hatten weit gehende Selbstverwaltungsrechte; sie wählten zwei Bürgermeister und ein dem römischen Senat entsprechendes Gremium und konnten innerhalb der Grenzen der *colonia* Privatbesitz erwerben, so dass immer größere Gebiete durch die Steuerfreiheit ihrer Eigentümer dem Staat wieder entzogen wurden. Wieder andere Gegenden unterstanden der Oberaufsicht des Militärs oder waren der kaiserlichen Domänenverwaltung unterworfen, die sich vor allem die rohstoffreichen Landstriche zur Ausschlachtung vorbehielt. In der *Germania Inferior* hieß das konkret, dass von den 12 000 km^2 der Gesamtfläche der Provinz etwa 1000 km^2 kaiserliches Domänenland und weitere 1000 km^2 vor allem in Grenznähe in Militärbesitz waren; die restlichen 10 000 km^2 waren ziviles Territorium und unterstanden bis auf das Steuerwesen dem als Propraetor bezeichneten Provinzverwalter, der seinen Sitz in Köln hatte.[11] Die Finanzverwaltung für die beiden germanischen Provinzen wurde wiederum von einem Prokurator mit Sitz in Trier geleitet, der direkt dem Kaiser unterstellt war. Neben den Abgaben für den Warentransport über bestimmte Zollgrenzen erhob das Reich Steuern auf Vermögen, Verkäufe, Erbschaften, Grunderwerb und Sklavenfreilassungen; sie lagen zwischen zweieinhalb und zehn Prozent und waren damit nach heutigen Maßstäben sehr moderat. Alles in allem hatten die freien Bewohner der Provinzen, denen von Kaiser Caracalla im Jahr 212 kollektiv auch das römische Bürgerrecht zugestanden wurde, gute Möglichkeiten der wirtschaftlichen Entfaltung, gleich welcher Herkunft sie waren. Auch das römische Militär, das gerade in Niedergermanien in hoher Konzentration vertreten war, sorgte gut für seine Veteranen, denen nach dem Dienst Abfindungen zuerkannt wurden, die eine Existenzgründung ermöglichten. Das römische Heer wurde so nicht zuletzt durch den häufigen Wechsel der Stationierungsorte zu einem der wichtigsten Faktoren für Integration und Zusammenleben eines Vielvölkergemisches, das bald schon keins mehr war. An den Inschriften lässt sich beobachten, dass Einheimische römische Namen annahmen und immer wichtigere Ämter im Staat übernahmen. Wenn auch örtliche Traditionen überleben und bisweilen sogar wiedererstarken konnten, sorgte die religiöse und kulturelle Toleranz der Römer dafür, dass zumindest aus diesen Gründen keine inneren Konflikte erwuchsen. Die Kehrseite des Wohlstands waren allerhand Begehrlichkeiten jenseits der Grenze, sein Preis eine unendliche Kette von Machtkämpfen und Kriegen, an denen das Reich am Ende zerbrach.

Marcus Aurelius Antoninus Bassianus, genannt Caracalla (188 – 217)

Die komplizierten Ausführungen über die Verwaltung sind wichtig zum Verständnis der Verhältnisse, die auch im Aachener Raum herrschten und über die Völkerwanderung hinaus bis ins Mittelalter nachwirkten. Wie gesagt, lag Aachen genau zwischen den *civitates* der Ubier und der Tungrer, wahrscheinlich aber auf dem Gebiet der letzteren. Hauptstadt der Ubier war Köln, das gleichzeitig eine *colonia* darstellte, Hauptstadt der Tungrer das nach ihnen benannte Tongern. Neben Köln gab es in Xanten nur noch eine weitere *colonia* in der ganzen Provinz. Unterhalb dieser Verwaltungsebene und unabhängig von ihr existierten größere und kleinere Orte, für die das römische System die Bezeichnungen *municipium* – eine Stadt mit eigener Verwaltung und Rechtssprechung, aber im Gegensatz zur *colonia* ohne Steuervorteile – und *vicus* kannte, womit meistens eine kleine Stadt bezeichnet wird, die zunächst kaum eigene körperschaftliche Rechte hatte. Und ein solcher *vicus* war es, zu dem Aachen kurz nach dem Erscheinen der Römer im Rheinland heranwuchs.

1.3. Thermen und Tempel

Damit sind wir nun endlich wieder vor Ort. Aachen lag in einem Gebiet, das nach dem Vorstoß der Römer an den Rhein und der Errichtung der dortigen Vorposten schnell kolonisiert wurde. Durch Flurbereinigung, Landvermessung und Erschließung neuer Landstriche wurden Anbauflächen gewonnen und verteilt, zahlreiche Landgüter mit Villen nach italienischen Vorbildern lassen sich im Umland von Aachen in besonderer Dichte archäologisch nachweisen. Daneben gab es die Bergwerke für den Abbau von Blei in der Nordeifel, Eisenerz an der Rur, Steinkohle, Zinkerz und Kupfer bei Aachen. Gold wurde westlich von Monschau gewonnen und Silber südlich von Düren, dazu kamen die Steinbrüche und Ziegeleien, die wie die Bergwerke unter kaiserlicher oder militärischer Verwaltung standen und beim Aufschwung der Region einen wichtigen Beitrag leisteten. Das Handwerk begann mit der Produktion von Waren, die zuvor aus Italien oder Gallien eingeführt worden waren. Auch auf dem Aachener Stadtgebiet fanden sich bei Ausgrabungen aus der frühesten Zeit der Ansiedlung Töpfereien und Gerbereien sowie metallverarbeitende Werkstätten nordöstlich des Marktes im Bereich der Großkölnstraße.

Terra-Sigillata-Schüssel des 1. Jh. (Fundort Markt)

Die Straßen, die Aachen kreuzten, waren nur von zweitrangiger Bedeutung, die wichtige römische Heerstraße zwischen Köln und Bavai über Jülich, Heerlen, Maastricht und Tongern verlief etwa eine halbe Tagesreise nördlich des Ortes. Da sich aus der Antike keine schriftlichen Zeugnisse über den wahrscheinlich damals schon *Aquae Granni* genannten Ort erhalten haben, sind wir auf die Ausgrabungen angewiesen. Bereits ein Blick auf den Stadtplan offenbart noch die planmäßige Anlage des römischen *vicus*, dessen Straßenverläufe an einigen Stellen bis heute überlebt haben. Das Netz orientiert sich am Verlauf der regionalen Fernstraßen und an den Gegebenheiten des Geländes; so trat die Straße von Heerlen über Eilfschornsteinstraße und Kockerellstraße in den Ort ein und verließ ihn über Kleinmarschierstraße und Franzstraße wieder; der Weg von Lüttich entsprach der Jakobstraße und setzte sich über die Großkölnstraße fort. Vieles deutet darauf hin, dass die wahrscheinlich planmäßig angelegte Siedlung kurz nach der Zeitenwende sehr schnell zu wachsen begann, denn Spuren von Bauten aus diesen ersten Jahrzehnten fanden sich vom Markt bis zum Elisengarten und vom Dom bis zum Büchel. Die älteste Datierung gelang für ein am Hof gefundenes Stück Holz, das in das Jahr 2 v. Chr. verweist. Ein halbes Jahrhundert später begann bereits der Ausbau der Siedlung in Stein. Die Gebäude sind, wie bei römischen Planstädten üblich, an einem Raster ausgerichtet, das heute vor allem im Bereich der Jakobstraße mit ihren rechtwinklig abzweigenden Nebenstraßen ablesbar ist. Vielleicht ist dieses Raster sogar den Vorstellungen des römischen Architekten und Schriftstellers Vitruv verpflich tet, der die Orientierung ganzer Stadtanlagen an den Windverhältnissen aus Gründen der Belüftung empfohlen hatte.[12]

Nennen wir diesen Ort also *Aquae Granni*. Voraussetzung für seinen Aufstieg waren die warmen Quellen, deren Wasser aus der Voreifel stammt und über unterirdische Kanäle aus einer Tiefe von mehr als 3000 Metern in Aachen und Burtscheid mit Temperaturen von teilweise über 70 °C an die Oberfläche steigt. Noch heute spucken diese Quellen pro Stunde etwa 150 Kubikmeter heißes Wasser aus.[13] Vor allem das römische Militär lernte das Aachener Wasser mit seinen therapeutischen Wirkungen bei Rheuma und Gicht schnell zu schätzen, zumal die öffentliche Badekultur sich gerade zu dieser Zeit auf breiter Front durchzusetzen begann. So entstand wahrscheinlich zur Zeit von Tiberius (14 – 37) die Bücheltherme unter der heutigen Buchkremerstraße. Ausgrabungen zeigen Zerstörungen, die in die Zeit des Bataveraufstandes gehören könnten und leichtfertig als Beleg für die Behauptung herangezogen wurden, der ganze Ort sei bei diesem Aufruhr in Flammen aufgegangen. Archäologisch lassen sich dafür im Gegensatz zum benachbarten Burtscheid[14] zwar keine weiteren Beweise finden, Tatsache ist allerdings, dass sich die Entwicklung des Badewesens in den folgenden Jahren noch einmal entscheidend beschleunigte: Die Bücheltherme wurde wieder aufgebaut, und mehr oder weniger gleichzeitig entstand etwa 150 Meter weiter südwestlich davon ein zweiter Badekomplex über einem anderen Quellvorbruch, der heute unter der Münsterkirche schlummert. Um 120 waren die Arbeiten an den beiden Anlagen abgeschlossen; sie waren durch eine Art Forum miteinander verbunden und bildeten so einen langgezogenen Komplex, dazu kamen Gästehäuser und eine Latrine nordöstlich der neuen Bücheltherme. Zur Einfassung der zwischen den Thermen gelegenen Freifläche wurde eine Bogenarkade errichtet, die durch fragmentarische Ausgrabungsfunde rekonstruiert werden konnte und von der ein kurzer Abschnitt am ursprünglichen Standort am Hof nachgebaut wurde. Bei den Ausgrabungen fanden sich auf den Backsteinen

Legendäre Entdeckung der Aachener Quellen durch den Legaten Granus Serenus

hin und wieder die Stempel der von der Rheinarmee betriebenen Ziegelbrennereien mit Angabe der beteiligten Legionen, so dass sich über deren Stationierungsorte die Bauten datieren lassen. Die Armee, die ja vor allem mit der Grenzwache betraut war, wurde nämlich in ruhigen Zeiten auch zu Arbeiten an öffentlichen Bauprojekten herangezogen, und zahlreiche Großbetriebe der Bauwirtschaft waren in der Hand der Militärverwaltung. Nach Aussage der Ziegelstempel waren an den Bauten in Aachen die Legionen I, VI, X und XXX beteiligt, deren Stationierung teilweise nacheinander, teilweise in zeitlicher Überschneidung auch mit anderen Legionen in den Lagern Bonn, Neuss, Xanten und Nimwegen überliefert ist. Obwohl die Zahl der gefundenen Stempel nicht gerade atemberaubend ist, obwohl die Eigentumsverhältnisse an den Thermenanlagen nicht geklärt sind – bisher weiß man eben nur, dass die Handwerker der betreffenden Legionen am Bau beteiligt waren – und obwohl selbst für die Zugehörigkeit Aachens zur Provinz *Germania Inferior* der letzte Beweis noch nicht erbracht worden ist, lässt sich zusammenfassend sagen, dass die Thermen in Aachen vor allem als Erholungsbäder von den Grenztruppen der niedergermanischen Legionslager genutzt wurden. Dasselbe gilt für die gleichzeitig in Burtscheid errichteten Bäder. Bezeichnend für diese Klientel ist der eben dort gefundene Weihestein des römischen Hauptmanns Lucius Latinus Macer, der bei seinem Kuraufenthalt ein Gelübde an den Heilgott Apollo einlöste und in diesem Zusammenhang eine Inschrift anfertigen ließ, durch die er der Nachwelt ein paar schlaglichtartige Einblicke in sein Leben gewährt: Er stammte aus Verona, hatte es in der Armee bis zum Centurio der in Spanien aufgestellten IX. Legion gebracht und war wohl Lagerpräfekt in Nimwegen geworden, wo diese seit ihrer Verlegung von York in den Jahren zwischen 120 und 130 stationiert war.

Rekonstruktion der Arkade zwischen den Thermenanlagen am Hof

Auch andere Erwähnungen von Heilgöttern zeigen, welchem Zweck die Badeaufenthalte der militärischen und zivilen Kurgäste dienten. Wer heute durch das Achteck des Aachener Doms wandert, sollte sich vergegenwärtigen, dass direkt unter dem Hauptaltar noch die Reste einer Fußbodenheizung liegen, während die gotische Annakapelle über dem Rand eines 20 Meter langen Badebeckens steht, in dem sich mehr als ein Jahrtausend vor ihrer Errichtung römische Haudegen wie Lucius Latinus Macer das Rheuma aus den Gelenken vertrieben, das sie sich im feuchtkalten Klima des Legionslagers von York oder anderswo geholt hatten.[15] Zwischen Mauern, Schutt und Scherben kamen bei den Ausgrabungen auch die verschiedensten Objekte ans Licht, die offenbar von den Badegästen verloren und mit dem Abwasser fortgespült oder absichtlich als Gaben an die Quellnymphen hinterlassen wurden: ein Goldohrring, verschiedene Gemmen, Haarnadeln aus Knochen, ein Ring, Glasperlen, Münzen aus mehreren Jahrhunderten und ein Stempel zur Etikettierung einer Augensalbe.

Wer zur Kur in *Aquae Granni* weilte, musste untergebracht, versorgt, ernährt und unterhalten werden. So entstand gleichzeitig mit den Thermenanlagen und in deren Umgebung eine ganz gewöhnliche kleine Stadt. Der Grundriss des Ortes umfasste ein Quadrat von vielleicht 450 Metern Kantenlänge und füllte damit eine Fläche von knapp 20 Hektar. Über den heutigen Stadtplan gelegt, kann man sich den römischen *vicus* als gekipptes Quadrat vorstellen, die untere Spitze liegt dabei etwa auf der Jesuitenstraße und die obere auf der Mostardstraße. Eine gewisse Konzentration der Ausgrabungsfunde lässt sich dabei im Osten und im Süden des Marktes bis zum Klosterplatz hin beobachten. Östlich des Büchels befand sich eine morastige Niederung. Die vereinzelten Funde erlauben abgesehen von den Thermen nur allgemeine und wenig überraschende Aussagen über den Charakter der Siedlung. Handwerksbetriebe, wie sie vor allem an der Großkölnstraße gefunden wurden, sind in Städten nun einmal eine Selbstverständlichkeit, und ihre punktuelle Rekonstruktion erlaubt noch keine Aussagen über die Schwerpunkte des Aachener Gewerbes. Und so geht es weiter: Reste von Portiken überraschen als Beleg für öffentliche Bautätigkeit ebensowenig wie Reste von Wandmalereien als Beleg für den bescheidenen Wohlstand eines Teils der Einwohner. Wer es sich leisten konnte, gönnte sich in Aachen wie anderswo eine Fußbodenheizung und ließ Austern und Oliven importieren, deren Schalen und Steine sich zu Tausenden in den Abfallgruben fanden.[16] Das Bruchstück einer Theatermaske zeigt, dass man auch in Aachen denselben kulturellen Genüssen frönte wie im ganzen Imperium von Portugal bis Syrien. Das Leben plätscherte vor sich hin wie die Quellen, während Leute wie der Getreidehändler Licinius Fuscus, dessen Grabstein später in der Krämerstraße verbaut wurde, ihren Geschäften nachgingen.

Die warmen Quellen zogen, so scheint es, nicht nur die Menschen an, sondern auch deren Götter. Von Grannos, Sirona und Epona war bereits die Rede, mit den Römern kamen Apollo, Merkur und Fortuna dazu, wobei es durch die Umdeutung der vor Ort verehrten Götter zu allerhand Überschneidungen kam, die sich auch in den Weiheinschriften ausdrücken: römische Gottheiten bekamen keltische

Holzwasserleitung mit Metallmanschette (Fundort Bendelstraße)

Beinamen und wurden auf diese Weise in die einheimische Götterwelt eingeführt. Apollo als Gott des Lichtes und der Heilkunst entsprach in diesen beiden Hauptfunktionen dem keltischen Grannos. Dass der Austausch in beide Richtungen funktionierte, zeigt gerade im Fall von Grannos die Tatsache, dass der nach Heilung an Leib und Seele suchende Kaiser Caracalla persönlich ein Heiligtum dieses Gottes aufsuchte, woraus die nicht zu rechtfertigende Schlussfolgerung gezogen wurde, der Kaiser sei damit der erste prominente Besucher in Aachen gewesen. Immerhin fanden sich in Aachen und Burtscheid eine ganze Reihe von Inschriften und Votivaltären, die im Lauf der Jahrhunderte den verschiedensten Göttern übereignet worden waren. Am Forum zwischen den beiden Thermenanlagen in Aachen standen auch zwei Tempel; wem sie geweiht waren, ist allerdings nicht bekannt.

Der Gottesdienst wurde in der römischen Welt wie ein Abkommen zwischen Menschen und Göttern verstanden: man erfüllte formelhaft seine Gelübde und erwartete eine Gegenleistung. Im Verlauf der Kaiserzeit aber breiteten sich im ganzen Reich orientalische Kulte aus, die im scharfen Gegensatz zu den emotionslosen Verrichtungen der altrömischen Religion standen. Götter wie Kybele, Baal, Isis und Mithras mit ihren geheimnisvollen Initiationsriten sprachen die Sinne an, verhießen Erlösung und Auferstehung und kamen offenbar einem tief empfundenen Bedürfnis nach persönlichen Glaubenserlebnissen gerade in den unsicheren Zeiten entgegen, die im 3. Jahrhundert anbrachen. Mitten in diese Zeit fällt der allmähliche Siegeszug des zunächst immer wieder verfolgten Christentums, das ab der Mitte des 2. Jahrhunderts auch in Germanien Fuß zu fassen begann. Archäologische Zeugnisse aus dieser frühen Zeit sind selten, erst mit dem 313 von Konstantin dem Großen erlassenen Toleranzedikt von Mailand stieg die Zahl der christlichen Kultstätten sprunghaft an, weil mit dem Ende der Christenverfolgungen auch ganz offiziell die Errichtung von Kirchen erlaubt war. Sie entstanden in dieser ersten Zeit häufig als Gedächtniskapellen an den Gräbern von Märtyrern. In Aachen wurde im Mauerwerk des Doms der Grabstein eines im Alter von 70 Jahren gestorbenen Mannes namens Helacius gefunden, dessen Inschrift als christlich angesehen und in das 5. Jahrhundert datiert wurde. Zwar wird diese Deutung der Inschrift inzwischen wieder angezweifelt, fest steht aber, dass einzelne Räume der inzwischen nicht mehr genutzten Domtherme schon in jener Zeit zu einer

Kirche umfunktioniert worden waren. Bei Ausgrabungen zeigte sich, dass in eine der Raumfluchten, unter dem heutigen Oktogon des Münsters gelegen, eine Apsis eingezogen wurde, in der wohl ein Altar aufgestellt war. Wahrscheinlich war das Christentum über die von Trier ausgehende Mission ins Maasgebiet und nach Aachen gekommen.[17] Dass der Thermalbetrieb zu dieser Zeit bereits eingestellt war, dafür hatten ausgerechnet die Barbaren gesorgt, deren Nachfahren später zu den glühendsten Verbreitern der neuen Religion werden sollten.

1.4. Gefahr aus dem Osten

Die Zahlenstärke der in Niedergermanien stationierten Truppen halbierte sich im Verlauf der ersten beiden Jahrhunderte der römischen Herrschaft nach und nach. Nachdem die Legionslager in Neuss und Nimwegen aufgegeben worden waren, lagen gegen Ende des 2. Jahrhunderts nur noch zwei Legionen mit Hilfstruppen in der Provinz, insgesamt etwa 20 000 Mann oder 67 Soldaten pro Grenzkilometer.[18] Das war vor allem eine Folge der in anderen Grenzregionen ausgetragenen Konflikte unter Marc Aurel (161 – 180), für die die Legionen vom Rhein abgezogen worden waren. In den folgenden Jahrzehnten hatte das Imperium vor allem mit sich selbst zu tun. In kurzer Folge wechselten Kaiser und Gegenkaiser, vom Militär auf den Thron gehobene Eintagsfliegen der Macht, von denen einige ihre Hauptstadt nie zu Gesicht bekamen. Die Selbstzerfleischung führte zu einer umfassenden Krise, die das Reich an den Rand des Zusammenbruchs brachte: Machtkämpfe und Inflation und die daraus resultierenden wachsenden Steuerforderungen zur Finanzierung der Armee schwächten den Staat nach außen und stärkten das Militär nach innen. Beides zusammen wirkte wie ein Katalysator für die lange Kette gewaltsamer Machtwechsel, die das 3. Jahrhundert erschütterte. Während das persische Sassanidenreich die Römer an der Ostgrenze in die Defensive brachte, kam es im Westen zu ersten Einbrüchen germanischer Gruppen über den Limes. Die verbissenen Abwehrkämpfe führten zu einer Verselbstständigung

Grabinschrift des Helacius – vielleicht das älteste Zeugnis des Christentums in Aachen

der vor Ort agierenden Armeen, die geradezu einen Staat im Staat bildeten und ihren Befehlshabern mehr Loyalität entgegenbrachten als dem fernen Senat. In Gallien gipfelte diese Entwicklung im Jahr 260 mit der Entstehung eines von Köln aus regierten Sonderreiches, nachdem das Militär die von der Zivilverwaltung geforderte Herausgabe von Plünderungsgut verweigert und seinen Befehlshaber Postumus zum Kaiser ausgerufen hatte. Zwar wurde das Sonderreich im Jahr 274 von Kaiser Aurelian dem Imperium gewaltsam wieder angegliedert, doch seine Erfolge bei der Grenzverteidigung sind nicht von der Hand zu weisen. Kurz darauf erfuhr das Staatswesen unter Kaiser Diocletian eine grundlegende Neuordnung, bei der auch die Provinzen neu eingeteilt wurden. Die *Germania Inferior* wurde dabei zu *Germania Secunda* umgetauft und nach Westen erweitert.

Wer waren nun die Gegner auf der anderen Seite des Rheins? Seit den Tagen der Varusschlacht hatten sich bei den Germanen aus den einzelnen Stämmen, deren Zusammensetzung sich auf den verworrenen Wanderungen durch Abspaltungen und Zusammenschlüsse einzelner Gruppen immer wieder änderte, übergeordnete Stammesverbände zu formen begonnen. Obwohl in den schriftlichen Quellen immer wieder die Namen von Königen genannt werden, war diesen Stammesverbänden, von denen im 3. Jahrhundert vor allem die Alamannen und die Franken hervortraten, ein institutionelles Gewaltmonopol völlig fremd; die Anführer – ob man sie nun Könige nennen will oder nicht – wurden auf Heeresversammlungen gewählt und planten Kriegszüge nicht anders als Adlige mit kleiner Gefolgschaft ihre Plünderungstouren. Als man die Schwäche des römischen Reiches zur Zeit der Soldatenkaiser bemerkte, kam es immer häufiger zu Beutezügen über den Rhein. Die Römer arbeiteten zur Abwehr der Eindringlinge auch mit Geldzahlungen, was von vielen römischen Militärs als unehrenhaft angesehen wurde und darüber hinaus bei den Germanen einen zusätzlichen Eindruck von Schwäche hinterließ und weitere Begehrlichkeiten weckte. Die Grenze war ohnehin durchlässiger als man sich das nach heutigen Begriffen vorstellen kann. Dazu kam, dass das römische Heer ab dem 3. Jahrhundert in immer stärkeren Maß durch germanische Söldner ergänzt und die Niederlassung germanischer Siedler hinter der Grenze zugelassen wurde. Gerade bei Gebieten mit geringer Bevölkerungsdichte führte diese Ansiedlung eher zu einer Barbarisierung der Provinzbewohner als zu einer Integration der Germanen in die römische Gesellschaft.

Für das Jahr 275 ist in den schriftlichen Quellen ein großer Frankeneinfall überliefert, der auch in Aachen seine deutlichen Spuren im Boden hinterlassen hat. Die am Hof ausgegrabenen Steingebäude waren von einer Schicht aus teilweise angesengten Dachziegeln bedeckt, und auch die schon genannten Töpfereibetriebe an der Großkölnstraße scheinen ihren Betrieb zu dieser Zeit für immer eingestellt zu haben. Viele der Gutshöfe in der Aachener Umgebung gingen scheinbar ebenfalls damals unter. Bezeichnend für diese unsicheren Zeiten sind zahlreiche Schätze, die damals von ihren Besitzern im Angesicht nahender Gefahr vergraben oder eingemauert und später nicht mehr geborgen wurden. Über die Datierung der Münzen lässt sich dann meistens der Anlass rekonstruieren, aus dem das Geld in den Boden gelangte. Ein in Laurensberg gefundener Münzschatz weist in die Zeit nach 260 – in diesem Jahr wurde die jüngste Fundmünze geprägt – und passt damit zu den Zerstörungen in der Stadt im Zusammenhang mit dem fränkischen Überfall.

Doch das Leben ging zunächst weiter. Während die Kaiser der folgenden Jahrzehnte sich in einem ermüdenden Reigen aus Kriegszügen, Bündnisverträgen, Strafexpeditionen, Ansiedlungsversuchen und Maßnahmen zur Grenzbefestigung immer wieder mit dem Problem zu befassen hatten, wurde die Bücheltherme in Aachen, auch das lässt sich archäologisch nachweisen, wieder aufgebaut. Es ist anzunehmen, dass der *vicus* sich wie viele andere römische Städte auch, zu dieser Zeit verkleinerte. Eine Befestigungsanlage wurde aufgrund einiger schwer zu deutender Mauerfunde ebenfalls vermutet, ist aber umstritten.[19] Die Thermenanlage unter dem heutigen Dom wurde bereits in der ersten Hälfte des 4. Jahrhunderts aufgegeben. Kurz darauf wuchs der Druck auf die Grenze noch einmal, weil die Germanen nun ihrerseits von Osten her in Bedrängnis geraten waren. Für die Bewohner des Grenzlandes nahm die alltägliche Bedrohung damit weiter zu, was nicht ohne gesellschaftliche Folgen blieb, da wohlhabende Landbesitzer die Befestigung und Verteidigung ihrer Güter selbst in die Hand nahmen und viele Bauern sich mit ihrem Besitz in deren Schutz begaben, wodurch feudale Abhängigkeitsverhältnisse entstanden, bei denen adlige Patrone immer mehr Grundbesitz in ihren Händen konzentrierten und staatliche Funktionen bis hin zur Gerichtsbarkeit übernahmen.

Münze aus der Zeit des Kaisers Valens (364 – 375)

Die Franken eroberten indes im Jahr 355 zum ersten Mal die Stadt Köln, und kaum mehr als 20 Jahre später fand der letzte römische Feldzug in rechtsrheinisches Gebiet statt. Etwa zur selben Zeit stellte mit der Bücheltherme auch die zweite große Bäderanlage in Aachen ihren Betrieb ein. Die jüngsten der etwa 150 in Aachen gefundenen antiken Münzen[20] stammen aus der Zeit von Valens (364 – 375) und Gratian (375 – 383) sowie von dessen Mitregenten und Halbbruder Valentinian II. (375 – 392), und ihre Umschriften beschwören die Sicherheit des Staates und den Ruhm der Römer in knappen und geschäftsmäßigen und doch irgendwie trotzigen Formeln.[21] Ein Friedhof mit Urnen und Grabbeigaben, der 1906 an der Alexanderstraße ausgegraben wurde, war zu dieser Zeit oder kurz vorher aufgegeben worden.[22]

In den folgenden Jahrzehnten konzentrierte man sich auf die Verteidigung einer Grenze, die eigentlich keine war und um so weniger als eine solche behandelt wurde, als bei einer Umstrukturierung der Streitkräfte die starre Limesverteidigung zugunsten kleiner mobiler Einheiten aufgegeben worden war, die im Hinterland stationiert waren und den germanischen Plünderern hinterhereilten, wo immer sie auftauchten. Die Aachener Umgebung dürfte nicht selten Schauplatz solcher Zusammentreffen geworden sein. Inzwischen waren germanische Offiziere in der römischen Armee bis in die höchsten Ränge aufgestiegen und übten auch auf die Politik ihren Einfluss aus. Es kam so weit, dass die Kämpfe zwischen Rom und seinen Gegnern von Heeren ausgetragen wurden, die sich nur noch aus Germanen der verschiedensten Stämme zusammensetzten, so dass am Ende kaum noch zu unterscheiden war, wer da eigentlich vor wessen Karren gespannt worden war. 395 wurde das Reich geteilt, wobei dem Osten die wirtschaftlich einträglicheren Provinzen zufielen. Kurz nach 400 brachen dann im Westen die Dämme: während die Goten durch Italien zogen und die kaiserlichen Residenzen bedrohten, strömten Vandalen, Sueben und Alanen bei Mainz über den Rhein. Wie schon der weströmische Kaiser seinen Sitz von Rom nach Mailand verlegt hatte, so zog die Verwaltung der gallischen Provinzen von Trier nach Arles um. Eine stabile Reichsverwaltung gab es zu dieser Zeit in Gallien schon nicht mehr; es regierte, wer militärisch handlungsfähig war, und das waren zumeist die als Heermeister bezeichneten Oberbefehlshaber der römischen Truppen, die ihrerseits selbst oft germanischer Abkunft waren und sich auf schnell wechselnde Bündnisse mit den mehr oder weniger sesshaften Stämmen einließen. Diese wiederum hatten keinen Grund, die stark angeschlagenen, aber noch vorhandenen römischen Verwaltungsstrukturen gewaltsam zu entfernen und begannen, auf dem eroberten Land nach dem Vorbild der Besiegten zunächst rudimentäre Staatswesen zu entwickeln, wobei sie deren Praktiken und Titel bis zu einem gewissen Grad übernahmen. Mit dem vielschichtigen und faszinierenden Übergang vom römischen Reich zum Staatensystem der germanischen Invasoren wurde die Grundlage der mittelalterlichen Landkarte Europas gelegt. Die Bevölkerung muss unter den Kriegszügen stark gelitten haben, denn manche Orte wurden in dieser Zeit vollständig entvölkert, und insgesamt kann man bei vorsichtiger Schätzung allein bis zur Mitte des 5. Jahrhunderts von einem Rückgang der ländlichen Bevölkerung in der Aachener Gegend um etwa 60 % ausgehen.[23] Dennoch waren die Eindringlinge gegenüber den in den Jahrhunderten der römischen Herrschaft romanisierten Einwohnern der Provinzen bei aller militärischen Überlegenheit in der Minderzahl. Schließlich wurde das Christentum zu einem Integrationsfaktor, der ganz allmählich an die Stelle der imperialen staatlichen Ordnung trat.

1.5. Heerkönige und Hausmeier

Leider ist das Bild von Aachen in dieser Zeit äußerst blass. Es scheint aber, dass sich ein kleiner Bevölkerungskern in der Stadt halten konnte, in deren unmittelbarer Nachbarschaft sich dann fränkische Zuzügler ansiedelten. Schon im 5. Jahrhundert hatten die Franken das nördliche Rheinland unter ihrer Kontrolle. Dabei gab es zwei geografisch getrennte Machtkomplexe, die seit den Tagen der Auseinandersetzungen mit dem noch halbwegs intakten römischen Staat bestanden und deren Träger als Salfranken und Ripuarier bezeichnet werden. Die Salfranken waren schon 357 als Foederaten in Nordbrabant angesiedelt worden, während die Ripuarier ihre alten Siedlungsgebiete östlich des Rheins erst nach 450 auf die westliche Uferzone des Flusses ausdehnten, 456 dauerhaft Köln besetzten und es in den Jahren darauf zu ihrer Hauptstadt machten. Inwieweit es sich bei diesem Gebiet um ein geschlossenes Reich handelte, ist umstritten. Es scheint aber, dass Aachen gegen Ende des 5. Jahrhunderts im Siedlungsgebiet der Ripuarier lag, das in dieser Gegend wie eine Zunge weit nach Westen reichte.[24] Die Franken ließen sich dabei offenbar nicht in der römischen Anlage nieder, sondern außerhalb des *vicus*. Ein Friedhof beim Langen Turm am Hang des Königshügels war von der Mitte des 5. bis ins fortgeschrittene 7. Jahrhundert in Benutzung[25] und beherbergte mindestens 200 Gräber; gefunden wurden vor allem Waffen, Schmuck, Werkzeuge, Beschläge und Münzen sowie Gefäße aus Ton und Glas. Eine zugehörige Siedlung wurde noch nicht entdeckt, dürfte aber in der Nähe gelegen haben. Eine solche Trennung zwischen romanischer Altbevölkerung und germanischen Zuwanderern lässt sich an vielen anderen Orten auch beobachten und ergibt sich aus der kulturellen Verschiedenheit, die zu überbrücken es im Alltag zunächst wohl keinen Grund gab.

Mitten in diese Zeit fällt die Einigung der fränkischen Teilstämme unter einem König, der sich seinen Platz in der Geschichte ebenso durch rücksichtslose Eroberungen verdiente wie durch den Übertritt zum Christentum, durch den die Integration der getrennt voneinander lebenden Bevölkerungsteile dann doch erreicht wurde: Chlodwig war der Sohn des fränkischen Kleinkönigs Childerich, der sich aus den undurchsichtigen und nicht mehr nachvollziehbaren Machtverschiebungen und Bruderkämpfen der Völkerwanderungszeit ein kleines Reich mit der Hauptstadt Tournai zusammengeklaubt hatte, das den äußersten Norden Frankreichs und den Westen Belgiens umfasste. Childerichs Grab wurde 1653 in Tournai bei Bauarbeiten entdeckt und der tote König anhand seines Siegelrings identifiziert. Durch eine erfolgreiche und für die Übergangszeit bezeichnende Politik in der Doppelrolle als fränkischer Heerkönig und General in den Diensten des römischen Reststaates, der im Norden Galliens unter den Heermeistern Aegidius und Syagrius überlebt hatte, festigte er seine Macht, die sein Sohn Chlodwig nach seinem Regierungsantritt im Jahr 482 gezielt weiter ausbaute, indem er die Staaten in seiner Nachbarschaft niederkämpfte oder ihre Herrscher ermorden ließ. Auf diese Weise fielen ihm nacheinander das Reich von Syagrius, Teile des alamannischen Staates am Mittelrhein, das Reich der Westgoten in Aquitanien sowie die anderen salfränkischen Kleinkönigreiche und schließlich auch das Land der Ripuarier zu. Am Ende seiner Regierungszeit beherrschte Chlodwig ganz Frankreich bis auf Burgund und die Provence, ganz Belgien sowie das Rheinland und den Südwesten Deutschlands bis nach Hessen und das heute zu Bayern gehörige Franken, das seinen Namen noch jenen Zeiten verdankt. Nach einer Schlacht gegen die Alamannen trat er, einem vor dem Kampf abgelegten Gelübde folgend, zum katholischen Christentum über. Die Tatsache, dass er durch die Taufe das Bekenntnis seiner romanischen Untertanen teilte, trug ganz entscheidend zum Zusammenwachsen der gemischten Bevölkerung seines Staates und damit zum dauerhaften Erfolg seiner Politik über seinen Tod hinaus bei. Die vollständige Christianisierung der Franken, deren Adel dem König wohl eher aus politischem Kalkül ins Taufbad gefolgt war, dauerte zwar noch runde zweieinhalb Jahrhunderte, doch der innere Frieden war gesichert. Ausgrabungen zeigen, dass schon unter Chlodwigs Regierung neue Siedlungen in dem geschundenen Land entstanden – auch diese wieder vor allem in Gegenden mit besseren Ackerböden; eine Reihe von Ortsnamen mit Endungen auf *-dorf*, *-heim* und *-weiler* weist noch heute darauf hin.[26]

Auch sonst war Chlodwigs Regierung wie schon die seines Vaters von der Wertschätzung antiker Traditionen geprägt: sein gutes Verhältnis zu den Bischöfen als wichtigste Träger der römischen Verwaltungstraditionen sicherte deren Überleben und bewahrte den Staat vor der Anarchie. Römische Gesetze galten weiterhin, und die noch vor Chlodwigs Tod abgeschlossene Aufzeichnung des fränkischen Rechts, der *Lex Salica*, bezeichnet eher die Anpassung der Franken an die römische Rechtstradition mit ihrer schriftlichen Überlieferung als die Abgrenzung davon. 508 wurde Chlodwig vom oströmischen Kaiser zum Konsul ernannt. Solche auf den ersten Blick inhaltsleeren Formalitäten waren für den König und seine Nachfolger von großer Bedeutung für ihr Selbstverständnis als Herrscher; ihre Unterordnung unter römische Etikette erschien Chlodwig und seinen Nachfolgern viel selbstverständlicher als man das heute angesichts der tief einschneidenden Umwälzungen der Völkerwanderungszeit, mit denen die Antike in der Rückschau scheinbar ihr abruptes Ende fand, zu glauben geneigt ist. Bedeutend für Aachen war dabei vor allem ein Umstand: mit der Übernahme der Herrschaft in den ripuarischen Gebieten am Rhein gingen auch die römischen Staatsdomänen in den Besitz des fränkischen Königshauses über. Diese vom Imperium übernommene Hausmacht war die folgenschwere Voraussetzung für die geschichtliche Entwicklung der gesamten Region.

Nach Chlodwigs Tod schloss sich eine scheinbar unendliche Folge von Reichsteilungen, Stellvertreterkriegen und Kämpfen gegen äußere Feinde und eigene

Kamm aus der Merowingerzeit (Fundort Büchel-therme)

Verwandte an, die um 570 ihren Höhepunkt erreichte. In dieser Zeit stiegen mit den Hausmeiern die Verwalter des königlichen Hofes zu den wichtigsten Beamten des Reiches auf, bis sie bereits um 600 die Schlüsselfunktion im Staat bekleideten und begannen, die Könige selbst an die Seite zu drängen. Gegen Ende des 7. Jahrhunderts war das Amt bereits erblich und für alle Teilreiche zusammengefasst. Der zu dieser Zeit amtierende Hausmeier Pippin (um 635 – 714) gründete damit eine Dynastie, die das fränkische Reich innerhalb von vier Generationen zum Höhepunkt seiner Macht führen sollte. Er war der Urgroßvater Karls des Großen.

Wie der erste Pippin die Macht der Hausmeier im Kerngebiet des fränkischen Staates zwischen Loire und Rhein nach innen zementiert hatte, so erweiterte sein Sohn Karl Martell die Macht dieses Staates nach außen. In der legendären Schlacht von Tours und Poitiers schlug er 732 die siegesverwöhnten Araber zurück, die von Spanien aus in Aquitanien eingedrungen waren. Im Osten schob er die Grenzen gegen Friesen, Alamannen, Hessen, Thüringer, Burgunder und Bayern vor. Das in den Kriegszügen erbeutete Land wurde an Gefolgsleute verteilt, mit deren Hilfe Karl Martell seine Machtbasis erweiterte. Nur wenige Jahre nach seinem Amtsantritt war die Macht des Hausmeiers so groß, dass er es sich erlauben konnte, mit Chlothar IV. (717 – 719) und Theuderich IV. (721 – 737) eigenmächtig zwei Könige auf den Thron zu heben, die ihm gefügig waren und ein solches Schattendasein führten, dass außer ihren Namen so gut wie nichts von ihnen überliefert ist. Nach dem Tod von Theuderich IV. regierte Karl Martell ohne König weiter. 743 holte sein Sohn, wieder ein Pippin, mit Childerich III. eine letzte Königsmarionette aus dem Kloster Saint Bertin und setzte sie auf den Thron. Es sollte der letzte merowingische König sein: Gegen Jahresende 750 reisten Bischof Burkhard von Würzburg und Abt Fulrad von Saint Denis im Auftrag Pippins nach Rom und legten dem Papst die Frage vor, auf die alles hinauslief: Ob es richtig sei, dass in Franken Könige ohne jede Macht auf dem Thron säßen. Der Papst ließ ausrichten, was Pippin hören wollte: Es sei richtiger, denjenigen König zu nennen, der sie tatsächlich habe, die Macht. Pippin handelte sofort: Childerich III. verschwand wieder in der Dunkelheit des Klosters, die er für einige Jahre hatte verlassen dürfen, um auf der Bühne der Macht seine traurige Statistenrolle zu erfüllen. Im November 751 ließ Pippin sich auf einer Reichsversammlung in Soissons zum König ausrufen. Damit war der Dynastiewechsel vollzogen.

Mit Pippin tritt endlich auch Aachen in die Geschichte ein. Weihnachten 765 und das Osterfest des folgenden Jahres verbrachte der inzwischen in die Jahre gekommene König hier; der knappe Bericht darüber gilt als die erste Erwähnung Aachens in schriftlichen Quellen, obwohl der Ort in der Legende des Heiligen Hidulf bereits ein halbes Jahrhundert früher als Schauplatz einer Begegnung zwischen dem von Hidulf als Abt des Klosters Saint Dié eingesetzten Marciannus und dem damaligen König Childebert III. (694–711) erwähnt wird. Allerdings entstand die Abschrift des entsprechenden Textes erst mehr als vier Jahrhunderte nach der angeblichen Begegnung.[27] Vielleicht zog zu dieser Zeit die außerhalb des *vicus* siedelnde fränkische Bevölkerung nach und nach in die Stadt, immerhin stand dort die in den Thermen errichtete Kirche bereits seit einigen Jahrhunderten. Unter dem heutigen Altar fanden sich Reste eines Reliquiengrabes, das nach der Art römischer Mausoleen wahrscheinlich zur Zeit Pippins in einer Rundkapelle untergebracht war.[28] Immerhin scheint das Grab später als so wichtig erachtet worden zu sein, dass es beim Bau der Pfalzkapelle durch eine Einmauerung geschützt und mit dem neuen Altar überbaut wurde.

Der Vorgängerbau der Pfalzkapelle dürfte zunächst eine Eigenkirche der fränkischen Könige gewesen sein, denn sie stand ganz offensichtlich auf königlichem Besitz, den Pippins Dynastie von den abgesetzten Merowingerkönigen übernommen hatte. Möglicherweise war Aachen mit seinem engeren Umland ein Verwaltungsbezirk, dessen Grenzen seit römischen Zeiten bestanden. Aus späteren Quellen wurde ein rhombenförmiges Gebiet mit 15 Kilometern Durchmesser rekonstruiert, das etwa 350 Quadratkilometer Fläche umfasste und dessen Land von vielleicht fünf Dutzend Herrenhöfen aus bewirtschaftet wurde. Eine Pfalzanlage muss dort schon zu Pippins Zeiten gestanden haben, andernfalls hätte der König die wichtigsten Feste des Jahreslaufs nicht ausgerechnet hier verbracht. Man kann sogar vermuten, dass auch die Thermalquellen wieder nutzbar gemacht worden waren. Damit waren die Grundlagen für den kometenhaften Aufschwung der Pfalzsiedlung gelegt. Aachen konnte erwachen.

2. Karolingerzeit

Gegen Ende des Jahres 753 überquerte Stephan II. als erster Papst überhaupt die Alpen. Hinter dem Großen Sankt Bernhard wurde er von einem fünfjährigen Jungen empfangen, der ihn mit seinem Gefolge bis zur Königspfalz Ponthion in der Champagne eskortierte.[29] Der Junge war der älteste Sohn des Frankenkönigs Pippin und sollte vierzehn Jahre später dessen Nachfolge antreten. Sein Name war Karl. Groß musste er erst noch werden.

Pippin verhandelte mehr als drei Monate lang mit dem Papst, der ihn um Unterstützung gegen die übermächtigen und unberechenbaren Langobarden gebeten hatte. Der Frankenkönig nahm den Papst in seinen Schutz und empfing im Juli 754 von ihm die Salbung zum König. Im folgenden Frühjahr brach er zum Kriegszug nach Italien auf und schlug die Langobarden ein erstes Mal. Die enge politische und religiöse Bindung an den Papst, die sakrale Ausgestaltung der fränkischen Monarchie durch römische Weihen und der Zug nach Italien – all diese Elemente sollten sich kurz darauf auch unter der Herrschaft seines Sohnes wiederfinden und durch ihn endgültig auf Jahrhunderte hinaus zu Konstanten der Politik werden.

Die Begegnung mit dem Papst war der erste überlieferte öffentliche Auftritt des zukünftigen Königs und Kaisers Karl. Möglicherweise kam er im Gefolge seines Vaters als Siebzehnjähriger ein erstes Mal nach Aachen, als dieser 765 das Weihnachtsfest in der dortigen Pfalz beging. Genau drei Jahre später war er wieder dort, diesmal selbst als König. Vielleicht entdeckte er bereits zu dieser Zeit seine Vorliebe für Aachen, vielleicht kam sie aber auch erst mit dem fortgeschrittenen Alter, als die Gelenke des Königs die warmen Bäder zu schätzen lernten – dauerhaft ließ Karl sich in Aachen jedenfalls erst ein Vierteljahrhundert nach seinem Regierungsantritt nieder. Allerdings war an eine Hauptstadt in den ersten Jahren kaum zu denken. Das Reich, das Karl von seinem Vater geerbt hatte und das er selbst tatkräftig erweiterte, konnte zunächst gar nicht anders als aus dem Sattel regiert werden. Als Aachen später allen anderen Pfalzen den Rang ablief und zur dauerhaften Residenz wurde, war dies vor allem ein Zeichen für die Konsolidierung der königlichen und kaiserlichen Macht.

In vielen Punkten erscheint Karls Königtum wie eine konsequente Fortführung der Politik seines Vaters, orientiert an ähnlichen Richtlinien, ähnlich zielstrebig und ähnlich erfolgreich. Dennoch ragte Karl schon bald weit aus dem Schatten seines Vaters heraus. Die Besonderheit seiner Herrschaft liegt vor allem in der folgenschweren Neubelebung der antiken Kaisertradition und die Besonderheit seiner Person in seinem energischen und ehrlichen Bemühen um die administrative und rechtliche Modernisierung sowie die moralische und religiöse Veredelung der teilweise noch ziemlich barbarischen Gesellschaft, die unter seiner Herrschaft lebte. Diese Elemente verbanden sich und wurden nicht lange nach seinem Tod zur Grundlage eines Mythos, der um so üppiger gedeihen konnte, als die Zeiten schon bald wieder schlechter wurden. Die Einheit von Karls Reich strahlte um so heller vor dem Hintergrund von Zerfall und Teilung, seine Siege über heidnische Völker wirkten um so glanzvoller angesichts der Hilflosigkeit gegenüber den Überfällen der Normannen, Sarazenen und Ungarn, die das Land unter seinen Nachfolgern heimsuchten. In Einhard fand Karl einen Biografen, der ihm ein für seine Zeit beispielloses literarisches Denkmal setzte; schon bald schlossen sich andere Verfasser an und strickten an der Legende, die Karl zum Idealherrscher, zum Reichsheiligen und schließlich zur historischen Vaterfigur eines ganzen Kontinents machte.

Die langfristige historische Bewertung der Wirkung des großen Kaisers fällt nüchterner aus, ohne dass die von Karl ausgehende Faszination dadurch beeinträchtigt wird. Die Reformen bei der Lenkung des Staates blieben ebenso in Ansätzen stecken wie die Leistungen auf kulturellem Gebiet, aber als Ansätze ragen sie dennoch weit aus dem grau dahinwogenden Meer von archaischen Vorstellungen und Verhaltensweisen heraus. Karl nahm Anteil an allem und interessierte sich für alles, und seine Persönlichkeit beeindruckte jeden, der mit ihm zu tun hatte. Als unübersehbare Symbole der Konzentration seiner Herrschaft entstanden in Aachen die viel bewunderte Pfalz und ihre Kapelle – Bauten, deren Errichtung für die schöpferischen und handwerklichen Kräfte des Frankenreiches eine bis dahin und für lange Zeit danach unerreichte Leistung darstellten, sich aber nicht im entferntesten mit entsprechenden Anlagen in Konstantinopel oder Bagdad messen konnten. Und dennoch spricht aus ihnen machtvoll und raffiniert zugleich der Geist jener Zeit, in der ein Herrscher versuchte, Ordnung in einen Staat zu bringen, der als faszinierendes Gebilde zwischen Antike und Mittelalter irgendwie in der Luft hing.

Nach Karls Tod ging das Reich an seinen glücklosen Sohn Ludwig den Frommen, nach dessen Tod wurde es in drei Teile zerschnitten. Mit der Reichseinheit zerfielen auch die Anstrengungen zur Fortführung und Konsolidierung der Reformen, zumal die Nachfolgestaaten des Karlsreiches ausreichend damit beschäftigt waren, sich untereinander zu bekämpfen und auswärtige Aggressoren in Schach zu halten. Als sich nach Kriegen, Teilungen und Einigungen schließlich zwei neue Reiche aus dem Durcheinander schälten, fiel Aachen dem späteren Deutschland zu, lag aber so nahe an der Grenze, dass es wohl in der Bedeutungslosigkeit versunken wäre, wenn die Erinnerung an Karl den Großen und sein Grab es nicht zu einer symbolischen Hauptstadt gemacht hätten, deren Besitz den Königen Prestige und Legitimation verlieh. Insofern verdankt Aachen Karl dem Großen nicht nur seine Entstehung, sondern auch sein Wiederaufblühen nach dem Ende der Karolingerzeit. Es sollte nicht das letzte Mal sein, dass der große Kaiser, gewissermaßen aus dem Grab heraus, seiner Stadt neues Leben verlieh.

Karl der Große,
Gemälde von Johann Peter Scheuren (1825)

2.1. Groß, größer, Carolus

Bevor der Blick wieder auf Aachen gerichtet wird, sollen Karls Lebensweg und der seines Reiches noch einmal im Zeitraffer beschrieben werden. Die erwähnte Biografie aus der Feder des mainfränkischen Gelehrten Einhard bietet eine dichte und weitgehend zuverlässige Beschreibung des Herrschers nach dem Vorbild der antiken Kaiserbiografien des römischen Schriftstellers Sueton, dessen Bücher Einhard wahrscheinlich im Kloster Fulda kennen gelernt hatte. Die Besonderheit an Einhards Werk liegt in seiner thematischen Gliederung: Karls Kriege, Karls Bauten, Karls Familie, Karls Glauben, Karls Tod – entgegen dem streng chronologischen Schema mittelalterlicher Annalen entsteht hier ein plastisches und menschliches Bild des Kaisers, verfasst von einem Augenzeugen, der seine Bewunderung kaum verhehlen kann, sich aber abgesehen von den Vorzeichen, die den Tod seines Helden ankündigen, offenbar an glaubwürdigen Quellen und vor allem an seinem eigenen Gedächtnis orientiert. Dazu kommen zahlreiche überlieferte Briefe aus der Korrespondenz zwischen Karl und seinen Gelehrten, die viel darüber verraten, was den Kaiser interessierte und was ihn umtrieb. Die Anekdoten über Karl sind von einer Lebensnähe, die lange nicht mehr erreicht wurde.

Dass Karl eine imposante Erscheinung war, ist keine gefällige Übertreibung des Biografen, wie Untersuchungen an den heute größtenteils im berühmten Karlsschrein aufbewahrten Knochen ergaben: „Er war von breitem und kräftigem Körperbau, hervorragender Größe, die jedoch das richtige Maß nicht überschritt … das Oberteil seines Kopfes war rund, seine Augen sehr groß und lebhaft, die Nase ging etwas über das Mittelmaß, er hatte schönes graues Haar und ein freundliches, heiteres Gesicht.“[30] Viele Quellen bestätigen das Bild eines in jeder Hinsicht überragenden, souveränen und gleichzeitig gelassenen Mannes, dessen unprätentiöse Selbstsicherheit und verbindliche Freundlichkeit zu ungezwungenem Umgang ermunterten. Vor allem die Aachener Geschichtsschreibung hat genüsslich immer wieder das von Einhard entworfene Bild einer um den Kaiser gescharten mehr als hundertköpfigen Badegesellschaft aus Verwandten, Freunden, Hofstaat und Leibwächtern zitiert, die fröhlich planschend das Angenehme mit dem Nützlichen zu verbinden wusste.

Dass Karl auch anders konnte, zeigt die Entschlossenheit, mit der er seinen Krieg gegen die Sachsen führte. Als der Einfall in deren Land 772 beschlossen wurde, hatten kleinere und größere Grenzkämpfe mit den Sachsen schon eine lange Tradition. Hatten sich seine Vorgänger aber meistens schnell wieder zum Frieden durchringen können, setzte Karl seinen Plan zur vollständigen Unterwerfung der Sachsen nun mit aller Härte durch. Die Kriegshandlungen waren von Massakern begleitet, die einen Schatten über seine Herrschaft warfen. Selbst Alkuin, der große Gelehrte und enge Vertraute des Königs, der sich ansonsten eher durch ausschweifende Lobeshymnen auf seinen Herrn hervortat, mahnte in Briefen zu mehr Nachsicht. Als der Krieg seinem Ende zuging, wurde die scharfe Gesetzgebung abgemildert und die Gleichberechtigung von Franken und Sachsen innerhalb des Großreiches verkündet, so dass die Eingliederung des besiegten und bekehrten Stammes schneller gelang, als man das angesichts der Verbissenheit des sächsischen Widerstandes glauben möchte. Der Sachsenkrieg war der längste Krieg, den Karl führte. Der einzige war es bei weitem nicht: Basken, Langobarden, Bretonen, Wilzen, Awaren, Dänen – an allen Grenzen des Reiches schlugen sich die Franken, wie sie es seit eh und je getan hatten.

Nachdem der Sachsenkrieg beendet war, wurden die Zeiten friedlicher. Karl, der inzwischen die meiste Zeit in Aachen verbrachte, widmete sich neben der Jagd mehr und mehr den Verpflichtungen von Verwaltung und Repräsentation. So lässt sich eine langsame und stetige Verlagerung des Schwerpunktes vom Kriegsherrn zum Gesetzgeber beobachten, an der man, wenn man das möchte, sicherlich auch eine gewisse charakterliche Reifung ablesen kann. Karl ist dazu verdammt, durch die Überlieferung auf das Bild reduziert zu werden, das zu seiner abschließenden Bewertung durch die Geschichtsschreibung und zu den pompösen Darstellungen wilhelminischer Maler passt: immer betagt und immer bärtig, altersweise und würdevoll, so sitzt er vor uns wie ein alttestamentarischer König, als hätte er nie eine Jugend gehabt. Dabei darf nicht vergessen werden, dass seine Herrschaft fast ein halbes Jahrhundert dauerte, das nicht spurlos an ihm vorübergehen konnte. Bei Beginn des Krieges gegen Sachsen war der König gerade 24 Jahre alt, am Ende der Auseinandersetzungen war er Kaiser und ging auf die 60 zu.

Gesetzgebung und Rechtspflege wurden also in den letzten Jahren zu seinem wichtigsten Betätigungsfeld, und ganz offensichtlich war die Rechtssicherheit seiner Untertanen ihm ebenso wie deren Seelenheil ein ehrliches Bedürfnis. Auch hier sind die Quellen ergiebig genug, um ein einigermaßen überzeugendes Bild von den Intentionen der Maßnahmen des Kaisers zu zeichnen. Die königlichen und kaiserlichen Satzungen werden als Kapitularien bezeichnet und liegen vor allem aus den letzten Jahren von Karls Herrschaft zu Dutzenden vor. Kapitularien befassten sich mit allen Bereichen des Rechts und der Verwaltung in bunter Zusammenstellung und oft in schlechtem Latein. Sie konnten Ergänzungen zu bestehenden Gesetzessammlungen sein oder auch den Charakter von Dienstanweisungen oder Durchführungsverordnungen haben. Königsboten brachten sie in die etwa 300 Gaue des Reiches und sorgten für ihre Umsetzung, soweit das angesichts des schwerfälligen Kommunikationssystems und der weiten Wege möglich war. Sie fungierten als Überbringer königlicher Nachrichten wie auch als Steuerbeamten und bevollmächtigte Richter in Disziplinarfragen. Einige überlieferte Sachverhalte belegen, dass Einzelfälle mit einer Akribie geprüft wurden, die man dem Zeitalter kaum zutrauen würde.

Eine Seite aus dem berühmtesten aller Kapitularien – dem Capitulare de villis, einer Verordnung zur Verwaltung der Krongüter (812)

789 wurde ein als *admonitio generalis* (Allgemeine Ermahnung) bezeichnetes Sendschreiben verfasst, das im ganzen Reich verbreitet wurde und in einem programmatischen Rundumschlag zu allen wichtigen Fragen des kirchlichen und weltlichen Rechts Stellung nahm. Der König wendet sich in 82 Kapiteln in direkter Ansprache und einzeln an die gesellschaftlichen Gruppen seines Reiches, denen die jeweiligen Aufforderungen galten: Bischöfe, Äbte, Priester oder schlicht und einfach an alle. Das Dokument ist eine eindringliche Aufforderung zur Umkehr, die weit über gesetzliche Einzelbestimmungen und vom augenblicklichen Bedarf diktierte Maßnahmen hinausgeht. Karl wollte Ordnung schaffen in seinem Reich und vor allem die geistlichen und weltlichen Würdenträger in die Verantwortung nehmen. Gegen Machtmissbrauch durch seine Amtsinhaber ging er daher ebenso energisch vor wie gegen die Missachtung kirchlicher Gebote. „Daß er den Versuch unternommen hat, die anarchische, besser semiarchaische Gesellschaft in eine zivilisierte, den Normen des Glaubens und des Rechts unterworfene Gemeinschaft umzuwandeln, macht die Größe Karls aus und nicht das Zusammenraffen einer disparaten, allenfalls durch die gemeinsame Religion und das Königtum zusammengehaltenen Ländermasse nach Art antiker und moderner Diktatoren.“[31]

Die an der Peripherie gelegenen Gebiete des Reiches waren von der Zentralgewalt naturgemäß schwer zu kontrollieren. Das galt nicht nur für die neu eroberten oder angegliederten Länder im Osten wie Sachsen oder Bayern, sondern besonders für das ehemalige Langobardenreich in Italien und für Aquitanien, das immer wieder zur Verselbstständigung neigte. Um das riesige Reich effizienter regieren zu können, setzte Karl seine Söhne als Unterkönige in den Außenländern ein, wodurch zuverlässige Vertreter nah am Geschehen platziert waren und die Söhne ganz nebenbei Erfahrungen in den Regierungsgeschäften sammeln konnten. Dass am Ende der Ärger über die endgültige Verteilung der Länder vorprogrammiert war, scheint Karl klar gewesen zu sein, und er versuchte dem Problem durch klare Regelungen über seine Nachfolge abzuhelfen. Dem ältesten Sohn Pippin aus der kurzen Ehe mit seiner ersten Frau Himiltrud entzog Karl schon 781 wahrscheinlich wegen eines Buckels das Erstgeburtsrecht und schickte ihn später nach einem Aufstandsversuch ins Hauskloster Prüm. Von seiner zweiten Frau Hildegard hatte Karl drei Söhne: Karl, Pippin – der ursprünglich den Namen Karlmann getragen hatte und bei der Entmachtung des Buckligen umgetauft worden war, um dessen Rolle zu übernehmen – und Ludwig. Während der älteste Sohn Karl von seinem Vater mit Regierungsaufgaben im fränkischen Kerngebiet betraut wurde, bekam Ludwig Aquitanien und Pippin Italien als Unterkönigreich zugesprochen. Eine 806 beschlossene Reichsteilung unter den drei Söhnen wurde hinfällig, weil Karl und Pippin vor ihrem Vater starben, so dass Ludwig das ganze Reich übernahm und die Teilung eine Generation Aufschub bekam.

Genaue Regelungen für Nachfolge und Erbe waren auch deshalb notwendig, weil Karl von verschiedenen Ehefrauen und Konkubinen mit einem überaus reichen Kindersegen beschenkt worden war. Sein ganz und gar nicht heiligenmäßiger Lebenswandel war allgemein bekannt und brachte seine späteren Biografen vor allem angesichts der bevorstehenden Heiligsprechung unter einen gewissen Rechtfertigungsdruck, während Einhard die stammesübergreifenden amourösen Umtriebe seines Dienstherrn und die ihm bekannte Nachkommenschaft eher teilnahmslos auflistet: „Die Tochter des Langobardenkönigs Desiderius ... verstieß er wieder, man weiß nicht aus welcher Ursache, nach einem Jahre, und vermählte sich mit der Hildigard, einer Frau von hohem Adel aus dem Volk der Schwaben; diese gebar ihm drei Söhne, Karl, Pippin und Ludwig, und ebensoviele Töchter, die Hruodtrud, Berhta und Gisla. Noch drei andere Töchter hatte er, die Theoderada, Hiltrud und Hruothaid, zwei von seiner Gemahlin Fastrada ..., die dritte von einem Kebsweib, deren Name mir nur nicht einfällt. Nach dem Tode der Fastrada heiratete er die Liutgard, eine Alamannin, von der er keine Nachkommenschaft bekam. Nach deren Tode hatte er drei Beischläferinnen, Gerswind von sächsischem Geschlecht, die ihm eine Tochter Adaltrud, Regina, die ihm den Drogo und Hug gebar, und Adallinde, mit der er den Theoderich erzeugte.“[32]

Mit der Jahrhundertwende näherte sich das einschneidendste und folgenreichste Ereignis in Karls langer Regierungszeit. Es begann in Rom mit einem Attentat auf Papst Leo III., der während einer Bittprozession in den Straßen der Ewigen Stadt von politischen Gegnern überfallen und eingekerkert wurde. Nun brachte die Verstrickung der Heiligen Väter in die verworrenen Machtkämpfe des römischen Adels solche Gewaltakte bisweilen mit sich; mehrere Päpste dieser für die Geschichte Roms wenig glanzvollen Jahrhunderte verschwanden so schnell wie sie erschienen waren, eingesetzt von den allmächtigen Clans, bei der ersten Gelegenheit wieder vom Thron gestoßen, geblendet, verstümmelt und mit herausgerissener Zunge zur makaberen Belustigung des Volkes rückwärts auf dem Rücken von Eseln durch die Stadt getrieben. Leo III. aber entkam der Blendung, die seinen Gegnern im Getümmel offenbar misslungen war, und er entkam auch der Gefangenschaft.

Über den Hintergrund des Anschlags ist wenig bekannt. Offenbar waren Zweifel an der Amtsführung des Papstes und Gerüchte über eine Verschwörung schon früh bis zum König gedrungen, denn Karl ergriff nicht unüberlegt Partei für den misshandelten Pontifex, sondern lud ihn zunächst nach Paderborn ein – zu dessen eigener Sicherheit und um die Sache zu besprechen, wie es scheint. Ganz unversehens war der König zum Schiedsrichter in römischen Angelegenheiten avanciert. Derselbe Karl, der als Fünfjähriger Stephan II. bei seiner Ankunft im Reich seines Vaters empfangen hatte, empfing nun den vierten Amtsnachfolger jenes Papstes ein halbes Jahrhundert später in seinem eigenen Reich. Man tauschte Geschenke aus. Karl sagte einen Besuch in Rom zu und behielt sich das abschließende Urteil in der Angelegenheit vor. Obwohl eine unvoreingenommene Klärung der Sache ihm sicherlich am Herzen lag, wog die traditionelle Bindung an den römischen Oberhirten schwer und führte zu einer gewissen Befangenheit des Königs gegenüber Leo III., mit dessen Amtsvorgänger Hadrian I. (772 – 795) ihn zudem eine enge und lange Freundschaft verbunden hatte. Zunächst konnte der Papst in seine Stadt zurückkehren. Gegen die Attentäter wurden Untersuchungen durch königliche Beamten eingeleitet. Mit dem Gegenbesuch ließ sich der König indes noch mehr als ein Jahr Zeit.

Als Karl schließlich doch am 24. November 800 in Rom einzog, war es sein vierter Besuch in der Stadt. Diesmal aber kam er nicht als bescheidener Pilger. Die Schilderungen der Ereignisse lassen bei aller Knappheit ein wenig von der fiebernden Erwartung durchschimmern, von der die Ankunft des Königs begleitet wurde. Der Papst, der nun auch allen Grund zu Dankbarkeit und Schmeichelei hatte, ritt ihm ungeachtet des üblichen Zeremoniells bis zum 12. Meilenstein vor der Stadt entgegen. Die Straßen waren von jubelnden Menschenmengen gesäumt, die Leo bestellt hatte. Karl selbst stieg erst vor den Stufen der Peterskirche vom Pferd und schritt dann mit großem Gefolge in die Kirche. Eine Woche nach seiner Ankunft begann das Verfahren gegen die Verschwörer des Vorjahres. Doch auch

Leo wurde mit den gegen ihn erhobenen Vorwürfen konfrontiert, die er durch einen feierlichen, auf der Kanzel der Peterskirche abgelegten Eid für alle zufriedenstellend entkräftete. Ein paar Wochen später sorgte er immerhin für die Begnadigung seiner inzwischen zum Tod verurteilten Gegner, die daraufhin in die Verbannung wanderten.

Papst Leo III. und Karl der Große, Rekonstruktion des Mosaiks aus dem Triklinium der Päpste in Rom

Der Besuch näherte sich dem Höhepunkt, und wieder war der Petersdom Schauplatz des Ereignisses – eines Ereignisses, dessen leicht zu merkendes Datum zu den wenigen Jahreszahlen gehört, die Generationen von Schülern ihr Leben lang nicht vergessen haben: Am 25. Dezember des Jahres 800 erlebte das vor mehr als drei Jahrhunderten untergegangene weströmische Kaisertum seine Wiederauferstehung, als Papst Leo III. dem Frankenkönig Karl während der Weihnachtsmesse vor dem Hauptaltar eine Krone aufsetzte und das anwesende Volk – wieder möchte man Leos Claqueure vermuten – ihn zum Kaiser ausrief. Die Allianz zwischen Papst und König hatte damit eine neue Dimension bekommen. Einhard berichtet, Karl habe von den Plänen des Papstes nichts gewusst und hätte die Kirche andernfalls auch gar nicht betreten; wahrscheinlicher ist, dass die Sache bereits in Paderborn besprochen worden war. Damit hatte eine Rangerhöhung stattgefunden, deren politische Bedeutung von den Zeitgenossen viel diskutiert wurde. An der Verfassung des Frankenreiches änderte sich zwar nichts. Doch die Auswirkungen auf das Verhältnis der Herrscher zum Papst, der durch die Krönung seinen Anspruch und den seiner Amtsnachfolger auf die entscheidende Rolle bei der Erhebung zukünftiger Kaiser formuliert hatte, waren auch in den folgenden Jahrhunderten enorm.

Karl selbst kann es nicht missfallen haben, dass sein Reich, das wie das Imperium aus den glanzvollen Zeiten von Augustus ein Vielvölkerstaat und damit mehr als ein einfaches Königreich geworden war, durch die Erwerbung des Kaisertitels geadelt wurde, zumal er selbst auch im kulturellen und geistlichen Bereich viel Wert auf die Anknüpfung an antike und eben vor allem römische Traditionen legte. Was nun aber die genaue Titulatur betraf, tat man sich noch eine Weile schwer. In diplomatischer Hinsicht waren die aus heutiger Sicht umständlichen Formeln zur Umschreibung der neu gewonnenen Würde geradezu ein Minenfeld: Dem Papst konnte bei aller Freundschaft nicht an einer kaiserlichen Mitsprache bei den weltlichen Angelegenheiten seines Kirchenstaates gelegen sein, nachdem die Existenz dieses Kirchenstaates just zu dieser Zeit mit einer am päpstlichen Hof gefälschten Urkunde gerechtfertigt wurde, in der Konstantin der Große seinen Rückzug nach Konstantinopel ausdrücklich mit der Übergabe der weltlichen Macht im Westreich an den Papst begründete. Und in Byzanz war man alles andere als erbaut darüber, dass ein König der Franken, die man immer noch als ungehobelte und kulturlose Barbaren anzusehen geneigt war, nun plötzlich denselben Rang haben sollte wie der oströmische Kaiser, der sich immerhin tatsächlich in direkter Linie bis auf Augustus zurückführen konnte. Schlecht für die Griechen war dabei nur, dass Konstantin VI. schon im Jahr 797 von seiner eigenen Mutter Irene seines Augenlichtes beraubt und abgesetzt worden war, so dass der byzantinische Kaiserthron von den fränkischen Rechtsgelehrten als vakant angesehen wurde, weil man Irene als Kaiserin nicht anerkannte. Erst 812 wurde die Krise durch die diplomatische Anerkennung von Karls westlichem Kaisertum durch den inzwischen zum östlichen Kaiser erhobenen Michael I. beendet. In der Aachener Marienkirche wurde die entsprechende Urkunde von Michaels Gesandten in einer kleinen Zeremonie übergeben. Damit sind wir wieder in Aachen gelandet.

2.2. Zentrum eines Imperiums

Karls Herrschaft war, wie gesagt, zunächst ein Reisekönigtum. Die Aufenthaltsorte des Königs wechselten ständig, und sein Weg lässt sich aufgrund der Nachrichten in Chroniken und Annalen sowie durch die Datierung der vor Ort ausgestellten Urkunden mehr oder weniger genau rekonstruieren. Er folgte dabei den politischen und militärischen Notwendigkeiten. Zunächst entfaltete sich der königliche Reiseweg um Schwerpunkte im alten Königsland, wo der Hausbesitz besonders dicht gestreut war. Herstal und Quierzy waren hier die am häufigsten besuchten Pfalzen, diesen folgten in der Beliebtheit die verkehrsmäßig günstigen Orte im Rheinland wie Worms, Frankfurt und Ingelheim und solche, die in der Nähe der außenpolitischen Schauplätze lagen wie Paderborn und Düren während der Sachsenkriege oder Regensburg nach der Einverleibung Bayerns. Manche dieser Orte haben ihre damalige Bedeutung nicht mehr erreicht. Quierzy, Schauplatz einiger wichtiger Reichsversammlungen, ist heute ein Dorf mit kaum mehr als 300 Einwohnern. Gegenüber den Merowingern, die sich stärker auf die antiken Städte gestützt hatten, zogen die Karolinger scheinbar ländliche Pfalzen vor.

Die Kreise, die der König auf seinen Reisen um Aachen zog, wurden immer enger. 791 brannte die Pfalz in Worms, die bis dahin zumindest im Hinblick auf die Zahl der Aufenthalte so etwas wie die Lieblingspfalz des Königs gewesen zu sein scheint, bis auf die Grundmauern ab. Ab 794 residierte Karl dann meistens in Aachen, nach 799 fast ausschließlich. Nach 806 verließ er die Anlage nur noch, wenn es sich gar nicht vermeiden ließ und zur Jagd, für die es in der Umgebung von Aachen ausreichend große Waldgebiete gab. Dieser Umstand und die gute Versorgungslage durch die in der Nähe gelegenen Königsgüter dürfte bei der Auswahl der Residenz eine Rolle gespielt haben; der Hauptgrund aber waren die Thermalquellen, jedenfalls genoss der Kaiser die Badefreuden so ausgiebig, dass Einhard sie als Grund für die Errichtung der neuen Pfalz in ihrer Nachbarschaft nennt.

Über den Bau dieser Anlage ist weniger bekannt, als man angesichts der reichhaltigen Literatur vermuten könnte: „Bei der Erforschung der Aachener Pfalz hat es deutlich an nüchterner Einsicht gefehlt, zwischen dem zu scheiden, was sich als sicher, als wahrscheinlich, als möglich oder auch als unsicher, als unwahrscheinlich und als unmöglich erweisen läßt."[33] Immer wieder wurden Daten zum Baubeginn und zum Bauabschluss genannt und wieder verworfen, einzelne Baukörper nach vagen Vermutungen rekonstruiert und im Hinblick auf ihren Verwendungszweck den fragmentarischen Nachrichten der Quellen und gefälligen Spekulationen angepasst. Auch der Aussagewert literarischer Quellen wurde gern überschätzt. Als Beispiel dafür kann das so genannte Paderborner Epos angeführt werden, das eine anschauliche und bei aller dichterischen Ausschmückung irgendwie authentisch wirkende Beschreibung der Bauarbeiten liefert, tatsächlich aber beim römischen Dichter Vergil aus dessen Schilderung der Stadt Karthago abgeschrieben wurde.[34] Zuverlässige Ergebnisse zur Baugeschichte der Pfalz sind daher wohl vor allem von der Auswertung alter und neuer Grabungen sowie von naturwissenschaftlichen Datierungsmethoden zu erwarten.

Eine vollwertige Pfalz war eine komplexe Anlage, die eine gewisse Mindestausstattung benötigte. Sie musste dem Herrscher ausreichend Wohnraum für sich und sein Gefolge bieten können, die Versorgung musste durch einen entsprechenden Wirtschaftsbereich gewährleistet sein, und schließlich brauchte es passende Räumlichkeiten für Regierungsgeschäfte, Rechtssprechung, Repräsentation, Religionsausübung, Bildung und Unterhaltung.[35] Die Aachener Pfalzanlage lässt sich relativ genau rekonstruieren. Ausgehend von der wahrscheinlich zuerst errichteten und heute noch in ihrer Grundsubstanz erhaltenen Pfalzkapelle gruppierten sich die wichtigsten Baukörper folgendermaßen um die Kirche: Im Westen war dem Achteck zunächst eine Vorhalle und dann ein Atrium vorgelagert, das in seinen Abmessungen etwa dem heutigen Domhof entsprach. Nördlich und südlich der Pfalzkapelle befanden sich zwei rechteckige Anbauten, von denen einer als Sakristei und der andere vielleicht als Versammlungsraum diente. An der Stelle des gotischen Chors lag eine kleine Ostapsis. Nördlich der Kapelle und damit deckungsgleich mit dem heutigen Rathaus erhob sich der Hauptbau der Pfalz, die 44 Meter lange Königshalle für Empfänge und Versammlungen mit einer Apsis im Westen, in der wahrscheinlich der Thron stand. Der heute noch erhaltene Granusturm gehörte ebenso zu dem Komplex wie ein zweistöckiger Bau, der sich im Süden an die Außenwand der Königshalle anschmiegte. Schließlich waren Pfalzkapelle und Königshalle durch einen von Norden nach Süden verlaufenden, 120 Meter langen zweistöckigen Gang verbunden, der an das Atrium anstieß. Der Gang wurde in der Mitte durch einen massiven Baukörper verbunden, der abwechselnd als Turm, Torhalle, Wachstube und Wohnbau gedeutet wurde, dessen Fundamente allerdings kürzlich in die Zeit um 880 datiert wurden, wodurch alle früheren Deutungen hinfällig geworden sind.[36] Die Frage, wo der König denn nun selbst wohnte, ist verschieden beantwortet worden, ohne dass sich eine Ansicht durchsetzen konnte. Vielleicht lagen die Gemächer im Obergeschoss des südlich an die Königshalle angeschlossenen Baus mit Blick auf den Katschhof, vielleicht aber auch in einem eigenen Gebäude, das noch nicht lokalisiert wurde.

Man kann davon ausgehen, dass die Anlage 794, als die Aufenthalte des Königs immer länger wurden, bezugsfertig war. Ihre Struktur entspricht heute noch dem durch Rathaus und Dom begrenzten Komplex, wobei der Verbindungsgang eine zwischen Königshalle und Pfalzkapelle liegende Freifläche nach Westen begrenzte, die dem heutigen Katschhof entspricht. Dort stand wahrscheinlich eine auf dem Rückweg von der Kaiserkrönung aus Ravenna mitgebrachte Reiterstatue des Gotenkönigs Theoderich als Krönung einer Brunnenanlage.[37] Weitere Wohnanlagen des Hofstaates, Gästehäuser und Unterkünfte für die Bediensteten standen in der unmittelbaren Umgebung und waren wahrscheinlich auf Pfeilern errichtet, dazu kam die wiederhergestellte Thermenanlage im Osten der Pfalz. Wahrscheinlich muss man sich an einigen Stellen auch noch die Ruinen des römischen Militärbades vorstellen, die hier und da aus dem Boden ragten. Im weiteren Umland war die Anlage schließlich von einem Kranz von Königshöfen zur Versorgung umgeben.

Der Granusturm – letzter erhaltener Gebäudeteil der karolingischen Pfalz

Entsprechend den oben genannten Bereichen der Pfalz war der Tagesablauf mit Beratungen, Gerichtssitzungen, Gottesdiensten, Gesandtenempfängen, Unterricht und Kulturveranstaltungen angefüllt. Zu den Regierungsgeschäften gehörte die ausgiebige Beratung über Fragen der Tagespolitik in kleineren und größeren Zusammenkünften bis hin zu den unregelmäßig stattfindenden Reichsversammlungen und Synoden, zu denen sich Grafen und Bischöfe in Aachen die Klinke in die Hand gaben. Die Reichsversammlungen knüpften an die alte fränkische und überhaupt germanische Sitte der Heeresversammlungen an, bei denen sich politische Beratung und königliche Rechtssprechung miteinander vermischten. Es passt zur oben geschilderten zunehmenden Beschäftigung des Kaisers mit rechtlichen Angelegenheiten, dass das Aachener Hofgericht in den letzten Jahren immer mehr Prozesse an sich zog. Einhard berichtet, dass Karl sogar manchmal mitten in der Nacht aufstand, Vertreter von streitenden Parteien zu sich rufen ließ, Sachverhalte prüfte und Urteile fällte, während sich die Betroffenen den Schlaf aus den Augen rieben.[38] Zum Alltagsgeschäft gehörten ferner die Abfertigung der Boten und die Ausstellung von Urkunden, um die sich die Hofkapelle mit ihren Notaren und Schreibern kümmerte. Die wenigen erhaltenen echten Urkunden aus Karls Regierungszeit – unter den 264 ihm zugeschriebenen Urkunden sind allein 104 Fälschungen[39] – sind mit einem Monogramm unterzeichnet. Während nun der gesamte Text der Urkunden von professionellen Schreibern nach dem Diktat der Notare auf das Pergament gebracht wurde, stammt die bescheidene Mittelraute dieses Monogramms von der Hand des Kaisers selbst, der damit der Urkunde ihre endgültige Rechtskraft verlieh und für die Nachwelt einen winzigen Augenblick seiner Aufmerksamkeit gewissermaßen per Federstrich verewigt hat. Inzwischen hat übrigens auch die Aachener Tourismusförderung das Monogramm als Logo für sich wiederentdeckt.

Monogramm Karls des Großen

Aus alter Zeit hatte sich eine Reihe von so genannten Hofämtern erhalten, deren Inhaber zunächst mit alltäglichen Aufgaben in der unmittelbaren Nähe des Fürsten betraut waren und sich dann langsam – wie schon die Hausmeier der Merowingerzeit – zu königlichen Amtsträgern entwickelten, deren Ressorts wie eine Projektion der Aufgaben am Hof auf die Erfordernisse der Staatsregierung wirkten. Der Hof war gewissermaßen ein Abbild des Staates: Der Kämmerer wurde zum Finanzminister, der Marschall zum Heerführer. Der Seneschall leitete das Personal und der Mundschenk kümmerte sich um die Versorgung. Der Erzkapellan gehörte dem geistlichen Stand an und war zunächst mit der Leitung der Hofkapelle und der Seelsorge beauftragt, war dann aber zusammen mit dem ihm unterstellten Kanzler vor allem für den Schriftverkehr zuständig. Später wurden diese Ämter mit Ausnahme des Kanzlers dann nach und nach zu reinen Ehrenämtern, die vom hohen Adel versehen wurden und deren Ausübung sich auf einige wenige Rituale beschränkte, denen wir anlässlich der Aachener Königskrönungen später noch begegnen werden.

Sternstunden der Regierungsarbeit waren die Besuche der Gesandten auswärtiger Mächte, die besonders in den letzten beiden Jahrzehnten von Karls Herrschaft angesichts von dessen gesteigertem Ansehen mit auffälliger Häufigkeit in Aachen eintrafen. Karl pflegte freundschaftlichen Umgang nicht nur mit seinen Nachbarn, mit denen er gerade nicht im Krieg lag, sondern auch mit Byzanz, Jerusalem und Bagdad. Den diplomatischen Missionen der Griechenkaiser und Patriarchen widmen vor allem die Reichsannalen immer wieder etwas von ihrem knapp bemessenen Platz; ganz offensichtlich schmeichelte die Aufmerksamkeit exotischer Machthaber der offiziellen Hofgeschichtsschreibung. 797 traf Abdallah, ein Sohn des im mauretanischen Exil lebenden Emirs Ibn Muawijah am Hof ein und bat um den Schutz des Frankenherrschers. Im selben Jahr brach von Aachen aus eine königliche Gesandtschaft nach Bagdad auf, deren Anführer Isaak, Lantfrid und Sigismund hießen; wahrscheinlich ging es um die Besserung der Lage christlicher Pilger in Jerusalem, die zu dieser Zeit in Bedrängnis geraten waren. Im Jahr darauf erschien eine Mission der byzantinischen Kaiserin Irene, die gerade ihren Sohn gestürzt hatte und nach außenpolitischer Anerkennung suchte, und noch im selben Jahr eine weitere Gesandtschaft der Opposition, die Karl nichts weniger als die byzantinische Kaiserkrone anbot.[40] 799 traf in Aachen ein Mönch mit Reliquien des Heiligen Grabes als Gesandter des Jerusalemer Patriarchen ein, bei dem Isaak, Lantfrid und Sigismund auf ihrem Weg nach Bagdad offenbar Station gemacht hatten.

Den prestigeträchtigen Höhepunkt der diplomatischen Aktivitäten bildete aber unbestritten der Austausch mit dem legendären Kalifen Harūn ar-Raschīd von Bagdad. Im Juni 801 wurde Karl auf seinem Rückweg von Rom in Pavia von Boten eingeholt, die die Landung eines Abgesandten des Kalifen in Begleitung eines Diplomaten des tunesischen Emirs Ibrāhīm ibn al-Aġlab in Pisa meldeten. Die Araber trafen den Kaiser zwischen Vercelli und Ivrea und berichteten, dass der vor fast vier Jahren von Karl ausgesandte Isaak sich auf dem Rückweg befände, nachdem seine beiden Gefährten Lantfrid und Sigismund unterwegs gestorben waren. Isaaks Reise ist eins der größten Abenteuer jener Zeit. Sein Vorwärtskommen wurde erheblich durch einen weißen Elefanten namens Abū'l-'Abbās erschwert, den der Kalif dem Kaiser als Zeichen seiner Verehrung eben durch den jüdischen Reisenden überbringen ließ. Nun saß Isaak mit dem unhandlichen Rüsseltier in Nordafrika fest, nachdem sich offenbar kein Kapitän bereit erklärte, den Koloss an Bord zu nehmen. Die Reichsannalen berichten, Karl habe von Ligurien eigens eine Flotte abgeschickt, um Isaak abholen zu lassen. Es dauerte noch mehr als ein Jahr, bis dieser nach fast fünf Jahren am 17. Juli 802 endlich in Aachen eintraf.[41] Abū'l-'Abbās avancierte in der folgenden Zeit zu einem Liebling der Hofgesellschaft. Er wurde wahrscheinlich in einem Wildbann östlich der Pfalz untergebracht[42] und starb 810, während Karl einen Zug gegen die Dänen vorbereitete. Sein Skelett liegt vielleicht noch irgendwo im Boden und wartet auf seine Entdeckung.

Der Elefant – laut Alkuin der einzige, den Harūn ar-Raschīd besaß – blieb nicht dessen einziges Präsent; fast hat man den Eindruck eines Wettstreits zwischen Abendland und Orient, wer die spektakulärsten Geschenke zu verteilen hatte. Eindeutiger Sieger blieb in diesem Fall Harūn ar-Raschīd: Nachdem Karl noch im Jahr 802 friesische Tuche und einige Jagdhunde nach Bagdad geschickt hatte, revanchierte sich der Kalif fünf Jahre später mit einer Wasseruhr, bei der auch die sonst eher nüchternen Reichsannalen ins Schwärmen gerieten: ein Uhrwerk aus Messing, zwölf Kugeln aus Metall, die zu den vollen Stunden auf Glocken fielen, zwölf Reiter, die aus zwölf Klappen geritten kamen, und „... noch vieles andere befand sich an dieser Uhr, was jetzt aufzuzählen zu weitläufig wäre" – so schließt der Bericht fast ein wenig unwirsch, als sei dem Schreiber mitten im Satz die Unschicklichkeit einer allzu ausschweifenden Lobeshymne auf die Überlegenheit arabischer Kunsthandwerker aufgegangen. Schon die allenfalls in dichterischer Hinsicht brauchbare Beschreibung einer Orgel, die bei anderer Gelegenheit mit einer griechischen Gesandtschaft nach Aachen gekommen war, zeigt, wie wenig vertraut man mit solchen und ähnlichen Wunderwerken der Feinmechanik im Westen war – „jenes vortreffliche Musikinstrument, das vermittels eherner Kästen und rindslederner Blasbälge durch Metallpfeifen wundersam die Luft durchstreifen läßt und dabei ebenso das dumpfe Grollen des Donners wie das leichte Gesäusel der Leier oder Zymbel an Wohlklang erreichte."[43]

2.3. Eine Bildungsrevolution

Mit fortschreitender Zeit wird der Kreis am Hof bunter und die Namen fallen dichter. Die Aachener Gesellschaft bekommt immer mehr Gesichter, wobei besonders der Kreis der Gelehrten der Nachwelt in vielen Facetten gegenübertritt, weil sie es waren, die für die Überlieferung sorgten. Vor allem in Gedichten und Briefen entsteht ein Bild dieser hoch gebildeten Gesellschaft, das chronologisch entzerrt werden muss und auch sonst nicht ganz einfach zu charakterisieren ist, weil sich die als politische Aufgabe verstandene Ausarbeitung eines kulturellen Reformprogramms mit Privatunterricht, intellektueller Kurzweil und ganz profaner Geselligkeit vermischte. Nach und nach fanden sich auf Einladung des Königs einige der größten Gelehrten seiner Zeit am Hof ein, und viele von ihnen verließen ihn wieder mit einer einträglichen Pfründe in der Tasche. Karls Bildungshunger war einzigartig, Einhards bekannte Schilderung spricht Bände: „Reich und überströmend floß ihm die Rede vom Munde, und was er wollte, konnte er leicht und klar ausdrücken. Es genügte ihm jedoch nicht an seiner Muttersprache, sondern er widmete sich auch der Erlernung fremder Sprachen … In der Grammatik nahm er Unterricht bei dem greisen Diakon Petrus von Pisa, in den übrigen Wissenschaften ließ er sich von Albinus, mit dem Beinamen Alkoin, ebenfalls einem Diakon, unterweisen … In dessen Gesellschaft wandte er viel Zeit und Mühe auf, um sich in der Rhetorik, Dialektik, vorzüglich aber in der Astronomie zu unterrichten. Er erlernte die Kunst zu rechnen und erforschte mit emsigem Fleiß und großer Wißbegierde den Lauf der Gestirne."[44]

Denar mit dem Konterfei Karls des Großen

Der Stern am Firmament dieser Gelehrtenrunde war ohne Zweifel der genannte Angelsachse Alkuin, der ehemalige Leiter der Kathedralschule von York, den Karl bereits 781 in Parma kennen gelernt und an seinen damals noch umherreisenden Hof eingeladen hatte. Ein Jahr später traf Alkuin ein und wurde Leiter der Hofschule, die zunächst der Kapelle angegliedert war und die Ausbildung von Geistlichen für den Hofdienst und die Liturgie zu besorgen hatte. In den Quellen ist sie schwer fassbar; in einem Brief des Paulinus von Aquileja ist von 30 Schülern die Rede, die hier gleichzeitig ausgebildet wurden.[45] Bei Karl traf Alkuin nun seinen ehemaligen Schüler Beornrad wieder, auch er ein Angelsachse, der inzwischen Abt von Echternach und einer der wichtigsten Köpfe der Sachsenmission geworden war, ferner den Langobarden Petrus von Pisa, den er einmal in jungen Jahren in einer gelehrten Disputation gesehen hatte.[46] So sammelte sich eine internationale Gelehrtengesellschaft in Karls Entourage, deren Auflistung sich wie ein Autorenverzeichnis der wichtigsten literarischen Werke jener Epoche liest: Neben Alkuin als Verfasser von Abhandlungen über Theologie, Rhetorik, Dialektik und Astronomie, ferner von Briefen, Gedichten und Predigten waren das der langobardische Geschichtsschreiber Paulus Diaconus, der Franke Angilbert von Saint-Riquier und der Westgote Theodulf von Orléans, beide Dichter, und natürlich Einhard, Karls Biograf, der nach Alkuins Weggang die Leitung der Hofschule übernahm.

Neben den Zöglingen dieser Hofschule wurde der König selbst Alkuins eifrigster Schüler; Karls Wissensdurst kannte scheinbar keine Grenzen, und er bombardierte Alkuin brieflich mit Fragen, nachdem dieser 796 den Hof wieder verlassen hatte, um die Leitung des Martinsklosters in Tours zu übernehmen. In den von Alkuin in Dialogform verfassten Lehrbüchern taucht Karl als sein Schüler wieder auf. Die Korrespondenz der beiden ist von gelehrten Anspielungen und augenzwinkernder Ironie durchsetzt, immer wieder tauchen gemeinsame Bekannte auf, die scherzhaft mit den Namen von Protagonisten der biblischen und der griechisch-römischen Welt belegt wurden: Kaiser Karl wurde zu König David, Alkuin zu Horaz, Angilbert von Saint-Riquier zu Homer, Erzbischof Hildebold von Köln zu Aaron und Abt Adalhard von Corbie zu Antonius.[47] In den mehr als 30 Jahren zwischen Alkuins Berufung und Karls Tod durchzog ein schillernder Reigen von Gelehrten den Hof und betrieb einen regen Austausch mit allen Interessierten. Auch die Ausbildung seiner Söhne und Töchter lag Karl sehr am Herzen, und Angilbert von Saint-Riquier widmete sich der Aufgabe so intensiv, dass Karls Tochter Bertha ihm zwei Söhne schenkte.

Das Bild von der angeregt plaudernden Runde wurde in der späteren Literatur zu einer Akademie lorbeerbekränzter Denker und Dichter hochstilisiert, die einem Renaissancegemälde entsprungen sein könnte. Als dauerhafte Institution hat es diesen Kreis allerdings kaum gegeben, und das schon deshalb, weil seine Mitglieder nicht die ganze Zeit über und oft nicht gleichzeitig am Hof weilten. Dennoch war Karl ein beeindruckender Katalysator für den mündlichen und brieflichen Austausch. Hinter den gelehrten Spielereien stand eine bildungspolitische Zielsetzung, die als Karolingische Renaissance bezeichnet wird. Das Ziel war eine weit über die Hofschule hinausgehende, tief greifende Reform von Wissenschaft, Kunst und Religion an ihrer Wurzel, die energisch begonnen wurde, langfristig aber den Rückfall in die kulturelle Verwilderung nicht verhindern konnte, weil Karls Nachfolger kein Engagement mehr darauf verwandten. Dennoch konnten spätere Gelehrte auf die Leistungen von Karls Kreis aufbauen.

Auf die *admonitio generalis* von 789 folgte einige Jahre später die an Abt Baugulf von Fulda adressierte *epistola de litteris colendis* (Brief über die Pflege der Schriftsprache), in der die Geistlichkeit des Reiches mit der wichtigsten und grundlegendsten Forderung der angestrebten Bildungsreform konfrontiert wurde: der Pflege einer korrekten Sprache als Grundlage für die Erfassung und Formulierung korrekter Gedanken. In die biblischen, theologischen und liturgischen Texte hatten sich im Lauf der Jahrhunderte immer mehr und immer gröbere Fehler in Rechtschreibung und Grammatik eingeschlichen, die nach Ansicht der Reformer deren Aussagen zu verfälschen begannen. Die Säuberung dieser Schriften wurden in den folgenden Jahren zur Hauptaufgabe der damit betrauten Gelehrten unter der Federführung von Alkuin. Die gereinigten Texte wurden also am Hof in Reinschrift gebracht und von dort aus zur Abschrift an die Zentren der Buchproduktion – vor allem die großen Bischofsschulen und Klöster – geschickt. Dort entstand eine Flut von Kopien: neben Bibel, Patristik, Benediktsregel, Heiligenlegenden, Konzilsbeschlüssen und Predigten auch Rechtstexte, Geschichtswerke und alle Arten von wissenschaftlicher Literatur. Die Vereinheitlichung der Sprache sollte durch die Vereinheitlichung der Schrift unterstützt werden, die noch heute verwendeten Kleinbuchstaben gehen auf die damals auf dem Reißbrett entworfene und seitdem kaum noch veränderte karolingische Minuskel zurück. Die Karolingische Renaissance war ein einzigartiger und machtvoller Eingriff in das kulturelle Leben eines ganzen Kontinents, der ohne Karls eigene Entschlossenheit und sein Engagement nicht denkbar gewesen wäre und im ganzen Mittelalter ohne Beispiel blieb. Angehörige der Hofschule gründeten Ableger an anderen Orten oder führten bestehende Schulen zu neuer Blüte.

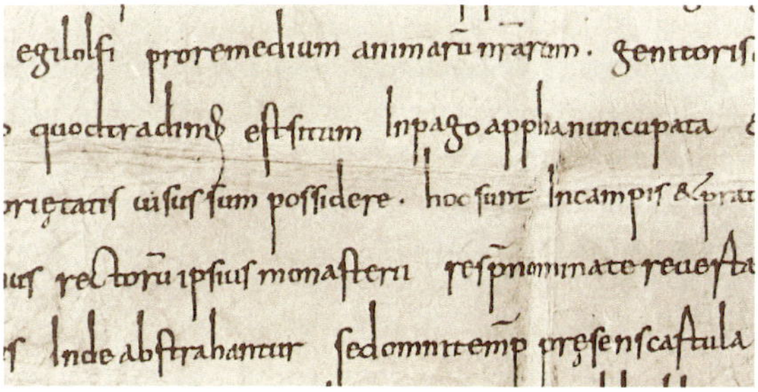

Karolingische Minuskel in einer Handschrift aus dem 9. Jahrhundert

Weniger erfolgreich als die Reinigung der Texte war offenbar die Reinigung der Sitten. Auf die Eignung der kirchlichen Amtsträger für ihre Aufgaben wurde zwar genauer gesehen als bisher, doch Vetternwirtschaft und Bestechlichkeit hatten eine lange Tradition und die einmal erlangte Macht verführte die eben doch nicht immer handverlesenen Männer schnell zu Lastern aller Art. Aus dem Jahr 811 sind einige Fragenkataloge überliefert, in denen der Kaiser mit bissiger Ironie im Vorfeld einer Kirchenversammlung eine Reihe von kritischen Fragen an seinen Klerus zu dessen Lebenswandel richtet, aus denen deutlich hervorgeht, dass viele der Herren ihre Aufgaben offenbar nicht ernst nahmen. So wünscht der Kaiser zu wissen, „... wo Christus oder einer seiner Apostel gepredigt habe, daß man aus Unwilligen, Ungeladenen oder üblen Personen eine Gemeinschaft in der Kirche, sei es der Kanoniker, sei es der Mönche machen solle?“[48]

Karls Vorstellungen von Bildung waren von einer Vielseitigkeit und Unvoreingenommenheit, die nicht zu den gängigen Vorstellungen vom finsteren Mittelalter passt, wo eine autoritäre und eifersüchtige Kirche jeden Funken heidnischer Kultur unerbittlich unterdrückt. Seine strenge Religiosität schloss weder die Niederschrift der germanischen Heldenlieder aus, noch die Weitergabe der antiken Literatur. Bis zum Ende des 9. Jahrhunderts waren die Werke von 70 klassischen Schriftstellern gerettet; bei den frühesten Handschriften der meisten bekannten antiken Autoren handelt es sich um solche aus der Karolingerzeit. Zwei Drittel davon stammen übrigens aus den Klöstern Corbie, Reims, Tours, Fleury, Auxerre, Fulda, Lorsch, Reichenau und Sankt Gallen, womit die mit Abstand wichtigsten kulturellen Zentren der Zeit auch schon genannt sind.[49]

Die Wissenschaft der damaligen Zeit folgte einer vollständig anderen Systematik als das heute der Fall ist. Geisteswissenschaften und Naturwissenschaften waren anders gruppiert und wurden teilweise unter dem Oberbegriff der Sieben Freien Künste zusammen gelehrt. Diese wiederum waren getrennt in die drei redenden Künste Grammatik, Dialektik und Rhetorik (Trivium) und die vier rechnenden Künste Arithmetik, Astronomie, Geometrie und Musik (Quadrivium). Losgelöst von diesem System war die Theologie, die wie die nicht als eigene Wissenschaften geltenden Disziplinen Philosophie und Literatur die Freien Künste als Grundlage nutzte, während wieder andere Wissenschaften wie Architektur, Medizin und Mechanik trotz einiger Versuche ihrer Einbindung in das System scheinbar willkürlich ausgegrenzt waren. Bildung wurde weitgehend universal verstanden. Alkuin selbst legte eine Sammlung von Übungen zur Arithmetik vor, in der er einige Probleme behandelt, die noch heute zur Schärfung des Verstandes verwendet werden wie die Aufgabe mit dem Bauern, der einen Wolf, eine Ziege und einen Kohlkopf mit seinem Kahn über den See bringen soll, wobei nur ein Objekt ins Boot passt und der Wolf nicht mit der Ziege und die Ziege nicht mit dem Kohlkopf allein am Ufer zurückbleiben darf.[50] Die Aufgabe existiert übrigens auch noch in einer nicht weniger anschaulichen Variante mit drei Geschwisterpaaren, wobei die Schikane in diesem Fall darin besteht, dass nie ein Bruder mit der Schwester eines anderen allein am Ufer bleiben darf.[51]

Schatzkammer-Evangeliar mit antikisierender Darstellung der Evangelisten (um 800)

Die Sieben Freien Künste, so könnte man es sagen, waren die Krone der Wissenschaft, wenn auch nicht ihre ausschließliche Substanz. Unter Karl dem Großen erfuhren sie im Rahmen von dessen Reformprogramm eine glanzvolle Wiedergeburt. Gerade für das Trivium aus Grammatik, Dialektik und Rhetorik waren nun die antiken Autoren ungeachtet ihres heidnischen Kulturhintergrundes besonders wichtig. In dem Bild von benediktinischen Mönchen, die eifrig Cicero und Vergil kopieren, zeigt sich die schillernde Vielschichtigkeit der mittelalterlichen Kultur in ihrer ganzen Faszination. Solche dünn gesäten antiken Kulturblumen auf der weiten Wiese der religiösen Literatur des Mittelalters waren kein Widerspruch, sondern eine Bereicherung, und es ist das wichtigste Verdienst der Karolingischen Renaissance, diesen Umstand erkannt zu haben. Die Inspiration an der Antike setzte sich neben der Literatur auch auf anderen Gebieten der Kunst fort. Einige Werke der karolingischen Zeit sind in einem solchen Maße klassisch geraten, dass sie nur schwer von den Vorbildern aus der Spätantike zu unterscheiden sind. Beispiele dafür finden sich vor allem in Elfenbeinschnitzereien auf Buchdeckeln und in der Buchmalerei.

2.4. Ein Achteck für die Liturgie

Das kulturelle Reformprogramm umfasste neben der theologischen Literatur auch alle Bereiche des kirchlichen Lebens. Die traditionelle Orientierung der fränkischen Kirche an römischen Vorbildern intensivierte sich unter Karls Herrschaft noch einmal. 774 schickte Papst Hadrian I. dem jungen König eine prachtvoll ausgeschmückte Kirchenrechtssammlung mit persönlicher Widmung, deren Abschriften in kurzer Zeit lawinenartig das ganze Reich überfluteten und das Buch zur Grundlage des fränkischen Kirchenrechts machten. Auch beim Kirchengesang und selbst in der Architektur war das Frankenreich schon seit Pippin auf römischen Spuren gewandelt. Die unter seiner Regierung begonnene und von Karl fertiggestellte Abteikirche von Saint-Denis orientierte sich ebenso an der römischen Petersbasilika wie der kurz darauf begonnene Neubau der Abteikirche von Fulda.

Ganz anders verhält es sich nun mit der ebenfalls in diesen Jahren neu errichteten Pfalzkapelle. Über die Vorbilder dieses einzigartigen Bauwerks haben Kunsthistoriker sich die Finger wundgeschrieben. Zunächst einmal ist festzuhalten, dass Karls Kirche so angelegt wurde, dass der Hauptaltar genau über dem bereits erwähnten Reliquiengrab zu stehen kam – und das, obwohl ihre Ausrichtung nicht mit der des Vorgängerbaus übereinstimmte.[52] Als Architekt der neuen Kapelle wird ein gewisser Odo von Metz genannt, und auch hier ist Vorsicht geboten: Der nur in einer Inschrift genannte Odo stammte nicht unbedingt aus Metz, sondern war nur dort begraben, und wahrscheinlich war er weniger der Architekt als der Bauleiter.[53]

Achteckige Bauten waren seit der römischen Kaiserzeit bekannt. Das Achteck bietet gegenüber Rundbauten einige statische Vorteile, entscheidend aber war die symbolische Bedeutung der Zahl an sich: acht Menschen hatten die Sintflut überlebt, und Jesus war am achten Tag nach seinem Einzug in Jerusalem auferstanden. Das genügte nach den in ihrer Widersprüchlichkeit und Beliebigkeit aus heutiger Sicht oft wenig überzeugenden Vorstellungen der spätantiken und mittelalterlichen

Zahlensymbolik, um den Achteckbau besonders für Taufkirchen geeignet erscheinen zu lassen, da die Taufe wiederum als symbolische Wiederholung der Auferstehung angesehen wurde. Nun stand mit dem Baptisterium von San Giovanni in Laterano in Rom eine eben achteckige Taufkirche, in der Karl schon bei seinem ersten Besuch in Rom im Jahr 774 einer Taufe beigewohnt hatte. Der Gedanke, dass dieses zeitlich genau passende, wenn auch wenig spektakuläre Erlebnis – schließlich gab es in Rom weitaus imposantere Bauten – der entscheidende Impuls für die Konzeption der Aachener Pfalzkapelle gewesen sein soll, ist irgendwie reizvoll.

Rom, Baptisterium von San Giovanni in Laterano

Die gängigen Theorien argumentieren dagegen fast ausschließlich mit der symbolischen Bedeutung der in Frage kommenden Vorgängerbauten. Gesucht wurde ein Vorbild, das für die Herrschaftskonzeption stand, die Karl vorschwebte. Wenn er sich selbst als einen neuen David oder als einen neuen Konstantin ansah, dann lag es nahe, seinen Kirchenbau an Vorbildern zu orientieren, die auf alttestamentarische Könige oder christliche Imperatoren zurückgingen. Für den ersten Fall bot sich natürlich der legendäre Tempel Salomos in Jerusalem an, und damit vielleicht auch der auf diesen zurückgeführte Felsendom – ein Achteckbau. Für den zweiten Fall ist die Sachlage komplizierter. Die meisten Theorien ziehen San Vitale in Ravenna heran, ebenfalls ein Achteckbau, der in seinem Grundriss der Aachener Pfalzkapelle am nächsten kommt. Nun war Ravenna eine kaiserliche Stadt, nicht so kaiserlich wie Rom oder Konstantinopel, aber immerhin kaiserlich genug, dass Karl sich aus dem dortigen Exarchenpalast Mosaiken zur Ausgestaltung seiner Kapelle kommen ließ, wenngleich zu dieser Zeit an ein eigenes Kaisertum ja noch gar nicht gedacht wurde und die Attraktivität römischer Vorbilder wohl eher im Zusammenhang mit Karls schon 774 übernommener Rolle als *Patricius Romanorum* (Schutzherr der Römer) zu sehen ist. Nun kann San Vitale wiederum als ein Abbild der kurz zuvor in ihre endgültige Form gebrachten Hagia Sophia in Konstantinopel gesehen werden, womit eine Verbindung zur Stadt Konstantins und zur kaiserlichen Tradition hergestellt wäre.[54] Neben der Hauptkirche wurden schließlich auch andere Kuppelbauten der Bosporusmetropole als

Vorbilder für Aachen in Betracht gezogen, außerdem San Lorenzo in Mailand und neuerdings auch Sankt Gereon in Köln.[55]

Die äußerst komplexe Diskussion ist noch lange nicht abgeschlossen und ein abschließendes Urteil nicht in Sicht. Konkret stellt sich aber die Frage, wie die für die Konzeption der Palastkapelle verantwortlichen Architckten überhaupt an ihre Kenntnisse der Vorgängerbauten kamen, denn man kann nicht voraussetzen, dass ihnen genaue Baupläne vorgelegen haben. Außerdem hat auch die Aachener Kirche einige Neuerungen wie Atrium und Westbau aufzuweisen, die sich an keinem der Vorbilder finden, so dass eine kreative Eigenleistung der Aachener Architekten vorausgesetzt werden kann – die Frage ist in diesem Fall eben nur, inwieweit diese sich auch auf den Kuppelbau selbst erstreckte.[56] Zusammenfassend lässt sich wohl nur die wenig befriedigende Aussage treffen, dass die Aachener Kapelle, nachdem einmal beschlossen war, sie als Achteckbau zu errichten, von byzantinischen Kuppelbauten beeinflusst wurde, was sich unter anderem deshalb anbot, weil dadurch eine zwanglose Anknüpfung an christliche Kaisertraditionen möglich wurde. Immerhin wurde auch die Aachener Kirche selbst schnell kopiert, nicht zufällig waren dabei die Bauherren am Aachener Hof keine Unbekannten: In Germigny-des-Prés entstand am Landsitz des Bischofs Theodulf von Orléans schon ab 802 ein an Aachen orientierter Kuppelbau, und in Saint-Riquier ließ der bereits mehrfach genannte Abt und Dichter Angilbert ebenfalls um die Jahrhundertwende mit königlichen Geldern aus Aachen einen Bau-

Karolingisches Mauerwerk an der Außenseite des Oktogons

komplex errichten, der wiederum eine Marienkirche nach Aachener Vorbild enthielt.

Die Ausstattung der Aachener Kirche war nicht weniger aufwändig als der Bau selbst. Für die Ausgestaltung wurden, wie Einhard berichtet, Säulen und Mosaiken aus Rom und Ravenna herangeschafft. Papst Hadrian I. höchstpersönlich erlaubte König Karl in einem durch Abschriften überlieferten Brief die Verwendung von Marmor aus Ravenna – zwar galt das nicht ausdrücklich für die Verwendung in Aachen, aber Vergleiche mit erhaltenen Mosaiken in Ravenna haben gezeigt, dass zumindest einige der in der Pfalzkapelle verbauten Marmorplatten tatsächlich von dort stammen, während andere deren Stil imitieren. Die meisten der antiken Säulen im Umgang des Oktogons wurden zwischen 1843 und 1847 erneuert, einige der Originale sind noch im Louvre, andere im Aachener Dommuseum erhalten. Schließlich bekam die Kapelle einige erstklassige Bronzedekors, nämlich die heute als Wolfstür bezeichnete große Flügeltür im Westbau und vier kleinere Portale, die sich besonders mit ihren Löwenköpfen ebenfalls an römischen Vorbildern orientieren. Dass die Türen tatsächlich vor Ort gegossen wurden, ist seit 1911 durch die Auffindung des Fragments einer Gussform auf dem Katschhof bewiesen. Dasselbe gilt für die Emporengitter, die wie auch die Türen schon bei den Zeitgenossen große Bewunderung hervorriefen. Bronzeguss von Artefakten dieser Größe erforderte ein hohes technisches Können, so dass die Handwerker mit einiger Wahrscheinlichkeit nicht aus dem Frankenreich, sondern aus dem Mittelmeerraum nach Aachen geholt werden mussten. Die unvergleichliche Harmonie, mit der die geometrischen Formen des Oktogons mit den Dekorationen korrespondieren, ist trotz der zahlreichen Ergänzungen und Änderungen, die in zwölf Jahrhunderten nun einmal nicht ausbleiben konnten, immer noch zu spüren.

Wolfstür am Westportal des Aachener Doms

Der Kapellenbau stand nun also, und es stellt sich die Frage nach seiner rechtlichen Situation. Und schon geht die Streiterei weiter: die vermögensrechtliche Stellung der Kirche, ihr personelles Verhältnis zur Hofkapelle und die Frage nach dem Gründungsdatum des zugehörigen Kanonikerstiftes sind heiß diskutiert worden. Es scheint, dass ein Stift aus zwölf Kanonikern schon von Karl selbst gegründet wurde und dass die Kirche von Anfang an auch von der Bevölkerung des kleinen Ortes genutzt wurde, der sich in der Umgebung der Pfalz entwickelte.[57] Damit hatte die Kirche drei Funktionen: sie war Pfalzkirche, Pfarrkirche und Stiftskirche zugleich. Karl selbst, so berichtet Einhard, besuchte den Gottesdienst mit eifriger Regelmäßigkeit und sorgte für einen würdevollen Rahmen: „Heilige Gefäße aus Gold und Silber sowie priesterliche Gewänder ließ er in solcher Menge anschaffen, daß nicht einmal die Türsteher, die doch den untersten kirchlichen Grad bilden, beim Gottesdienst in ihrer gewöhnlichen Kleidung zu erscheinen brauchten.“[58]

Die Ausstattung einer solchen Kirche mit Reliquien war eine Selbstverständlichkeit. Der Reliquienkult hat seine Wurzeln in einem in vielen Kulturen anzutreffenden Bedürfnis, den Verstorbenen und darüber hinaus überhaupt allen Spuren göttlichen Wirkens durch die Bewahrung von deren materiellen Überbleibseln nahe zu sein. Die christliche Theologie überbaute dieses Bedürfnis durch die Lehre, die zum Himmel aufgefahrene Seele von Heiligen bleibe mit den Überresten des Körpers in Kontakt und bewirke deren Wundertätigkeit. Neben den Körperreliquien der Heiligen, den so genannten Primärreliquien, gab es eine große Zahl von Sekundärreliquien von der Kleidung der Heiligen und den Folterinstrumenten ihres Martyriums über Gegenstände, die sie berührt oder besessen hatten bis hin zu Fußabdrücken und Staub von deren Gräbern. Die meisten der mittelalterlichen Reliquien sind in ihrer Echtheit äußerst zweifelhaft, wenngleich sich für einige von ihnen – und dabei gerade für die wichtigen – die Geschichte bisweilen bis in die Antike zurückverfolgen lässt.

Karl sammelte Reliquien mit großem Eifer. Nicht wenige davon hatte er schon von seinem Vater aus dem königlichen Hausbesitz geerbt, dazu kamen dann während seiner Regierung einige besonders verehrte Stücke, die für die Aachener Geschichte noch eine große Bedeutung bekommen sollten. Reliquien, die der König 798 von der byzantinischen Kaiserin Irene und 799 vom Jerusalemer Patriarchen und vom Papst geschenkt bekam, wurden mit der hauseigenen Sammlung zunächst vereinigt wie auch andere, die von eigens nach Konstantinopel und Jerusalem geschickten Gesandtschaften mitgebracht wurden. Eine Liste aus dem 12. Jahrhundert, die wahrscheinlich auf ein karolingisches Verzeichnis zurückgeht, nennt Dutzende von Reliquien, darunter Dinge wie Teile von den Sandalen Christi, Haare Mariens, Teile von den Fesseln Christi, vom Schwamm, der ihm am Kreuz gereicht wurde und vom Tuch der Fußwaschung der Jünger, ferner eine Reihe von Apostelreliquien und die weiterer Heiliger.[59] Mit der Zeit kristallisieren sich in Aachen vier bedeutende Reliquien heraus, die noch heute im Dom aufbewahrt werden: das Lendentuch und die Windeln Christi, das Kleid Mariens und das Tuch, in das der Kopf von Johannes dem Täufer nach dessen Enthauptung eingewickelt war. Mindestens zwei dieser Reliquien stammen aus Konstantinopel, und wenn auch letztlich zu Zweifeln an ihrer Echtheit aller Anlass besteht, so handelt es sich dennoch nicht immer um frühmittelalterliche Fälschungen – für das Marienkleid ist immerhin ein Bericht bekannt, nach dem es um 474 aus dem Besitz einer frommen jüdischen Frau aus Jerusalem nach Konstantinopel gebracht wurde.[60] Der Erwerb dieser wichtigen Reliquien ausgerechnet um die Jahrhundertwende hängt offenbar mit der feierlichen Weihe der Pfalzkapelle zusammen, die wahrscheinlich am 17. Juli 802 vorgenommen wurde.[61]

Entsprechend ihrer Bedeutung wurde die Aachener Kirche schon bald zum Schauplatz theologischer Auseinandersetzungen. Dass diese Debatten aus heutiger Sicht geradezu grotesk wirken, ändert nichts an der Tatsache, dass die Zeitgenossen sich mit Leidenschaft an ihnen beteiligten; dabei ist meistens auch ein politischer Hintergrund auszumachen, der sich, verstellt von der spitzfindigen Argumentation der Protagonisten, erst bei genauerem Hinsehen offenbart. Zwei in Aachen diskutierte Beispiele sollen das verdeutlichen.

Bereits im Jahr 800 musste sich Bischof Felix von Urgel hier für Lehren verantworten, die zur damaligen Zeit in Spanien grassierten: Jesus sei, so postulierten Felix und seine Anhänger, nicht der leibliche Sohn Gottes, sondern von diesem nur adoptiert worden, weshalb die Lehre als Adoptianismus bezeichnet wird. Die weite Verbreitung dieser Vorstellungen im arabischen Spanien erklärt sich wohl vor allem daraus, dass sie die Erklärung der Gottessohnschaft gegenüber dem Islam erleichterte und damit den Christen im islamischen Herrschaftsgebiet das Leben einfacher machte. Nachdem die Stadt Urgel nun um 788 von den Franken den Arabern entrissen worden war, wurde der ketzerische Bischof zu einem Problem der fränkischen Reichskirche. Im Jahr 800 kam es zum Höhepunkt der Auseinandersetzung, als Felix und Alkuin in Aachen aufeinandertrafen. Es kam, wie es kommen musste: Alkuin blieb beim theologischen Wortgefecht der Sieger und Felix verschwand in der Verbannung.

Ein weiterer Streit entbrannte zwischen der fränkischen und der byzantinischen Kirche um das Wörtchen *filioque* im Glaubensbekenntnis, das im Zusammenhang schlicht und einfach besagte, dass der Heilige Geist gleichermaßen vom Vater und vom Sohn ausgehe und eben nicht vom Vater allein und eben nicht vom Vater durch den Sohn. Auf dem Konzil von Nikaia im Jahr 787 hatten byzantinische Bischöfe genau letzteres behauptet, was ihre fränkischen Amtsbrüder auf zwei Konzilien 794 in Frankfurt und noch einmal 809 in Aachen wutentbrannt bestritten. Nun fand sich das *filioque* zwar im fränkischen Glaubensbekenntnis, nicht aber im byzantinischen und auch nicht im römischen, und der Papst verkomplizierte die Sache zusätzlich, indem er der fränkischen Lehre ihrem Inhalt nach zustimmte, das offizielle Glaubensbekenntnis dem Wortlaut nach aber unangetastet ließ. Das Konzil von Aachen hatte das Ziel, den Papst von den fränkischen Vorstellungen zu überzeugen. Das gelang nicht. Was schließlich blieb, war das sichtbar gestiegene Selbstbewusstsein der fränkischen Reichskirche, deren Vertreter den Makel der kulturellen Unterlegenheit abgeschüttelt hatten und den in spitzfindigen Erörterungen sicherlich erfahreneren Griechen dennoch auf gleicher Augenhöhe gegenübertraten.

2.5. Kahle, dicke, einfältige Herrscher

In den letzten Monaten seiner Herrschaft begann die Gesundheit des ansonsten robusten Kaisers zu welken, und er scheint die Notwendigkeit gespürt zu haben, seinen Nachlass zu regeln. Von den drei Söhnen, die Anspruch auf das Thronerbe erheben konnten, waren zwei bereits gestorben. Um die bevorstehende Regierung des überlebenden Erben Ludwig gewissermaßen verfassungsrechtlich auf eine stabilere Grundlage zu stellen, ließ er ihn aus Aquitanien rufen, um ihn zum Mitkaiser zu erheben. So kam es: Am 11. September 813 krönte Ludwig sich in der Aachener Pfalzkirche mit der Zustimmung des fränkischen Adels selbst zum Kaiser, nachdem sein Vater ihm in einer Ansprache seine Pflichten erklärt, ihm Barmherzigkeit und Gottesfurcht, die Liebe zu seinen Untertanen und die Sorge für seine Geschwister ans Herz gelegt hatte. Diese Feier unterscheidet sich noch grundlegend von der langen Reihe der späteren Krönungen, die Aachen erleben sollte. Ludwigs Selbstkrönung entsprach eher dem byzantinischen Zeremoniell, während die Zustimmung des Adels auf die alten Traditionen des germanischen Heerkönigtums zurückging. Ludwig, der seit über 30 Jahren in Aquitanien den Titel eines Königs führte, nahm nun mit der Krone aus der Hand seines Vaters auch den eines Kaisers an, den seine ostfränkischen Nachfolger erst vom Papst in dessen eigener Stadt verliehen bekommen sollten. Zwar wurde die Krönung drei Jahre später durch Stephan IV. in Reims wiederholt, womit die Rolle des Papstes eine weitere Aufwertung erfuhr. In rechtlicher Hinsicht aber trat Ludwig schon mit der Aachener Zeremonie die Nachfolge seines Vaters als Kaiser an.

Seine letzten Kraftreserven, so scheint es, verbrauchte der alte Kaiser bei der Jagd in den Wäldern in der Umgebung von Aachen, von der er erst Anfang November zurückkehrte. Danach ging es zusehends bergab. Wer wollte, erinnerte sich nun, dass schon seit Jahren überall die Vorzeichen von Karls herannahendem Ableben zu sehen gewesen waren: Die scheinbar für die Ewigkeit erbaute Rheinbrücke in Mainz war abgebrannt, Sonne und Mond hatten sich verfinstert, dazu Kometen und Blitzeinschläge, Knistern im Gebälk der Palastanlage, und schließlich, ein letztes und unübersehbares Menetekel, verblasste das Wort „Princeps“ in der Umschrift unter der Kuppel der Pfalzkapelle.[62] Kaum war das neue Jahr angebrochen, da zwang eine Rippenfellentzündung den Kaiser ins Krankenbett, wo er am frühen Morgen des 28. Januar 814 die Kommunion erhielt und dann friedlich in die Ewigkeit entschlief.

Wo Karl genau begraben wurde, ist bis heute umstritten. Einhard berichtet, dass der Kaiser noch an seinem Todestag in der Marienkirche beigesetzt wurde und dass man einen Bogen mit einer Inschrift über seinem Grab errichtete. Spätere Berichte von einer Bestattung in vollem Ornat auf dem Thron sind mit Sicherheit unwahr, höchstwahrscheinlich lag die erste letzte Ruhestätte des Kaisers im Atrium vor dem Westbau, und möglicherweise beherbergte seinen Leichnam ein heute noch im Dommuseum ausgestellter Sarkophag, dessen Relief die Entführung der Proserpina durch den Unterweltgott Pluto zeigt. Auch dieses Stück war, wie die Dekoration in der Pfalzkapelle und die Wölfin an ihrem Eingang, wie die kostbaren Bücher und die wundertätigen Reliquien, vielleicht irgendwann im Gepäck des Kaisers aus Rom nach Aachen gelangt.[63] Und wie schon Proserpina der Legende zufolge die Unterwelt wieder verlassen durfte, so sollten auch Karls Gebeine noch nicht so schnell Ruhe finden.

Der Proserpina-Sarkophag – vielleicht der erste Aufbewahrungsort der Gebeine Karls des Großen

Als die Nachricht vom Tod seines Vaters in Aquitanien eintraf, machte sich Ludwig sofort auf den Weg nach Aachen, allerdings ohne den Anlass seines Aufbruchs an die große Glocke zu hängen. Er schien der Situation und der Gesellschaft am Hof zu misstrauen, und wenn er auch sofort nach seinem Eintreffen in Aachen das Testament seines Vaters buchstabengetreu umzusetzen begann, so zeigte sich in der Folgezeit doch, dass der Regierungswechsel einen ersten tiefen Einschnitt in der Geschichte des Reiches darstellte. Doch zunächst wurde der Nachlass gemäß den schon 811 getroffenen Verfügungen des Verstorbenen verteilt: zwei Drittel des kaiserlichen Schatzes an Gold, Silber, Schmuck und anderen Wertgegenständen waren schon vorher zu gleichen Anteilen in 21 Truhen verpackt und für den Abtransport in die ebensovielen erzbischöflichen Metropolen des Reiches bereit gestellt worden. Das verbleibende Drittel wurde nun seinerseits geviertelt und ging so zu gleichen Teilen noch einmal an die Erzbischöfe, an die Kinder und Enkel, an die Armen und an die Palastbediensteten, dazu kam der gesamte Hausrat. Schließlich werden gesondert vier kostbare, mit Gold und Silber überzogene Tische genannt, von denen einer an den Papst und einer an den Erzbischof von Ravenna geschickt wurde; ein dritter und besonders großer, auf den eine Darstellung des Weltalls graviert war, wurde wie auch der vierte dem Anteil für die Armen und Palastbediensteten zugeschlagen.

Den großen Tisch erwarb Ludwig der Fromme aus eigenen Mitteln. Dann begann die Säuberung vor Ort. Zunächst durften einige Berater des alten Kaisers ihren Hut nehmen und wanderten teilweise ins Kloster. Dem frommen Ludwig, dessen Gottesfurcht schon vor seinem Regierungsantritt von Karls Beratern gelobt worden war, scheint vor allem das von seinem Vater geduldete freizügige Treiben im Palast ein Dorn im Auge gewesen zu sein. Die Unzucht ließ sich aber offenbar auch nicht von einem Tag auf den anderen abstellen, denn in einer einige Jahre später aufgestellten Palastordnung fühlte sich der Kaiser bemüßigt, noch einmal hart durchzugreifen. Er trug den Beamten auf, sich nach Prostituierten umzusehen, und zwar in der Pfalz wie auch bei den Geistlichen und Kaufleuten, die in deren Umgebung wohnten: „Ebenso bestimmen wir wegen der Buhlerinnen und Dirnen, daß sie von demjenigen, bei dem sie aufgefunden worden sind, zum Markt hin getragen werden, wo jene selber auszupeitschen sind, oder, wenn er das nicht will, so wollen wir, daß er zugleich mit jener an demselben Ort geprügelt werden soll."[64]

Immerhin wird am Rand dieser Nachricht wieder einmal der *vicus* erwähnt, wo also inzwischen auch Kaufleute wohnten und in dem es einen Markt gab. Eine Nachricht von Einhard aus dem Jahr 827 präzisiert weiter: Als die durchreisenden Reliquien der Heiligen Marcellinus und Petrus in Aachen Station machten, sei eine große Menschenmenge, darunter auch Juden, zusammengelaufen, angelockt von den Wohlgerüchen, die von den sterblichen Überresten der beiden Märtyrer verströmt wurden, als diese von der Marienkirche in Einhards eigene Hauskapelle gebracht wurden. Man brachte Kranke, die allein durch die Nähe der Reliquien geheilt wurden.[65] Seine Wohnanlage bei der Pfalz erwähnt Einhard übrigens auch in einem Brief aus dem Jahr 828 an seinen Hausmeister, in dem er diesen auffordert, ein paar Leute nach Aachen zu schicken, um Vorräte wie Mehl, Käse, Bier und Wein dorthin zu bringen und die Gebäude auf Vordermann zu bringen.[66] Angesichts der ansonsten finsteren Quellenlage eine Nachricht mit Seltenheitswert: man sieht förmlich die Bediensteten, wie sie im Schatten der Pfalzkapelle Lebensmittel ins Haus schleppen, die Dielen abstauben und vielleicht in der Hauskapelle, die nur ein Jahr zuvor Schauplatz so vieler Wunderheilungen gewesen war, ein paar Kerzen anzünden.

Aus diesen wenigen Hinweisen lassen sich immerhin ein paar Kleinigkeiten rekonstruieren: In der Umgebung der Pfalz gab es neben den großzügigen Wohnanlagen der Trabanten des Hofes eine Siedlung, in der christliche und jüdische Händler lebten. Damit sind wohl Fernhandelskaufleute gemeint wie die, die im selben Jahr 828 vom Kaiser das Recht zugesprochen bekamen, gegen eine jährlich am Hof zu entrichtende Abgabe aus ihrem Gewinn freien Handel ohne jede weitere Verpflichtung zu treiben. Da der Hof sich zu dieser Zeit noch die meiste Zeit in Aachen aufhielt, dürfte das Privileg die Ansiedlung von Kaufleuten zusätzlich begünstigt haben, zumal ja mit dem Hofstaat auch gleich die zahlungskräftigen Abnehmer für Luxusgüter vor Ort waren.[67] Dazu wiederum gehörten vor allem Glasprodukte aus dem Rheinland, Fisch, Wachs und Pelze aus dem Norden und die exotischen Orientwaren wie Seide, Gewürze und Weihrauch. Auch am Sklavenhandel waren die Kaufleute des Karolingerreiches als Zwischenhändler beteiligt.

Die Pfalz in Aachen blieb zunächst das Zentrum des Reiches und sein Schwerpunkt die alte Königslandschaft, die durch ein Dreieck zwischen Nimwegen, Compiègne und Frankfurt umrissen werden kann. Noch immer trafen Gesandtschaften von Bulgaren, Bretonen und Normannen in Aachen ein. Noch immer ritt man mit großem Gefolge zur Jagd in die Wälder. Und doch war der Glanz aus den Tagen Karls des Großen bereits verflogen. Wie ein unheilvolles Zeichen schien es, als ein offenbar von der Feuchtigkeit morsch gewordener Gang zwischen Königshalle und Pfalzkapelle im Jahr 817 plötzlich einstürzte und den Kaiser mit seinem ganzen Gefolge in die Tiefe riss, wobei viele seiner Begleiter verletzt wurden. Als sei er von dem Unfall aufgeschreckt worden, regelte Ludwig der Fromme nun selbst seine Nachfolge. Nach dem Modell seines Vaters hatte er seine Söhne als Unterkönige eingesetzt, bestimmte aber jetzt in einer *Ordinatio Imperii* genannten Verfassung ausdrücklich die Unteilbarkeit des Reiches. Sein ältester Sohn Lothar sollte seinen Brüdern vorangestellt werden und wurde noch im gleichen Jahr zum Mitkaiser gekrönt wie Ludwig selbst nur vier Jahre zuvor.

Die Krönung Ludwigs des Frommen am 11. September 813 (Fresko von Alfred Rethel im Aachener Rathaus)

Schon im folgenden Jahr gab es die erste Rebellion. Bernhard, der Sohn von Ludwigs verstorbenem Bruder Pippin und Unterkönig von Italien, lehnte sich gegen die Nachfolgeregelung seines Onkels auf, dem seine Herrschaft über Italien wohl seinerseits schon immer ein Dorn im Auge gewesen war. Der Aufstand brach schnell zusammen, und Bernhard zog dem Kaiser nach Chalon-sur-Saône entgegen, um Frieden zu schließen. Ludwigs Urteil war unerwartet hart: Bernhard wurde zum Tod verurteilt und dann zur Blendung begnadigt. Zwei Tage nach der barbarischen Prozedur starb er an seinen Verletzungen. Eine Reihe weiterer prominenter Gestalten aus dem Kreis um Karl den Großen wurde bei dieser Gelegenheit aus dem Weg geschafft, darunter drei von Ludwigs Halbbrüdern aus verschiedenen Liebschaften seines Vaters, für deren Inhaftierung im Kloster der Kaiser nun endlich einen griffigen Vorwand hatte. Es sollte sich aber bald zeigen, dass die eigentliche Bedrohung seiner Herrschaft nicht von außen kam, sondern durch Intrigen an seinem eigenen Hof herangezüchtet wurde. Eine Palastrevolte, die im Jahr 830 ausbrach, richtete sich noch ausdrücklich gegen Ludwigs Kämmerer, der als Ohrenbläser des Kaisers offenbar für allerhand umstrittene Maßnahmen und zuletzt für einen unsinnigen Krieg gegen die Bretonen verantwortlich gemacht wurde. Ludwigs Söhne Lothar, Pippin und Ludwig schlossen sich den Empörern an, die nicht offen gegen die Herrschaft des Kaisers selbst vorzugehen wagten, sondern erklärten, diesen vor seinen schlechten Ratgebern schützen zu müssen und damit die Rebellion als einen Akt der Treue darstellten. Wieder wurden Säuberungen durchgeführt, und wieder wurde abgesetzt, inhaftiert und geblendet.

Die folgenden Jahre waren von verworrenen Machtkämpfen überschattet, die an die Zeiten der Merowinger erinnerten: Zunächst regierte Lothar, der ja als einziger den Kaisertitel trug, für seinen Vater, dann verließ ihn das Glück und er wurde als Unterkönig nach Italien abgeschoben. Es folgte 833 eine erneute Rebellion der drei Brüder gegen ihren Vater, dessen Gefolgsleute beim Zusammentreffen der gegnerischen Heere in der Nähe von Colmar zu den Söhnen überliefen. Ludwig der Fromme wurde gefangen genommen und abgesetzt. Seine Reue wurde im Kloster Saint Médard in einem öffentlichen Spektakel inszeniert: Ludwig warf sich im Büßergewand vor den Altar und legte ein tränenreiches Schuldbekenntnis ab. Die Regierung nahm wiederum Lothar in die Hand.

Inzwischen war dem Kaiser ein vierter Sohn geboren worden, der auf den Namen des Großvaters Karl getauft wurde und die Nachfolgeregelung zusätzlich erschwerte, weil die drei älteren Brüder nun Einschränkungen befürchten mussten. Hinter der geheuchelten Sorge um die Reichseinheit trieb jeder seine Politik voran. Lothar und seine Günstlinge sahen sich schon bald mit dem Vorwurf des Machtmissbrauchs konfrontiert, außerdem regte sich gegen die demütigende Behandlung seines Vaters, der unter Bewachung durchs Land geschleppt wurde, allerhand Widerstand. Ludwig und Pippin wandten sich nun gegen Lothar, zwangen ihn zum erneuten Rückzug nach Italien und setzten den Vater wieder als Kaiser ein. Das Karussell drehte sich weiter: Die Begünstigung ihres jüngsten Bruders Karl brachte die drei Älteren wieder zusammen, dann starb 838 Pippin, es folgte eine neue Regelung für die Reichsteilung und ein neuer Aufstand Ludwigs, der dabei übergangen worden war. Der alte Kaiser zog seinem gleichnamigen Sohn entgegen. Es gelang ihm noch, diesen aus Aachen zu vertreiben, doch am 20. Juni 840 starb Ludwig, genannt der Fromme, auf einer Insel im Rhein bei Ingelheim.

Natürlich fielen die Brüder sofort wieder übereinander her. Lothar hatte die ganze Macht an sich reißen wollen und sah sich einem Bündnis aus Karl und Ludwig gegenüber; in höchster Not musste er im März 842 die Pfalz in Aachen räumen, die kaiserliche Kasse und den Schatz der Marienkirche im Gepäck. Im Vertrag von Verdun kam es 843 schließlich zu einer Teilung des Reiches, bei der die Keimzellen zweier Staaten entstanden, deren Geschichte im Zentrum Europas bis heute in Feindschaft und Freundschaft verflochten ist: Ludwig, genannt der Deutsche, bekam mit Ostfranken das zugesprochen, was einmal Deutschland werden sollte; sein Bruder Karl, genannt der Kahle, trat in Westfranken die Herrschaft in einem Gebiet an, das später Frankreich heißen würde. Dazwischen lag ein langgestrecktes Gebilde, das sich von der Nordsee über das Rheinland, die Ardennen, Burgund, die Provence und Norditalien bis nach Spoleto erstreckte und Lothar zugeschlagen wurde. Als dieser 855 schwer erkrankte, kam es noch einmal zu einer Teilung des Mittelreiches zwischen seinen drei Söhnen: der Norden ging dabei an den gleichnamigen Sohn des Kaisers, nach dem das Land zwischen Mosel und Maas noch heute benannt ist: Lothringen. Nach dessen Tod im Jahr 869 teilten Ludwig der Deutsche und Karl der Kahle, die ihren Neffen überlebt hatten, dessen Land durch den im Jahr darauf geschlossenen Vertrag von Meerssen unter sich auf, wobei die Maas zur Grenze wurde, die Ludwig aber schon bald wieder verteidigen musste und dann 880 im Vertrag von Ribemont noch einmal nach Westen verschob. Damit kam Aachen zunächst an das Ostreich.

Die Geschichte der großen und dauerhaften Teilungen des Karolingerreiches ist damit abgeschlossen – die Geschichte der Kämpfe zwischen den streitbaren Nachfahren des großen Karl leider noch lange nicht. Die Kaiserkrone war zu einem Schmuckstück unter anderen geworden; es bekam sie, wer seine Ellenbogen am besten einsetzen konnte und den Wettlauf nach Rom gewann, wo der Papst kaum eine andere Wahl hatte, als zu krönen, wer gerade kam und das mit dem nötigen Nachdruck verlangte. Vorbei waren die Zeiten, in denen ein Karolinger mehr als vier Jahrzehnte lang halb Europa beherrschen konnte; schon die Beinamen der Könige dieser Jahrzehnte scheinen eher vom Spott als von der Ehrfurcht der Zeitgenossen zu zeugen, die offenbar in Ermangelung schmeichelhafter Charaktereigenschaften auf die körperlichen und geistigen Defizite der Monarchen zurückgreifen mussten: Karl der Kahle, Karl der Dicke, Karl der Einfältige, letzterer ein Sohn Ludwigs des Stammlers – das unerbittliche Urteil der Nachwelt über die scheinbar wild durcheinander herrschenden späten Karolinger war wohl auch geprägt vom Kontrast dieser Zeiten zu den glanzvollen Tagen Karls des Großen, der väterlich und souverän auf seinem Aachener Thron festgewachsen schien und von Päpsten und Kalifen mit Reliquien und Elefanten beschenkt wurde.

Karl der Große hatte bei all seinen überragenden politischen Fähigkeiten auch Glück gehabt, vor allem im Hinblick auf die völlig unberechenbaren Sensenhiebe des Todes, der seinen Bruder nach einer kurzen und spannungsreichen Zeit der geteilten Herrschaft schon 771 dahingerafft, Karl selbst lange verschont und dann die Zahl seiner erbberechtigten Söhne so verringert hatte, dass das Reich ungeteilt in die nächste Generation gehen konnte. Anders die Karolinger nach ihm: die Zersplitterung des Reiches wurde am Ende ja nur dadurch verursacht, dass die dynastisch bedingten Unwägbarkeiten sich nun in Erbteilungen niederschlugen, die Karls Reich, in dem ja eigentlich dieselben erbrechtlichen Grundsätze gegolten hatten, zuvor lediglich durch ein paar biologische Zufälle erspart geblieben waren. Durch genau solche Zufälle gelang Karl dem Dicken 885 noch einmal die Wiedervereinigung des ganzen Reiches unter der Kaiserkrone, und durch ebensolche Zufälle zerfiel es drei Jahre später wieder in seine Bestandteile.

Die Schwächung der Zentralgewalt wurde in diesen Jahren durch deren Unfähigkeit bei der Abwehr der Normannen beschleunigt, während der lokale Adel seine Macht vor allem da stärken konnte, wo er diesen Kampf erfolgreich führte. Der lothringische Adel tendierte dabei schon deshalb zur Verselbstständigung, weil die Lage des Landes zwischen Westfranken und Ostfranken und die daraus resultierenden Grenzkonflikte den örtlichen Grafen breiteren Spielraum für die politische Parteinahme ließen als das anderswo der Fall war. Ein lothringisches Teilkönigreich, das 895 unter dem ostfränkischen Karolinger Zwentibold geschaffen wurde, konnte sich nicht halten, und in den folgenden Jahren richteten die einheimischen Großen das Land wieder nach Westen aus. Erst Heinrich I. sollte der erneute Anschluss an das Ostreich gelingen. In der Zwischenzeit hatte das Reichsgut im Aachener Raum stark gelitten. Vor allem die Grafenhäuser von Jülich und Limburg hatten ihre Rechte und Gebietsansprüche immer weiter vorgeschoben und auch Königsvasallen als Gefolgsleute gewonnen, dazu kam die Beschneidung des zu Aachen gehörigen Besitzes durch die Gründung der Abtei Kornelimünster bereits im Jahr 817 und durch zahlreiche Abtretungen an diese und andere geistliche Einrichtungen.

Gegen Ende des Jahres 881 standen die Normannen plötzlich vor Aachen. Offenbar war man rechtzeitig gewarnt worden, denn die kostbaren Reliquien wurden in die Abtei Stablo gebracht und entgingen der Plünderung, während das Karlsgrab wahrscheinlich unkenntlich gemacht wurde und auf diese Weise vor der Verwüstung bewahrt wurde. Die Normannen, so berichtet die Chronik empört und etwas schematisch, brannten alles nieder und richteten in der Marienkirche einen Pferdestall ein. In Elslo bei Maastricht entstand ein befestigtes Lager, von dem aus sie auch in den folgenden Jahren das Land heimsuchten. Die Gebäude in Aachen dürften zu dieser Zeit schon ziemlich heruntergekommen gewesen sein, allerdings wirft die bereits oben erwähnte Ausgrabung der Fundamente der vermeintlichen Torhalle zwischen Königshalle und Pfalzkapelle ein neues Licht auf diese Zeit, denn die Dicke der Fundamentmauern deutet auf eine Neuerrichtung der Anlage als Wehrbau in der Zeit um 880 hin.[68] Auch die provisorische Befestigung der gesamten Pfalzanlage in dieser Zeit wird inzwischen nicht mehr ausgeschlossen, nachdem in der Nähe des Domklosters ein Spitzgraben ans Licht gekommen ist. Wie auch immer die Pfalz und ihre Siedlung nun aussah: als König Arnulf die Normannen im Jahr 891 bei Löwen besiegte, schien das Schlimmste überstanden zu sein. Zwar starben kaum zwei Jahrzehnte später die Karolinger mit Arnulfs Sohn Ludwig im Ostfrankenreich aus. Doch schon bald kam eine Dynastie auf den Thron, die Aachen wieder zum Zentrum einer mächtigen Idee machen sollte.

3. Hochmittelalter

Die Geschichte von Städten ist im Hochmittelalter vor allem von Expansion und Emanzipation geprägt: Expansion, weil das Bevölkerungswachstum und die politische und wirtschaftliche Großwetterlage den Handel belebten, dessen Träger sich in städtischen Zentren niederließen und andere Gewerbe und damit den Zuzug von außen magnetisch anzogen; Emanzipation, weil in den städtischen Zentren mit ihrer Wirtschaftskraft gerade innerhalb der Kaufmannschaft neue Eliten zusammenfanden, die ein Interesse an möglichst großer politischer Unabhängigkeit hatten. Im 12. Jahrhundert hatte diese Entwicklung ihre Höchstgeschwindigkeit erreicht. Die Macht der Städte und der Wohlstand ihrer Bewohner äußerten sich in der Folgezeit in prestigeträchtigen Bauprojekten und in einem verstärkten Auftreten der Bürger in den überlieferten Urkunden. Es dauerte nicht lange, dann bildeten die Stadtbewohner zur Durchsetzung ihrer Interessen eigene Organe aus, an deren Spitze der Stadtrat stand. Die Könige und Kaiser förderten diese Entwicklung zumeist durch die Erteilung von Privilegien zur Förderung des Handels und zum Schutz der Kaufleute. Die regionalen Fürsten dagegen sahen die Verselbstständigung der Städte mit gemischten Gefühlen, schließlich drohte ihnen die Kontrolle über wichtige Einnahmequellen sowie politisch und militärisch bedeutende Zentren zu entgleiten.

Aachen war seit den Zeiten der Merowinger königlicher Besitz, der durch die Begünstigung während der Herrschaft Karls des Großen über den Rahmen einer normalen Pfalzanlage hinauswachsen konnte. Während die meisten anderen karolingischen Pfalzorte mit Ausnahme von Frankfurt es als Städte im fortgeschrittenen Mittelalter nicht zu herausragender Bedeutung brachten, gelang Aachen das Kunststück, trotz seiner verkehrsmäßig eher ungünstigen Lage eine beeindruckende Wirtschaftskraft zu entfalten und weitgehende politische Unabhängigkeit zu erlangen. Freilich half bei diesem Kunststück die Geschichte selbst mit: Thron und Grab des großen Karl zogen die ostfränkischen und dann deutschen Könige magisch an. Zunächst war es nur um die Festigung der Herrschaft über Lothringen gegangen, bald aber entstand eine Tradition, die die Krönung in Aachen zur Grundlage des rechtmäßigen Königtums machte. Aachen wurde zur königlichen Stadt schlechthin, zum ersten Sitz des Reiches, wie man bald sagte.

Nun waren es nicht die Krönungen selbst, die den Wohlstand und das Wachstum der Stadt bedingten, denn ein solches Ereignis fand im Schnitt nur etwa alle 20 Jahre hier statt. Entscheidend war die immer weiter gehende Privilegierung der Stadtgemeinde, vor allem seit Friedrich Barbarossa, der auch dem Karlskult durch die von ihm wiederum aus politischen Gründen betriebene Heiligsprechung des Frankenkaisers den ausschlaggebenden Anstoß gab. Nach ihm fühlte sich fast jeder in Aachen gekrönte König bemüßigt, der Stadt seine Gunst zu erweisen, deren Kaufleute und Handwerker dadurch erhebliche Wettbewerbsvorteile genossen.

Wenn andere Mächte sich einmischten, dann waren es meistens die Grafen von Jülich, die in Aachen eine Reihe von Rechten ausübten. Für das Ineinandergreifen der wirtschaftlichen, politischen und rechtlichen Faktoren im Gewichtespiel der lokalen Machtpolitik ist Aachen in dieser Hinsicht geradezu ein Lehrstück; dazu kam, dass auch viele Konflikte auf höchster Ebene sich vor der Aachener Haustür abspielten, denn vor allem bei Thronstreitigkeiten wog das Gewicht der Aachener Krönung schwer und verschaffte dem betreffenden Konkurrenten einen Legitimationsvorsprung. Der Weg an die Macht führte fast immer über Aachen, und so wurde die Stadt abwechselnd zur Nutznießerin der großen Politik und zu deren Opfer.

3.1. Der rechte Krönungsort

Am 7. August 936, ein halbes Jahrhundert nach den schlimmsten Zeiten der Normannenüberfälle, stand die Blüte des ostfränkischen Adels im Atrium der Aachener Pfalzkapelle an der Stelle des heutigen Domhofes versammelt und huldigte Otto, dem Sohn des einen Monat zuvor in Memleben verstorbenen Königs Heinrich, als dessen Nachfolger. Mit Heinrich hatte 919 ein Herzog aus dem Stamm der von Karl dem Großen bekämpften, bezwungenen und schließlich in sein Reich integrierten Sachsen den ostfränkischen Thron bestiegen, nachdem die karolingische Dynastie erloschen war und der Herzog der Franken auf entsprechende Ansprüche verzichtet hatte, obwohl er damit die Führungsrolle seines Stammes in einem Reich abgab, das doch immerhin nach den Franken benannt war. Diese ganz und gar nicht übliche Eintracht in einer Situation, die zu Intrigen und Machtkämpfen doch geradezu einlud, erklärt sich aus der Bedrohung durch die Einfälle der Ungarn, deren Abwehr nur durch den Zusammenhalt aller Teilstämme des Reiches gelingen konnte. König Heinrich hatte die Ungarn dann tatsächlich besiegt; außerdem war es ihm gelungen, Lothringen für sein Reich zurückzuerobern. Nun saß also sein zum Nachfolger bestimmter Sohn Otto, 23 Jahre alt, auf einem Thron im besagten Atrium und nahm die Huldigung entgegen, womit seine Königserhebung nach den immer noch nicht ganz ausgestorbenen Vorstellungen vom germanischen Heerkönigtum rechtskräftig war. Es war kein Zufall, dass die Erhebung in Aachen stattfand, und ebensowenig war es Zufall, dass Otto, der Sachse, dabei fränkische Kleidung trug. Die Anlehnung an Karl den Großen war gesucht.

Es folgte die kirchliche Zeremonie, die bei Otto noch wie die feierliche Absegnung des durch Erhebung und Akklamation bereits vollzogenen Rechtsaktes wirkte. Der sächsische Chronist Widukind von Corvey verfasste einen ausführlichen Bericht über den Ablauf. Danach zog der junge König mit seinem Anhang in die Marienkirche, wo er von der Priesterschaft mit Erzbischof Hildebert von Mainz an der Spitze empfangen wurde. Unten in der Kirche und auf den Emporen drängelte sich das Volk. Hildebert, effektvoll mit seinem Bischofsstab im Zentrum des Oktogons stehend, rief der Menge zu: „Sehet, hier bringe ich euch den von Gott erkorenen und einst vom großmächtigen Herrn Heinrich bestimmten, nun aber von allen Fürsten zum Könige gemachten Otto; wenn euch diese Wahl gefällt, so bezeugt dies, indem ihr die rechte Hand zum Himmel emporhebt."[69] Die Kirche war erfüllt von erhobenen Händen und Heilrufen. Auf dem Altar lagen als königliche Insignien Schwert, Mantel, Szepter und Krone bereit, es folgten Salbung und Krönung durch den Mainzer Erzbischof und die Thronbesteigung. Beim anschließenden Festmahl in der Pfalz versahen die Herzöge der neben Sachsen vier großen Stammesgebiete des Reiches den Tischdienst: Giselbert von Lothringen beaufsichtigte als Kämmerer das Gastmahl, Eberhard von Franken sorgte als Truchsess für die Speisen, Hermann von Schwaben als Mundschenk für die Getränke und Arnulf von Bayern als Marschall für den Reitstall.

Bei Ottos Aachener Erhebung sind die meisten grundlegenden und teilweise miteinander konkurrierenden Elemente vorhanden, von denen das mittelalterliche Königtum in Deutschland geprägt war: Trotz der grundsätzlichen Erblichkeit des Thrones behielt die Akklamation durch die Großen des Reiches ihre verfassungsmäßige Bedeutung. Im Vorfeld der Aachener Krönung war die Entscheidung aufgrund genau dieser Kriterien gefallen, nachdem Otto die Zustimmung einer breiten Mehrheit des Adels gegen seinen von der Mutter unterstützten jüngeren Bruder Heinrich hatte geltend machen können. Wahl und Akklamation des Adels entwickelten sich später über komplizierte Umwege zur verfassungsrechtlich festgeschriebenen Wahl des Königs durch die sieben Kurfürsten. Neben diesen Kriterien sollte auch die Krönung am richtigen Ort – nämlich in Aachen – und mit den richtigen Insignien ihre Bedeutung für die rechtliche Absicherung der Herrschaft bekommen. Schließlich war auch die Frage nicht unerheblich, wer die Zeremonie eigentlich durchzuführen hatte. Schon vor der Krönung Ottos hatten Ruotbert von Trier und Wichfrid von Köln einen erbitterten Streit um dieses Vorrecht ausgetragen, Trier berief sich dabei auf das hohe Alter seiner Bischofskirche und Köln auf die Zugehörigkeit Aachens zu seinem Erzbistum; am Ende konnte der Konflikt diplomatisch gelöst werden, indem man Hildebert von Mainz aufgrund seines persönlichen Ansehens den Vortritt ließ. Eine grundsätzliche Klärung dieser protokollarischen Frage, die eine hohe politische Bedeutung bekommen sollte, stand noch aus.

Ottos Herrschaft knüpfte auch in anderen Punkten an Karl den Großen an. Die Krönung in Aachen und die damit verbundene Berufung auf Karl diente der Festigung seiner Ansprüche in Lothringen gegen die noch lange nicht verklungenen Begehrlichkeiten der Nachbarn im Westen, die er ebenso in ihre Schranken ver-

Die Krönung Ottos des Großen am 7. August 936 (Aquatinta von 1828)

weisen konnte wie die Ungarn, die nach Ottos legendärem Sieg auf dem Lechfeld im Jahr 955 endlich Ruhe gaben und sesshaft wurden. Im Osten bekämpfte er die heidnischen Slawen wie einst Karl die Awaren bekämpft hatte. Schon 951 hatte er die italienische Königskrone erworben. Mit Ostrom stand er in so gutem diplomatischen Kontakt, dass er die byzantinische Prinzessin Theophanu als Schwiegertochter gewann. Ottos Herrschaft folgte nach einem Jahrhundert der Teilungen wieder einem universalen Anspruch, der zwar immer wieder durch Aufstände und Verschwörungen angefochten wurde, sich aber am Ende durchsetzen konnte und seinen Höhepunkt in der Kaiserkrönung in Rom am 2. Februar 962 fand. Damit war das Reich Karls des Großen, zwar in anderen Grenzen, doch immer noch in Anknüpfung an das römische Imperium der Antike wiederhergestellt. Als Otto der Große ging dieser erste Kaiser der nachkarolingischen Epoche in die Geschichte ein.

Um die Thronfolge zu sichern, ließ der Kaiser seinen gleichnamigen, damals erst siebenjährigen Sohn schon 961 ebenfalls in Aachen krönen. Die Tradition, die sich damit zaghaft etablierte, fand 983 ihre Fortsetzung; wieder war die Hauptperson ein Kind, und wieder hieß das Kind Otto. Dieser war von den Großen des Reiches auf Veranlassung seines Vaters in Verona zum König gewählt und zur Krönung nach Deutschland geschickt worden. Die Erzbischöfe Willigis von Mainz und Johannes von Ravenna setzten dem Jungen am Weihnachtstag des Jahres 983 eine eigens angefertigte Kinderkrone auf, die heute noch im Essener Domschatz aufbewahrt wird. Mitten in die Feierlichkeiten platzte die Nachricht, dass sein Vater in Italien an der Malaria gestorben war. Damit saß ein dreijähriges Kind auf dem Karlsthron. Die Regentschaft führten zunächst seine Mutter und seine Großmutter für ihn, die Erziehung übernahmen Geistliche, darunter auch der aus Kalabrien stammende Gregor, der später zum ersten Abt von Burtscheid werden sollte. Otto III. reiste schon 996 nach Italien, um die Kaiserkrone zu erwerben und seine Macht dort zu festigen. Königskrönung und Kaiserkrönung, Aachen und Rom –

diese beiden Pole entwickelten sich gerade in jenen Jahren zu den entscheidenden Stationen auf dem Weg zur rechtmäßigen Herrschaft. Für Otto III. aber waren sie weit mehr als das.

Zum Motto für die Herrschaft Ottos III. wurde die *Renovatio Imperii Romanorum*, die Erneuerung des Römerreiches, die weit über die Übernahme kaiserlicher Titulaturen hinausging. Bescheidenheit war nicht des Königs Zier: Ein Evangeliar, das er dem Aachener Marienstift überreichte, zeigt neben der Widmung den Herrscher in nie gekannter Weise purpurgerahmt und auf goldenem Grund, statisch und erhaben in einer Mandorla thronend wie sonst nur Christus. „Großartiger und eindeutiger ist die Regierung von Gottes Gnaden nie wieder geschildert worden: die Hand Gottes, die den König krönt, die Erde, die ihn emporhebt, die Könige und Mächtigen, die ihm huldigen.“[70] Als Großneffe eines byzantinischen Kaisers mag Otto III. über seine Mutter Theophanu etwas von den gleichzeitig sakralen und pompösen Herrschaftsvorstellungen des Ostens mitbekommen haben. Das um 990 im Kloster Reichenau entstandene Buch hat die Zeiten im Aachener Domschatz überdauert, nachdem über lange Zeit hinweg die deutschen Könige nach ihrer Krönung den Eid als Ehrenkanoniker des Marienstifts darauf abgelegt hatten.

Otto III. als christusgleicher Herrscher – Darstellung aus einem Evangeliar aus dem Kloster Reichenau (um 990)

Im Jahr 1000 ließ der Kaiser in einer umstrittenen Aktion das Grab Karls des Großen suchen und öffnen und begab sich in die Gruft. Wahrscheinlich strebte er selbst bereits die Heiligsprechung seines großen Vorgängers an, vielleicht folgte er aber auch nur seinem Vorbild Augustus, der einst das Mausoleum Alexanders des Großen hatte aufbrechen lassen. Die Berichte über Ottos Graböffnung sind angereichert mit sagenhaften Anekdoten; so ist schon die angebliche Unversehrtheit des Leichnams freie Erfindung oder bestenfalls eine von frommen Wünschen stark verfälschte Beobachtung, die sich wie ein roter Faden durch mittelalterliche Heiligenlegenden zieht. In der oft zitierten Chronik eines italienischen Mönchs heißt es: „Wir traten bei Karl ein. Denn er lag nicht wie der Körper anderer Verstorbener, sondern saß

Otto III. bei der Öffnung des Karlsgrabes (Entwurf für ein Fresko von Alfred Rethel)

auf einem Hochsitz, als lebte er. Er war mit goldener Krone gekrönt und hielt das Zepter in den Händen ... Wir richteten sofort ein Gebet an ihn, mit gebeugten Kniekehlen. Dann bekleidete der Kaiser Otto ihn mit weißen Gewändern ... und stellte alles Fehlende um ihn wieder her."[71] Dieser und andere Berichte strickten mit an der später oft mit dramatischem Schattenwurf gemalten Legende vom verblichenen Kaiser, der fahl und majestätisch in seiner Gruft thronte und selbst als Toter noch immer Kapitularien zu diktieren schien. Bei den widersprüchlichen Berichten über das, was in der Gruft nun wirklich geschehen war, konnte es nicht ausbleiben, dass später allerhand Gegenstände auftauchten, die dem Grab angeblich entnommen worden waren. Umstritten ist bis heute, ob das im Aachener Domschatz aufbewahrte Brustkreuz abgesehen von einer später erneuerten Kreuzkapsel nicht tatsächlich aus dem Karlsgrab stammen könnte, immerhin schließt der Chronist Thietmar von Merseburg seinen Bericht mit den Worten: „Nach Entnahme des goldenen Halskreuzes und eines Teils der noch unvermoderten Gewänder legte man das übrige in tiefer Ehrfurcht wieder hinein."[72] Mündliche Überlieferung machte aus einem Anhänger schnell drei, die anderen beiden werden heute in Reims und Cleveland aufgehoben und sind nachweislich spätere Arbeiten. Und noch andere Reliquien des großen Kaisers kamen mit der Zeit dazu.

Bei dieser Gelegenheit lohnt es sich auch einmal, einen kurzen Blick auf den seltsam schmucklosen Sitz auf der Westempore der Marienkirche zu werfen, der mit seinen sechs Stufen der biblischen Beschreibung des Throns von König Salomo entspricht.[73] Lange wurde er als Thron Karls des Großen angesehen, bis man eine Untersuchung der Jahresringe an einigen Holzteilen durchführte. Die Ana-

Otto III. öffnet das Grab Karls des Großen (Ölbild von 1863)

lyse des Materials, das man zu anderen Zeiten auch schon für Holz von der Arche Noah gehalten hatte, ergab dabei eine Errichtung des Thronsitzes in der Zeit von Otto dem Großen. Die Datierung war naheliegend, schließlich konnte bei der Karlsbezogenheit der Ottonen leicht eine einigermaßen glaubwürdige Legende entworfen und einfach etwas weiter in die Vergangenheit verschoben werden. Doch dann ging plötzlich ein Beben durch die Fachwelt: Die jüngere Datierung wurde widerlegt, so dass mittlerweile alles für eine Errichtung des Thrones in der Zeit Karls des Großen zu sprechen scheint. Mehr noch: Die Platten, aus denen der Thron zusammengesetzt ist, wurden zuvor bereits mehrmals anderweitig verwendet. Die Tatsache, dass man sich noch nicht einmal die Mühe machte, eine Reihe von Mühlespielen und andere in den Marmor geritzte Kritzeleien zu entfernen, zeugt von großer Ehrfurcht gegenüber dem Material, das, und das war die größte Überraschung, verblüffende Ähnlichkeit mit einigen Marmorplatten in der Grabeskirche von Jerusalem aufweist. Angesichts der Tatsache, dass Karl im Jahr 799 nachweislich nicht näher bezeichnete Reliquien aus dieser Stadt vom dortigen Patriarchen bekam, fällt ein ganz neues und beinahe einschüchterndes Licht auf den Karlsthron, der in den folgenden Jahrhunderten neben den Krönungsinsignien zum wichtigsten materiellen Bestandteil der Aachener Zeremonie wurde.[74]

Otto III. starb nur zwei Jahre nach der Jahrtausendwende, und manch ein Zeitgenosse vermutete eine göttliche Strafe für die oft als Grabschändung angesehene Öffnung der Karlsgruft hinter dem frühen Tod des Kaisers, dessen Gebeine von Italien über die Alpen geschafft wurden, um seinem letzten Wunsch nach einer Bestattung in Aachen zu entsprechen. Da der junge Kaiser keine Kinder hinterlassen hatte, griff bei der Bestimmung des Nachfolgers wieder einmal die Kombination aus Wahlprinzip und dynastischer Thronfolge: Die Großen des Reiches fanden den neuen König in Heinrich II. – einen Großneffen Ottos des Großen – in der bayerischen Nebenlinie des sächsischen Kaiserhauses. Zwar wurde seine Krönung im März 1002 in Mainz vollzogen, doch war die Legitimation durch den Karlsthron zu dieser Zeit schon bedeutend genug, dass der König im September desselben Jahres nach Aachen zog, um dort auf dem Stuhl Karls des Großen Platz zu nehmen, nachdem auch die lothringischen Fürsten ihn anerkannt hatten. Genau diese Abfolge wiederholte sich noch einmal im Jahr 1024 bei seinem Nachfolger Konrad II. Danach aber wurde Aachen endgültig zum ersten Krönungsort des Reiches.

Das Zeremoniell war dabei immer wieder kleineren Änderungen unterworfen, wenngleich sich eine mehr oder weniger feste Abfolge der Feier etablierte. Die Streitigkeiten um das Krönungsrecht, bei denen es eigentlich vor allem um den Einfluss bei Hof ging, konnten die Erzbischöfe von Köln ab 1052 durch ein päpstliches Privileg endgültig fur sich entscheiden. Die Gruppe der Insignien war groß und gruppierte sich gemäß ihrer Bedeutung für die rechtmäßige Krönung wie in konzentrischen Kreisen um den Karlsthron: Krone, Schwert und Szepter, dann

Wahrscheinlich doch der Stuhl Karls des Großen – der Thronsessel im Aachener Münster

Gewänder und eine große Zahl von Reliquien – eine davon, die so genannte Stephansburse, wurde wahrscheinlich bei der Thronbesteigung unter den Sitz geschoben, jedenfalls fanden sich bei der Untersuchung des Throns Hinweise darauf. In weiteren Rollen traten die angeblich aus dem Grab Karls des Großen stammenden Objekte auf, dazu schließlich bestimmte Einrichtungsgegenstände der Münsterkirche, die wie in einem Bühnenbild ihren Platz in einem Schauspiel bekamen, bei dem nichts dem Zufall überlassen wurde. Eingerahmt wurde die Zeremonie durch den Einzug des Königs in die Stadt, die öffentliche Akklamation und den Treueschwur der Großen sowie die Vorstellung vor dem Volk, gefolgt von der Königserhebung im engeren Sinn, zu der die Bekleidung mit den Insignien, die Salbung und die Thronbesteigung gehörten. Schließlich eine Reihe von Gebräuchen die Feierlichkeiten ab: die Aufnahme in das Kapitel des Marienstifts, die Erhebung verdienter Männer in den Adelsstand durch Ritterschlag und schließlich das Festmahl in der Königshalle, bei dem der Hochadel Gelegenheit bekam, sich bei der Ausübung der Hofämter im Königsdienst zu üben.

Die unscharfen Bilder der Aachener Krönungen wiederholen sich. In der Regel erfahren wir aus den Quellen nur, wer wann und von welchem Erzbischof gekrönt wurde; einige Kinder sind darunter, und wenn die Krönung doch nicht allen Glück brachte, so dürften die Aachener Geschäftsleute sich beim Einzug der königlichen Gefolgschaft doch jedes Mal in aufrechter Vorfreude die Hände gerieben haben. Im Jahr 1198 zeigte sich dann zum ersten Mal die Kehrseite der Medaille: im Fall von kriegerischen Auseinandersetzungen zwischen mehreren Thronanwärtern konnte die Krönungsstadt schnell zwischen die Mühlsteine geraten. Nach einer nur dreiwöchigen Belagerung wurde die von Walram von Limburg verteidigte Stadt von den Anhängern des Welfen Otto von Poitou erobert, weil sie zu dessen staufischem Gegenkandidaten Philipp von Schwaben gehalten hatte, von diesem aber nicht entsetzt worden war. Zwei Tage später wurde der Eroberer als Otto IV. zum deutschen König gekrönt. Keine sieben Jahre später war Philipp wieder da und empfing ebenfalls die Krone, pikanterweise auch er aus den Händen Adolfs von Köln, der auch schon die Krönung von 1198 vorgenommen hatte. Frieden gab es deshalb noch lange nicht: 1208 wurde Philipp von Schwaben ermordet, die Thronansprüche der staufischen Partei vertrat nun sein bis dahin in Sizilien residierender Neffe Friedrich II., dessen Krönung 1212 in Mainz mit nachgebildeten Insignien vorgenommen wurde. Zwei Jahre später tauchte Friedrich II. ein erstes Mal mit seinem Heer vor den Toren von Aachen auf. Wieder leitete Walram von Limburg die Verteidigung, diesmal im Namen Ottos, und diesmal erfolgreich. Friedrich musste abziehen und konnte erst im folgenden Jahr zurückkehren. Eine Belagerung wurde diesmal nicht nötig, denn die Aachener überwältigten die Parteigänger der Welfen und ließen den Staufer ein. Am 25. Juli 1215 setzte Erzbischof Siegfried von Mainz einer der größten Herrschergestalten des Mittelalters die Krone auf. Mit Otto dem Großen hatte Aachen einen Kaiser gesehen, dessen politische Ambitionen mit denen Karls des Großen vergleichbar waren. Friedrich II. war dagegen vielleicht seit vierhundert Jahren der erste, der Karls Ambitionen im kulturellen und wissenschaftlichen Bereich auch ohne politische Hintergedanken geteilt hätte.

3.2. Kaiser, Papst und Karlskult

Die Herrschaftsidee des deutschen Hochmittelalters lebte von der Auskleidung der antiken Kaisertradition mit christlichen Grundsätzen. Die Tatsache, dass die römischen Kaiser der ersten Jahrhunderte nicht nur Götzenanbeter, sondern teilweise sogar Christenverfolger gewesen waren, wurde von der damaligen Zeit nicht als das große Dilemma gesehen, als das es heute erscheinen könnte. Die Unvereinbarkeit der antiken mit der mittelalterlichen Kultur ist eine Annahme, die in der Renaissance formuliert wurde, als der Begriff des Mittelalters als einer finsteren Zwischenzeit überhaupt erst entstand. In Wahrheit war das Bewusstsein des antiken Erbes bei den tonangebenden Gelehrten durchaus vorhanden. Man behalf sich mit Legenden zur Ehrenrettung der heidnischen Kaiser oder mit philosophischen Entwürfen, die die Geschichte der Welt, ausgehend von der Schöpfung, in Epochen einteilten, denen jeweils eine eigene heilsgeschichtliche Bedeutung zukam. Die scheinbar anachronistische und stilistisch nach den Kriterien unserer von Political Correctness und Corporate Identity geprägten Welt oft unpassende Verwendung von Versatzstücken der heidnischen Antike in Kunst und Literatur und schließlich in der gesamten Weltdeutung des christlichen Mittelalters mag heute auf den ersten Blick verwundern, und dennoch wohnt ihr eine übergeordnete Harmonie und Ästhetik inne, die nur verstehen kann, wer sich auf die Mentalität dieses Zeitalters einlässt, das nicht auf jeden Widerspruch mit dem Finger zeigte.

Die Symbolik hinter der scheinbaren Willkür ist mal einleuchtend, mal abwegig, und dann wieder mit entwaffnender Ungeniertheit an pragmatische Erfordernisse angepasst: Man baute ein, was gerade vorhanden war; die passende Deutung ließ sich finden. Diese Mentalität spiegelt sich anschaulich in zwei ganz besonders kostbaren Schmuckstücken der Marienkirche: dem zur Zeit von Otto III. umgearbei teten Lotharkreuz und der von Heinrich II. gestifteten goldenen Kanzel. Das über und über mit Edelsteinen besetzte Kreuz trägt in der Mitte – wo man eigentlich den sterbenden Erlöser erwartet – eine Kamee mit dem Konterfei des heidnischen Kaisers Augustus, während die Kanzel geradezu gespickt ist mit einem Sammelsurium kunsthandwerklicher Erzeugnisse aller Art: spätantike Elfenbeinreliefs mit heidnischen Gottheiten wie Isis und Bacchus, eine oberägyptische Bergkristalltasse mit zugehöriger Untertasse und byzantinische Schachfiguren, vielleicht aus der Mitgift der Kaiserin Theophanu – all das fügten Heinrichs Goldschmiede zu einem Gesamtkunstwerk zusammen, das zur Ehre Gottes im übergeordneten Gesamtkunstwerk der Marienkirche aufging. Materialien und Gegenstände aus dem Dunstkreis der kaiserlichen Antike wurden so ihrerseits zu Reliquien und veredelten die sakrale Grundsubstanz mit imperialem Glanz, wie auch die imperiale Grundsubstanz der Kaiserherrschaft mit dem sakralen Glanz der Heiligenreliquien veredelt wurde. *Regnum* und *Sacerdotium*, Königtum und Priestertum, stützten und bedingten sich gegenseitig.

Die konkrete Gewichtung dieser beiden Pole war eine Frage des Zeitgeistes und des Charakters desjenigen, der gerade auf dem Thron saß. Da die Kaiserwürde durch den Papst verliehen wurde, konnte es überall da zu Reibereien kommen, wo an den Schnittstellen von *Regnum* und *Sacerdotium* politische Einflussnahme auf Kosten der anderen Seite möglich war. Dieses Problem wurde vor allem im so genannten Investiturstreit zum Kern einer grundlegenden Auseinandersetzung zwischen Kaiser und Papst um die Einsetzung der Bischöfe in Deutschland. Noch Otto der Große (936 – 973) hatte geistliche Ämter entgegen dem kanonischen Recht gezielt mit Personen seines Vertrauens besetzt; Otto III. (983 – 1002) und Heinrich III. (1039 – 1056) hatten sogar eigene Päpste auf den Thron gebracht. Heinrich IV. (1056 – 1106) stieß kurz darauf gegenüber einem erstarkten Papsttum an die Grenzen seiner Macht. Der Investiturstreit fand seinen dramatischen Höhepunkt 1077 mit dem berühmten Gang nach Canossa, als der König, von Gregor VII. gebannt und von seinen deutschen Verbündeten im Stich gelassen, vor den Toren der oberitalienischen Burg erschien und sich so lange barfuß im Schnee der Selbstdemütigung hingab, bis der Papst ihn ein-

Ein Fest aus Gold und Edelsteinen – die von Heinrich II. gestiftete Kanzel

ließ und den Bann aufhob, wodurch der König trotz aller Erniedrigung politisch wieder gestärkt wurde, weil seine Gegner in Deutschland den päpstlichen Bann nicht mehr als Vorwand zur Gehorsamsverweigerung nutzen konnten. Der Streit aber flammte kurz danach wieder auf und wurde erst 1122 mit dem Wormser Konkordat beendet. Der Papst behielt das letzte Wort, und mit den vom König oder Kaiser eingesetzten Bischöfen als zuverlässige Stützen seiner Macht war es weitgehend vorbei.

Das alles hat zunächst nur bedingt mit der Aachener Geschichte zu tun, ist aber zum Verständnis der Entwicklung nötig, die dem großen Kaiser Karl, der zu Lebzeiten schon viele Kronen getragen hatte, nun, dreieinhalb Jahrhunderte nach seinem Tod, auch noch die Krone der Heiligkeit eintrug. Und wieder stand eine Aachener Krönung am Anfang: Am 9. März 1152 bestieg ein Mann den Karlsthron, der mit neuem Elan an die Zusammenführung von *Regnum* und *Sacerdotium* in seiner Hand ging und dabei erneut mit dem Papsttum aneinander geraten sollte. Otto von Freising, einer der großen Chronisten des 12. Jahrhunderts, zählt ihn als 94. Kaiser seit Augustus. Sein Name war Friedrich, besser bekannt als Barbarossa, der Rotbart. Dieser Kaiser, der es auf sieben Besuche in Aachen brachte, sollte für die Stadt eine ganz besondere Bedeutung bekommen; genau genommen wurde sie durch ihn überhaupt erst zu einer Stadt im rechtlichen Sinn. In der entsprechenden Urkunde vom 8. Januar 1166, von der später noch die Rede sein wird, informiert der Kaiser Zeitgenossen und Nachwelt unter anderem darüber, dass Karl der Große nunmehr zu den Heiligen erhoben sei. Dazu war das Karlsgrab, dessen Lage wohl schon wieder in Vergessenheit geraten war, erneut gesucht, gefunden und geöffnet worden, wodurch der reiche Aachener Reliquienschatz noch um ein Skelett reicher wurde. Ein heute im Louvre aufbewahrtes Armreliquiar, auf dessen Deckel Karl zum ersten Mal als Heiliger bezeichnet wird, entstand bald nach der Erhebung der Gebeine, doch bis zur Fertigstellung des endgültigen Schreins sollte es noch etwas dauern.

Die Heiligsprechung erfolgte nicht aus einer sentimentalen Laune heraus, und sie war keine Gefälligkeit gegenüber dem Marienstift. Sie hatte einen vielschichtigen und teilweise brisanten politischen Hintergrund. Heiligsprechungen von Monarchen und anderen dem Herrscherhaus verbundenen Gestalten sowie die feierliche Erhebung von deren Gebeinen waren gerade in jenen Jahren ein beliebtes Mittel zur sakralen Aufwertung des Königtums. 1144 hatte der französische König Ludwig VII. persönlich die Gebeine seines Staatsheiligen Dionysius von der Krypta des Klosters Saint Denis in den Hochchor getragen. 1146 war Kaiser Heinrich II. heilig gesprochen worden und 1161 der englische König Eduard der Bekenner. Da Barbarossas umtriebiger Kanzler, der Kölner Erzbischof Rainald von Dassel, unmittelbar vor Karls Heiligsprechung in diplomatischer Mission am englischen Hof zu Besuch gewesen war, ist vermutet worden, dass ihm dort die zündende Idee einer

Heiligsprechung Karls des Großen eingegeben worden sein könnte. Schließlich war er es auch gewesen, der 1164 im Triumphzug mit drei von Barbarossa in Mailand erbeuteten Skeletten in Köln eingeritten war, in denen man die zu Königen hochstilisierten drei Weisen aus dem Morgenland erblicken wollte. Der Aufwand, den Rainald um die Reliquien treiben ließ, diente einem eindeutigen und kalt berechneten politischen Ziel: der Aufwertung des Königtums gegenüber dem Papst. Die Weisen waren also Könige, und der Herr hatte sie in der Heiligen Nacht durch den Stern zum Kind in der Krippe geführt – aus diesen vermeintlichen Tatsachen leitete man eine göttliche Privilegierung des königlichen und kaiserlichen Amtes an sich ab, wodurch der Papst in seiner Bedeutung zwangsläufig zurücktreten musste. Dieser scheinbar an den Haaren herbeigezogene Zusammenhang wurde von den Zeitgenossen genau verstanden.

Die sakrale Aufwertung der weltlichen Macht war ganz im Sinne Barbarossas, der sich mit Papst Alexander III. genau wegen der Frage des kaiserlichen Einflusses auf die Angelegenheiten der römischen Kirche überworfen hatte und den Gegenpapst Viktor IV. unterstützte. Nach dessen Tod hatte Rainald von Dassel mit Paschalis III. eigenmächtig einen weiteren Gegenpapst ernannt, für den man nun auf diplomatischem Weg nach Unterstützung suchte. Die theologisch und historisch geführte Diskussion lief auf die Frage hinaus, woher der Kaiser eigentlich seine Kaiserlichkeit nahm. Eine Stärkung seines eigenen Amtes durch Berufung auf einen heiligen Vorgänger war für Barbarossa schon deshalb wichtig, weil Alexander III. angeblich bereits Fühler nach Byzanz ausgestreckt hatte, um seinen Anteil an der kaiserlichen Würde sozusagen an den konkurrierenden Amtsnachfolger der antiken Imperatoren zurückzuübertragen.

Die Heiligsprechung selbst entsprach nicht dem sonst üblichen Verfahren. Rainald von Dassel als Erzbischof und Alexander von Lüttich als zuständiger Bischof – beide erst wenige Monate zuvor mit den entsprechenden Weihen versehen – übernahmen die geistliche Verantwortung für das Verfahren, das von Paschalis III. abgesegnet wurde. Da dieser sich als Gegenpapst aber nicht durchsetzen konnte und demnach von der Kirche nach seinem Tod nie als offizieller Papst anerkannt wurde, war sein Beitrag zu diesem Prozess kirchenrechtlich völlig wertlos. Andererseits war die päpstliche Mitwirkung an Heiligsprechungen damals noch kein Monopol des Papstes, so dass eine Duldung solcher vor Ort entstandener Kulte schließlich als päpstliche Anerkennung gelten konnte. Immerhin wirkte 1226 der päpstliche Legat Konrad von Urach an der Weihe eines Altars für den Heiligen Karl mit, ohne dass von Rom aus Einspruch laut geworden wäre. Später behalf man sich unter Berufung auf die lange Tradition der Verehrung und den nicht eingelegten Widerspruch der Kirche damit, Karl als Seligen einzuordnen.[75]

Der Karlskult, die Reliquienverehrung und die damit verbundene Aufwertung der Aachener Marienkirche schlugen sich in den folgenden Jahrzehnten in der Schaffung weiterer Kunstwerke nieder, die den pompösen Rahmen der Königskrönungen gewissermaßen in bühnenbildnerischer Hinsicht weiter bereicherten. Vor 1182 wurde unter der Kuppel der prachtvolle, mit Kette fast zwei Tonnen schwere Leuchter aufgehängt, der als einzigartiges Meisterwerk seiner Epoche die Zeiten überdauert hat und wie fast alle mit der Krönung zusammenhängenden Gegenstände eine vielschichtige Bedeutung hat: Eine Inschrift weist auf das in der Offenbarung des Johannes geschilderte Himmlische Jerusalem hin, und in der Tat ist der Leuchter wie eine Stadtmauer gebildet: acht große und acht kleine Türme unterbrechen die wie Mauerabschnitte geformten vergoldeten Kupferblechsegmente und bilden ein Sechzehneck, das in harmonische Wechselwirkung zur Struktur des ganzen Gebäudes tritt. Daneben bietet sich eine leicht zu deutende Lichtsymbolik ebenso an wie eine nicht weniger offenkundige Kronensymbolik, zumal ein wahrscheinlich genau in der Mitte des Oktogons errichteter, dem heiligen Kaiser geweihter Altar den Leuchter gewissermaßen zur Bekrönung von dessen Heiligkeit machte und damit schließlich in einen einleuchtenden Zusammenhang zu den Königskrönungen trat.[76] Die Öffnungen in den Türmen waren ursprünglich mit silbernen Blechen ausgekleidet, die wahrscheinlich mit passenden biblischen Darstellungen verziert waren. Soviel symbolgeladene Heiligkeit wird nur durch ein kleines Gesicht konterkariert, wahrscheinlich ein Selbstportrait des Künstlers, das sozusagen als augenzwinkernder Fingerzeig einer profanen Wirklichkeit in den Dachzwickel von einem der Türme graviert ist.[77]

Eine Krone für den Karlsschrein – der von Barbarossa gestiftete Radleuchter

Das zweite Kunstwerk in diesem Zusammenhang ist der Karlsschrein, der wahrscheinlich kurz nach 1180 in Auftrag gegeben wurde und ebenfalls von den politischen Ansprüchen des Kaisertums nicht zu trennen ist. Wo andere Schreine an den Seiten mit Heiligenfiguren geschmückt sind, thronen hier an den beiden Längsseiten je acht Könige und Kaiser – ein Übergriff des kaiserlichen Machtanspruchs in den sakralen Bereich, wie er deutlicher kaum formuliert werden kann, und manch einer wird einen solchen Bruch mit der üblichen Ikonografie als befremdlich, wenn nicht sogar anstößig empfunden haben. Die Arbeiten am Schrein zogen sich mehr als drei Jahrzehnte hin. Erst am 27. Juli 1215, zwei Tage nach der Krönung Friedrichs II., wurden Karls Gebeine in Anwesenheit des jungen Königs umgebettet, der es sich dann auch nicht nehmen ließ, selbst auf das Gerüst zu steigen und die letzten Nägel einzuschlagen, mit denen der Schrein die Knochen seines großen Vorgängers verschloss – auch das war eine politische Demonstration des Königs, die im Sinne seines 1190 verstorbenen Großvaters Barbarossa gewesen sein dürfte. Bedeckt sind die Reliquien übrigens mit einem byzantinischen Tuch aus dem späten 10. Jahrhundert, das wahrscheinlich bei der Graböffnung durch Otto III. zurückgelassen wurde.

Die Fertigstellung des Karlsschreins scheint das Kapitel der Marienkirche bewogen zu haben, seine eigenen Reliquien durch ein nicht weniger prächtiges Pendant aufzuwerten. Schon 1220 wurde ein weiterer Schrein in Auftrag gegeben. Zwei Jahre nach dessen Fertigstellung, am 19. März 1238, wurde die alte Reliquienlade zum ersten Mal seit den Tagen Karls des Großen geöffnet und ihr Inhalt einer erneuten Inventarisierung unterzogen. Im Bestand der Reliquien hatte sich gegenüber dem oben erwähnten karolingischen Verzeichnis einiges geändert, was vor allem dadurch erklärt wird, dass noch zu Karls Zeiten eine Anzahl von Reliquien für verschiedene Klöster abgezweigt worden war und andere dazukamen, ohne dass man diese Vorgänge immer genau dokumentierte; außerdem dürften die alten Beschriftungen zum Teil unleserlich geworden sein, was die Identifizierung der in kleinen Stoffbündeln verpackten Knochen erschwerte. Zu den bekannten Reliquien traten so unter anderem auch Stücke von Kreuzigungsnägeln sowie vom Schweißtuch, vom Gürtel und vom Hemd des Erlösers.[78] Die Erfassung wurde mit großer Sorgfalt durchgeführt, jedenfalls dauerte es ein Jahr, bis alles im neuen Schrein untergebracht war und dieser im Ostchor hinter dem Marienaltar aufgestellt wurde.

Marienschrein mit den vier großen Heiligtümern (1239 fertiggestellt)

Genau einen Tag nach der feierlichen Verschließung des Marienschreins, am 20. März 1239, wurde Friedrich II. von Papst Gregor IX. mit dem Kirchenbann belegt. Natürlich war diese zeitliche Übereinstimmung ein Zufall, dennoch war das Nebeneinander der beiden Schreine in der Aachener Marienkirche in gewisser Weise ein Abbild des Konkurrenzkampfes, den die weltliche und die geistliche Gewalt um die Vorherrschaft im Abendland führten: auf der einen Seite ein heiliger Kaiser, dessen Schrein mit den Bildern seiner Nachfolger geschmückt war, um gewissermaßen die Amtsheiligkeit der weltlichen Gewalt zu unterstreichen, auf der anderen die Kirche, die ihren Vormachtsanspruch auf Traditionen zurückführte, die bis in den Stall von Bethlehem zurückreichten. Der Konflikt zwischen Kaiser und Papst wogte noch eine Weile hin und her und verlor dann an Bedeutung, je mehr das päpstliche Italien aus dem Blickfeld der kaiserlichen Außenpolitik verschwand. Vor Ort aber ergaben sich aus dem Nebeneinander von Stadt und Stift bald neue Konflikte, denn die Stadt zog nach und nach kaiserliche Rechte an sich und wurde zu einem immer wichtigeren Wirtschaftsfaktor, zu einer juristischen Person und schließlich zu einer unübersehbaren politischen Größe.

3.3. Wie entsteht eine Stadt?

Eine Stadt ist ein administratives Gebilde, das in der Regel durch Überschreitung einer bestimmten Einwohnerzahl zu einem solchen wird. Städte sind innerhalb der Verwaltungshierarchie auf einer bestimmten Ebene angesiedelt, die mit bestimmten Selbstverwaltungsrechten verbunden ist. Stadtbewohner haben gegenüber Dorfbewohnern ebensowenig bürgerliche Sonderrechte wie auswärtige Instanzen politische Sonderrechte in der Stadt haben oder deren Bürger aufgrund ihrer Zugehörigkeit zur Stadtgemeinde steuerliche, wirtschaftliche, zivilrechtliche oder gar strafrechtliche Sonderrechte anderswo genießen. Politische Amtsträger haben keine gerichtlichen Kompetenzen. Politische Ämter sind nicht erblich. Gerichtliche Kompetenzen sind nicht käuflich.

Alle diese selbstverständlich scheinenden Aussagen gelten für das Mittelalter nicht. Um die Entstehung der Städte innerhalb einer so gut wie ausschließlich von dörflichen Siedlungen gesprenkelten Landschaft zu verstehen, muss man sich zunächst diese Landschaft selbst ansehen. In der Regel entstanden Städte durch überproportionales Wachstum von bäuerlichen Siedlungen, und dennoch waren sie mehr als zu groß geratene Dörfer. Stadtwerdung hat eine wirtschaftliche, eine rechtliche, eine gesellschaftliche und schließlich eine politische Komponente, und keine ist ohne die andere denkbar. Die wirtschaftliche Komponente machte das materielle Wachstum der Stadt aus, sie bestand in der Regel zunächst in der Intensivierung des Handels, der sich auf Märkten verdichtete und sich dabei zur Nutzung von Standortvorteilen, vor allem einer günstigen Infrastruktur oder der Nähe von kaufkräftigen kirchlichen Institutionen, an bestimmte Orte band. Das begünstigte die dauerhafte Niederlassung der reisenden Kaufleute, die durch ihr Kapital zum Arbeitgeber für Handwerker wurden, die sich ebenfalls ansiedelten und zusätzlichen Mehrwert erwirtschafteten. Früher oder später musste dabei die rechtliche Komponente ins Spiel kommen, denn die kapitalkräftigen Gruppen tendierten zur Bildung von Interessensgemeinschaften, die zur Absicherung und Erweiterung ihres Wohlstandes nach Privilegien strebten. Solche Privilegien wurden vom König oder von den Landesherren erteilt, und sie waren wiederum wirtschaftlicher, rechtlicher oder politischer Natur: Privilegien befreiten ihre Inhaber zunächst von Zöllen und anderen Abgaben und berechtigten sie dann zur Eintreibung eigener Steuern, sie beschnitten zunächst die gerichtlichen Zugriffsrechte von Dritten und genehmigten dann die Etablierung einer eigenen Gerichtsbarkeit mit wachsenden Kompetenzen, und schließlich gestanden sie den privilegierten Gruppen das Recht zu, eigene politische Organe zu wählen und eigene Gesetze zu machen. Je mehr die genannten Gruppen sich in ihrer Zusammensetzung festigten und je finanzstärker sie wurden, desto mehr gingen sie dazu über, ihre Privilegien eigenmächtig zu erweitern und abzurunden, und gerade der Geldbedarf der Landesherren führte dazu, dass politische Selbstständigkeit ein käufliches Gut wurde. Die räumliche Verdichtung und die allgemeine Tendenz des Hochmittelalters zur Territorialisierung von Herrschaft brachte es mit sich, dass die tonangebenden Gruppen die Stadt möglichst flächendeckend unter ihre Kontrolle zu bekommen versuchten, womit die Städte zu Gemeinwesen wurden, deren politische Organe über die Verleihung des Bürgerrechts theoretisch alle Einwohner an den Privilegien beteiligen konnten. Damit kommt auch die gesellschaftliche Komponente der Stadtwerdung zu voller Entfaltung: Stadtbürger wurden zu einer sozialen Gruppe zwischen den abhängigen Bauern und einigen grundherrschaftlich gebundenen Handwerkern auf der einen Seite und dem von jeher privilegierten Adel auf der anderen. Ihre Rechte leiteten sie aus der Zugehörigkeit zum städtischen Gemeinwesen ab, und nachdem die Städte auch die Wehrhoheit erlangt hatten, grenzten sie ihren Rechtsraum durch eine Mauer sichtbar und selbstbewusst nach außen ab, auch wenn der städtische Einflussbereich in den meisten Fällen sogar über die Mauern hinausreichte.

Diese schematische Schilderung eines gewissermaßen im Zeitraffer in der Retorte nachvollzogenen städtischen Werdegangs ist natürlich nicht einfach auf alle Städte übertragbar. Die entsprechenden Prozesse waren komplizierter und vielschichtiger, sie vollzogen sich über Jahrhunderte hinweg und waren individuellen Brüchen unterworfen. Die Aachener Entwicklung hat allein schon wegen der verfassungsmäßigen Rolle der Stadt als Krönungsort ihre eigenen Besonderheiten, dennoch hangelt auch sie sich an einem roten Faden entlang, der nun verfolgt werden soll. Und damit wird es endlich wieder konkret.

Es beginnt mit dem *vicus* der Karolingerzeit, der sich vor den Toren der Pfalz auf den Ruinen des römischen Badeortes entwickelt hatte. Wir erinnern uns: Zur Zeit von Karl dem Großen und Ludwig dem Frommen lebten hier bereits Kaufleute. Ob diese sich angesichts des allgemeinen Niedergangs im 9. Jahrhundert überhaupt am Ort halten konnten, ist nicht sicher; alles in allem dürfte die Siedlung mit der langsam verfallenden und nur noch selten genutzten Pfalz zu dieser Zeit ein tristes Bild abgegeben haben. Widukind von Corvey, von dem immerhin der umfassendste Bericht über die Krönung Ottos des Großen stammt, bemerkte über Aachen selbst nur lapidar, es liege in der Nähe von Jülich.[79]

In einer Urkunde von 972 bezeichnet Otto der Große den Ort mit seinem volkssprachlichen Namen „Ahha", woraus sich später der heutige Name entwickelte. In den folgenden Jahrzehnten scheint sich Aachen dann langsam wieder erholt zu haben. Gründe waren der allgemeine Aufschwung des Handels und die ehrgeizigen Projekte Ottos III. Es ist viel darüber diskutiert worden, ob der junge Kaiser aus der Pfalz des großen Karl ein zweites Rom machen wollte oder nicht; durch seinen frühen Tod kamen die meisten seiner Pläne ohnehin nicht zur Ausführung und viele seiner Absichten und Vorstellungen blieben im Dunkeln. Angesichts des heruntergekommenen Zustandes der Siedlung lässt sich eher vermuten, dass diese durch eine Reihe von Kirchenbauten überhaupt erst einmal zu einer vollwertigen Stadt werden sollte. Kirchengründungen wurden im Mittelalter immer wieder auch als wirtschaftsfördernde Maßnahme vorgenommen, denn die Bauarbeiten schufen über Jahre und manchmal Generationen hinweg Arbeitsplätze, weshalb viele der beteiligten Handwerker sich gleich vor Ort niederließen; dazu kam die Kaufkraft des zugezogenen Klerus, was wiederum den Handel und die Ansiedlung von Kaufleuten begünstigte. In Aachen wird diese Entwicklung auch von der Archäologie bestätigt: Der Betrieb der wahrscheinlich schon seit den Tagen Karls des Großen verfallenden Bücheltherme wurde wieder aufgenommen und ihre Umgebung wieder bebaut, so dass die Besiedlung in der Gegend von Hof, Ursulinenstraße und Buchkremerstraße seit dem 11. Jahrhundert spürbar dichter wurde. Der Stadtplan von Aachen spiegelt bis heute das verschachtelte Netz aus Straßen und Gassen, das nun die noch formbaren Räume zwischen den beiden um knapp 40° gegeneinander verschobenen Rastern des römischen *vicus* und der karolingischen

Das Grashaus – früher Schauplatz von Ratsversammlungen, heute Stadtarchiv

Pfalzanlage ausfüllte, wodurch die charakteristischen dreieckigen Plätze entstanden. 1137 wurde der Abtei Stablo auf dem Stadtgebiet der Besitz von 30 Häusern, einer Kapelle und einem Herrenhaus im Bereich des heutigen Elisengartens bestätigt; das Zentrum des Ortes und seiner wirtschaftlichen Aktivitäten scheint zunächst der Fischmarkt gewesen zu sein, wo auch das als „Grashaus" bezeichnete erste städtische Verwaltungsgebäude errichtet wurde, während der heutige Marktplatz noch bis ins späte Mittelalter hinein bebaut war. Neben solchen Zusammenballungen entfaltete sich die bauliche Tätigkeit radspeichenartig entlang der Fernstraßen, wodurch die für Handelsstädte typischen, zur Straße hin schmalen und dafür weit in die Tiefe reichenden Parzellen an Jakobstraße, Königstraße, Eilfschornsteinstraße, Pontstraße, Großkölnstraße, Ursulinerstraße, Hartmannstraße und Kleinmarschierstraße entstanden.

Von alters her war der *vicus* königliches Eigentum, das wahrscheinlich größtenteils im Zuge der Übernahme des römischen Staatslandes durch die fränkischen Eroberer der Völkerwanderungszeit in deren Besitz gelangt und dann weiter vererbt worden war. Als Karl der Große seine Pfalz in Aachen errichtete, geschah das auf dem Grund und Boden des königlichen Fiskus, dasselbe gilt für die Pfalzkapelle, die dadurch zur königlichen Eigenkirche wurde, und auch das Umland, das die Pfalz über ein Netz von Höfen versorgte, war königlicher Besitz und wurde vom zentralen Königshof in Aachen verwaltet. Als Aachen nach dem Tod Karls des Großen als dauerhafte Residenz mehr und mehr aufgegeben wurde, etablierte sich im ganzen Land ein System von Naturalabgaben aus eigens dafür eingerichteten Sondervermögen, den so genannten Tafelgütern, das die Versorgung des reisenden Hofes übernahm. Die Lieferungen von genau festgelegtem Umfang wurden als Servitien bezeichnet, und ein aus der Mitte des 12. Jahrhundert erhaltenes Verzeichnis der königlichen Tafelgüter macht genaue Angaben über den Umfang dieser Lieferungen. Demnach hatte die Fiskalverwaltung des Königshofes in Aachen aus den ihr unterstellten Tafelgütern jedes Jahr 320 Schweine, 56 Ferkel, 400 Hühner, 40 Kühe, 4000 Eier, 80 Enten, 40 Pfund Pfeffer, 720 Käse, 80 Pfund Wachs und 32 Fuder Wein zu entrichten[80] – eine Menge, die nur von wenigen Pfalzen erreicht wurde und anschaulich zeigt, wie umfangreich der königliche Besitz um Aachen immer noch war. Die Kehrseite der Medaille war allerdings eine dramatische Ausdünnung dieses Besitzes im weiteren Umland, denn der Aachener Königshof war nur noch einer von gerade vier solcher Staatsbetriebe zwischen Ardennen, Maas und Niederrhein, während es kaum mehr als eineinhalb Jahrhunderte zuvor noch nachweislich 43 davon gegeben hatte.[81]

Von der Veräußerung des königlichen Besitzes hatte vor allem die Kirche profitiert, in deren Händen sich durch Schenkungen und Nachlässe immer mehr Grundbesitz ansammelte. Das galt wiederum nicht nur auf dem Land, sondern auch in der Stadt. Dort war der ehemals königliche Grundbesitz in die verschiedensten Hände geraten, wobei sich lehenrechtliche und privatrechtliche Vorgänge in einem undurchsichtigen Dickicht von Besitzwechseln überlagerten, die für die erste Zeit überhaupt nicht und auch später nur lückenhaft dokumentiert sind. Grundstücke wurden mit und ohne Häuser verkauft oder als Lehen vergeben, verpfändet oder der Kirche übertragen, wobei die Beteiligten in den Dokumenten bisweilen in Rollen auftauchen, die gar nicht zu ihnen passen wollen: der König konnte als Vermieter von privatem Wohnraum erscheinen und die Marienkirche als Anteilseignerin an einer der zahlreichen Mühlen, die die reichlich in der Stadt fließenden Bäche säumten. Als weitere Investitionsobjekte kamen in Aachen auch noch die Verkaufshallen für bestimmte Handelswaren und die heißen Quellen in Frage, die zunächst als Lehen vergeben und später dann meistens verpachtet wurden. Mit der dichter werdenden Überlieferung des Hochmittelalters setzt so auch die Reihe der prominenten Badegäste wieder ein: Heinrich IV. (1056 – 1106) und Friedrich Barbarossa (1152 – 1190) eröffnen den illustren Reigen. 1227 traten auch die Quellen beim Königsbad den Weg in die weit geöffneten Arme der Kirche an, die sie 1240 zunächst an zwei professionelle Bader verpachtete und dann 1266 an die Stadt verkaufte.

Wie bereits erwähnt, lebte die Aachener Wirtschaft vor allem vom Handel, genauer gesagt: vom Tuchhandel. Das ist nun in jener Zeit nicht gerade eine Sensation für eine mittelalterliche Stadt zwischen Seine und Rhein, wo es an die 150 solcher Tuchstädte gab. Flandern und Brabant waren wegen ihrer Böden für die Schafzucht fast so gut geeignet wie England, dessen feuchtes Klima das Erfolgsgeheimnis der besonders geschmeidigen englischen Wolle war. Dennoch können die gefälligen Lobgesänge der lokalen Geschichtsschreibung auf das Aachener Tuchgewerbe nicht darüber hinwegtäuschen, dass man kaum etwas Konkretes über die frühe Zeit dieses Gewerbes weiß. Die Frage ist nicht ganz unberechtigt, warum die Stadt überhaupt zu einem so bedeutenden Handelsort werden konnte, schließlich liegt sie an keiner Wasserstraße und war daher gegenüber den Städten an Maas und Rhein zunächst einmal benachteiligt. Ausgeglichen wurde dieses Manko allerdings durch die grundsätzlich günstige geografische Lage zwischen den englischen und flandrischen Herstellern und den westfälischen Abnehmern der Stoffe, die ballenweise weiter in Richtung Ostsee transportiert wurden, wo neue Handelsstädte bald wie Pilze aus dem Boden schossen, oder den Weg auf dem Rhein nach Süden nahmen und über Frankfurt weiter bis nach Italien gelangten.

Für die schwungvolle Abwicklung des Handels mussten Märkte eingerichtet und regelmäßige Messen abgehalten werden, die als Herzschrittmacher des Warenaustausches fungierten und in kalkuliertem Takt die Handelsstraßen entlang wanderten. Die entsprechenden Genehmigungen wurden wie auch das Recht der Münzprägung und das der Einziehung von Zöllen vom König erteilt, unter dessen Schutz die Kaufleute ja schon zur Karolingerzeit gestanden hatten. Als unter den

Ottonen mit dem Ende der Invasionen von Normannen und Ungarn wieder Ordnung und Stabilität im Reich einkehrten, verließ eine Flut von entsprechenden Privilegien die königliche Kanzlei. Auch in Aachen wurden spätestens seit Konrad II. (1024 – 1039) wieder Münzen geprägt und unter Heinrich IV. (1056 – 1106) gab es eine Zollstätte, die wiederum ohne einen Markt nicht denkbar ist. Die wichtigsten beiden Urkunden für das Aachener Marktwesen stammen von Friedrich Barbarossa, der 1166 zwei neue Jahrmärkte und 1173 zwei weitere genehmigte. Die Befreiung vom Wechselzwang und weitere Bestimmungen zur Aachener Währung vervollständigten den Maßnahmenkatalog, durch den der Handel der Region und damit auch Barbarossas politische Position vor Ort gestärkt werden sollte.

Mit Markt, Münze und Zoll sind die drei wichtigsten Voraussetzungen für einen mehr oder weniger bedeutenden Fernhandel vor Ort erfüllt; dazu kam dann noch die Privilegierung der Aachener Händler auf anderen Märkten, von der wir indirekt aus einer Urkunde Konrads III. aus dem Jahr 1145 erfahren, der den Kaufleuten von Kaiserswerth eine Reihe von Handelsprivilegien nach dem Vorbild der Aachener erteilte. Damit ist nichts über das Alter der Aachener Privilegien selbst gesagt, und es spricht einiges dafür, dass diese sich auf die noch aus der Karolingerzeit stammende Erlaubnis des abgabenfreien Handels zurückführen lässt, die schleichend von den einzelnen Kaufleuten, denen sie gegen Bezahlung erteilt worden war, auf alle Händler des Ortes übertragen wurde.[82] Hier offenbart sich eines der größten Probleme, die mittelalterliche Quellen so mit sich bringen: aus der oft zufälligen ersten Erwähnung eines Phänomens kann nicht einfach auf die Zeit seiner Entstehung geschlossen werden. Das gilt auch für die Ersterwähnung der Kaufleute aus Aachen und anderen Städten als Besucher von allen möglichen Märkten, aus denen umtriebige Lokalhistoriker ihren umtriebigen Vorfahren gern eine Pionierrolle auf den Leib geschrieben haben, die sie oft gar nicht gespielt hatten. Aachener erscheinen nun auf allen bedeutenden Messen und Märkten; sie bekommen weitere Zollprivilegien, deren Erteilung bisweilen im scheinbaren Widerspruch zu der doch eigentlich vom König pauschal erteilten Abgabenfreiheit steht: so bekamen sie 1252 zusammen mit Kölnern, Dortmundern, Soestern und Münsteranern einige Zollermäßigungen in Flandern und 1301 entsprechende Begünstigungen bei den Rheinzöllen. Es entsteht der Eindruck, dass die 1145 von Konrad III. erwähnte und 1166 von Friedrich Barbarossa ausdrücklich bestätigte Zollfreiheit der Aachener im ganzen Reich nur auf dem Pergament bestanden hat. Doch auch dieser scheinbare Widerspruch ist ein Lehrstück für die mittelalterliche Praxis, die nicht umsonst ihre ständig und überall durch die

Eine Aachener Münze aus der Zeit Barbarossas

Anmaßung Dritter bedrohten Rechte immer wieder verbrieft haben wollte. Wer an einer Zollstelle angehalten wurde, dem blieb meistens nichts anderes übrig als zu zahlen, ob er dem Schrankenwärter nun ein kaiserliches Privileg unter die Nase halten konnte oder nicht, ganz abgesehen davon, dass es durch die langen Kommunikationswege nicht immer ganz einfach festzustellen war, wen man eigentlich vor sich hatte. 1194 beurkundete Kaiser Heinrich VI. den Verzicht des Grafen Gerhard von Ahr auf die widerrechtliche Erhebung von Zöllen bei Aachener Kaufleuten, an denen dieser sich offenbar eine zeitlang ganz ungeniert schadlos gehalten hatte.[83] Ihrerseits versprachen die Aachener noch 1275 dem Herzog von Limburg, darauf zu achten, dass keine auswärtigen Kaufleute sich als Aachener ausgaben, um eben genau die Zölle zu umgehen, die der Herzog kurz zuvor noch rechtswidrig von allen kassiert hatte.[84] Mehr als ein Jahrhundert nach der Erteilung der Zollprivilegien hatte sich an den praktischen Schwierigkeiten bei deren Umsetzung also offenbar immer noch nichts geändert.

Angesichts des einträglichen Tuchhandels kam man in Aachen schnell auf die Idee, selbst in die Wollproduktion einzusteigen. Belegt ist das Gewerbe seit 1135, und wenn auch die Aachener Tuche die feine Qualität der flandrischen Produkte nie erreichten, so fanden sie vor allem im anspruchsloseren Donauraum einen zuverlässigen und einträglichen Absatzmarkt.[85] Die Wollverarbeitung wurde nach und nach zum wichtigsten Gewerbezweig, und die Verdienstmöglichkeiten waren so gut, dass die Betreiber der Aachener Manufakturen nach einiger Zeit bis in die Spitzen des Aachener Geldadels und der örtlichen Politik aufstiegen. Die Produktion war ein komplizierter Prozess, dessen einzelne Arbeitsschritte Können und Erfahrung von Spezialisten verlangten: Nach dem Wiegen der importierten Wollballen wurde der Rohstoff in heißem Wasser ausgespült, getrocknet, sortiert und gemischt, wodurch bereits die ersten Weichen für die spätere Tuchqualität gestellt waren. Doch das war erst der Anfang: die Wollmischung wurde zur Auflockerung geschlagen, anschließend in Flocken aufgeteilt, gekrempelt und gekämmt und dadurch langfaserig gemacht, dann eingefettet, gesponnen, gewoben und gewalkt, wodurch sie von Fettrückständen gereinigt und geschmeidiger gemacht wurde. Mehrmaliges Ausspülen mit heißem und kaltem Wasser ließ das Tuch aufquellen, Stampfen machte es filziger, durch Aufspannen auf Rahmen wurde es getrocknet, dann gefärbt, aufgeraut, auf dem Rahmen abgeschoren und schließlich gepresst.[86] Aachen bot sich als Standort für ein solches Gewerbe auch deshalb an, weil die Quellen heißes Wasser zum Walken und die Bachläufe kaltes Wasser zum Waschen, Entfetten und Bleichen lieferten.

Gegen Ende des Hochmittelalters tritt auch die Organisation des Herstellungsprozesses langsam deutlicher in den Quellen hervor. Die Reglementierung der Arbeitsprozesse erfolgte in einer Art mittelalterlichem Vorläufer der modernen Qualitätssicherung; die als Wollenambacht bezeichnete Zunft überwachte unter der Leitung ihrer Vorsitzenden, der so genannten Werkmeister, neben Produktionsabläufen auch Arbeitszeiten und Preise, siegelte die halbfertigen und fertigen Produkte nach ihrer Qualität und beaufsichtigte den Verkauf. Im Wollenambacht waren neben den Wollwebern auch andere Gewerbe organisiert, von denen einige wiederum eine eigene Zunft bildeten – wie die Färber, deren mit Holz ausgekleidete Gruben in der Stadt auch archäologisch nachgewiesen worden sind. Die überragende Bedeutung des Tuchgewerbes für die städtische Wirtschaft und seine gewichtige Tradition zeigt sich allein schon darin, dass die Werkmeister später als einziges handwerkliches Gremium Aachens ihre Amtsstube auf dem Rathaus hatten und aus den Reihen des Rats ernannt wurden. Damit wären wir bei der kompliziertesten Komponente der Stadtwerdung angelangt: der langsamen Entstehung und anschließenden rechtlichen Verselbstständigung der städtischen Organe und deren Weg von der genossenschaftlichen Interessensvereinigung zum politischen Machtfaktor.

3.4. Unabhängigkeit mit Hindernissen

Kaufleute und Handwerker bevölkerten nun also den Ort, erwirtschafteten Geld und errichteten Bauten, während der König durch eine Reihe von Amtleuten, die in der frühen Zeit in den Quellen spärlich und unter wechselnden Bezeichnungen auftauchen, seine eigenen Güter verwaltete und die Rechtssprechung besorgen ließ. Die Vorstellung eines durch ein bestimmtes Territorium definierten Staatswesens war dem Mittelalter mit seinen zerstückelten Herrschaften und vielschichtigen, miteinander konkurrierenden Machtsphären zunächst fremd. Herrschaft über Menschen bedeutete in erster Linie, gerichtlich für sie zuständig zu sein. Zur karolingischen Zeit lässt sich mit allen durch die Vereinfachung bedingten Vorbehalten ein System mit zwei Ebenen feststellen: auf der einen Seite die Hofgerichtsbarkeit, die vom Grundherrn, also vom Besitzer des Landes vor Ort ausgeübt wurde, auf der anderen die Gerichtsbarkeit der Grafen, die im königlichen Auftrag für bestimmte Bereiche des Rechts zuständig waren. Dieses auf die alten germanischen Gaue aufbauende System der Grafschaften war von Karl dem Großen gezielt ausgebaut worden, um die königliche Zentralgewalt zu stärken, und es verselbstständigte sich in dem Maße, in dem diese Zentralgewalt wieder verfiel. Das Amt des Grafen wurde zum Lehen, und die Grafen damit zu selbstständigen Akteuren auf der politischen Bühne.

Auch Aachen war in dieses System eingebunden. Im Vertrag von Meerssen von 870 erscheint der Ort mit seiner unmittelbaren Umgebung, dort als Distrikt bezeichnet, gesondert von den Gauen. Es scheint, dass Aachen schon zu dieser Zeit wegen seiner Funktion als Warenumschlagplatz teilweise aus der gerichtlichen Zuständigkeit des Grafen herausgelöst worden war.[87] Auf der unteren Ebene gab es aber weiterhin den Verwalter, der die Hofgerichtsbarkeit ausübte. Im Lauf der Zeit wird das Bild dann langsam klarer, aus dem Dunst der Überlieferung schälen sich die Figuren heraus, die für das politische Leben in Aachen für mehrere Jahrhunderte von größter Bedeutung sein sollten – für die städtische Selbstverwaltung blieben sie bis zuletzt ein ärgerliches Hindernis auf dem Weg zur Autonomie. Die Rede ist vom Schultheißen, vom Vogt und vom Meier. Der Schultheiß war niemand anders als der königliche Verwalter, der mit seiner ersten urkundlichen Erwähnung im Jahr 1152 nun endlich einen Namen bekommt. Die Kompetenzen des Schultheißen zeigen deutlich die Entwicklung seines Amtes aus der Hofgerichtsbarkeit. Er war Richter, Verwalter und Militärbefehlshaber in einem und damit der oberste Beamte in Aachen. Der Vogt hatte dagegen zunächst nur gerichtliche Kompetenzen, die offenbar über Umwege aus der Grafschaftsverfassung abgeleitet worden waren. Ein Trennstrich zwischen der Zuständigkeit des Vogtes und der des Schultheißen ist schwer zu ziehen; es scheint, dass zunächst die Schwere der Fälle ausschlaggebend war, bis es dann zu einer Teilung zwischen strafrechtlichen und zivilrechtlichen Kompetenzen kam. Vogt und Schultheiß standen jedenfalls in stetiger Konkurrenz zueinander. Der Meier war schließlich dem Schultheißen unterstellt und übernahm immer mehr Kompetenzen von diesem, sowohl in der Verwaltung, als auch beim Gerichtsvorsitz. In der zweiten Hälfte des 13. Jahrhunderts kam es dann zu einem langsamen Verschmelzungsprozess der beiden Gerichte. Vogtgericht und Schultheißengericht wurden zum Aachener Schöffengericht als einzigem königlichem Gericht in der Stadt; den Vorsitz bei den Sitzungen konnten Vogt, Schultheiß oder Meier gleichermaßen führen, wobei dem Vogt eine Vorrangstellung zukam.[88]

Als königliche Amtleute wurden Schultheiß, Vogt und Meier ursprünglich vom König eingesetzt; die Inhaber der Ämter waren Adlige oder Ministerialen, also Dienstleute des Königs, die durch ihre Verdienste im Lauf der Zeit in den Adel aufstiegen. Im Verlauf der weiteren Entwicklung wurden die Ämter selbst zu erblichen Lehen in der Hand bestimmter Familien, die die Amtspflichten bald ihrerseits verpachteten oder an Beauftragte delegierten und nur das Besetzungsrecht behielten. Der Geldbedarf der Krone begünstigte die Verselbstständigung, nicht selten gelangten die besagten Familien über Verpfändungen in den Besitz der Ämter, die dann nie wieder eingelöst wurden. In Aachen waren es die 1356 in den Herzogsstand erhobenen Grafen von Jülich, die nach und nach die entscheidenden Ämter unter ihre Kontrolle bekamen, nachdem sich vor allem in der zweiten Hälfte des 13. Jahrhunderts der regionale Adel um die königliche Belohnung damit gebalgt hatte. 1314 war dieser Prozess abgeschlossen: Jülich übernahm zusätzlich zur Vogtei auch das Schultheißenamt, das in der Folgezeit zu einem bloßen Titel verkam, weil der ebenfalls von Jülich eingesetzte Meier vor Ort die Aufgaben des Schultheißen übernommen hatte. Bald wurden auch die Aufgaben von Vogt und Meier zu einem Amt zusammengefasst. Dieser von Jülich ernannte Vogtmeier war für fast fünf Jahrhunderte vor allem in seiner Funktion als Vorsitzender des Aachener Schöffengerichtes der höchste Beamte in Aachen. Das außerordentliche politische Gewicht der Grafen und Herzöge von Jülich wurde noch durch Lehnsbesitz in der Stadt, das Ernennungsrecht für den Propst des Marienstiftes und eine Reihe von einträglichen Rechten an verschiedenen Mühlen und an der Münzprägung weiter gesteigert. Es sollte in der Folgezeit immer wieder zur Quelle von Konflikten mit der Stadt werden.

Damit ist das Stichwort genannt. Nachdem geschildert wurde, wie der König und in seiner Rechtsnachfolge die Jülicher Grafen ihre Herrschaft vor Ort ausübten, ist nun die Frage, was die nach Unabhängigkeit strebende Stadt sozusagen von unten dagegen zu setzen hatte. Die Stadt – das war zunächst, wie gesehen, eine Interessensgemeinschaft von Kaufleuten und Handwerkern an einem bestimmten Ort, in diesem Fall im vor den Mauern der Pfalz entstandenen *vicus*. Dieser änderte nun bald seine Bezeichnung; im Jahr 1066 wurde Aachen in einem Bericht über einen Reliquientransport als *oppidum* bezeichnet, was auf eine rechtliche, vielleicht sogar bauliche Abgeschlossenheit hindeutet, und seine Einwohner zwei Jahrzehnte später als *cives*, also Bürger.[89] Ein Beleg für die korporative Konstituierung dieser städtischen Gemeinde ist, dass sie 1140 dem Herzog von Niederlothringen einen Treueid leistete. Die Aachener Stadtgemeinde trat damit zum ersten Mal als juristische Person auf.[90]

Aachener schwören vor Barbarossa, Ölskizze von Albert Bauer (1898)

Trotz der Verselbstständigung der königlichen Ämter und ihrer Zusammenfassung in der Hand der Grafen von Jülich blieb der König der offizielle Stadtherr und damit allein berechtigt, die Stadtgemeinde mit Privilegien zu versehen. Es sollte sich für Aachen als unschätzbarer Vorteil erweisen, dass die Könige am Anfang ihrer Laufbahn nicht anders konnten, als hier Station zu machen: die Krönungsaufenthalte boten immer wieder Gelegenheit, eine Erweiterung der nach und nach angehäuften Privilegien zu erwirken, von denen manche andere Stadt nur träumen konnte. Am Ende ist es unerheblich, ob deren Gewährung im einzelnen dem politischen Kalkül der Herrscher entsprang oder der Spendierlaune des Tages – Aachen sammelte im Lauf seines Werdegangs mehr königliche und kaiserliche Urkunden an als die meisten anderen Städte.

Die rechtliche Grundlage – sozusagen die Mutter aller Privilegien – bildete die bereits erwähnte Urkunde von Friedrich Barbarossa vom 8. Januar 1166. Nach dem Bericht über die soeben erfolgte Heiligsprechung Karls des Großen fährt der Kaiser fort: Die Kanoniker des Marienstifts hätten ihm eine Urkunde Karls vorgelegt, die dieser einst seiner geliebten Stadt Aachen ausgestellt habe, um deren Einwohnern besondere Vorrechte angedeihen zu lassen. Der Wortlaut der Karlsurkunde wird in Barbarossas Privileg wiedergegeben, der Inhalt ist legendenhaft und aus historischer Perspektive geradezu hanebüchen: Karl berichtet, sein Pferd habe bei einem Ausritt zur Jagd im Wald eine Quelle aufgescharrt, die an der Stelle eines von Granus, dem Bruder des Kaisers Nero gegründeten Ort gelegen sei. Er, König Karl, habe sodann beschlossen, hier eine Kirche errichten zu lassen und den Ort zur Hauptstadt seines Reiches für alle Zeiten zu machen. Es folgt der entscheidende Passus: Alle Einwohner des Ortes, ob Alteingesessene oder Zugezogene, genießen persönliche Freiheit und Rechtssicherheit vor allen Ansprüchen auswärtiger Herren, im Klartext: Aachener sind von allen persönlichen, lehensrechtlich bedingten Abhängigkeitsverhältnissen entbunden. Soweit Karl. Barbarossa, gerührt von soviel Großherzigkeit seines heiligen Amtsvorgängers, ergreift nun wieder das Wort und verkündet: „Es freue sich also und frohlocke in unsagbarem Jubel dieses Aachen, das Haupt der Städte, sein ehrwürdiger Klerus mit einem frommen Volk, daß es im Diadem des Reiches ... an die Spitze der Krone gesetzt gleichsam im Glanz leuchtender Edelsteine schimmert und sich jenes einzigartigen und körperlich anwesenden Patrons Karl erfreuen darf, der im Lichte christlichen Glaubens und Gesetzes ... dem Römischen Reich zur Zierde gereicht.“ Schließlich, ganz am Schluss, endlich der rechtlich und historisch relevante Teil der Urkunde: Alle Aachener sollen im ganzen Reich ohne jede Behinderung oder Zollabgabe ihren Handel treiben dürfen und darüber hinaus die volle persönliche Freiheit genießen, die ihnen schon im zitierten Karlsprivileg zugesichert worden ist.[91] Wenn man den Wortlaut genau betrachtet, bemerkt man eine Einschränkung: Barbarossa klammert die Zugezogenen klammheimlich wieder aus – sein Privileg gilt nur für die gebürtigen Aachener, und die sorgfältige Wahl der Formulierung zeigt, dass der Kaiser keineswegs gewillt war, unkritisch alles zu bestätigen, was ihm vorgesetzt wurde.

Eine Sache aber entging ihm dennoch: die Urkunde, die die Kanoniker ihm vorgelegt hatten, war eine Fälschung, entstanden wahrscheinlich zwischen 1114 und 1121 im Dunstkreis des Marienstiftes, das in erster Linie seine Krönungsrechte festigen wollte.[92] Echt oder nicht – entscheidend für Aachen war, dass Barbarossa mit

Aus Pisa abgeholt: die Bestätigung der Aachener Privilegien durch Friedrich II. (1244)

seiner Urkunde den Reigen der Privilegien eröffnete, mit denen Aachen in den nächsten Jahrhunderten bedacht wurde. Leider ist sie nicht im Original erhalten, dafür aber eine mit Goldbulle versehene Bestätigung von Friedrich II. aus dem Jahr 1244, wegen der die Aachener eigens eine Gesandtschaft an den kaiserlichen Hof in Pisa geschickt hatten. Wie viele seiner Nachfolger, so beschränkte sich auch Friedrich II. nicht darauf, die bestehenden Vorrechte zu bestätigen, sondern hatte schon bei seiner eigenen Krönung im Juli 1215 eigene Neuerungen hinzugefügt: er entband die Aachener von der Steuerpflicht gegenüber dem Reich und beschränkte die Verpflichtung der Heerfolge insofern, als das städtische Aufgebot nur an solchen Zügen teilzunehmen brauchte, von denen es bis Sonnenuntergang zurückkehren konnte, dazu erweiterte er die von Barbarossa gewährte persönliche Freiheit der Aachener entsprechend dem gefälschten Karlsprivileg nun doch wieder auf alle Einwohner der Stadt. Damit standen die Aachener nicht schlecht da: sie waren frei von allen Lehnsabhängigkeiten, konnten zollfreien Handel treiben und zahlten keine Steuern. Dass auch diese Rechte immer wieder verteidigt und bekräftigt werden mussten, zeigt die Bestätigung Richards von Cornwall, des einzigen Engländers auf dem deutschen Thron, anlässlich seiner Krönung im Jahr 1257. Nach altem Herkommen werden die Aachener Privilegien bestätigt und im gleichen Atemzug eine von königlichen Amtleuten eingetriebene Steuer auf den Verkauf von Brot und Bier für abgeschafft erklärt – eine Abgabe, die angesichts der längst gewährten Steuerfreiheit eigentlich gar nicht erst hätte erhoben werden dürfen.[93]

Man sieht: der Prozess der Stadtwerdung war für Aachen damit verbunden, immer mehr königliche Rechte selbst wahrzunehmen. Auch Richard von Cornwall blieb in seiner Urkunde von 1257 nicht bei der Bestätigung alter Privilegien stehen, sondern erweiterte diese, indem er den Aachenern das Recht verlieh, ihre Stadt selbst und aus eigenen Mitteln zu befestigen, was pauschal als Steuererhebungsrecht gedeutet wurde, wenngleich von der Art der Abgaben keine Rede ist. 1273 pflanzte Rudolf von Habsburg bei seiner Krönung einen weiteren wichtigen Meilenstein auf dem Weg der Stadt in die Unabhängigkeit, indem er ihr das Recht zugestand, sich eigene Statuten zu geben.

Die ältere Geschichtsforschung mit ihrer Vorliebe für klar markierte Umbrüche neigte dazu, den Ausbau der städtischen Unabhängigkeit an den Daten der Privilegien festzumachen, wodurch die Entwicklung in der Darstellung einen ruckartigen Verlauf bekommt, den sie in der Praxis wahrscheinlich nicht immer hatte. Oft waren Privilegien, wie gesehen, nur Bestätigungen bestehender Zustände und Hilfestellung zu deren Durchsetzung, andererseits dauerte es mitunter lange, bis die derart verliehenen Rechte von allen anerkannt wurden. Das war vor allem bei der Steuererhebung der Fall, denn wo es um Geld ging, meldeten sich gerade angesichts der vielschichtigen Machtverhältnisse in der Stadt schnell Sonderinteressen einzelner Institutionen zu Wort. Ähnlich unklar sind die Verhältnisse beim Statutenrecht, denn es ist anzunehmen, dass örtliche Gepflogenheiten schon zu früheren Zeiten auf gewohnheitsrechtlichem Weg in die Rechtssprechung Eingang gefunden hatten – immerhin ist in einer offenbar wenig beachteten Urkunde aus dem Jahr 1237 ausdrücklich vom Aachener Stadtrecht die Rede.[94] Eine Urkunde von 1272 deutet in ihren Formulierungen auf diesen Übergangszustand hin: Die Bürger von Aachen beklagen, dass eine von ihnen erhobene Bierabgabe ignoriert wird und wiederholen noch einmal die Bestimmungen und Preisvorschriften, die nun „auf Rat und Anordnung" des Grafen Wilhelm von Jülich erlassen werden – bei aller Selbstständigkeit berief man sich doch immer noch gern auf die Autoritäten, mit denen man gerade wegen dieser Selbstständigkeit aneinander geriet.[95] Nur ein Jahr später und noch drei Monate vor dem genannten Statutenrecht Rudolfs von Habsburg sind es dann plötzlich „Richter, Schöffen, Rat, Bürgermeister und sämtliche Bürger von Aachen", die eine Reihe von Bestimmungen für den Weinausschank erlassen.[96]

Damit sind einige städtische Organe genannt, die nun etwas näher betrachtet werden sollen. Stadträte tauchen in deutschen Städten etwa ab 1185 auf. Wie sie im einzelnen entstanden, ist meistens nur noch durch Rückschlüsse aus wenigen Quellennotizen zu folgern und lässt sich im günstigsten Fall anhand von Beispielfällen aus anderen Städten bestätigen. Aachen ist da keine Ausnahme. Wahrscheinlich war das Schöffenkollegium die Keimzelle des Rates, also die Gruppe der Beisitzer bei den königlichen Gerichten, die schon zur Zeit Karls des Großen aus der ortsansässigen Bevölkerung rekrutiert wurden. Möglicherweise gab es ursprünglich zwei Gruppen von Schöffen, in jedem Fall steht um die Mitte des 13. Jahrhunderts, also kurz vor der oben geschilderten Verschmelzung des Vogtgerichts mit dem Schultheißengericht, ein Schöffen-

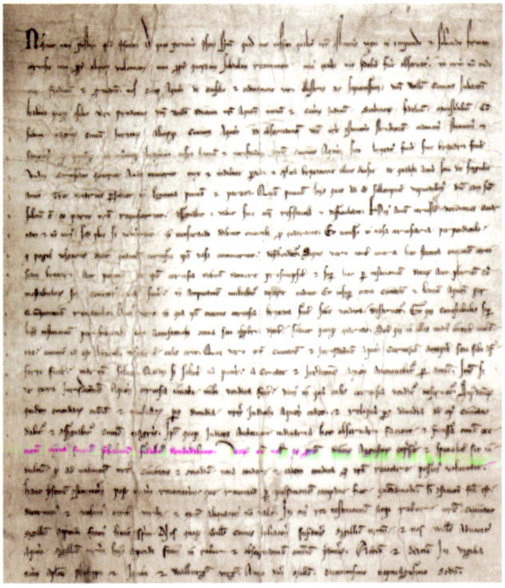

Klage der Aachener wegen einer Bierabgabe (1272)

kollegium von 14 Mitgliedern vor uns, von denen einige dem Adel angehörten und andere nicht. Sie bildeten zusammen mit den Kaufleuten und Ministerialen die Oberschicht der Aachener Gesellschaft, waren offenbar auch schon früher von Vogt und Schultheiß zu Verwaltungsaufgaben herangezogen worden und ergänzten ihr Kollegium durch Kooptation, also durch Zuwahl von innen heraus, wodurch ein illustrer Kreis von Familien entstand, die exklusiven Zugang zu diesem Amt hatten. Ihren Amtssitz hatten die Schöffen im so genannten Haus Brüssel an der Ecke zwischen Markt und Pontstraße. Schon 1215 fungierten sie selbst als Aussteller von Beglaubigungsurkunden.

Wie gesagt, scheinen die Schöffen die Keimzelle des Rates gewesen zu sein. Dessen erste Erwähnung findet sich in einem päpstlichen Schutzbrief vom 10. Juni 1260, der auf Bitten der Aachener entstand und wahrscheinlich vorformuliert war. Interessanterweise verließ noch am gleichen Tag ein weiteres Schreiben die päpstliche Kanzlei, das auf eine Empfehlung von König Richard zurückgeht und den Rat in der Anrede ausspart. Es scheint also, dass der Stadtrat zu dieser Zeit gerade erst entstanden war und vom König noch nicht anerkannt wurde.[97] Wer dem Rat außer den Schöffen zu dieser Zeit angehörte, ist nicht bekannt. Schon im 14. Jahrhundert lag die Zahl der Ratsmitglieder bei etwa 50. Zu dieser Zeit hatte das Gremium die Verwaltung der Stadt bereits allein in der Hand, während die Beamten des Herzogs von Jülich auf ihre gerichtlichen Funktionen beschränkt waren. Und selbst darin sollten sie nun Konkurrenz bekommen: Neben seinen administrativen Funktionen rekrutierte sich aus dem Rat auch ein eigenes Gericht, das wahrscheinlich einige Zuständigkeiten des Schultheißengerichts übernahm, wie auch die Ausweitung der steuerlichen und militärischen Kompetenzen vor allem auf Kosten des Schultheißen erfolgte. Nicht umsonst nimmt dessen Bedeutung um 1300 rapide ab, zumal der Vorsitz im Schöffengericht kurz darauf vom Vogtmeier beansprucht wurde. Und schließlich geistern schon seit 1252, also noch vor der ersten Erwähnung der Ratsherren, zwei Bürgermeister durch die Quellen, die 1258 zum ersten Mal in der städtischen Titulatur auftauchen und ab 1331 endlich den Sprung an deren Spitze schafften.[98]

Neben der Stadtgemeinde mit ihrer Führungsriege hatte auch das Marienstift in der Stadt einige Rechte. Das Karlssiegel, das ab 1215 als Siegel der Stadt bezeichnet wird, wurde vom Marienstift aufbewahrt. Um dieses 1134 zum ersten Mal belegbare Siegel sind viele Debatten geführt worden. Es scheint, dass das Siegel von Lothar III. einer genossenschaftlich organisierten Gruppe von Aachenern verliehen wurde, vielleicht 1127 im Anschluss an einen Tumult, der sich in der Stadt gegen den König entladen hatte. Es wäre in diesem Fall ein Beleg dafür, dass die Bürgergemeinde noch früher als angenommen eigene Organe ausbildete, die als siegelführend nach außen auftraten, also mit gewissen körperschaftlichen Rechten versehen waren.[99] Mit der zunehmenden institutionellen Festigung der Bürgergemeinde wur-

Ein erhaltenes Teilstück der Barbarossamauer zwischen Pontstraße und Hirschgraben

de es dann zum Stadtsiegel. Um so erstaunlicher ist eben aber die Tatsache, dass das Marienstift dieses Siegel und auch die wichtigen Aachener Urkunden wie das Privileg Barbarossas aufbewahrte, und zwar ganz offensichtlich nicht auf Bitten der Bürger, denn 1220 wurde die Aufbewahrung beim Stift ausdrücklich gerichtlich verfügt, nachdem die Bürger offenbar versucht hatten, das Siegel in ihre Hände zu bekommen.[100] Noch 1273 mussten die Bürgermeister beim Kapitel um die Aushändigung des Siegels zur Ausfertigung einer Urkunde bitten, das in einer Lade hinter dem Altar der Marienkirche aufbewahrt wurde.[101] Erst im 14. Jahrhundert löste sich die Stadt aus dieser Bevormundung. Weitere Reibereien zwischen Stift und Stadt gab es, wie könnte es anders sein, um die gerichtlichen Zuständigkeiten und um die Besteuerung.

Eine mittelalterliche Stadt ohne Umwallung ist so gut wie undenkbar. Stadtmauern waren gleichermaßen Befestigungsanlagen, Prestigeobjekte und sichtbare Abgrenzung des eigenen Rechtsbereichs nach außen. Das galt natürlich auch für Aachen, diesen, wie Barbarossa es ausgedrückt hatte, besonders kostbaren Edelstein im Diadem des Reiches. Einer lapidaren Meldung in einer Chronik zufolge versprachen die Aachener ihrem großen Wohltäter im Jahr 1171 den Bau einer Stadtmauer, die vier Jahre später fertig gewesen sein soll. Die zugehörige Mauer ist an einigen Stellen noch vorhanden, sie ist als Barbarossamauer in der Aachener Geschichtsschreibung bekannt und springt durch den Verlauf der Grabenstraßen auf dem Stadtplan sofort ins Auge, ganz abgesehen von einigen sichtbaren und zahlreichen archäologisch nachweisbaren Überresten. Nun ist es unwahrscheinlich, dass ein solches Bauwerk von 2600 Metern Länge und 8 Metern Höhe, durchbrochen von immerhin 9 Toren und gesäumt von einem 25 Meter breiten und an der Sohle 8 Meter tiefen Graben, in so kurzer Zeit errichtet werden konnte. Die Vermutung liegt nahe, dass mit dem Mauerbau schon vorher begonnen wurde oder dass die Anlage eben nicht nach vier Jahren fertig gestellt war. Für beide Vermutungen gibt es Indizien: Ganz abgesehen von der seit 1066 mehrmals wiederkehrenden Bezeichnung der Stadt Aachen als *oppidum*, was eben auf eine Befestigung hindeuten könnte, wurden am Karlsgraben scheinbar zu einer Wehranlage gehörende Gräben aus der Zeit vor der Barbarossamauer gefunden, und auch eine Urkundennotiz aus der Besitzbestätigung für die Abtei von Stablo von 1137 gibt zur Identifikation des beim heutigen Elisengarten gelegenen Besitzes einen Graben zur Orientierung an. Wenn damit nicht schon ein erster Aushub für die Barbarossamauer gemeint ist, die damit eine Bauzeit von mindestens 40 Jahren bekäme, könnte es sich auch um eine frühere und wahrscheinlich noch nicht in Stein ausgeführte Befestigung handeln. Wenn nun aber 1171 als Datum des Baubeginns stimmen sollte, dann könnte die für jene Zeit verdächtig schnelle Eroberung der Stadt durch Otto IV. im Jahr 1198 ein Hinweis darauf sein, dass die Mauer eben doch noch nicht fertig war.[102] In diesem Fall wäre anzunehmen, dass auch vorher schon eine Befestigungsanlage bestand, vielleicht eine Erdaufschüttung mit Palisade und Graben, wie sie auch in anderen Städten nachweisbar ist. Auch hier gilt die schon mehrfach getroffene Feststellung, dass den überlieferten Daten mit Vorsicht zu begegnen ist. Mit Sicherheit war Aachen jedenfalls nicht innerhalb von vier Jahren von einer offen im Land liegenden Stadt zur mauerstrotzenden Festung geworden.

Es spricht für das rasante Wachstum der Stadt in jenen Jahren, dass schon weniger als ein Jahrhundert später eine neue Mauer angelegt wurde, durch die sich die Fläche der Stadt von 45 auf 175 Hektar fast vervierfachte. Auch für diesen 5400 Meter langen Ring ist der Baubeginn unbekannt; lange Zeit wurde die bereits zitierte Urkunde Richards von Cornwall von 1257 als Hinweis auf den Baubeginn in diesem Jahr angeführt, in Wahrheit enthält sie aber nur die Genehmigung einer Steuererhebung für die Befestigung, die sich ebenso auf die Ausbesserung der alten Mauer wie auf die Fortführung einer bereits begonnenen neuen Mauer beziehen kann. Für letzteres sprechen stilistische Merkmale an den beiden erhaltenen Stadttoren: Es scheint, dass das Marschiertor um 1220 und das Ponttor um 1240 begonnen wurden und dass die Mauer gegen Ende des 13. Jahrhunderts fertig war.[103] Sie war eine der mächtigsten Anlagen ihrer Art in Deutschland. Sie überwand Steigungen und Gefälle und reckte ihre Türme hoch über das ansteigende Umland. Den Zeitgenossen muss sie für die Ewigkeit gemacht erschienen sein. Und dennoch war sie schon wenige Jahrhunderte später

Das Ponttor – eins von zwei erhaltenen Stadttoren des äußeren Mauerrings

kein Hindernis mehr für Angreifer. Im Verlauf des 19. Jahrhunderts fiel sie, wie schon der innere Mauerring kurz zuvor, der Bauwut der erneut wachsenden Stadt zum Opfer. Ponttor, Marschiertor und der Lange Turm ragen seitdem wie die letzten Zähne im Gebiss eines alt gewordenen Raubtiers in die Höhe und erinnern an die Zeiten, in denen Aachen eine der größten Städte in Deutschland war.

3.5. Das übermächtige Stift

Das kirchliche Leben in Aachen ist geprägt von der erdrückenden Übermacht des Marienstifts. Wie die Stadt Aachen selbst, so zehrte auch diese Institution jahrhundertelang von den Segnungen, die Karl der Große ihr hatte zuteil werden lassen, denn auch alle späteren Schenkungen, mit denen das Stift seinen Besitz erweiterte, bezogen sich auf die besondere Stellung, die es durch die Gründung und Förderung durch den großen Frankenkaiser genossen hatte und natürlich darauf, dass seine Kapelle die Krönungskirche der deutschen Könige war.

Das von Karl eingerichtete Stift umfasste zunächst 12 Kanoniker, aus denen später 24 und im weiteren Verlauf des Mittelalters schließlich 40 wurden. Ihr Vorsteher war der zunächst aus dem Reichsadel stammende Propst, der bis zu Otto dem Großen meistens noch als Abt bezeichnet wird. Die personellen Verflechtungen des Stifts mit der Hofkapelle der Könige und Kaiser und deren Einflussnahme auf die Besetzung der führenden Ämter waren bis etwa 1200 stark ausgeprägt, und die Aachener Pröpste stiegen meistens früher oder später zu Bischöfen auf.[104] Das Ernennungsrecht ging später wie viele andere königliche Rechte auch an die Grafen von Jülich über.

Der Lange Turm an der höchsten Stelle der Stadtbefestigung

Der Propst war vor allem mit der Verwaltung des Vermögens betraut, die beiden anderen wichtigen Figuren beim Stift waren der für die Gerichtsbarkeit und die geistlichen Aufgaben zuständige Dechant und der Kantor als Verantwortlicher für Liturgie und Gesang. Zu verwalten gab es nun in der Tat so einiges. Im Lauf der Jahrhunderte sammelte das Stift neben Grundbesitz und anderen Immobilien vor allem auch Rechte an vielerlei Orten an: Landgüter und Königshöfe, Kapellen, ganze Kirchen und sogar Abteien, Vogteirechte und Zolleinnahmen. Schließlich schenkte Otto III. dem Stift im Jahr 997 nichts weniger als die damals gerade aufblühende Handelsstadt Dortmund, die ihm allerdings kurz darauf von Heinrich II. wieder entzogen wurde. Im 11. Jahrhundert wurden die Schenkungen bescheidener und ließen langsam nach. Bis dahin beziehen sich fast alle Aachener Urkunden auf das Marienstift. Viele der geschenkten Güter und Rechte stammten aus dem Reichsgut, das damit zu Reichskirchengut wurde, einem aus dem Reichsgut ausgekoppelten Sondervermögen, an dem der König zunächst einige schwer zu bestimmende Nutzungsrechte behielt, die er später aber immer weniger geltend machen konnte.[105] Zu den königlichen Schenkungen kamen solche von privater Seite, das Totenbuch des Stifts verzeichnet allein bis zur Mitte des 14. Jahrhunderts nicht weniger als 2000 Schenkungen von beweglichem und unbeweglichem Besitz aller Art, meistens in Form von Nachlässen: neben Geld häuften sich im Lauf der Zeit unter anderem Schmuck, Leuchter, Kelche und sogar Handschriften und Musikinstrumente an.[106]

Die meisten Vorgänge aus der frühen Zeit haben sich nur in späteren Abschriften erhalten oder müssen aus komplizierten Zusammenhängen mühsam erschlossen werden. Die Geschichte der Besitzungen des Marienstifts ist für die ersten Jahrhunderte ein äußert kunstvolles Netzwerk aus Schlussfolgerungen und Vermutungen. Tatsache ist, dass dem Reich durch die Schenkungen an die Kirche ein großer Teil seiner wirtschaftlichen Machtbasis entfremdet wurde. In Zahlen ausgedrückt, sah das um 1100 so aus: Das Marienstift besaß nach Schätzungen mehr als 6000 Hektar Land und war damit ein mittelgroßer kirchlicher Grundbesitzer.[107] Das eigene Land wurde zunächst von den darauf lebenden Bauern unter Aufsicht eines Verwalters bewirtschaftet und später mehr und mehr verpachtet. Zu diesen Einnahmen kamen weit gestreute Kirchenzehnten, von denen einige kurz nach der Jahrtausendwende an das Adalbertstift und das Kloster in Burtscheid abgegeben werden mussten, Mieteinnahmen aus Immobilienbesitz und Erbrenten, in die sich das Stift seit dem 12. Jahrhundert systematisch einkaufte.

Im Jahr 966 hatte Otto der Große dem Stift eine neue Satzung gegeben und ihm die Immunität verliehen. Damit war ein Bezirk geschaffen, in dem die weltlichen Richter keine Amtsgewalt hatten. Die Grenzen dieses Immunitätsbezirks werden später greifbar: Sie verlief vom Domhof über den Fischmarkt, den Klosterplatz und den Katschhof bis zum Münsterplatz. Die Kanoniker waren nach der Aufgabe des gemeinsamen Lebens im 10. Jahrhundert und der anschließenden Trennung ihrer persönlichen Einnahmen vom Stiftsvermögen gehalten, wenigstens innerhalb des Immunitätsbezirks zu residieren und genossen dadurch eine Reihe von Privilegien gegenüber der Stadt. 1209 erkannte Otto IV. auch einigen auf der Immunität lebenden Bediensteten des Stifts wie Bäcker, Brauer und Koch Abgabenfreiheit zu.

Streitereien mit der Stadt waren vorprogrammiert, sie finden sich in fast allen Städten mit Immunitäten, deren steuerliche Begünstigung vor allem den Händlern und Handwerkern als eine stetige Provokation erschien. Die Kanoniker trugen nun nicht gerade dazu bei, den Ärger der städtischen Gewerbetreibenden zu besänftigen, wenn sie, wie aus Aachen berichtet wird, den steuerfreien Verkauf von Lebensmitteln von den Fenstern der auf der Immunitätsgrenze stehenden Häuser aus duldeten. Wie die Stadt selbst, so bekam auch das Stift von den Königen anlässlich der Krönungen weitere Privilegien unterschiedlichster Art zugestanden.

Die besondere Förderung, die Otto III. der Stadt zuteil werden ließ, kam zunächst auch dem Stift zugute: Von Papst Gregor V. erwirkte der König 997 die Erhebung von sieben Kanonikern in den Kardinalsrang und die Privilegierung des Marienaltars, an dem fortan nur noch der Erzbischof von Köln und der Bischof von Lüttich die Messe zelebrieren durften. Alles in allem aber bekam das Marienstift durch die Maßnahmen des jungen Kaisers noch im selben Jahr Konkurrenz: Die Gründung der Abtei Burtscheid im Süden und des Adalbertstifts am Ostrand der Stadt verlangte nach Abgrenzung der seelsorgerischen Kompetenzen und damit nach einer Neuverteilung der von den Schäfchen zu entrichtenden Einnahmen. Es begann eine umfassende Umgestaltung der Aachener Kirchenlandschaft, die nach Ottos III. frühem Tod von Heinrich II. vorläufig geregelt wurde. Das Kanonikerstift Sankt Adalbert wurde 1018 aus Sankt Marien ausgepfarrt und bekam eine eigene Immunitätsmauer. Im Klartext bedeutete das, dass die Kirche einen Priester bekam, der dort einige Sakramente spenden durfte und einige andere eben nicht. Die Spendung dieser Sakramente war mit Gebühren verbunden, was die Einnahmen der Marienkirche schmälerte und eine Entschädigung notwendig machte. Da Sankt Adalbert das ganze Mittelalter hindurch nie das Taufrecht als wichtigstes Merkmal einer vollwertigen Pfarrkirche bekam, blieb die Auspfarrung unvollständig und führte zu einer Überlagerung der kirchlichen Rechte in der Stadt, und dennoch führte der dort beschäftigte Priester gegen Ende des 12. Jahrhunderts den Titel eines *parrochus*, also Pfarrers. In Burtscheid, das von Aachen durch die Bistumsgrenze zwischen Lüttich und Köln getrennt war, lagen die Verhältnisse ähnlich.

Heinrich II. scheint in mancherlei Hinsicht bemüht gewesen zu sein, die Maßnahmen seines ruhelosen Vorgängers Otto III. zurückzunehmen. Ein von Otto gleichzeitig mit dem Adalbertsstift und der Abtei Burtscheid gegründetes Kloster auf dem Lousberg wurde von ihm aufgelöst und einige Schenkungen an das Marienstift, darunter eben die Stadt Dortmund, wieder rückgängig gemacht. Das 1005 verliehene und in wirtschaftlicher Hinsicht wenig einträgliche Recht, an den Festen der Heiligen Adalbert und Nikolaus von den beiden neuen Kirchen mit Ehrengeschenken bedacht zu werden, dürfte da ein schwacher Trost gewesen sein.[108] Vielleicht dienten auch der goldene Altarvorsatz und die prachtvolle Kanzel sowie eini

Die Kirche des Adalbertsstifts, gegründet zur Zeit von Otto III.

ge weitere Geschenke der Besänftigung des Stifts angesichts der Beschneidung seiner Rechte, die in den nächsten zwei Jahrhunderten nicht angetastet werden sollten.

Für die Seelsorge in der Stadt war vom Marienstift ein Pfarrer bestellt, der auch als Pleban bezeichnet wurde und kurz nach 1300 den Titel eines Erzpriesters führte, womit weitere Aufgaben und natürlich eine Verantwortung verbunden war, die im selben Maß gewachsen war wie die Stadt selbst. Schließlich war auch das Amt des Erzpriesters zu einem einträglichen Titel geworden, der ebenfalls von den Jülicher Herzögen vergeben wurde, während die seelsorgerische Arbeit von Vikaren versehen wurde. Kurz vor 1200 entstand neben der Marienkirche mit Sankt Foillan eine eigene Pfarrkirche gewissermaßen als Außenposten ohne eigene Rechte, kurz danach kam das Johannes dem Täufer geweihte Baptisterium dazu.

Sankt Foillan war mit bürgerlichen Mitteln errichtet worden, vielleicht weil es zu Überschneidungen der Pfarrgottesdienste mit den liturgischen Verrichtungen der Stiftsgeistlichen gekommen war. Eine Stadt von der Größe Aachens mit nur einer einzigen Pfarrkirche, das war ohnehin ziemlich ungewöhnlich für das 13. Jahrhundert, in dem das Wachstum der Städte gerade zu explosionsartiger Entfaltung gekommen war. Es dauerte noch bis 1260, bis sich auch in Aachen entschiedene Beschwerden erhoben, die endlich die Errichtung zusätzlicher Pfarrkirchen forderten. Die näheren Gründe dafür sind ein Lehrstück für mittelalterliche Frömmigkeit und die Sorgen, die sich damit verbanden. Das Problem war nämlich schlicht und einfach die Tatsache, dass die außerhalb der Mauern gelegenen Kirchen und Kapellen nicht zur Spendung aller Sakramente berechtigt waren, was in Notfällen dazu führen konnte, dass die Anwohner der entsprechenden Stadtviertel nachts ohne Letzte Ölung sterben mussten, weil ihre Verwandten wegen der verschlossenen Stadttore keinen Priester von der Marienkirche holen konnten. Diese Nachricht belegt, dass die Stadt offenbar schon weit über den Ring der Barbarossamauer hinausgewachsen war, während an der zweiten Mauer gerade zu dieser Zeit eifrig gebaut wurde. Um ihrer Beschwerde den nötigen Nachdruck zu verleihen, wandten sich die Aachener an Papst Alexander IV. höchstpersönlich. Dieser beauftragte am 22. Juni 1260 den Lütticher Archidiakon Markwald, den Fall zu untersuchen und eine Entscheidung zu fällen. Ein weiteres Schreiben des Papstes vom selben Tag nennt weitere Missstände beim Namen: offenbar hatte es auch Beschwerden darüber gegeben, dass der Stadtpfarrer und seine Vikare den Andrang der Gläubigen zu Ostern und in der Fastenzeit nicht mehr bewältigen konnten. Auch hier wurde Markwald beauftragt, Abhilfe zu schaffen.[109] Schon zehn Jahre später begegnen wir Markwald erneut in ähnlicher Mission: Im März 1270 wurde in seinem Auftrag ein Sendgericht abgehalten, weil Klagen über die Abwesenheit des Stadtpfarrers laut geworden waren. Das Gericht erlegte dem Pfarrer und seinen Vikaren eine Residenzpflicht auf und bestimmte auch gleich die Gebühren für die geistlichen Dienstleistungen: die Kommunion war kostenlos, der Brautsegen schlug wie auch das große Begräbnis mit zwei Pfennigen zu Buche, ein einfaches Begräbnis war für einen Pfennig und eine Taufe für einen Obolus zu haben. Schließlich wurde bestimmt, dass Verkäufer vom Friedhof zu verweisen seien.[110] Alles in allem wies die Pfarrorganisation in Aachen zu dieser Zeit also erhebliche Übelstände auf.

Anfang des 14. Jahrhunderts werden die Priester der ehemaligen Kapellen Sankt Peter und Sankt Jakob neben dem Pfarrer des Adalbertstifts offenbar als Inhaber von Pfarrstellen angesehen, wenngleich ein letzter Schönheitsfehler darin bestand, dass sie nach wie vor kein Taufrecht besaßen und der Stadtpfarrer sie deshalb auch nicht als solche anerkennen wollte.[111] Alles in allem waren vier Pfarreien, drei davon ohne entsprechende Vollausstattung, für eine der größten Städte Deutschlands immer noch nicht viel, Köln hatte bei kaum mehr als der doppelten ummauerten Fläche immerhin 19 Pfarrkirchen. Um die geistliche Versorgung der Pilgerscharen gab es dann auch in der Folgezeit wieder Streitigkeiten, weil keiner seine Rechte gern abgab und auf Einnahmen und Opfergaben verzichtete. 1311 musste der Stadtpfarrer durch ein Schiedsgericht dazu gezwungen werden, die Bestellung von vier Priestern durch den Vizepropst zum Hören der Beichte der Pilger und zur Annahme der Opfergaben hinzunehmen.[112]

Die Pfarrgeistlichkeit blieb nicht allein. Schon vor 1200 war auf dem Lousberg an der Stelle des von Otto III. gegründeten und von Heinrich II. wieder aufgelösten Klosters ein Konvent der Zisterzienserinnen entstanden. Im Januar 1147, ein halbes Jahrhundert zuvor, hatte deren großer Ordensbruder Bernhard von Clairvaux bei einem Besuch in Aachen eine Kreuzzugspredigt gehalten und dabei alles andere als schmeichelhafte Worte für die moralischen Zustände in der Stadt gefunden: „Aachen ist ein Königssitz, ein hochberühmter und gar anmutiger Ort, mehr der Sinnenlust dienlich als dem Seelenheil ... Was sonst im Dunkeln getrieben wird, das sucht hier nicht einmal, wie es heißt, das Dunkel auf."[113] Und in einer Wundergeschichte des Caesarius von Heisterbach ist von einem Pfarrer Johannes die Rede, der den Aachenern die heidnischen Unsitten austreiben wollte, indem er einen Baumstamm niederriss, der offenbar im Zug eines gottlosen Rituals errichtet worden war. Nachdem der Vogt, erbost über die Bevormundung durch den Pfarrer, einen neuen Baum hatte errichten lassen, kam die Bestrafung von höherer Instanz: Die Stadt brannte ab, und vielleicht hat die Geschichte insofern einen wahren Kern, als sie möglicherweise die fromme Begründung für den Stadtbrand von 1225 liefert.[114] Ob die in den folgenden Jahren nach und nach in der Stadt eintreffenden Orden an den beklagten Zuständen etwas ändern konnten, ist fraglich, doch sie kamen alle: 1234 die Franziskaner, 1245 die Magdalenerinnen, 1267 die Deutschherren, 1294 die Dominikaner, 1313 die Johanniter, und so weiter – bis zum Ende des 14. Jahrhunderts waren nicht weniger als zehn Klöster in Aachen angesiedelt. Für die Stadt war ihre Anwesenheit nicht immer ein Grund zur Freude, denn wie auch das Marienstift entzogen sich die religiösen Gemeinschaften den steuerlichen Verpflichtungen und untergruben die Autorität des Rates. Andererseits leisteten einige von ihnen einen unschätzbaren Beitrag zur Armenversorgung und halfen bei der Krankenpflege, als die Zeiten wieder rauer wurden.

4. Spätmittelalter

Das Spätmittelalter begann nicht einfach, weil der Augenblick für ein neues Zeitalter gekommen war, oder weil ein einschneidendes Ereignis den Zeitgenossen das Gefühl eines Epochenwechsels gab, wenn auch gerade diese Zeit von der großen Pest als einem der einschneidensten Ereignisse der europäischen Geschichte überhaupt überschattet wurde. Doch obwohl die Pest um 1350 das Denken der Menschen so tiefgreifend veränderte wie kaum ein anderes Ereignis des Mittelalters, und obwohl die Krankheit in den Städten mit ihrer hohen Bevölkerungsdichte am hemmungslosesten wütete, war ihr Einfluss auf deren Entwicklung weniger tiefgreifend als man erwarten könnte. Ein paar einleitende Worte über den Sinn dieses hier kurz vor 1300 angesetzten Epochenschnitts zwischen Hochmittelalter und Spätmittelalter sind also angebracht.

Für das Hochmittelalter lauteten die Schlagworte der städtischen Entwicklung, wie gesagt, Expansion und Emanzipation. Diese Entwicklung war weitgehend abgeschlossen, als die meisten Städte eine gewisse Größe und ein gewisses Maß an Unabhängigkeit gewonnen hatten. Ein weiteres Wachstum aus sich selbst heraus war angesichts wirtschaftlicher und demografischer Krisen nur noch schwer möglich, und einer weiteren Ausdehnung der politischen Selbstständigkeit der Städte stellten sich nun die Fürsten entgegen, die ihrerseits von der Schwächung der kaiserlichen Macht seit Friedrich II. (1212 – 1250) profitierten und sich eigene Territorien aufbauten, in denen unabhängige Städte schließlich fast wie Fremdkörper wirken mussten. In der Umgebung von Aachen waren das vor allem die Herzöge von Jülich, deren Machtzuwachs man in der Stadt mit großem Missbehagen beäugte. Angesichts solcher Bedrohungen gingen die Städte ab der Mitte des 13. Jahrhunderts dazu über, eine eigene Außenpolitik zu betreiben, bei der mächtige Nachbarn möglichst gegeneinander ausgespielt werden sollten. Regionale Allianzen sicherten einen brüchigen Frieden, den die vom Handel lebenden Städte dringend brauchten, während das ausufernde Fehdewesen ausreichend Anlass für kostspielige und ärgerliche Balgereien mit allerlei Raubrittern bot. Der Sonderstatus als Reichsstadt und Krönungsort war für Aachen insgesamt von Vorteil, weil die von Königen und Kaisern verliehenen Privilegien die städtische Unabhängigkeit weiterhin stärkten; die Kehrseite der Medaille aber war, dass der kaiserliche Beschützer oft in Prag oder Wien und damit am anderen Ende des Reiches residierte, während direkt vor der eigenen Haustür mit Burgund ein selbstbewusster Staat heranwuchs, der sich immer näher an die Reichsstadt heranfraß.

Auch die Überlieferungslage des späten Mittelalters unterscheidet sich grundlegend von der Zeit bis zum 13. Jahrhundert. Dank der Einführung des Papiers in Europa kam es zu einer regelrechten Explosion der Quellen, denn der billige Beschreibstoff beschleunigte die Verschriftlichung der Verwaltung und auch der

Gesellschaft. Dadurch entsteht endlich ein scharfes Bild von der politischen und verwaltungsmäßigen Ordnung der Städte und auch vom Leben ihrer Bewohner. Städtische Beamten legen der Nachwelt nun Rechenschaft über die Ausgaben und Einnahmen der Stadt ab, und aus den Reihen der nicht an der politischen Macht beteiligten Bürger werden Stimmen laut, die dabei Klüngel, Verschleuderung und Veruntreuung wittern. Wir vernehmen ihre Stimmen, weil Stadtschreiber und Chronisten, von einem immer stärkeren Mitteilungsbedürfnis erfasst, die Klagen ihrer Mitbürger festhielten. Geschichtsschreibung wurde nicht mehr ausschließlich von oben diktiert, und die Chroniken befassten sich ausführlicher und anschaulicher mit Details über das, was die Leute umtrieb. Es ist, als ob sich mit dem 14. Jahrhundert langsam eine riesige Lupe über die Städte senkt.

Dementsprechend werden auch politische Veränderungen sichtbar, die vorher nur zu erahnen waren. Die Macht in der Stadt konnte schließlich nicht über Jahrhunderte hinweg in denselben Händen bleiben, und gerade die wirtschaftliche Stagnation führte zu einer Umleitung der expansiven Kräfte von außen nach innen: Verteilungskämpfe um die Macht waren die Folge. Am Ende des Hochmittelalters wurden die meisten Handelsstädte über den Rat von Patriziern regiert. Diese Schicht war bei der Verschmelzung von Dienstadel und Kaufleuten entstanden und versuchte durch zunehmende Abschottung ihre Macht zu zementieren. Doch gerade mit einem immer selbstgefälligeren und schließlich geradezu ruinösen Regierungsstil zogen die Patrizier nun den Ärger der oft zu Reichtum gekommenen Handwerker auf sich, die sich durch eine Reihe von Revolten den Weg in den Stadtrat erkämpften. Solche Konflikte sind typisch für die städtische Geschichte im Spätmittelalter, vor allem im 15. Jahrhundert, und sie traten in Aachen etwa zeitgleich mit ähnlichen Umwälzungen in anderen Städten auf.

Als Krönungsort blieb Aachen eine von den Königen und Kaisern besonders begünstigte und mit Privilegien weiterhin verwöhnte Stadt. Doch außerhalb der Mauern war die Zeit nicht stehen geblieben. Während Kaiser Friedrich II. den Schwerpunkt seiner Herrschaft in Süditalien ausbaute, begannen in Deutschland Machtkämpfe an der Spitze des Reiches, die sich nach Friedrichs Tod in wechselnden Konstellationen fortsetzten, eine Reihe von kurzlebigen Königen auf den Thron spülten und erst mit der Krönung Rudolfs von Habsburg 1273 ihr vorläufiges Ende fanden. Aachen konnte als Krönungsstadt bei diesen Auseinandersetzungen nicht neutral bleiben, schaffte es aber immer wieder, rechtzeitig auf der richtigen Seite zu stehen. Als die Habsburger schließlich fest im Sattel saßen, ließ die rechtliche Bedeutung der Aachener Krönungen nach. Dass die Feierlichkeiten dennoch immer pompöser wurden, hing mit dem Repräsentationsbedürfnis einer Institution zusammen, die sich ihrerseits immer stärkerem Rechtfertigungsdruck ausgesetzt sah. Und wenn die Herolde der einziehenden Könige Münzen unter das Volk warfen, dann klingelte auch bei den Aachener Kaufleuten jedes Mal die Kasse.

4.1. Immer noch Krönungsstadt

Friedrich II. war im Juli 1245, fast auf den Tag genau 30 Jahre nach seiner Aachener Krönung, von Papst Innozenz IV. für abgesetzt erklärt worden. Die von den Anhängern der päpstlichen Partei in Deutschland aufgestellten Gegenkönige wirkten gegenüber dem glanzvollen Hohenstaufer, an dessen Hof in Palermo sich arabische, griechische und jüdische Gelehrte die Klinke in die Hand gaben, um so farbloser und provinzieller: Heinrich Raspe, Landgraf von Thüringen, wurde im Mai 1246 in einem Ort namens Veitshöchheim zum deutschen König gewählt und starb weniger als ein Jahr später auf der Wartburg, ohne auch nur in die Nähe der Stadt Aachen gekommen zu sein. Sein Nachfolger, der im Oktober 1247 in Worringen gewählte Wilhelm von Holland, machte sich dagegen schon im folgenden Frühling nach Aachen auf, um seine Krönung zu erzwingen. Die Stadt aber hielt immer noch zu Friedrich II. und verschloss Wilhelm die Tore. Dass die anschließende Belagerung nach einem halben Jahr zum Erfolg führte, hatte Wilhelm vor allem dem Papst zu danken, der ein Heer aus friesischen Kreuzfahrern kurzerhand nach Aachen umleitete. Innozenz IV. war an einem schnellen Erfolg seines Königskandidaten gelegen; sein Legat Pietro Capoccio löste die Friesen von ihrem Kreuzfahrergelübde unter der Bedingung, dass sie sich an der Belagerung von Aachen beteiligten. Sie hatten eigentlich mit dem französischen König nach Ägypten ziehen wollen, doch die Aussicht, den Kreuzzugsablass vor der eigenen Haustür so viel billiger zu bekommen als im ungastlichen Land des Sultans vom Nil, beflügelte die Friesen offenbar besonders: Sie schaufelten im Osten der Stadt einen 40 Fuß hohen Damm auf, der von der heutigen Sandkaulstraße in einem weiten Bogen bis zur Wirichsbongardstraße reichte. Das zurückgestaute Wasser der Aachener Bäche überschwemmte fast die gesamte Innenstadt bis auf die höher gelegenen Stadtteile im Nordwesten, im Südwesten, um die Jakobstraße und

Haus Löwenstein am Markt (erbaut um 1345)

am Markt.[115] Ende Oktober kapitulierte die Stadt und ließ den Eroberer ein, der am Allerheiligentag vom Kölner Erzbischof Konrad von Hochstaden in Anwesenheit von zwei Kardinälen gekrönt wurde.

Wilhelm von Holland starb 1256, ausgerechnet auf einem Kriegszug gegen die Friesen, bei dem er auf wenig königliche Weise mit seinem Pferd im Moor versank. Sein Nachfolger Richard von Cornwall war der jüngere Bruder des englischen Königs Heinrich III. und ein Schwager Friedrichs II. Seine Königserhebung zeigt, wie weit man sich von den ursprünglichen Gepflogenheiten entfernt hatte: Das Prinzip des Wahlkönigtums hatte theoretisch einmal darin bestanden, dass die Großen des Reiches denjenigen unter ihnen zum König machten, der ihnen für die Aufgabe am besten geeignet erschien. Im Verlauf des 13. Jahrhunderts schälte sich ein Kreis von sieben so genannten Kurfürsten heraus, der das alleinige Recht der Königswahl für sich beanspruchte. Der harte Kern dieses Kollegiums waren die Erzbischöfe von Trier, Köln und Mainz sowie der Pfalzgraf bei Rhein, deren Länder alle noch auf dem alten fränkischen Reichsboden lagen. Dazu kamen dann noch der Herzog von Sachsen und der Markgraf von Brandenburg und schließlich der König von Böhmen. Als geschlossener und exklusiver Wählerkreis traten diese sieben Kurfürsten zum ersten Mal bei der Wahl Richards von Cornwall hervor. Mehr als dessen persönliche Eignung überzeugte die Kurfürsten allerdings wohl seine Großzügigkeit, und auch darin etablierte sich ein Brauch, der nicht immer zum Segen des Reiches war. Richard, so die Hamburger Annalen, streue das Geld vor die Füße der Fürsten, wie man Wasser vergieße.[116] Am 17. Mai 1257 war es wieder Konrad von Hochstaden, der dem Engländer im Aachener Münster die Krone aufsetzte. Die Stadt Aachen war ihm von Anfang an gewogen, wohl auch deshalb, weil die Aachener Kaufleute sich von ihm Vorteile im Handel mit seiner englischen Heimat versprachen.

Ludwig IV., genannt der Bayer (1314 – 1347)

Ohne Gegenleistung gab es fortan gar nichts mehr: Rudolf von Habsburg, 1273 gewählt und weniger zahlungskräftig als sein Vorgänger Richard, musste dem Kölner Erzbischof Engelbert sogar seine Krone verpfänden. Es folgte eine Reihe von Krönungen in schneller Folge: Nacheinander bestiegen 1292 Adolf von Nassau, 1298 Albrecht von Österreich, 1309 Heinrich von Luxemburg und 1314 Ludwig der

Bayer den Karlsthron, und jedesmal wurde verschenkt, verpfändet und versprochen, was dem Reich gehörte.

Die Wahl des Königs durch die Kurfürsten nahm der Königserhebung einen Teil von ihrer sakralen Bedeutung und wertete die Krönung als Weiheakt ab. Rudolf von Habsburg war es noch wichtig, am richtigen Ort und vom richtigen Erzbischof mit den richtigen Insignien gekrönt zu werden; Ludwig der Bayer hatte nur noch den richtigen Ort beanspruchen können, denn während ihm die Erzbischöfe von Trier und Mainz am 25. November 1314 im Aachener Münster eine nachgebildete Krone aufsetzten, wurde zeitgleich in Bonn sein Konkurrent Friedrich der Schöne vom Kölner Erzbischof mit den richtigen Insignien gekrönt. Ludwigs lange Herrschaft endete schließlich, wie sie begonnen hatte, im Zwietracht: 1346 wählten einige Fürsten mit päpstlicher Unterstützung den Luxemburger Karl zum Gegenkönig, und auch durch Ludwigs Tod im Oktober 1347 fand der Thronstreit noch kein Ende. Karl war zunächst in Bonn gekrönt worden, weil Aachen ihn im November 1346 nicht eingelassen hatte. Die ausgiebige Korrespondenz zwischen der Stadt Aachen und einer Reihe von Beteiligten spricht Bände über die verworrenen Vorgänge. Seit 1346 schrieben Karl und die auf seiner Seite stehenden Kurfürsten lange Briefe nach Aachen, um die Stadt für den neuen König und gegen „den sogenannten Kaiser" Ludwig einzunehmen. Im Januar 1348, Ludwig war gerade verstorben, teilten die Kurfürsten von Brandenburg und von der Pfalz dann plötzlich mit, dass sie zusammen mit Mainz und Sachsen soeben König Eduard von England gewählt hätten, und baten die Aachener, diesen zur Krönung einzulassen. Von allen Seiten zerrten die Parteien an der Stadt herum: Eduard ließ sich nicht blicken, dafür zog man ein Jahr später mit Günther von Schwarzburg einen weiteren Kandidaten aus dem Hut, der sich dann auch schnell selbst brieflich bei den Aachenern vorstellte und um Einlass bat. Günthers Gesundheitszustand verschlechterte sich allerdings in den folgenden Monaten dermaßen, dass nach und nach auch die Kurfürsten, die Gerüchte über Absprachen mit Karl von Luxemburg bis dahin empört als Verleumdung zurückgewiesen hatten, auf dessen Seite wechselten.[117] Schließlich verzichtete Günther auf den Thron und starb kurz darauf in Frankfurt. Auch Aachen lenkte ein. Der neue König, der am 25. Juli 1349 feierlich in der Marienkirche gekrönt wurde, hieß Karl IV.

Genauer gesagt, hieß der neue König eigentlich gar nicht Karl, sondern Wenzel. Als Neffe des Königs Karl IV. von Frankreich war er seit seinem siebten Lebensjahr am französischen Hof erzogen worden und hatte dort den Namen seines Onkels angenommen. 1341 übernahm er von seinem erblindeten Vater zunächst die Regierung in Böhmen. Als deutscher König und seit 1355 als Kaiser wurde er schließlich zu einem der bedeutendsten Herrscher des Spätmittelalters und zu einem der größten Förderer der Stadt Aachen und der Marienkirche. Mit der Goldene Bulle von 1356 gab er dem Reich ein Grundgesetz, in dem auch die Fragen der Wahl und der Krönung bis in die kleinsten Details der Etikette genau festgelegt waren. Aachen bekam seine Rolle als Krönungsort noch einmal schriftlich verbrieft, und selbst die Sitzordnung beim Krönungsmahl war dort in Kapitel 28 genau geregelt: „Unter dem Sitz des Kaisers sollen die Tische für die sieben geistlichen und weltlichen Kurfürsten zubereitet werden, und zwar drei zur rechten und drei zur linken und der siebente dem Antlitz des Kaisers oder Königs gerade gegenüber ... Es soll aber keinem von den obgenannten weltlichen Kurfürsten erlaubt sein, sich nach der Verrichtung seiner Amtspflicht an den für ihn gerüsteten Tisch zu setzen, solange noch einer von seinen Mitkurfürsten seines Amtes zu walten hat, sondern ... stehend warten, bis die übrigen ihre obgenannten Dienste verrichtet haben, und erst dann sollen alle und jede sich gleichzeitig an die für sie aufgestellten Tische setzen."[118]

Dass solche Regelungen in das Grundgesetz des Reiches aufgenommen wurden, zeigt, wie sehr es auf die Form ankam, denn Rangstreitigkeiten zwischen den Beteiligten wiederholten sich bei jedem sich bietenden Anlass. Bei der Krönung Rudolfs von Habsburg hatten sich die Erzbischöfe von Mainz und Köln darum gestritten, wer zur Rechten des Königs sitzen durfte; der Mainzer hatte damals nachgegeben, um einen Eklat zu verhindern, sich aber vom König schriftlich verbriefen lassen, dass es sich nur um einen einmaligen Verzicht handelte, aus dem keine weiteren Schlüsse zu ziehen seien.[119] Bei Karl IV. hatte es zwischen den Markgrafen von Jülich und Brandenburg ein würdeloses Gezerre um das königliche Szepter gegeben, und bei der Krönung von Karls Sohn Wenzel im Jahr 1376 kam es zum Handgemenge zwischen den Kurfürsten von Böhmen und Sachsen wegen der Frage, wer dem Kaiser das Schwert vorantragen dürfe, so dass dieser es schließlich entnervt seinem achtjährigen Sohn Sigmund in die Hand drückte.[120]

Als Förderer von Aachen trat der Kaiser vor allem im Hinblick auf den Karlskult auf, den er wohl bei seinem Aufenthalt in Frankreich kennen gelernt hatte. Nach seiner Krönung bestätigte und erweiterte er zunächst die Privilegien der Stadt, wie das alle seine Vorgänger auch getan hatten. Als Untersatz für die Krone, die er wahrscheinlich bei seiner Krönung getragen hatte, schenkte Karl IV. dem Stift später eine überlebensgroße Büste seines großen Vorgängers aus teilweise vergoldetem Silber, die heute der bekannteste Schatz der Marienkirche ist und auf den Titelbildern ungezählter Veröffentlichungen zu Karl dem Großen immer wieder erscheint. Das Kunstwerk ist mehr als eine Büste: Unter der Krone wurde die echte und eigens zu diesem Zweck aus dem Schrein genommene Schädeldecke des heiligen Kaisers eingebaut, so dass die Jahrhunderte gewissermaßen durch eine chirurgische Maßnahme symbolisch überbrückt wurden. Es sollte nicht der einzige Eingriff in die Integrität des kaiserlichen Leichnams sein. Schon 1349 hatte man Karl IV. anlässlich seiner Krönung drei Zähne seines Namenspatrons überreicht, die einige Jahre später zusammen mit einem Beinknochen sowie zwei Dornen aus der Dornenkrone und einem Stück vom Kreuz in einem eigenen Reliquiar landeten, das ebenfalls noch heute in der Domschatzkammer aufbewahrt wird. Als schließlich eine geplante Wallfahrt nach Aachen, die Karl zum Dank für die Geburt eines Sohnes gelobt hatte, wegen dringender politischer Angelegenheiten ausfallen musste, ließ der Kaiser sein Söhnchen in Gold aufwiegen und schenkte das Gold dem Stift. In die Zeit seiner Regierung fällt die erste Erwähnung des siebenjährigen Zyklus der Reliquienzeigung vom Turm ebenso wie die Grundsteinlegung der gotischen Chorhalle. Zu dieser Zeit war Aachen bereits der wichtigste Wallfahrtsort in Deutschland. Wie die Könige kamen, um sich krönen zu lassen, so kamen die Pilger, um sich segnen zu lassen. Während der Strom der Privilegien langsam versiegte, belebte der Strom der Wallfahrer die Stadt erneut.

Titelbild jeder zweiten Karlsbiografie – die Büste aus dem Aachener Domschatz

4.2. Der lange Weg zum Seelenheil

Von den Aachener Reliquien war bereits ausführlich die Rede. Die von Karl IV. gestiftete Monstranz zeigt gegenüber den würdevollen und verschwiegenen Schreinen der romanischen Epoche, wie sehr sich die Zeiten geändert hatten: Noch 1215 hatte das Laterankonzil bestimmt, dass Reliquien nur in geschlossenen Behältern zu zeigen seien, doch diese Vorschriften wurden in den folgenden zwei Jahrhunderten immer weiter aufgeweicht. Eine nachträglich am Marienschrein angebrachte Klappe zur Entnahme der großen Heiligtümer ist ein erster Hinweis auf diesen Wandel, dessen Abschluss gotische Reliquiare wie eben das Karls IV. bildeten, die Knochen und Stoffreste von allen Seiten zeigten. Die Sichtbarkeit der Reliquien entsprach dem Bedürfnis der verweltlichten und versachlichten Epoche, deren künstlerischer Ausdruck die Gotik war.

Nun hatten die Aachener Heiligtümer die Pilger auch schon früher angezogen; wieder einmal bringt erst das Spätmittelalter ausführliche Nachrichten über ein Phänomen, das schon einige Jahrhunderte vorher verbreitet war, sich aber nur aus vereinzelten Nachrichten erschließen lässt. Der Selige Hermann der Lahme, Mönch der Reichenau († 1054), ist der erste namentlich bekannte Aachenfahrer. Ein Jahrhundert später wurde vom Heiligen Gerlach von Houthem († 1177) berichtet, dass er von seiner hohlen Eiche aus jeden Samstag nach Aachen pilgerte, wo die Marienkirche schon „von allen Völkern der Erde" besucht wurde.[121] Um 1220 brachten die Wallfahrer bereits so viele Einnahmen, dass das ganze Münster mit der Hälfte dieser Summe instand gehalten werden konnte. Der Karlskult dagegen kam erst im 14. Jahrhundert voll zum Durchbruch. Zu dieser Zeit gibt es in allen größeren Städten Hinweise auf die Verbreitung der Aachenfahrt: Pilgerhäuser für die durchziehenden Wallfahrer, die Angabe von Pachtzeiten nach dem siebenjährigen Zyklus der Aachener Heiltumszeigung wie in Bremen und Lübeck oder einfach auf die Häuser gepinselte Wegweiser wie in Hildesheim und Braunschweig.[122] Im Jahr 1306 wurden von einem Greifswalder Gericht zwei Ritter geächtet, die einen Bürger der Hansestadt auf dem Weg zur Pilgerreise nach Aachen überfallen und 130 Mark Lösegeld von ihm erpresst hatten.[123] Dank dem spätmittelalterlichen Quellenreichtum sind wir bestens informiert: Fürsten und Städte stellten Geleitbriefe für die Pilger aus, die Wallfahrt wurde zur testamentarisch festgelegten Bedingung für Erben und zur gerichtlich verordneten Sühneleistung für Mörder und anderes Gelichter. Da die Aachenfahrt von einigen Pilgern nun eben nicht freiwillig absolviert wurde, stellte man vor Ort auf Wunsch auch entsprechende Bescheinigungen aus. Wieder andere schickten bezahlte Vertreter auf die Reise.

Die Anziehung des Wallfahrtsortes Aachen beschränkte sich nicht auf Deutschland. 1221 sind zum ersten Mal Pilger aus Ungarn genannt, vielleicht Nachfahren der 1052 aus der Lütticher Diözese auf den Balkan ausgewanderten Familien. Wie auch immer: die Ungarn blieben eine der bedeutendsten Pilgernationen in Aachen, und 1374 kam ihr König Ludwig höchstpersönlich und stiftete zwei Benefizien für ungarisch sprechende Priester, die fortan an der Marienkirche die Pilger zu betreuen hatten. Schon 1362 hatte Kaiser Karl IV. aus demselben Grund eine böhmische Kaplansstelle eingerichtet und einen Wenzelsaltar gestiftet. Insgesamt waren Pilger vor allem aus solchen Gegenden stark vertreten, die ihre Christianisierung direkt auf Karl oder seine Zeit zurückführten.

Die zunächst wohl in unregelmäßigen Abständen vorgenommene Turmzeigung der Reliquien wurde seit 1349 im bekannten siebenjährigen Zyklus abgehalten; anlässlich von Königskrönungen gab es bisweilen auch außerordentliche Turmzeigungen. Bei der Vorbereitung der Feierlichkeiten waren auch Vertreter der Stadt anwesend: Vor dem Beginn der Heiligtumszeigung wurden die Türen des Münsters verschlossen, und das Kapitel versammelte sich zusammen mit dem Stadtrat vor dem Schrein, dessen Vorhängeschloss von einem Schmied aufgebrochen wurde. Die in Tücher gewickelten und versiegelten Reliquien wurden herausgenommen, in eine Kiste gelegt und in eine Turmkammer gebracht. Nachdem die Bürgermeister die Siegel begutachtet hatten, verließen sie den Turm, während einige Geistliche zurückblieben und zwei Wochen lang Wache bei den Reliquien standen.[124] Unten auf dem Platz begrüßte die Menge die Heiligtümer auf Knien mit Hörnern und Trompeten, außerdem wurden Spiegel in die Höhe gehalten, um das Bild der Reliquien aufzufangen und so im übertragenen Sinn mit nach Hause zu nehmen. Eine immer wieder zitierte, wenn auch wenig glaubwürdige Chroniknotiz berichtet für das Jahr 1496 von 142 000 Pilgern an einem einzigen Tag.[125]

Wie viele Besucher es am Ende auch immer gewesen sein mögen, das Gedränge war jedes Mal so schlimm, dass die Besitzer der umliegenden Gebäude die Pilger auf ihre Dächer ließen – mit fatalen Folgen, als 1440 ein ganzes Haus einstürzte und 17 Menschen unter sich begrub. In der Kirche türmten sich die Votivgaben und die weggeworfenen Krücken der nicht mehr Gelähmten; am 17. Juli, dem Kirchweihfest, war die ganze Stadt illuminiert. Philippe de Vigneulles schrieb über die Heiligtumsfahrt von 1510: „Als wir auf den Berg oberhalb Aachens kamen, schien es uns beim Niederschauen, als ob die ganze Kirche in hellen Flammen stände, wegen der vielen Lichter, die um die genannte Kirche brannten." Auch er wohnte der Turmzeigung bei, und auch er zahlte Geld, um auf ein Hausdach zu kommen. Von dort aus sah er die Reliquien: „Wenn man sie zeigt und entfaltet, fängt das Volk an, auf den Hörnern und Trompeten zu blasen wie zuvor, sodass man den lieben Gott nicht hätte donnern hören."[126] Genau aus dieser Zeit stammen auch einige Hörner aus Ton, die später bei einer Ausgrabung ans Licht kamen: mehrfach gewunden und Waldhörnern ähnlich, so waren sie damals im ganzen Land als „Achhörnchen" bekannt.[127] Erwerben konnte man sie auf dem Münsterplatz in eigens dafür aufgebauten Verkaufsbuden. Aus dem Jahr 1426 ist ein Vertrag erhalten, den Nikolaus Gordelmeycher und Johann von Aachen mit sechs Handwerkern schlossen, die sich für 300 Mark verpflichteten, 32 Verkaufsstände aufzubauen.[128] Bei aller Frömmigkeit waren die Grenzen zwischen Wallfahrt und Volksfest fließend, 1524 brachten einige Ungarn sogar Tanzbären mit.[129]

Schon gotische Holzschnitte zeigen, wie das Marienkleid, eine Art Tunika, an einer durch die Ärmel gezogenen Stange von der Galerie des zu Anfang des 14. Jahrhundert errichteten Turms der Marienkirche gehängt wurde, während die gläubige Menge auf dem Münsterplatz stand und staunte. Auch die gerade aufkommende Buchdruckerkunst beschäftigte sich mit den Aachener Reliquien. Wahrscheinlich aus dem Jahr 1517 stammt ein heute in Wien aufbewahrtes kleines Buch, in dem fast wie in einer Broschüre für Touristen die wichtigsten Reliquien mit Bildern vorgestellt werden. Es enthält einen handschriftlichen Vermerk des Bischofs Bernhard von Trient, der es 1520 bei der Krönung Karls V. gekauft hatte; interessanterweise werden die Windeln Jesu darin als zweckentfremdete Hosen von Josef bezeichnet.[130] Neben den vier bereits genannten großen Heiligtümern, die bei solchen Gelegenheiten gezeigt wurden, gab es noch die drei kleinen Heiligtümer, in denen der Volksglaube den Gürtel Mariens, den Gürtel des Erlösers und den Geißelungsstrick erblickte und die bis heute in einer gotischen Monstranz aufbewahrt werden. Wie die Aachener Reliquien selbst, so war auch ihre wundertätige Kraft im ganzen Land bekannt. 1498 wandte sich der Stadtschreiber von Worms an den Protonotar Emund in Köln und bat für einen seiner Verwandten um ein Stück des Seidentuchs, in das die Aachener Reliquien eingewickelt waren: „Nu ist eyn jung peerschon, mir gewant, mit eyner krankheit beladen, darfur das gemelt duch sunder helflich sin soll, bitt ich uch als mynen sunder lieben herrn und frunt, mochten ir mir desselben duchlins eyn stuck zu wegen bringen und schicken mir solichs um gottes und notturft willen by disem botten ...“[131]

Die Pilgerströme, die bei Heiligtumsfahrten die Straßen und Plätze und vor allem die Kirche selbst zu sprengen drohten, machten auch bauliche Maßnahmen notwendig. Die 1353 begonnene Chorhalle orientiert sich in ihrer Architektur möglicherweise an der Sainte-Chapelle in Paris, der Reliquienkapelle der französischen Könige, die Karl IV. bei seinem Aufenthalt am dortigen Hof ausgiebig hatte bewundern können. Geweiht wurde das „Glashaus von Aachen“ am 28. Januar 1414 – dem 600. Todestag Karls des Großen. Gleichzeitig legte sich ein Kranz von Kapellen um das Oktogon: nach der Ungarnkapelle und der Matthiaskapelle, die noch vor der Vollendung des Chores fertig gestellt wurden, schlossen sich bis etwa 1500 die Annakapelle, die Karlskapelle und die Kreuzkapelle an. In der Kirche selbst entstand um 1450 ein laubenartiger gotischer Überbau für den Marienschrein.

Zeigung des Marienkleides über einem Stadttor (15. Jh.)

Zum Abschluss der Heiligtumsfahrt wurden die Reliquien wieder verschlossen und der Schlüssel des Vorhängeschlosses in zwei Teile gebrochen, von denen das Kapitel einen behielt, während der Stadtrat den anderen an sich nahm.[132] Die einträchtige Beteiligung der städtischen Autoritäten an den Feierlichkeiten hinderte Kapitel und Stadtrat aber nicht daran, aufeinander loszugehen, wann immer es um die Bereiche ging, bei denen die Interessen des Stifts mit denen der Stadt zusammenstießen. Die Steuerfreiheit der Kanoniker, die Nutzung der Wasserläufe und die großzügige Gewährung des Kirchenasyls gegenüber einigen von städtischen Gerichten verurteilten Straftätern waren solche Punkte. 1349 hatte Karl IV. den Kanonikern den steuerfreien Weinausschank zum Eigenbedarf gestattet, dabei handelte es sich vor allem um Wein, den das Kapitel aus eigenen Gütern bezog und in die Stadt einführen ließ. Anscheinend wurden aber auch immer wieder größere Mengen an steuerfreiem Wein von den Kanonikern durch Strohmänner in der Stadt verkauft, so dass Friedrich III. im November 1467 die Einfuhr auf 25 Fuder – immerhin 20 000 Liter – beschränkte.[133] Ein anderes Problem war das Kirchenasyl, ein Recht, das die Geistlichkeit verbissen verteidigte. Aus zahlreichen Städten sind Streitigkeiten zwischen dem Klerus und den weltlichen Autoritäten überliefert, weil diese flüchtige Straftäter, die sich in Kirchen und Klöster gerettet hatten, durch ihre Knechte verfolgten und im Zuge rabiater Polizeiaktionen bisweilen sogar Türen und Tore aufbrachen. Es scheint, dass es dabei oft ums Prinzip ging – die städtischen Machthaber, die sich wegen der ungenierten Beanspruchung der Steuerfreiheit durch die Geistlichkeit permanent provoziert fühlten, probierten, wie weit sie gehen konnten. In Aachen dagegen kam offenbar der Berg manchmal zum Propheten: Wann immer eine Prozession am städtischen Gefängnis vorbeikam, mussten die Ketten der Gefangenen gelöst werden, damit diese den Segen der vorbeiziehenden Priesterschaft bekamen. Einigen Gefangenen gelang es bei dieser Gelegenheit, sich unter die Prozession zu mischen und in deren Schutz zu entkommen. 1515 kam es so weit, dass zwei Gefangene, denen das Kreuz durch die Gitterstäbe gereicht wurde, vom Vogtmeier abgeführt wurden, woraufhin die ganze Prozession sie verfolgte, die Gefangenen befreite und in die Marienkirche brachte. Am nächsten Tag ließ die Stadt die Tore versperren, um zu verhindern, dass die beiden von ihrem Asyl aus unbemerkt entkamen.[134] Genau anders herum war es 1346 gewesen, als das Aachener Volk beinahe den Dominikanerkonvent gestürmt hätte, weil zwei Mönche im Auftrag des Ordenspriors einen missliebigen Aachener Ordensbruder entführt hatten. Der davonrasende Wagen war in letzter Minute von einem beherzten Einwohner angehalten und der entführte Mönch in die Stadt zurückgebracht worden.[135]

4.3. Handwerker und Finanzjongleure

Hatte die Tuchherstellung und der Handel mit Textilien die Aachener Gewerbelandschaft im Hochmittelalter dominiert, so schob sich im Spätmittelalter die Metallverarbeitung immer weiter nach vorn. In der Umgebung waren schon in der Antike eine Reihe von Rohstoffen wie Kohle und Erz abgebaut worden. Nun begann man das Augenmerk vor allem auf die Verarbeitung von Messing zu richten, einer Legierung, die durch Schmelzen von Zinkerz und Kupfererz auf glühender Steinkohle gewonnen wurde. Kohle und Zinkerz, auch Galmei genannt, wurde in der Aachener Umgebung abgebaut, das Kupfer dagegen musste in großen Mengen importiert werden, vor allem aus Sachsen und später auch aus Schweden. Am Handel mit Metallen und Fertigwaren hatten Aachener Geschäftsleute bald regen Anteil;

wie schon bei den Wolltuchen bildeten sich enge Beziehungen zwischen Herstellern und Händlern aus. Vorbilder waren dabei eine Reihe von Städten an der Maas gewesen, allen voran Dinant, dessen Industrie so berühmt war, dass Treibarbeiten und Güsse aus Messing ganz allgemein als *Dinanderies* bezeichnet wurden. Im 15. Jahrhundert erlebte im Kielwasser der Metallstädte an der Maas auch in Aachen die Verarbeitung von Kupfer und Messing einen steilen Aufschwung. Galmeivorkommen gab es direkt vor der Haustür in Stolberg und vor allem in Altenberg, wo sich eine der besten Lagerstätten befand, deren Nutzung seit 1344 belegt ist. Ludwig der Bayer hatte der Stadt Aachen zwei Jahre zuvor die Ausbeutung der Bodenschätze gestattet – schließlich war die Umgebung der Stadt immer noch uraltes Königsland, und die Nutzung der Bodenschätze ohnehin ein königliches Vorrecht. Aachen teilte sich die Bergwerke mit auswärtigen Eigentümern und verpachtete die Schürfrechte an Unternehmer. Rechtsstreitigkeiten um den Besitz des Berges hatte es auch schon früher gegeben, und 1439 machte Herzog Philipp der Gute von Burgund den Streitigkeiten ein Ende, indem er den Berg seinem Gebiet anschloss. Dem Aufschwung der Aachener Industrie tat das aber keinen Abbruch: 1450 bekam ein gewisser Daniel van der Kammen vom Rat die Erlaubnis, sich in Aachen niederzulassen und zusammen mit dem Aachener Koynen Duppengiesser nicht nur einen Betrieb, sondern auch gleich eine eigene Zunft für die Messingverarbeitung zu gründen, die der Schmiedegilde angegliedert und vom Rat mit Statuten versehen wurde.[136]

Eine Revolte gegen die Herzöge von Burgund führte zu einer Strafaktion, bei der Dinant im Jahr 1466 von Karl dem Kühnen, dem Sohn und Nachfolger Philipps des Guten, dem Erdboden gleichgemacht wurde. Die Zerstörung ihrer Stadt führte zur massenhaften Auswanderung der Messingmeister aus Dinant, die in Aachen ein neues Zuhause fanden und mit Sachverstand, Unternehmergeist und den richtigen Beziehungen zu den Absatzmärkten für die Aachener Industrie zu einem unschätzbaren Entwicklungsmotor wurden. Französische Begriffe fanden seitdem Eingang in die Fachsprache des Gewerbes und haben sich zum Teil bis heute im örtlichen Dialekt erhalten; Aachener mit französischen Namen finden sich immer wieder auf den Messen in Frankfurt und Antwerpen, wo die Rohstoffe umgeschlagen wurden. Um 1500 waren in Antwerpen die Aachener die am zweitstärksten vertretene Gruppe von Händlern und Spediteuren aus dem Rheinland, lagen allerdings weit hinter den Kölnern.[137]

Neben der Tuchweberei und der Messingproduktion waren in Aachen natürlich auch alle anderen Handwerksgewerbe vertreten; ihre Bedeutung ist im einzelnen nicht genau abzuschätzen, und dennoch darf bei aller Vorliebe der Lokalgeschichtsschreibung für die örtlichen Besonderheiten nicht vergessen werden, dass das mittelalterliche Handwerk vor allem den einheimischen Bedarf der vielleicht 20 000 Einwohner zählenden Stadt zu bedienen hatte. Ein Blick auf die Zunftlandschaft, von der später noch ausgiebig die Rede sein wird, zeigt neben Wollenwebern und Kupferschlägern als bedeutendste Erwerbszweige vor allem solche Gewerbe, die sich um die Versorgung mit Nahrungsmitteln und Kleidung kümmerten wie die Bäcker, Brauer, Fleischer, Schneider, Schuhmacher und Gerber, dann die Schmiede als Hersteller von Gebrauchsgegenständen und Werkzeugen aller Art und natürlich die Zimmerleute als Bauhandwerker – diese Berufe waren es, die den größten Teil der städtischen Handwerkerschaft stellten. Mit fortschreitender Zeit tritt dann eine immer weiter gehende Spezialisierung aus dem Nebel der Überlieferung. Am Beispiel des Wollenambachts, der Zunft des tuchverarbeitenden Gewerbes, wurde bereits gezeigt, wie viele einzelne Arbeitsschritte von der in Ballen angelieferten Schafwolle bis zum fertigen Tuch durchlaufen werden mussten, und je besser Produktion und Absatz organisiert waren, desto eher tendierten die Spezialisten dazu, ihren eigenen Gewerbestolz zu entwickeln und sich, als die Zeiten schlechter wurden, gegen andere abzugrenzen. Hinter die politisch berechtigten Zünfte, die in Aachen als Ambachten bezeichnet werden, traten weitere untergeordnete Handwerksorganisationen wie die der Goldschmiede, Kannengießer, Kesselmacher, Fassbinder, Barbiere, Spiegelmacher, Drahtzieher, Büchsenmacher, Färber, Dachdecker, Harnischmacher, Hutmacher, Nagelschmiede, Schreiner und andere. Bei der Arbeit lassen sie sich zum Beispiel am Bau der neuen Chorhalle der Marienkirche über die Schulter schauen; eine Rechnung über die Einnahmen und Ausgaben der Bauhütte gibt darüber Auskunft. Wer eine Großbaustelle erwartet, wird enttäuscht: Um 1400 arbeiteten hier vielleicht 10 Personen gleichzeitig, und die Rechnung gibt Aufschluss über ihre Gehälter, über die Preise des Materials und die Werkzeuge der Handwerker vom Hammer bis zum Baukran; wir sehen die Karren mit Steinen, Sand und Lehm zur Baustelle schaukeln und hören die Zimmerleute beim Abladen der Balken für die Gerüste fluchen. Wir erfahren die Namen der Steinmetzen und vernehmen, dass zwischen Ende August und Anfang September 1400 in luftiger Höhe drei Fensterbögen geschlossen wurden, was als Anlass für die in der Rechnung vermerkten Sonderzulagen an Wein genannt wird.[138]

Auch die Stadt selbst führte Buch über ihre Einnahmen und Ausgaben. Die ältesten der in unvollständiger Reihung erhaltenen Abrechnungen stammen aus dem 14. Jahrhundert. Auch sie verraten, so fragmentarisch die Überlieferung auch ist, allerhand über die örtlichen Gewerbe, und zwar immer dann, wenn die Handwerker im öffentlichen Auftrag zum Hammer griffen. Städtische Baustellen gab es immer wieder; beteiligt waren daran regelmäßig Steinmetze, Dachdecker, Zimmerleute, Fuhrleute, Säger, Wegebauer, Schmiede, Zaunmacher und Ziegelbäcker, dazu ein kleines Heer von Handlangern, die neben dem Lohn auch immer wieder Geldgeschenke und Wein oder Bier als Sonderzulagen bekamen. Solche Rechnungen geben natürlich interessanten Aufschluss darüber, wie man damals seinen Lebensunterhalt verdiente und was man sich mit dem sauer verdienten Geld eigentlich kaufen konnte. Das größte Problem bei solchen Überlegungen ist die Uneinheitlichkeit des Geldwesens und der Maße überhaupt, die von einer Stadt zur anderen und von einem Landstrich zum anderen wechselten und damit ganze Generationen von Historikern zur Verzweiflung getrieben haben. Dieses Geld, das war in Aachen die Mark zu 12 Schillingen oder 144 Pfennigen. Getreide als Grundnahrungsmittel wurde durch ein Müdde genanntes Hohlmaß ausgedrückt; Flüssigkeiten in der Regel in Fuder, wobei eine Müdde etwa 150 Kilogramm Weizen oder Roggen und ein Fuder Wein oder Bier etwas mehr als 800 Litern entsprach.[139] Nun verdienten die Handlanger auf der Baustelle des Chors der Marienkirche zwischen 5 und 6 Schilling am Tag, während ein Müdde Getreide nach einer Preisfestlegung von 1386 für 6 Mark verkauft werden sollte.[140] Mit anderen Worten: Ein Bauarbeiter konnte sich für seinen Tagelohn etwa 15 Kilogramm Brot kaufen; bevorzugte er Fleisch, bekam er dafür drei Gänse und mit dem Lohn einer Woche ein ganzes Schwein. Handwerksmeister, deren Tagessatz sich zu dieser Zeit um die 10 Schillinge bewegte, kamen dementsprechend auf den Gegenwert von 25 Kilogramm Brot oder knapp 70 Liter Bier oder 7 Liter guten Wein oder 20 Liter schlechten.[141] Insgesamt lässt sich festhalten: Der Boden des Handwerks war golden, solange es nicht zu einer Teuerung der Lebensmittel kam. Aus dem Jahr 1437 ist für den Weizen plötzlich ein Preis von 30 Mark pro Müdde überliefert und damit eine Verfünffachung gegenüber den üblichen Werten.[142] In solchen Fällen wurde es selbst für die gut verdienenden Aachener Handwerker eng, wenn sie eine Familie zu ernähren hatten.

Wegen der mangelnden Absicherung gegen diese und andere Arten von Unwägbarkeiten waren die Menschen im Mittelalter gezwungen, mit Einfallsreichtum und Ungeniertheit nach Nebenverdiensten zu suchen, um die Einbußen aufzufangen. Der so genannte Aachener Wechslerprozess ist in dieser Hinsicht äußerst lehrreich: Hier waren es gerade die heute kaum noch nachzuvollziehenden Unterschiede zwischen den zahlreichen in der Region kursierenden Münzsorten, die offenbar nicht nur professionelle Geldwechsler, sondern auch ganz normale Bürger bis hin zur Witwe von nebenan auf die Idee brachten, sich als Devisenspekulanten zu betätigen. Schon 1336 war eine städtische Satzung erlassen worden, die den Wechslern die Ausfuhr von Aachener Geld und die Einfuhr fremder Währungen sowie das Wechselgeschäft an auswärtigen Münzstätten verbot.[143] Gerade in die Zeit zwischen 1330 und 1350 fällt eine Geldverschlechterung, die zur Spekulation offenbar einlud. Wucher wurde konsequent unterbunden: pro umgetauschter Mark durfte nur ein Pfennig, also lediglich 0,7 % an Gebühren erhoben werden, und die Tatsache, dass dennoch offenbar ein florierendes Geschäft mit den auswärtigen Münzen betrieben wurde, spricht Bände über den regen wirtschaftlichen Austausch, der zwischen den benachbarten Orten herrschte.[144] Wer einmal verstanden hatte, welches Gefälle zwischen der Aachener Währung und denen der Nachbargebiete herrschte, konnte der Versuchung kaum widerstehen, die Verbote durch privaten Devisentourismus zu umgehen und die eigene Kasse aufzubessern. Kurz vor 1350 scheint es den städtischen Autoritäten zu bunt geworden zu sein, denn nun ging man gerichtlich gegen die illegalen Geldwechsler vor, die vorzugsweise zu den Münzstätten kleinerer Feudalherren pilgerten, die verschiedensten Geldsorten dort zu ihrem Vorteil tauschten und heimlich nach Aachen brachten. Die 117 Zeugenaussagen der fragmentarisch erhaltenen Prozessakten nennen insgesamt mehr als 200 Beteiligte, die sich in Orten wie Hasselt, Wessem und Dülken trafen und sich irgendwann nicht mehr nur vom Sehen kannten. Natürlich wusste hinterher niemand von nichts, es sei denn, man konnte durch Denunziationen seine eigene Lage verbessern. Zwischenzeitlich geriet die Geldwechselei offenbar zu einem regelrechten Volkssport, und die teilweise hohen Beträge, die weiten Wege, die Kombination des Geldwechselns mit anderen geschäftlichen Aktivitäten und einige immer wieder fallende Namen machen deutlich, dass sich schnell eine Professionalität einschlich, die völlig unabhängig von den Berufen war, in denen die Beteiligten im richtigen Leben ihr tägliches Brot verdienten. Ein typischer Eintrag liest sich etwa so: „Reinhard von Oppenheim sagt, daß er wegen der Münzstätten unschuldig sei, er ist aber nach Antwerpen mit guten Gulden unterwegs gewesen

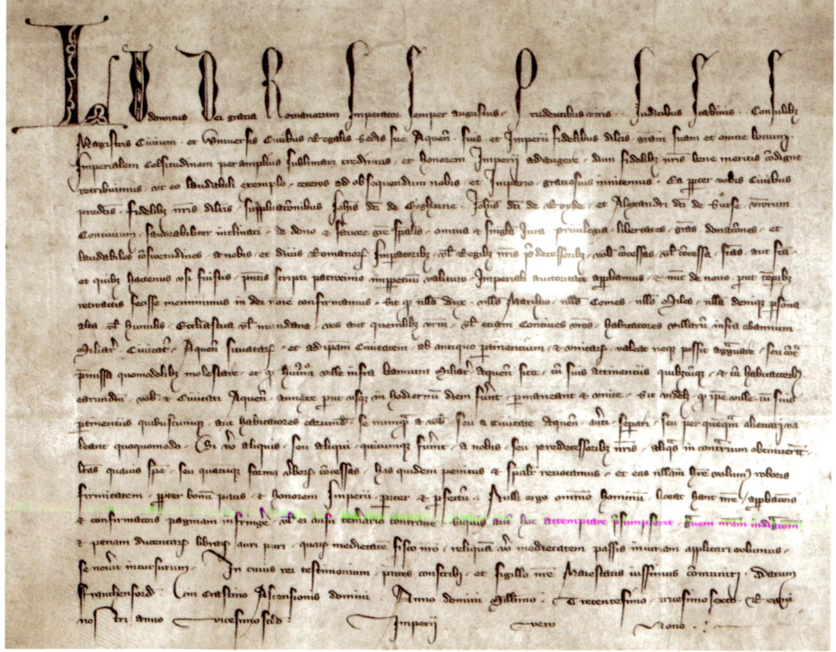

Ludwig der Bayer weist den Aachenern die Dörfer des Umlandes zu (1336)

und hat damit in Brabant Tuche erworben. Er sagt, was er gerüchteweise von allen Wechslern gehört hat. Über Gobelin Gibe und viele andere redet man, aber er weiß nicht, wer diese Leute seien." Oder: „Henkin von Braunsrath sagt, daß er Henkin Vel aus Maastricht kommend gesehen hat, und dieser schleppte schwer an Geld, das er um seinen Hals hatte." Selbstlos half der Zeuge in diesem Fall dem so Beladenen beim Tragen der schweren Bürde; wieder ein anderer versuchte sich selbst zu entlasten, indem er alles auf seinen Auftraggeber schob: „Wilhelm von Gürzenich sagt, daß er im Auftrage seines Herrn nach Brabant Silber geschafft, dort aber nicht verkauft, sondern wieder zurückgebracht hat. Er sagt auch, daß sein Herr und dessen Frau überall in der Stadt Geldsorten verkauft haben, und zwar so teuer wie möglich. Denjenigen, die am meisten dafür zahlen wollten, haben sie die Sorten gegeben." Heinrich Lausmann schließlich versicherte offenherzig, er wisse nichts und sei ganz und gar unschuldig.[145] Über den weiteren Verlauf der Angelegenheit schweigen die Quellen, wie so oft. Der Aachener Wechslerprozess zeigt aber, wie schnell und erfolgreich man schon im scheinbar unbeweglichen Mittelalter nach Wegen suchte, die Schwachstellen der Finanzwirtschaft zur eigenen Bereicherung zu nutzen. Er zeigt ferner, wie gewissenhaft und ausdauernd die Justiz auch damals schon dagegen vorging und er zeigt schließlich, wie treuherzig die Betroffenen auch damals schon davon überzeugt waren, dass ihre verbotenen Betätigungen doch eigentlich nichts anderes waren als ein Kavaliersdelikt.

4.4. Wer hat das Sagen?

Die Effizienz der Behörden war nur durch die immer weiter fortschreitende rechtliche Privilegierung der Stadt möglich geworden. Mit schöner Regelmäßigkeit nutzte man die Krönungen, um die eigenen Rechte gegenüber dem königlichen Stadtherrn auszuweiten. 1273 hatte Rudolf von Habsburg den Aachenern das Recht verliehen, Satzungen aufzustellen und damit praktisch eigene Gesetze zu machen. Schon unter Friedrich II. hatte der Grundsatz gegolten, dass das städtische Aufgebot bei Kriegszügen vor Sonnenuntergang wieder in die Stadt zurückkehren durfte; Ludwig der Bayer befreite die Aachener bei seiner Krönung im Jahr 1314 schließlich generell vom Militärdienst außerhalb der Stadt und fügte auch gleich noch das Recht zur Bestimmung und Überwachung der Münzen, zur Verpachtung von Gemeindeeigentum und zur Besteuerung der lombardischen Geldwechsler hinzu. Ludwig war es auch, der 1336 die Zugehörigkeit der Dörfer des wahrscheinlich seit den Zeiten der Merowinger in königlichem Besitz befindlichen Aachener Umlandes zur Stadt verfügte. Damit hatte Aachen das Ziel vieler Städte im späten Mittelalter erreicht, sich ein eigenes Territorium zu schaffen, das unter anderem für die Versorgung mit Ressourcen von Nutzen war. Folgerichtig erlaubte Karl IV. den Aachenern 1349 die Heranziehung der Einwohner dieses traditionell als Aachener

Reich bezeichneten Territoriums zu den städtischen Lasten, ohne dass diese dabei auch in den Genuss der zugehörigen Vorteile, vor allem im Hinblick auf die Gewerbefreiheit gekommen wären. Schon damals wurde eine Landwehr aus Hecken und Gräben um das 87 Quadratkilometer große und 21 Dörfer umfassende Gebiet gezogen, verstärkt schließlich durch Wachttürme und Schlagbäume und kontrolliert durch einen alljährlichen Umritt des Rates, der so auch nach außen demonstrierte, wer hier das Sagen hatte – und das war auch bitter nötig angesichts der ständigen Grenzstreitigkeiten, die 1439 zum Verlust von Altenberg an die Herzöge von Burgund geführt hatten.

Um 1330 beschloss der Stadtrat, auf den Grundmauern der immer noch karolingischen Aula ein neues Rathaus zu errichten, das dem Repräsentationsbedürfnis der Stadt entsprach und noch heute den Marktplatz beherrscht. Schon 1346 war der Rohbau fertig, drei Jahre später hatten die Behörden bereits mit der Arbeit begonnen. Um 1370 scheint der ganze Bau bis auf den Statuenschmuck fertig gewesen zu sein; in diesem Jahr ging der Auftrag für 30 farbige Figuren an den Bildhauer Peter van der Capellen. Weitere sechs Jahre später waren die Statuen fertig, allerdings wurden sie später zerstört, und die heute sichtbaren Figuren der Könige und Kaiser entstanden erst zwischen 1881 und 1901. Karolingisches Fundament und gotischer Aufbau, barocke Innenausstattung und wilhelminische Dekoration; als königlicher Palast errichtet und dann langsam verfallen, als Schauplatz der Krönungsmähler und Repräsentationsbau der Stadt wieder erstanden, dann abgebrannt, wieder hergerichtet, umgebaut, wieder abgebrannt, wieder aufgebaut und schließlich nach denkmalschützerischen Gesichtspunkten fachgerecht restauriert – so spiegelt das Aachener Rathaus bis heute den wechselnden Geschmack der Zeiten und die wechselnden Schicksale einer ganzen Stadt.

Vom Aachener Schöffengericht war bereits die Rede. Mit der zunehmenden Emanzipation der Stadt erweiterte sich auch die Gerichtslandschaft. Der Stadt war zur Manifestation ihrer Eigenständigkeit auch an einer eigenen Gerichtsbarkeit sehr gelegen, denn die politische Macht über Menschen und Land definierte sich im Mittelalter vor allem über gerichtliche Zuständigkeit. Die Kompetenzen der ehemaligen königlichen Beamten wie Vogt und Meier, deren Ämter von den Jülicher Herzögen zusammengelegt wurden, sind bereits ausgiebig besprochen worden. Aus den richterlichen Befugnissen dieser Beamten entstand im späten Mittelalter mit dem Kurgericht ein weiteres Tribunal in Aachen, in dem die städtischen Amtsträger eine führende Stellung einnahmen und das sich vor allem mit Gewalttaten und Beleidigung befasste. Der Stadtrat beschickte wiederum ein eigenes Ratsgericht für die Strafjustiz, das sich zunehmend auch mit Gotteslästerung, Unzucht und Ehebruch beschäftigte und damit in Konkurrenz zum kirchlichen Sendgericht unter Vorsitz des Aachener Erzpriesters geriet. Und schließlich gab es noch ein Bürgermeistergericht, das für die Übertretung von obrigkeitlichen Erlas sen und allen Arten von Vergehen gegen Ruhe und Sicherheit zuständig war. Eine derartige Unübersichtlichkeit ist typisch für das Mittelalter, und sie wurde um so mehr zur Quelle von Streitigkeiten, als neben den schwammigen Zuständigkeiten auch die Kette der Berufungsinstanzen nicht klar definiert war und schließlich im geistlichen Sendgericht die Beisitzer aus dem Patrizierstand gegenüber den geistlichen Beisitzern in der Mehrheit waren.

Die Zusammensetzung des Rates ist für die frühe Zeit nicht ganz geklärt. Wie gesagt, ging das Gremium wahrscheinlich aus dem Schöffenkollegium hervor; an seiner Spitze standen die beiden Bürgermeister, daneben gab es eine Reihe von Ressorts, die meistens doppelt besetzt und für Wirtschaft und Finanzen zuständig waren: Rentmeister, Weinmeister und Braumeister sowie die beiden Werkmeister des Wollenambachts, die als einzige Vorsteher einer gewerblichen Organisation dem Rat angehörten, was darauf hinweist, dass es sich bei ihnen eher um Großunternehmer handelte als um Handwerker von nebenan.

Ansonsten war die Handwerkslandschaft wie in anderen mittelalterlichen Städten gut durchorganisiert. Die Hierarchie der Ambachten wurde bereits angedeutet. Zu Beginn des 15. Jahrhunderts wurden sie durch die Unzufriedenheit mit der Misswirtschaft des Rates mehr und mehr politisiert, dabei schälte sich ein Kreis von Ambachten heraus, der die Führung des Widerstandes gegen die Patrizierherrschaft übernahm. Die Ambachten, deren Statuten vom Rat genehmigt wurden, waren für die Gewerbeaufsicht zuständig und hatten bei internen Streitigkeiten gewisse Schlichtungskompetenzen. Einigen Ambachten waren zahlreiche andere Gewerbe untergeordnet, vor allem beim Wollenambacht, dem das Färberambacht und daneben noch eine Reihe von Gewerben ohne eigenes Ambacht angegliedert waren wie die Wollschläger, die Spinner und die Walker. Nicht immer sind diese Zugehörigkeiten ganz einleuchtend, vielfach waren sie traditionell gewachsen und spiegeln Zustände, die sich nicht mehr genau rekonstruieren lassen. So waren die Tuchscherer nicht dem Wollenambacht, sondern dem der Schneider angegliedert, die Gewandschneider aber wieder nicht den Schneidern, sondern dem Ambacht der Krämer. Zu den Zimmerleuten gehörten die Schreiner, Dachdecker und Glasmacher. Oft fühlten sich die kleineren Gewerbe von den übergeordneten Ambachten bevormundet oder unzureichend vertreten, so setzten es die Tuchscherer später durch, dass ihre Vertreter ein Drittel der den Schneidern zustehenden Ratsmitglieder stellten. Nach dem Vorbild des Rates hatten auch die Zünfte zwei Vorsteher, die Greven genannt und in vielen Ambachten von einem Zwölfergremium kontrolliert wurden. Im Lauf der Jahrhunderte schotteten sich die Ambachten mehr und mehr gegen die Außenwelt ab und versuchten durch Verlängerung der Lehrzeit und andere Hindernisse ihren Kreis möglichst klein zu halten.

Nicht nur die Handwerker waren im Mittelalter organisiert. In einer Zeit ohne Parteien für die politische und ohne Vereine für die gesellschaftliche Betätigung übernahmen die Ambachten neben der handwerklichen Interessensvertretung auch Aufgaben der Geselligkeit und Identitätsfindung. Auch Adlige, Kaufleute und Großunternehmer bildeten Gesellschaften, die am ehesten als politische Clubs bezeichnet werden können und im Gegensatz zu den Ambachten keine gewerbliche Bindung hatten. Sie wurden in Aachen als Gaffeln bezeichnet und benannten sich nach ihren Versammlungslokalen wie die von den Schöffen frequentierte Sternzunft, benannt nach dem am Markt gelegenen Haus „Zum Stern", dann die später wegen ihrer Zusammenkünfte im Gasthaus „Zum Goldenen Bock" als Bockszunft bezeichnete Gaffel vom Lewenberg mit ihrem Haus am Büchel, die Schwarze Ahre, die sich im Haus „Zum Schwarzen Adler" in der Jakobstraße traf, die Gaffel Pontort und die Werkmeisterlaube, sozusagen der gesellige Arm der wirtschaftlichen Elite aus dem Wollenambacht. Ob die Gaffeln als patrizisches Gegengewicht zu den Handwerksorganisationen gedacht waren oder sich aus rein geselligen Gründen gebildet hatten, ist nicht ganz klar; Doppelmitgliedschaften kamen im Gegensatz zu den Ambachten, die ja immer an einen Gewerbezweig gebunden waren, bei den Gaffeln häufig vor. Ambachten und Gaffeln, so unterschiedlich sie in ihrer sozialen Zugehörigkeit und in ihren Zielsetzungen auch waren, sollten in der Aachener Geschichte noch eine wichtige Rolle spielen.

Mit zunehmender Selbstständigkeit wurden die Aufgabenbereiche der städtischen Beamtenschaft vielfältiger. Zunächst war da die Regulierung des Wirtschaftslebens, vor allem im Hinblick auf den Markt, wo Qualität der Ware und Preise in Zusammenarbeit mit den Ambachten gleichermaßen kontrolliert wurden. Damit Preisschwankungen nicht von Spekulanten zum Nachteil der Bevölkerung ausgenutzt werden konnten, versuchte der Rat durch Androhung schwerer Strafen, den Verkauf von Lebensmitteln von den Produzenten an Zwischenhändler zu unterbinden, die Vorräte aufkauften und bei Verknappung zu überteuerten Preisen anboten. Das Münzwesen wurde, wie gesehen, seit 1336 von der Stadt beaufsichtigt, und aus dieser Befugnis scheint sie stillschweigend auch das Prägerecht für sich abgeleitet zu haben, denn 1402 taucht sie zum ersten Mal selbst als Münzherrin auf, obwohl ein entsprechendes Privileg nie verliehen worden ist.

1428 bekam die Stadt die Nutzungsrechte der Gewässer in ihren Besitz; schon vorher war sie für die Trinkwasserversorgung zuständig gewesen – bei der Ausgrabung einer antiken Wasserleitung zwischen Aachen und Burtscheid fand sich auf einem hölzernen Teilstück die eingeritzte Jahreszahl 1363. Gepflasterte Straßen sind in Aachen schon sehr früh, nämlich 1265 belegt. Zu Verwaltungszwecken war die Stadt vielleicht schon seit dem Bau der Barbarossamauer in neun „Grafschaften" unterteilt, tortenstückartig zugeschnittene Stadtviertel, deren Bewohner ursprünglich für die Verteidigung von jeweils einem der neun Stadt tore eingeteilt waren und unter dem Kommando eines so genannten Christoffels standen. Neben der Verteidigung war auch die Brandbekämpfung nach dem Grafschaftssystem organisiert; eine Wachtordnung von 1519 bestimmte, dass die Christoffel sich im Brandfall bei den Stadttoren des inneren Rings einzufinden und die Bewohner des innerhalb dieser Mauer gelegenen Teils ihrer Grafschaft um sich zu scharen hatten, während die Bewohner des äußeren Teils sich an den Außentoren zu versammeln hatten, so dass die Bürgermiliz zwei konzentrische Kreise bildete und auf diese Weise schnell an allen Stellen eingreifen konnte. Zur besseren Erfassung aller Dienstverpflichteten sollten die Christoffel für jede Grafschaft eine Namensliste führen. Frauen und Kinder hatten im Haus zu bleiben, die Außentore waren zu verschließen und vor den Häusern sollten Lichter angebracht werden.[146] Polizeiverordnungen sorgten für die öffentliche Sicherheit, verboten das Tragen von Messern in Gaststätten oder die Einfuhr von verseuchten Viehbeständen und regelten sogar die Prostitution: Wie in vielen anderen Städten, so ist auch in Aachen im 16. Jahrhundert ein öffentliches Bordell belegt, und zwar am Büchel.[147] Um so strenger schritt der Rat ein, wenn das älteste Gewerbe seine Aktivitäten in private Haushalte verlegte: um 1447 wurden Geirart Kluyckynck und Heynrych Schoynhoir in ein Stadttor gesperrt, weil sie Prostituierte bei sich beherbergt hatten.[148]

Ein kleines Heer von städtischen Bediensteten kümmerte sich um die Weiterleitung der Verordnungen nach unten. Aus der Zeit zwischen 1458 und 1507 sind insgesamt 28 Urkunden von Angestellten erhalten, die ihre Verpflichtungen aufzählen und der Obrigkeit ihre Loyalität versichern: Torwächter, Forstmeister, Armbrustmeister, Salzmesser, Turmwächter der Landwehr, Trompeter und Stadtpfeifer treten vor dem Rat auf und nennen ihre Aufgaben beim Namen – oder ihre Verfehlungen, wie ein Stadttrompeter, der wegen „unversonnenre wildicheyt ind woesticheyt" gefeuert und 1461 wieder eingestellt worden war.[149] Durch die Stadtrechnungen erweitert sich der Kreis der städtischen Angestellten noch einmal um Nachtwächter, Scharfrichter, Boten, Armbrustmacher und Bannerträger, die wie die Bauhandwerker mit Sonderzulagen versehen und teilweise von der Stadt selbst eingekleidet wurden.

Damit sind wir endlich bei den Stadtrechnungen angekommen, die zu den wichtigsten Quellen für das spätmittelalterliche Aachen gehören und einige höchst interessante Einblicke in das Leben in der Stadt gewähren. Auf der Einnahmenseite standen die Steuern und dabei an erster Stelle die Akzise, eine Verbrauchssteuer auf Lebensmittel und andere Waren, die sich aus dem Zoll entwickelt hatte. Kassiert wurde die Akzise meistens schon am Stadttor; um überhaupt in einer städtischen Mühle mahlen zu dürfen, musste man dem Müller eine Quittung über die Bezahlung der Akzise vorlegen, die dann von städtischen Beamten eingesammelt und mit den Eintragungen der Torschreiber verglichen wurde.[150]

Die erwähnte Bierabgabe von 1272 ist ein früher Hinweis auf solche städtischen Verbrauchssteuern. Die Regelungen gingen aber noch weiter: Die Einfuhr von auswärtigem Bier wurde verboten, neben den Abgaben wurden auch Höchstpreise für den Verkauf bestimmt und die Strafen für Übertretungen festgelegt, die wahrhaft drakonisch waren: die Hinterziehung der Abgaben wurde mit Abhauen der Hand, fünfjähriger Verbannung und Zerstörung des Verkaufsgebäudes bestraft.[151] Solche Strafen dienten dazu, die mit Abstand wichtigste Einnahmequelle einer Stadt zu schützen, die ihr Geld vorwiegend mit Trinkern verdiente: Nach einer vorsichtigen Schätzung betrug allein der jährliche Bierverbrauch in den nordwesteuropäischen Städten bis zu 400 Liter pro Einwohner.[152] Und dazu kam noch der Wein: die prozentual wesentlich höhere Weinakzise machte schon im 14. Jahrhundert etwa die Hälfte der Gesamteinnahmen der Stadt aus. Bei der Besteuerung wurde zwischen dem in Fässern verkauften und dem wesentlich höher belasteten an die Gäste ausgeschenkten Wein unterschieden. Den größten Umsatz machte das Gasthaus „Zum Birnbaum" mit einem überlieferten Jahresausschank von 55 Fudern, also fast 45 000 Litern.[153]

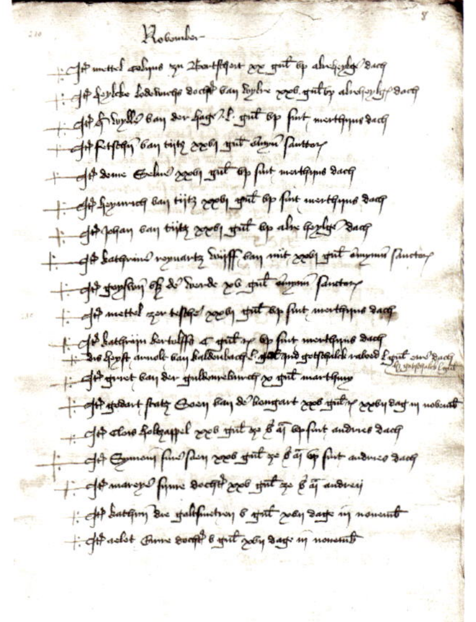

Städtische Einnahmen und Ausgaben, November 1433

Der städtische Gesamthaushalt wuchs beständig, von knapp 18 400 Mark im Jahr 1344 auf 60 700 Mark ein halbes Jahrhundert später. Drei Viertel dieser Einnahmen stammten aus der Besteuerung von alkoholischen Getränken.[154] Im Jahr 1433 waren die Einnahmen bei gleicher Splittung auf über 200 000 Mark geklettert.[155] Zu dieser Zeit waren die städtischen Finanzen schon schwer zerrüttet und die Verschuldung der öffentlichen Kasse weit fortgeschritten. Kredite wurden in Form von so genannten Leibrenten genommen, einmalige Zahlungen einzelner Bürger oder auch Institutionen, die im Gegenzug von der Stadt eine lebenslange Rente erhielten, bei der jedes Jahr etwa 5 % des Grundbetrages ausgezahlt wurden. Daneben wurden immer weitere Akzisen eingeführt, neben Bier und Wein wurden auch Färbereiprodukte, Eisen, Erz, Fett, Fisch, Fleisch, Galmei, Tuch, Wolle, Leinwand, Leder, Waid und Salz abgabepflichtig. Um Korruption und Veruntreuung vorzubeugen und den Beamtenapparat klein und effizient zu halten, ging die Stadt schon früh dazu über, die Akzisen zum Pauschalpreis zu verpachten, dabei tauchen oft die Handwerker als Pächter auf, die einen mit der Akzise direkt verbundenen Berufszweig ausüben. So wurde 1344 die Lederakzise für 202 Mark an die Lohgerber verpachtet und 1391 die Fleischakzise für 600 Mark an die Metzger.

Auch das Gesundheitswesen lag teilweise in der Hand des Rates, der, ganz wie in anderen Städten auch, die Fürsorge im Lauf der Zeit immer mehr unter seine Kontrolle brachte. Im Hochmittelalter hatte es neben den rein kirchlichen Armenhäusern und Hospitälern auch Häuser gegeben, die mit den Mitteln von Bruderschaften und Stiftungen errichtet worden waren und die durch Schenkungen, Grundbesitz und Kapitalzinsen unterhalten wurden. Später gewann die Stadt über bürgerliche Stiftungen zunehmend Einfluss auf die Hospitäler. Als erste dieser Einrichtungen gilt in Aachen das 1215 erwähnte Heilig-Geist-Haus, das zunächst von einer Bruderschaft geführt wurde und um 1300 unter städtische Verwaltung kam; zur gleichen Zeit entstand das ebenfalls von einer Bruderschaft gegründete Blasiusspital. An der Alexanderstraße befand sich das wahrscheinlich wesentlich ältere und 1336 aufgelöste Martinsspital – seine Lage unmittelbar vor dem Kölnmitteltor könnte darauf hindeuten, dass hier Pilger Unterschlupf fanden, die nach der Schließung der Stadttore in der Stadt ankamen. Zwei weitere Häuser – das Thomasspital und das 1417 aus einer privaten Stiftung hervorgegangene Corneliusspital – wurden ebenfalls noch im Spätmittelalter aufgelöst, wobei der Besitz des Thomasspitals an das Heilig-Geist-Haus kam und der des Corneliusspitals an ein benachbartes Kloster. Zu dieser Zeit hatte der Rat die kirchlichen Institutionen aus der Verwaltung der Hospitäler längst schon verdrängt. Bereits 1336 war auf dem Radermarkt – dem heutigen Münsterplatz – ein rein städtisches Hospital errichtet worden, das zunächst direkt den Bürgermeistern unterstand. Diese Häuser waren mit unterschiedlichen Schwerpunkten nicht nur für Krankenpflege und Armenversorgung zuständig, sondern fungierten in zunehmendem Maß auch als Pflegeheim für zahlungskräftige Städter, die sich durch Übertragung von Geld oder Grundbesitz auf Lebenszeit einkauften. Und schließlich gaben sie regelmäßig Lebensmittel an so genannte Hausarme ab – bedürftige Personen, die nicht in den Spitälern wohnten.

Kurz vor 1230 war im Westen der Stadt das Haus Melaten gegründet worden, in dem Leprakranke untergebracht wurden. Die Lepra war im Mittelalter vor allem in den Städten mit ihrer erhöhten Ansteckungsgefahr einigermaßen weit verbreitet. Über das Schicksal dieser Menschen entschied eine Kommission aus Priestern und Ärzten, die im Leprosenhaus von Lüttich die Diagnose stellte und dann das Verdikt aussprach.[156] Die Betroffenen wurden in einer demütigenden Zeremonie in ihrer Pfarrkirche aus der Gemeinschaft ausgeschlossen, ein Geleitzug brachte sie zum Leprosenhaus, wo sie ein trauriges Dasein führten, nur mit Handschuhen, Mänteln und Hüten aus dem Haus gehen durften und überdies alle Passanten mit einer Rassel auf ihren Zustand aufmerksam machen mussten. Auf dem Gelände des Leprosenhauses lebten sie zumeist in Holzhütten, die nach ihrem Tod mitsamt ihrer bescheidenen Habe verbrannt wurden. Bei Ausgrabungen in Melaten wurden zahlreiche Gräber gefunden, von denen einige auf wohlhabende Bevölkerungsschichten schließen lassen, außerdem scheint nur die Hälfte der dort Bestatteten wirklich an Lepra gelitten zu haben – ob das ein Hinweis darauf ist, dass auch andere Krankheiten zur Verstoßung aus der Gesellschaft führten, ist ein Fall für die Pathologen, die sich mit den Skeletten befassen.[157]

Als ab 1348 die Pest nach Mitteleuropa kam, stand die Gesundheitsfürsorge vor allem der Städte vor ganz neuen Aufgaben. Nach wahrscheinlich übertriebenen Chroniknotizen starb in Aachen, wo die Seuche wahrscheinlich gegen Ende des Jahres 1349 ausbrach, die Hälfte der Bevölkerung.[158] Der Rat ergriff sofort Maßnahmen gegen „vreymde mynsche, hee sij man off wijff, de mit diesser nuewer suechden beladen were“ – die Fremden sollten die Stadt innerhalb eines Tages verlassen und wer in der Stadt erkrankt war, hatte zu Hause zu bleiben. Auch die Geißlerzüge, die im Zusammenhang mit der Pest über Land zogen, durch Selbstkasteiung die Gottesstrafe abzuwenden hofften und in den Städten eindrucksvolle und schauderhafte Autodafés inszenierten, wurden durch diese Verordnung in Aachen zu unerwünschten Veranstaltungen erklärt.[159] Noch im Juli 1349 hatten sie die Straßen verstopft und für ein derartiges Chaos gesorgt, dass der Krönungszug Karls IV. aufgehalten worden war. Die allgemeine Hysterie hatte auch andere Gesichter: Gerüchte von Brunnenvergiftungen machten die Runde und lenkten den Verdacht überall auf die Juden, die beschuldigt wurden, die Ausrottung der Christenheit zu betreiben. Den sich anschließenden Pogromen fiel in zahlreichen Städten die gesamte Gemeinde zum Opfer, so dass das jüdische Leben ganzer Landstriche teilweise für Jahrhunderte erlosch. Die verleumderische Legende wurde aus Mangel an anderen Erklärungen für die Verbreitung der Pest auch in den Stadträten geglaubt. So wurde auch der Aachener Rat im Jahr 1349 von der Stadt Brüssel brieflich vor vermeintlichen Brunnenvergiftern gewarnt, von Übergriffen gegen die Juden

Die Kapelle von Gut Melaten – früher Leprosenhaus, heute Standort des Klinikums

wird dagegen nichts berichtet, allerdings ist noch nicht einmal die Existenz einer jüdischen Gemeinde zu dieser Zeit sicher belegt, zumal die traditionellen Betätigungsfelder der Juden, das Kreditgeschäft und der Geldwechsel, in den Händen lombardischer Bankiers lag.

Im Jahr 1346, also unmittelbar vor der Ankunft der Pest in Europa, wird mit Magister Nicolaus ein städtischer Arzt in Aachen erwähnt, der ein Jahresgehalt von 100 Mark bekam. Das war immerhin 80 Jahre bevor die Städte durch König Sigismund zur Anstellung von Ärzten verpflichtet wurden. Kurz darauf beschäftigte Aachen für dasselbe Gehalt auch einen Chirurgen; die Bezüge wurden gegen Ende des Jahrhunderts noch einmal kräftig angehoben, bevor sich das Prinzip der Vergütung nach Leistung durchsetzte.[160] In den folgenden Jahrzehnten und Jahrhunderten gab es immer wieder Epidemien; zwar entfaltete keine mehr eine solch apokalyptische Wirkung wie die erste große Pestwelle, doch die Opfer konnten immer noch in die Tausende gehen. Neben der Pest kamen später auch neue Krankheiten: 1481 war das Fleckfieber in der Stadt, 1496 grassierte die Syphilis im Umland, 1517 war wahrscheinlich die Diphtherie in Aachen und 1529 eine von den Zeitgenossen als englischer Schweiß bezeichnete Krankheit, die noch im gleichen Jahrhundert wieder verschwand und bis heute nicht genau identifiziert werden konnte.[161]

1324 erschienen vor den Aachener Schöffen, die damals sehr häufig für Beglaubigungen herangezogen wurden, der Badewirt Tilmann und sein Bruder Johannes und ließen eine Urkunde über die Organisation der von ihnen betriebenen Aachener Bäder aufsetzen, in denen es offenbar noch recht rustikal zuging: Johannes, der sein Bad durch einen Anbau „für bessere Leute" aufrüsten wollte, durfte das von Tilmann betriebene Königsbad noch als Durchgang zum Wäschewaschen benutzen; beiden wurde gestattet, vor den Türen ihrer Bäder zu stehen und potenzielle Kunden auf ihre Dienstleistungen aufmerksam zu machen, solange sie diese nicht bedrängten.[162] Vielleicht folgte auch Francesco Petrarca, der die Aachener Bäder im Jahr 1333 besuchte, der mehr oder weniger forsch ausgesprochenen Einladung eines der beiden Brüder. Nun dienten solche Einrichtungen nicht nur der reinen Erholung, sondern erfüllten auch medizinische Funktionen, die Bader kümmerten sich um die Versorgung kleinerer Wunden und ließen ihre Kunden zur Ader oder schröpften sie – eine Therapiemethode, bei der Glaskörper mit Unterdruck auf die Haut aufgesetzt wurden, um Krankheiten aus dem Körper zu saugen. Gegen Ende des 14. Jahrhunderts waren die Aachener Bäder dann für einige Jahre geschlossen, nachdem einige Besucher ertrunken waren, sie wurden aber nach 1400 wieder geöffnet. Dass die Kombination aus Wallfahrt und Badereise im späten Mittelalter ein kommerzielles Erfolgsrezept von Aachen wurde, zeigt auch eine Auflistung der Ausgaben des Landgrafen Ludwig von Hessen, der 1431 in die Stadt kam. Aufzeichnungen aus dem Leben eines Touristen: Ludwig opferte für die Marienkirche, erwarb Spiegel und Pilgerzeichen, heuerte einen einheimischen Führer für

Aachener Pilgerzeichen mit Marienkleid (14. oder 15. Jahrhundert)

eine Rathausbesichtigung an, kaufte eine Tasche, ließ sich den Bart scheren, besuchte ein Thermalbad, ließ Spielleute antreten, gab dem Personal in seiner Herberge Trinkgeld und ließ vor der Abreise noch schnell die Pferde beschlagen.[163]

4.5. Der brüchige Landfrieden

Die schwindende Kaisermacht nutzten die Reichsfürsten im Spätmittelalter zum Ausbau ihrer eigenen Territorien, was in der Regel durch eine schleichende Erweiterung von Gerichtsrechten in den entsprechenden Gebieten erreicht wurde. Auch das königliche Fiskalland in der Umgebung von Aachen war von solchen Aneignungen betroffen; bei der oben geschilderten Ausbildung des Aachener Reichs als städtischem Herrschaftsbereich ging es für die Aachener letztlich darum, sich ein möglichst ausgedehntes Gebiet zu sichern, bevor die gierigen Nachbarn es sich einverleibten. Diese Nachbarn, das waren vor allem die Grafen und später Herzöge von Jülich, die ja als Vogtmeier auch in Aachen selbst ein großes politisches Gewicht hatten. Sie tasteten sich von Osten her immer weiter vor, während auf der anderen Seite die Herzöge von Limburg dasselbe taten. Limburg fiel bereits 1288 an das Herzogtum Brabant und dieses 1430 an Burgund. So gab es im Hinblick auf die städtische Außenpolitik im späten Mittelalter mehrere Ebenen: ganz oben waren da die mächtigen Territorialstaaten, die in komplizierte und oft wechselnde Bündnissysteme eingebunden waren und in der Reichspolitik bis hin zu Thronstreitigkeiten mitredeten; ganz unten wogte ein unruhiges Meer von kleineren Herren an der Grenze zum Raubrittertum, die Fehden als Vorwand für Plünderungszüge nutzten. In solche Fehden wurden immer wieder auch die Städte hineingezogen, weil diese Herren bei Forderungen an einzelne Bürger kurzerhand dessen ganze Stadt haftbar machten. Auch die Bürger selbst nutzten die Fehde als Möglichkeit für die Fortsetzung gerichtlicher Streitigkeiten mit anderen Mitteln. Das Fehdeunwesen zog immer weitere Kreise; geradezu grotesk wurde es, als einzelne Bürger dem Kaiser die Fehde ansagten oder ein kleiner Ritter der Stadt Frankfurt den Krieg erklärte, weil einem seiner Verwandten von einer Frankfurterin ein Tanz verweigert worden war.[164] Um die Stadt aus solchen Konflikten so weit wie möglich herauszuhalten, hatte schon Ludwig der Bayer bestimmt, dass Aachener Würdenträger sich nur dann an auswärtigen Fehden beteiligen durften, wenn sie die Stadt für die Dauer der Auseinandersetzungen verließen.

1254 bildete sich auf Initiative von Mainz und Worms der Rheinische Städtebund – ein erster Versuch, die Interessen der Städte in den unsicheren Zeiten des Interregnums gegen machthungrige Fürsten und beutelustige Raubritter zu verteidigen. Diese Interessen lagen vor allem in der ungestörten Abwicklung des Handels, weshalb sich der Bund nicht nur gegen militärische Aggressionen, sondern auch gegen das lähmende Zollwesen wandte, das sich in den Augen der Städte von der Beraubung der Kaufleute kaum noch unterschied. Auch Aachen trat zusammen mit fast 60 anderen Städten dem Bund bei, der aber bald schon wieder auseinanderbrach. Auf den Rheinischen Städtebund folgten eine Reihe von weiteren regionalen Allianzen, die in der Regel als Landfriedensbündnisse bezeichnet werden und denen auch mehr und mehr Fürsten beitraten, wenn es ihnen gerade passte. Deren Beteiligung war ein zweischneidiges Schwert, denn sie vermehrte auf der einen Seite das Gewicht der Bündnisse, machte diese aber auf der anderen Seite unbeweglicher, da die Verbündeten nicht selten untereinander verfeindet waren.

Rudolf von Habsburg (1273 – 1291)

1241, also noch vor der Gründung des Rheinischen Städtebundes, hatte Aachen mit Jülich ein Verteidigungsbündnis geschlossen, das wohl gegen den Kölner Erzbischof Konrad von Hochstaden gerichtet war. 1248 stand Jülich bereits auf der Seite des von der Stadt zunächst nicht anerkannten Gegenkönigs Wilhelm von Holland, und 1275 war Aachen dann auf einmal mit dem Kölner Erzbischof und dem Herzog von Limburg verbündet und mit Jülich im Krieg. In dieser Situation kam es zu einem der dramatischsten Ereignisse in der Aachener Geschichte. Die Stimmung war gespannt, als Graf Wilhelm IV. von Jülich am Nachmittag des 16. März 1278 in die Stadt geritten kam. Wahrscheinlich war eine zwischenzeitliche Waffenruhe ausgehandelt worden, und wahrscheinlich wollte Wilhelm im Auftrag des Königs Rudolf von Habsburg Geld für dessen Kriegszug gegen Böhmen eintreiben, und das, obwohl ausgerechnet Graf Wilhelm selbst als

Zeuge in der Urkunde genannt wird, mit der Rudolf der Stadt fünf Jahre zuvor unter anderem die Steuerfreiheit bestätigt hatte.

Was folgte, ist als Aufstand vom Gertrudistag in die Geschichte eingegangen. Wilhelms Auftritt in Aachen war wenig friedfertig. Als er in die Stadt einritt, hatte er mehrere Hundert Bewaffnete in seinem Gefolge. Über die Abgaben wurde wahrscheinlich in einer öffentlichen Versammlung verhandelt, und es scheint, dass beide Seiten von einer gleichermaßen aggressiven Stimmung beherrscht wurden, denn, so wird berichtet, auf einmal entdeckten die Leute des Grafen in der Menge einige Feinde ihres Herrn, die sich offenbar nach Aachen geflohen hatten, und versuchten, diese zu verhaften. Es kam zum Handgemenge und schließlich zur Straßenschlacht, bei der die Jülicher sich über Rennbahn und Klappergasse in Richtung auf das Jakobstor zurückzogen. Als das Getümmel abebbte, lagen Wilhelm von Jülich und seine Söhne Roland und Wilhelm erschlagen vor einem Kloster in der Jakobstraße.[165]

Ihre Hitzköpfigkeit kam die Aachener teuer zu stehen: Als am 20. September 1280 im Schönauer Vertrag schließlich Frieden zwischen Jülich und der Reichsstadt geschlossen wurde, musste die Stadt eine Sühne von 15 000 Mark bezahlen und außerdem vier Altäre zum Gedenken an das von ihren Bürgern verübte Unrecht stiften und unterhalten. Mit der Eintreibung wurden Reinald von Geldern und Heinrich von Luxemburg beauftragt. Am 31. Juli 1281 teilten sie den Aachenern mit, dass die ersten 4000 Mark durch zwei Beauftragte entgegengenommen, gezählt, geprüft, verpackt, versiegelt und abtransportiert würden.[166] Später entstand die Legende, nach der ein Aachener Schmied dem Grafen den Garaus machte, und noch heute erinnert ein Denkmal am Schauplatz des Geschehens an die Ereignisse und daran, dass die Aachener noch Jahrhunderte danach und aller vertraglich verordneten Reue zum Trotz den Totschlag vom Gertrudistag stolz und

Der legendäre Aachener Schmied erschlägt am 16. März 1278 den Grafen von Jülich

Der „Wehrhafte Schmied" – Denkmal zur Erinnerung an die Straßenschlacht vom 16. März 1278

trotzig als einen Akt der legitimen Selbstverteidigung ansahen.

Dass die Aachener aus ihren Fehlern klug geworden wären, konnte man indes nicht behaupten. Schon 1309 brach eine neue Fehde zwischen Aachen auf der einen Seite und den Grafen von Jülich und den Herren von Valkenburg auf der anderen aus, weil deren Beamten die Aachener Bürger nun ihrerseits bei der Eintreibung von Geldern für die Stadtbefestigung behindert hatten. Wieder hatten die Aachener überzogen reagiert: Weil sich einige Jülicher Gefolgsleute in die Abtei Kornelimünster geflüchtet hatten, schickte die Stadt eine bewaffnete Schar dorthin, die das Kloster kurzerhand abbrannte. Ein Schiedsgericht verurteilte Aachen zur Zahlung von 10 000 Mark an Jülich, 3000 Mark an Valkenburg, und schließlich zu weiteren Entschädigungen für Opfer und Hinterbliebene und zum Wiederaufbau des Klosters.

In der Folgezeit lavierte die Stadt mehr oder weniger erfolgreich zwischen Jülich und Brabant, während die Kleinkriege mit den adligen Herren des Umlandes nicht nachließen. Ganz geschäftsmäßig wurden die Fehden von der städtischen Verwaltung abgewickelt; so schloss Aachen 1350 einen Vertrag mit Tielkyn van Wiesen, der mit zwei berittenen Armbrustschützen für einen Sold von 27 Schilling täglich Jagd auf Heinrich von Hetzingen machen sollte, auf dessen Kopf eine Belohnung von 2000 Mark ausgesetzt war.[167] Ein Jahr später wurde auf Veranlassung von König Karl IV. ein Landfriedensbündnis zwischen dem Erzbischof von Köln, dem Herzog von Brabant und den Städten Köln und Aachen geschlossen, das in den folgenden Jahrzehnten immer wieder erneuert wurde. Vor allem der Landfrieden von 1364, geschlossen zwischen Brabant, Jülich und Aachen und im folgenden Jahr um Stadt und Erzstift Köln erweitert, wurde zur Grundlage späterer Verträge, die tatsächlich etwas Ordnung in das Land zwischen Maas und Rhein brachten. Wenzel von Böhmen, Sohn Karls IV. und Ehemann der Herzogin von Brabant, erklärte den Zeitgenossen und der Nachwelt in der Vertragsurkunde, warum das auch bitter nötig war: „Wand het uvel steit im lande, ind viele gewalt ind ongevoegs dagelichs geschiet up der straesen, dem koufmanne, den pelgheremen, paffen, ritteren, ind anderen luden, heimischen ind vremden, bi gevenkenisse, bi roube, bi morde, ind bi brande, heimelich ind offenbaere ...“[168] Das Bündnis ernannte einen Landfriedensvogt als Exekutive, der mit berittenem Gefolge durch das Land zog und nach Friedensstörern Ausschau hielt, und es brachte im Kriegsfall ein eigenes Aufgebot von etwa 1000 Mann zusammen, von denen Aachen 100 Reiter und ebensoviele Schützen stellte.[169] Finanziert wurden die Aktionen seit 1375 durch zusätzliche Zölle; sogar Entschädigungen für ausgeplünderte Kaufleute waren aus diesen Geldern vorgesehen. Der Bund führte ein eigenes Siegel und bekam vom König 1354 das Recht zugesprochen, die Reichsfahne vor dem Aufgebot herzutragen. Ein eigenes Landfriedensgericht mit zwölf Schöffen sollte schlichten, wo der Krieg noch zu vermeiden war, und hatte dabei auch immer wieder mit Streitereien zwischen den Verbündeten selbst zu tun. Überhaupt scheinen militärische und gerichtliche Lösungen von vielen als gleichberechtigte Optionen angesehen worden zu sein. 1384 forderte der Ritter Emund von Engelsdorf plötzlich allen Ernstes Schadensersatz von Köln und Aachen für die 30 Jahre zuvor vom Landfriedensbund zerstörte Burg Griepenkoven, die sein Erbe gewesen war. Im Jahr darauf kam es zu einer letzten Militäraktion des Bundes gegen die Burg Reiferscheid, von der aus ein gewisser Junker Johann und sein Onkel Reinhard die Gegend drangsalierten. Weitere zwei Jahre später war das Landfriedensbündnis aufgelöst, genauer gesagt: abgelaufen und nicht mehr verlängert.

Wenzel (1376-1400)

Der Zug gegen Reiferscheid zeigt denn auch, wo die Probleme lagen. Das Aachener Aufgebot bestand mit allen Bediensteten aus knapp 140 Personen und wurde vom Bürgermeister Johan van Punt angeführt. Die Aachener hatten eine Kanone dabei und eine Wurfmaschine, die so schwer war, dass 61 Pferde für den Transport benötigt wurden und ein Dutzend Zimmerleute fast eine Woche lang mit dem Aufbau beschäftigt waren.[170] Der Ring um die Burg wurde geschlossen, und schon gab es die ersten Klagen: die anderen Verbündeten hätten ihre Kontingente nicht auf Sollstärke gebracht, überhaupt kam den Angreifern die Burg plötzlich viel größer vor als sie sich vorgestellt hatten. Und Junker Johann dachte gar nicht daran, sich einschüchtern zu lassen, er ließ ausrichten, dass er sich lieber am Tor aufhängen lassen wolle, als die Burg zu übergeben.[171] Das war natürlich nicht so gemeint: als die Besatzung nach zwei Monaten schließlich aufgab, verpflichtete Johann sich vertraglich, von weiteren Plünderungen Abstand zu nehmen – ganz so, als sei der Verzicht auf weitere Straftaten ein Zugeständnis. Angesichts der Tatsache, dass der Zug allein bei der Stadt Aachen, die nach dem üblichen Verteilerschlüssel des Bundes ein Achtel der Gesamtkosten zu tragen hatte, mit über 20 000 Mark zu Buche schlug, kann man sich schon fragen, ob die Belagerung überhaupt als Erfolg bezeichnet werden kann.

Als die Zeit der Landfriedensbündnisse vorbei war, musste die Stadt Unruhestifter wieder selbst zur Raison bringen. Die Korrespondenz zu diesem ständigen Ärgernis spricht Bände: Ritter und Strauchdiebe rafften Verbündete unter ihresgleichen zusammen und sagten der Stadt großspurig und in immer gleichen Formulierungen die Fehde an, gewährten und kündigten Waffenstillstände, boten Verhandlungen an, verlangten nach Schiedsgerichten, drohten, klagten und rechtfertigten sich in ebenso umständlichen wie selbstgefälligen Worten. Das Ganze liest sich dann wie der Brief, den Johann von Welchenhausen und Johann von Rumloe als Helfer des Grafen Ruprecht von Virnenburg im August 1410 an die Stadt Aachen schrieben: „Wißint burgermeister und der raid und die staid gemeinlich zu Ache, daz ich Johan von Wilchinhusen, den man nennet Crueppichin, und Johan von Rumloe, den man nennet Totteler, lieber wollin hain unser herrin graven Rupprech, graven zu Firenborg, dan uch und wollin darumb uwer fint sin und wollin uns dez gen uch bewart hain in diesem unser offen briefe.“[172] Die Stadt selbst hatte einen Monat zuvor einem gewissen Adam von Palant nicht weniger wortgewaltig die Fehde angesagt und auch gleich mitgeteilt, was Adam und seine Leute zu erwarten hatten: „Wir burgermeistere, scheffenen inde rait des kuniglichs stoils der stat van Aiche laissen wissen uch Daeme van Palant, herre zo Rulant, dat wir ... willen alle die ghene, die uch ure lande, lude ind onderseessen ind alle die uch zo verantwerden staen, angryfen, vancgen, roufen, byrnen ind anders eynghe sachen an uch keren willen ...“[173]

Mit den größeren Nachbarn tat man sich dagegen schwer. Als Herzog Karl der Kühne von Burgund im Jahr 1467 – ein Jahr nach der Zerstörung von Dinant – das rebellierende Lüttich angriff, stellte Aachen sich zunächst auf die Seite der Nachbarstadt. Als Lüttich ein Jahr später in Flammen aufging und der Rauch bis Aachen zu sehen war, knickte man ein: gegen Zahlung der ungeheuren Summe von 80 000 Gulden verzichtete der Burgunderherzog darauf, Aachen ein ähnliches Schicksal zu bereiten. Allein seine Nähe aber blieb ungemütlich und unheimlich. 1473 erschien er in der Stadt und errichtete ein Feldlager auf dem Marktplatz, doch als sein Stern zwei Jahre später zu sinken begann, schickte auch Aachen wieder ein Aufgebot von 200 Fußsoldaten, 25 Reitern und 25 Heerwagen zum kaiserlichen Heer, das den Herzog von den Mauern der Stadt Neuss vertrieb, die er gerade belagerte. Nach dem Ende des kühnen Herzogs wurde es zunächst ruhiger in der Gegend. In der Stadt war es derweil alles andere als ruhig.

4.6. Handwerkeraufstände

Unruhen in der Bürgerschaft richteten sich im Hochmittelalter meistens gegen Einflussnahme von außen; sie wurden getragen vom Widerstand gegen Bevormundung und Behinderung der wirtschaftlichen Entfaltung der immer selbstbewusster werdenden Bürgerschaft, ohne dass es detailliertere Nachrichten über ihre Hintergründe gibt. Auch aus Aachen informieren spärliche Mitteilungen aus einer Chronik darüber, dass es bereits 1269 zu Unruhen kam, die sogar einige Hinrichtungen nach sich zogen, mehr ist darüber allerdings nicht bekannt. 1278 richtete sich der Volkszorn dann gegen den Grafen von Jülich, danach wurde es für einige Zeit ruhig. Erst als die städtische Oberschicht, gesättigt und selbstgefällig regierend, abgeschottet gegen den Zuwachs von unten und mehr und mehr blind für die Interessen des Gemeinwohls, die städtischen Finanzen in Zeiten von wirtschaftlicher Stagnation durch zunehmende Verschuldung in die Krise trieb, regte sich wieder Protest von unten. Dabei war keineswegs immer reiner Besitzneid das Motiv, eher schon die Unzufriedenheit damit, dass die Misswirtschaft durch Steuern abgefangen werden sollte, denn gerade die Köpfe der Bewegung waren zumeist Unternehmer, die es selbst zu ansehnlichem Vermögen gebracht hatten und nicht mehr bereit waren, tatenlos zuzusehen, wie die Patrizier sich auf ihren geerbten und zum großen Teil in Landbesitz verwandelten Vermögen ausruhten und die Belange des produzierenden Gewerbes aus den Augen verloren. Sie organisierten sich in den Zünften – in Aachen als Ambachten bezeichnet – und traten so als politische Gruppierungen auf. Das Problem der Zunftunruhen taucht in vielen Städten auf, und oft gelang es den alten Kräften, den Aufständischen durch Zugeständnisse die Zähne zu ziehen und dann behutsam die Zügel wieder in die Hand zu nehmen.

In Aachen schließen die städtischen Bilanzen 1388 zum ersten Mal mit einem Defizit ab. Es ist kein Zufall, dass genau zu dieser Zeit die Kritik an der Amtsführung des Rates immer lauter wurde, die sich schon 1349 einmal in kleineren Unruhen und 1368 in einem Aufstand der Weber und Walker entladen hatte, dessen Rädelsführer man kurzerhand hingerichtet hatte. Danach werden die Nachrichten langsam detaillierter. 1401 kam es zu einem Aufstand der Tuchhandwerker, ein Manifest wurde am Komphaus angeschlagen, wieder verhängte der Rat einige Todesstrafen, mit denen die Protestbewegung mundtot gemacht wurde. Noch einmal sollte es eine Generation dauern, bis sich der Volkszorn erneut regte – diesmal aber mit weitreichenderen Folgen.

Sigismund (1411 – 1437)

Am 3. Mai 1428 wurden einige Bürger beim Rat vorstellig und verlangten Mitsprache, nach längeren Verhandlungen wurde zugestanden, dass aus den Ambachten jeweils zwei Vertreter in den Rat geschickt wurden. Damit war die Zeit der Selbstergänzung des auch als Erbrat bezeichneten exklusiven Gremiums vorläufig vorbei. Es folgten weitere Unruhen wegen einer Steuer für den Krieg gegen die aufständischen Hussiten, die König Sigismund im Südosten des Reiches in Bedrängnis gebracht hatten. Offenbar hatte man in Aachen wenig Verständnis für die Erfordernisse des fernen Krieges und noch weniger Verständnis für den vom Rat bestimmten Verteilerschlüssel für die Gelder – jedenfalls kam es infolge der Proteste am 29. Juni 1428 zu einer Reihe von Separatverträgen zwischen dem Rat und insgesamt neun Ambachten, bei denen deren Recht zur Stellung von jeweils zwei Ratsherren bestätigt wurde. Diese politisch privilegierten Ambachten waren Gewandschneider, Bäcker, Wollweber, Gerber, Kürschner, Schmiede, Brauer, Schuhmacher und Zimmerleute.

Warum dann am 10. August in einem weiteren Aufstand der alte Rat vollständig entmachtet wurde, ist nicht klar. Vielleicht gingen die Zugeständnisse den Handwerkern nicht weit genug, vielleicht hatte es Gerüchte über eine Wiederherstellung der Patriziermacht gegeben – wie auch immer: zehn Ambachten bildeten in der unübersichtlichen Situation einen eigenen Rat, die Wollweber stellten eigene Siegler für die Qualitätskontrollen auf, die damit die Aufgaben der vom verhassten Rat bestimmten Werkmeister übernahmen. Die Fleischer, die sich nicht am Aufstand beteiligt hatten, wurden bis auf eine Gruppe, die sich offenbar abgespalten hatte, vom neuen Rat schikaniert und in ihren Geschäften behindert. Die Freude währte allerdings nicht lange: In der Nacht auf den 2. Oktober 1429 wurden Verbündete des alten Rates verkleidet in die Stadt geschleust, öffneten das Ponttor und machten dem Handwerkerregiment mit Gewalt ein Ende. Bei den Kämpfen in der Gegend um die Jakobskirche wurden nach einem Bericht 24 Personen getötet.[174] Bereits einen Tag später ließ der Henker wieder das Beil kreisen: fünf Rädelsführer wurden hingerichtet, alle Neuerungen außer Kraft gesetzt und die Bürger in einer demütigenden Veranstaltung zum Treueschwur vor dem Erbrat genötigt.

An den Aufständen hatten sich auch einige Patrizier beteiligt, die offenbar noch ein paar Rechnungen mit ihren Standesgenossen offen hatten und sich eher aus persönlichen denn aus politischen Gründen auf die Seite der Handwerker geschlagen hatten: Goedart van den Eychorn und Goedart Proest waren Mitglieder des Erbrates gewesen, allerdings hatten sie sich dort offenbar nicht nur Freunde gemacht: Eychorn war wegen Unregelmäßigkeiten in der Amtsführung zur Verantwortung gezogen und Proefst sogar von den Sitzungen ausgeschlossen worden. Auf Druck der Ambachten musste er 1428 wieder aufgenommen werden.[175]

Und es gärte weiter: Schon 1437 gab es wieder einen Aufstand, der weitere vier Vertreter aus jedem der neun politisch berechtigten Ambachten in den Rat brachte, um dessen offenbar immer noch marode Finanzen zu überwachen. Zwei Jahre später verbreitete sich das Gerücht von einem erneuten Handstreich, diesmal wurden auch die Patrizier genötigt, sich an den nächtlichen Wachen zu beteiligen, als könne man deren Solidarität auf diese Weise erzwingen. Erst am 25. November 1450 wurde – wieder nach Unruhen – mit dem Gaffelbrief eine städtische Verfassung ausgearbeitet, die einen gewissen Bestand haben sollte. Der Gaffelbrief beschränkte die Zahl der politisch mitspracheberechtigten Ambachten auf fünf, nämlich Bäcker, Brauer, Fleischhauer, Lohgerber und Schmiede. Daneben waren es die Gaffeln Lewenberg, Schwarze Ahre und Pontort sowie die erzkonservative Werkmeisterlaube und die beiden offenbar aus einer Spaltung der Sternzunft entstandenen Gaffeln vom Alten und vom Neuen Stern, die in den erweiterten Rat jeweils sechs Vertreter schickten, ohne die fortan nichts mehr lief: die städtischen Rechnungen mussten ihnen alle drei Monate zur Genehmigung vorgelegt werden, sie bekamen das Recht, bei der Ernennung von Ratsherren und städtischen Beamten mitzustimmen, und man händigte ihnen die Schlüssel zum Archiv aus. Alle Bürger waren fortan dem Zunftzwang unterworfen. Um weitere Unruhen zu verhindern, bestimmte der Gaffelbrief, der ausdrücklich darauf hinweist, dass er durch gütliche Einigung entstanden sei, dass sofort Meldung gemacht werden sollte, wenn Gerüchte in die Welt gesetzt würden, wenn es zu Zusammenrottungen käme

Der Gaffelbrief – die städtische Zunftverfassung von 1450

oder wenn jemand aus aufrührerischen Motiven die Sturmglocken schlüge oder die Stadttore verschlösse.[176]

Auch wenn die Einzelheiten in der Folgezeit noch mehrmals geändert wurden, überlebte der Gaffelbrief als städtische Verfassung das Mittelalter, vielleicht gerade weil er tatsächlich einen politischen Interessenausgleich zwischen den auf Mitsprache drängenden Ambachten und den konservativen Gaffeln herzustellen versuchte, die den Einfluss der Handwerker auf den Rat im Zaum hielten. Aufstände erlebte Aachen dennoch auch weiterhin mit schöner Regelmäßigkeit. 1467 gab es wieder Unruhen aus den Reihen des Wollenambachts, die sogar den kaiserlichen Stadtherrn selbst beschäftigten. Ein Mandat von Friedrich III. bemerkt dazu: „Uns ist zu merklich maln angelangt, wie sich zu zeiten pöß wilde und rugklose gesellschaften bey euch und umb die benant stat tag und nacht aufenthalten ..."[177] Doch die vom Kaiser verfügte Aufstellung von Nachtwachen konnte vielleicht die Symptome der Unzufriedenheit abstellen, nicht aber deren Ursachen, an denen sich nichts geändert hatte, im Gegenteil: an Klüngel und Misswirtschaft beteiligten sich offenbar auch die Zunftvertreter schon bald mit wachsender Selbstgefälligkeit, so dass neue Aufstände nicht lange auf sich warten ließen und auch der Henker wieder Arbeit bekam wie 1474, als gewalttätige Proteste gegen eine Erhöhung der Akzisen ausbrachen. So war auch die zweite Hälfte des 15. Jahrhunderts in politischer Hinsicht fast durchgängig vom schwankenden Gleichgewicht zwischen dem Druck der Handwerker und den mal ausgleichenden, mal autoritären Maßnahmen der von konservativen Kräften dominierten städtischen Regierung geprägt, die schon bald wieder stark genug für eine entscheidende Konfrontation war: 1477 wurde der Gaffelbrief außer Kraft gesetzt, nachdem die Gesellen des Komphauses die Absetzung einiger offenbar korrupter Amtsträger und die Senkung des Bierpreises gefordert hatten. Die Zunftmitglieder wurden durch Vertreter der Grafschaften im Rat ersetzt, dessen Mandate nun wieder auf Lebenszeit galten – oder eben bis zum nächsten Umsturz.

Immerhin dauerte es diesmal vier Jahrzehnte, bis es wieder soweit war. 1513 brach im Zuge einer Aufstandswelle, die in diesen Jahren viele Städte in Deutschland erschütterte und gegen Ende des Vorjahres Köln erreicht hatte, noch einmal ein Aufruhr aus. In Aachen kam es am 11. Februar zu einer Zusammenkunft der Zünfte, bei der die Versammelten einen Schwur auf den guten alten Gaffelbrief leisteten. Ursache war wie üblich die ruinöse Finanzpolitik des Rates, der ultimativ aufgefordert wurde, sich zu versammeln, um ebenfalls einen Eid auf die Verfassung zu leisten und außerdem das Stadtsiegel und die Schlüssel zum Archiv auszuhändigen. Unter dem Druck der Verhältnisse erklärten sich die Herren einverstanden, nur um anschließend nach Hause zu eilen und die Koffer zu packen. Nicht allen gelang die Flucht: elf Ratsmitglieder wurden verhaftet, darunter der Bürgermeister Peter von Inden.

Zur Schlichtung berufen fühlte sich in dieser Lage der Herzog von Jülich, der ganz offensichtlich darauf spekulierte, dass ein unter seiner Patenschaft zustande gebrachter Ausgleich den Einfluss seines Vogtmeiers in der Stadt nur stärken konnte. Zwei Gesandtschaften aus herzoglichen Räten wurden nach Aachen geschickt, erreichten jedoch nichts, weil der neue Rat die Verhandlungen immer wieder verzögerte. Man müsse die Angelegenheit zuerst mit der gesamten Gemeinde besprechen, und es sei schwierig, die Leute alle zusammen zu bekommen, noch schwieriger aber, sie wieder auseinanderzubringen, hieß es unheilvoll.[178] Der dringendsten Forderung an die Aufständischen gaben diese schließlich nach: Der verhaftete Bürgermeister Peter von Inden, dessen Hinrichtung man offenbar befürchtet hatte, wurde freigelassen.

Die nächste Kommission war von Kaiser Maximilian höchstselbst ernannt worden und tagte in Speyer. Die Position der Ambachten bei den Verhandlungen war einfach: Der Erbrat hatte freiwillig abgedankt, und die Neuwahl war damit rechtens gewesen. Die Verhandlungen wurden nach Koblenz verlegt und kamen endlich in Bewegung, als der neue Rat sich schließlich zum Verzicht auf Bürgschaften der Erbratsmitglieder für die von diesen verschleuderten öffentlichen Gelder durchringen konnte, während parallel ein gerichtlicher Kleinkrieg zwischen den abgesetzten Ratsmitgliedern und ihren Gegnern in der Stadt tobte. Der Gaffelbrief wurde schließlich erneut anerkannt. Zu den politisch berechtigten Zünften waren noch einige hinzugekommen, darunter auch die in der Zwischenzeit zu einem der führenden Gewerbe avancierten Kupferschläger. Ansonsten blieb alles mehr oder weniger beim Alten: Der Rat bestand aus zwei Gremien, dem so genannten großen Rat mit den je 6 Vertretern der nunmehr 14 Gaffeln und Ambachten, und dem kleinen Rat, der sich aus je zwei Gaffelvertretern und dem Magistrat zusammensetzte, der wiederum die beiden regierenden und die beiden zuletzt abgetretenen Bürgermeister und die höchsten städtischen Beamten umfasste. Insgesamt wurde die Stadt von 127 Männern regiert. Dass alles am Ende halb so schlimm gewesen war, zeigt schon die Tatsache, dass Peter von Inden bereits 1520 wieder den Posten des Bürgermeisters bekleidete. Die Zeit der umständlichen Verhandlungen, kaiserlichen Kommissionen und Einmischungen von außen aber sollte schon bald erst richtig beginnen.

5. Glaubenskämpfe

Als Karl V. am 23. Oktober 1520 als vorletzter deutscher Herrscher nach alter Tradition mit großem Pomp in Aachen zum König gekrönt wurde, war Luther gerade dabei, seine großen Reformschriften zu verfassen. Während in anderen Städten die Auseinandersetzungen um seine Thesen und deren religiöse und politische Konsequenzen mit großer Heftigkeit begannen, blieb es in Aachen merkwürdig ruhig. Ab und zu ließen sich verdächtige Prediger in der Stadt blicken, die vom Rat aber sofort mundtot gemacht wurden. Wittenberg war weit, und es scheint, dass zunächst die vor allem in den benachbarten Niederlanden blühende Sekte der Wiedertäufer als die größere Gefahr für die öffentliche Ordnung angesehen wurde.

Die Reformation beschäftigte alle Schichten der Gesellschaft. Auf der untersten Ebene stand eine Bevölkerung, die vor allem durch die Flut von bebilderten Druckschriften zur Teilnahme an der von der drängenden Frage nach dem rechten Weg zum Seelenheil befeuerten Debatte eingeladen wurde. Auf der obersten Ebene standen die Fürsten, deren Parteinahme angesichts der sich abzeichnenden Kämpfe über den Fortbestand ihrer Staaten entscheiden konnte und für die eine reine Gewissensentscheidung daher ein kaum mit der Staatsraison zu vereinbarender Luxus war. Karl V. hatte schon zu Anfang seiner Regierung klar gemacht, dass er am katholischen Glauben festhalten wollte, doch diese Entscheidung war vor allem dadurch motiviert, dass er die Unterstützung des Papstes im Krieg gegen Frankreich brauchte. Da die theologischen Streitigkeiten sich nun ohnehin nicht überbrücken ließen, entstanden zwei Blöcke, deren konfessionelle Positionierung an Bedeutung verlor, je mehr der Konflikt zu einem Kampf zwischen habsburgischen und antihabsburgischen Kräften innerhalb und außerhalb Deutschlands wurde. Gleichzeitig setzte sich die von den meisten Protestanten zunächst gar nicht beabsichtigte Idee einer eigenständigen Kirche durch, die von Rom dauerhaft getrennt blieb. Hoffnungen, wieder zur Einheit zurückzufinden, verflogen bald. Als das Konzil von Trient im Dezember 1563 seine Pforten schloss, hatte die

Karl V. (1519 – 1556)

katholische Kirche aus vielen ihrer Fehler gelernt und war bereit für neue Auseinandersetzungen.

1555 war in Augsburg ein Frieden zwischen den konfessionellen Parteien ausgehandelt worden, der den Reichsfürsten mit einigen Einschränkungen das Recht zugestand, über die Konfession ihrer Untertanen zu bestimmen, während in den freien Reichsstädten unter bestimmten Umständen Religionsfreiheit herrschen sollte. Während es nun in anderen Städten schon früh zu schweren Konflikten gekommen war, die oft mit der Einführung der Reformation oder auch mit ihrer konsequenten Unterdrückung geendet hatten, wurde Aachen erst ab 1540, so scheint es, verstärkt von Lutheranern und Calvinisten unterwandert. Von freier Religionsausübung aber konnte keine Rede sein, vielmehr benutzte der Rat die abwechselnde Duldung und Unterdrückung der Protestanten als Mittel zur Regulierung von Konjunkturschwankungen: Qualifizierte Zuwanderer vor allem aus den Niederlanden waren so lange willkommen, wie sie Geld in die Stadt brachten und der einheimischen Wirtschaft neue Impulse gaben, ohne den Alteingesessenen dabei Konkurrenz zu machen. Die Aachener Protestanten wehrten sich gegen Repressalien durch Petitionen an den Kaiser oder an protestantische Reichsstände; es kam zu umständlichen Briefwechseln und ermüdenden Verhandlungen, bei denen spitzfindige Verfassungsfragen erörtert wurden, ohne dass sich viel bewegte. Die protestantische Gemeinde stellte indes einen erstaunlich großen Anteil an der Bevölkerung und an der wirtschaftlichen Leistung der Stadt, und dennoch gelang es den altgläubigen Kräften 1560, sie von den städtischen Ämtern auszuschließen.

Die folgenden Jahrzehnte sahen ein ständiges Tauziehen zwischen den Parteien, in dem neben wirtschaftlichen Erwägungen nun auch äußere Faktoren eine Rolle spielten wie der Unabhängigkeitskrieg in den Niederlanden und die immer wieder auftretende Bedrohung durch spanische Soldaten, die eine Begünstigung der Protestanten in den deutschen Grenzgebieten und die Aufnahme von Flüchtlingen gern als Vorwand für Übergriffe nahmen; dann die Interessen der Herzöge von Jülich, die über die Beteiligung an den konfessionellen Streitigkeiten mit Hilfe des Vogtmeier ihren Einfluss in der Stadt erweitern wollten, und die Querelen um die verfassungsmäßigen Rechte der Reichsstädte ganz allgemein. Erst 1614 fiel die endgültige Entscheidung zugunsten der Katholiken, die mit spanischen Truppen durchgesetzt wurde und eine politische Betätigung der Protestanten fortan unmöglich machte. Viele protestantische Geschäftsleute verloren die Lust und wanderten in die nahe Umgebung aus, von wo sie dem städtischen Handwerk ungeniert Konkurrenz machten. Aachen war offiziell wieder katholisch und zahlte einen hohen Preis dafür.

Offiziell katholisch – das hieß noch lange nicht, dass die in der Stadt verbliebenen Protestanten ihre Überzeugungen an den Nagel gehängt hatten. Ein Blick auf die alltäglichen Konflikte zeigt, dass auch die katholischen Bürger der Linie des Rates nicht immer folgten und dafür nicht immer nur wirtschaftliche Motive hatten. Im Spannungsfeld zwischen Unnachgiebigkeit und Toleranz offenbart sich auch am Aachener Beispiel, welche Zerreißproben ein Gemeinwesen zur Zeit der Gegenreformation zu bestehen hatte und wie sehr die Konflikte auf das Leben in der Stadt zurückwirkten.

5.1. Die letzten Krönungen

Am 9. April 1486 zog der Habsburger Maximilian zur Krönung in das Aachener Münster ein – diese erste von den Chronisten detailliert beschriebene Zeremonie war gleichzeitig die drittletzte ihrer Art, die in Aachen vollzogen wurde. Dabei war die ideelle Bedeutung der Krönungsstadt und des Marienstifts immer noch so groß, dass selbst auswärtige Herrscher in die Tasche griffen: Margarete von York hatte 1468 ihre Brautkrone gespendet und Ludwig XI. von Frankreich 1481 ein Armreliquiar für Karl den Großen, auf den die französischen Könige nach wie vor ihre Herrschaft zurückführten. Brautkrone und Arm bereichern bis heute die Vitrinen des Aachener Domschatzes und erinnern an ihre Spender, die ansonsten mit der Aachener Geschichte herzlich wenig zu tun haben.

Als Maximilian nun also am 9. April 1486 durch die Wolfstür in die Kirche trat, wurde er vom Vizedekan des Stifts vor die beiden Bronzeskulpturen geführt, die bis heute im Westbau die Besucher begrüßen, und über ihre Bedeutung belehrt: Er solle das Reich verteidigen wie die Wölfin ihre Jungen und dabei Herrscher über so viele Sprachen sein, wie der Pinienzapfen Zungen habe.[179]

Der Pinienzapfen in der Vorhalle des Aachener Doms gegenüber der Wölfin

Von diesem Tag sind detaillierte Augenzeugenberichte über den streng geregelten Ablauf der Krönungszeremonie überliefert.[180] Beim Einritt in die Stadt machte das Gefolge des Kurfürsten von Sachsen den Anfang, es folgten die Reiter von Brandenburg, der Pfalz, die der drei Erzbischöfe, dann das Gefolge des Königs, danach Fürsten, Grafen und andere vornehme Leute. Am Tor erwartete den König die Aachener Geistlichkeit und eine Abordnung der Stadt mit der von Karl IV. gestifteten Büste Karls des Großen. Das Prunkstück wurde vor dem König hergetragen, der inmitten der Kurfürsten auf einem neuen Pferd in die Stadt einritt, nachdem er seinen

Hengst nach alter Sitte dem Torwächter geschenkt hatte. Wenn sich die Zeugen auch in einigen Details bezüglich der Reihenfolge uneinig sind: penibel werden die Anzahl der Reiter im Gefolge der einzelnen Fürsten und die edlen Stoffe und Farben ihrer Kleidung aufgelistet. Man verstand das Defilee, wie es gemeint war: als Demonstration von Prestige und Ergebnis einer verbissen bis in alle Einzelheiten verhandelten Rangfolge unter den Reichsfürsten. Auch die bedingungslose Demut des Krönungskandidaten vor Gott demonstrierte um so kompromissloser dessen Machtanspruch in dieser Welt: nicht weniger als vier Mal warf Maximilian sich im Verlauf der Zeremonie auf den Boden und verharrte mit ausgestreckten Armen – in Kreuzform – auf Teppichen, die anschließend in den Münsterschatz übergingen. Nach Liturgie, Akklamation, Salbung, Umziehen, Insignienverleihung, Krönung, Thronbesteigung, Kommunion und mehr als 200 Ritterschlägen hatte Maximilian es geschafft. In der Kirche hatte man einen Holzzaun errichtetet, um die Schaulustigen auf Abstand zu halten. Das Gedränge war so groß, dass einigen die Luft knapp wurde, und der Humanist Johannes Reuchlin brach seinen Bericht an den Herzog von Württemberg vorzeitig mit den erschöpften Worten ab: „Ich kann yetzo nit mee."[181]

Maximilian I. (1486 – 1519)

Trotz aller protokollarischen Präzision blieben auch diesmal Streitigkeiten nicht aus: Schon vor dem Münster hatte es Zank um das zweite Pferd des Königs gegeben, und beim Krönungsmahl kam es zum Wortgefecht zwischen den Abgesandten der Städte Nürnberg und Frankfurt um die besseren Plätze, während wenigstens für die Kurfürsten alles so genau geregelt war, dass die Verrichtung der Ehrenämter ohne Zwischenfälle über die Bühne ging. Draußen auf dem Platz regierte derweil der Übermut: Nachdem der Kurfürst von Sachsen als Erbmarschall symbolisch eine Schaufel mit Hafer aus einem aufgeschütteten Haufen genommen hatte, stürzte sich das Volk auf das Getreide: „Und da ward umb den haber ein grosses reyssen, wem etwas davon werden mocht, und etlich warent da zegegen mit schiflein und wurffen den habern in die weyten auff den placz."[182] Auch sonst wurde die Aachener Bevölkerung an diesem Tag mit einer Mischung aus Großzügigkeit und

Überheblichkeit bedacht: Aus den Fenstern des Krönungssaales flogen ganze Hasen und Lämmer auf den Platz, während an einem eigens aufgestellten, den ganzen Tag über nicht versiegenden Weinbrunnen immer wieder Prügeleien entstanden, so dass vom Rebensaft wahrscheinlich mehr in der Gosse versickerte als in den durstigen Schlünden. Einem Ochsen, der kunstvoll mit einem Schwein, einer Gans, einem Huhn und einem Vogel gespickt war, erging es nicht besser: „... da warde das allergroßet zerren und reyssen von mannen und frauen und het yedes geren vil gehapt. Under den woltt auch einer mit seiner helenparten hauwen und hauwet einem, der auch dar in reyssen lag, nahendt ein hand ab und belib des ochßen gar nichts da."[183]

Maximilian regierte das Reich mehr als 30 Jahre lang, bis ihm sein Enkel Karl auf den deutschen Thron folgte. Dieser Herrscher, in dessen Reich, wie man sagte, die Sonne nicht unterging, erfüllte endgültig die Prophezeiung, die der Vizedekan seinem Großvater beim Eintritt in das Aachener Münster gemacht hatte: Herzog von Burgund und König von Spanien und damit auch Herrscher über die neu entdeckten Gebiete in Amerika war er bereits, als er mit gerade 19 Jahren und mit Hilfe eines gigantischen Kredits der Augsburger Fuggerbank zur Bestechung der Kurfürsten in Abwesenheit zum deutschen König gewählt wurde. Sein Einritt in Aachen war ähnlich volksnah wie der Maximilians: Er dauerte über fünf Stunden und verzögerte sich noch einmal wegen der üblichen Streitigkeiten, diesmal zwischen dem Herzog von Jülich und den Gesandten des Kurfürsten von Sachsen, der wegen eines Gichtanfalls in Köln zurückgeblieben war. Karl, enerviert von dem Geplänkel, ließ dem vor der Stadt wartenden Herzog ausrichten, dass er „in aller teuffel nahm" allein durch die Stadt reiten oder sich dem königlichen Gefolge hinten anschließen solle.[184] Diesmal zogen etwa 5000 Reiter in vollem Harnisch und in stetiger Steigerung der Prachtentfaltung ein: „Darauff zog das hoffgesindt, als Fursten, Herren, Grauen vnd Freyen, der bey tausent pferden ... mit allem harnisch vnd kleydung, doch alles in des Königs farb, vnd der merer teyl in Seyden vnd Sammetes gewandt, ... vnd waren die barden zum meysten teyl alle sampt den röcken, so die an hetten, von eytel Gulden Brokat, silbern stück, auch sunst mit Perlen vnd edelm gestein, auch sunst mit silber vnd Gold gestickt. Vnd in summa so warens mit der kostligkeyt geschickt, dermassen kein man nie gesehen hat. Sie hetten auch so köstlich hengst, das es vnglaublich ist zu schreyben." Herolde warfen Münzen unter das Volk, und allein die Eskorte des mit silberner Rüstung bekleideten Königs bestand aus 800 Kürassieren.[185] Die Bilder wiederholen sich, wenngleich die 34 Jahre, die seit Maximilians Krönung verstrichen waren, die Detailfreude der Berichterstatter noch einmal gesteigert hatten: vor dem Altar saß der König auf einem goldenen Sessel, sein Krönungsmantel war mit Perlen und Edelsteinen bestickt, der Brunnen vor seiner Unterkunft an der Ecke zwischen Klosterplatz und Jakobstraße spuckte Wein aus zwei Löwenmäulern und einem Adlerschnabel, während im Krönungssaal der Rangstreit eine Variation erlebte, als die Erzbischöfe von Trier und Köln darüber aneinander gerieten, wer das Tischgebet sprechen durfte, während der König von Böhmen und der Herzog von Limburg sich angifteten, wer dem König den Wein zu reichen habe.[186] Nur der Pfalzgraf brachte unbehelligt das Essen an den Tisch, das allerdings zum größten Teil nur zur Schau angerichtet war und nach dem Auftragen wieder den gewohnten Weg aus dem Fenster nahm.

Landsknecht mit Aachener Fahne

Nach fast 40 Regierungsjahren, die er vorwiegend in Spanien verbracht hatte, zog sich Karl V. auf seinen Landsitz beim Kloster San Gerónimo in Yuste zurück, erschöpft von den nicht endenden Kämpfen gegen Türken, Franzosen, Protestanten und widersetzliche Fürsten. Ein letztes Mal hatte Aachen eine Krönungsfeier erlebt, als Ferdinand, der Bruder des Kaisers, am 11. Januar 1531 den Thron Karls des Großen bestieg. Als dann im November 1562 noch zu Lebzeiten Ferdinands dessen Sohn Maximilian II. zum König gewählt wurde, gab es zunächst einige praktische Gründe, die gegen eine Krönung in Aachen sprachen: in den benachbarten Niederlanden gärte der Konflikt zwischen den Calvinisten und der Statthalterin Margarete von Parma, einer unehelichen Tochter Karls V., die dort die Regierung im Namen ihres Cousins Philipp II. von Spanien führte, während ein Hochwasser auf dem Rhein die Anreise der Kurfürsten mit ihrem Gefolge erschwerte. Schließlich sah man von einer Krönung in Aachen ab und ließ die Insignien mit einer Gesandtschaft nach Frankfurt schicken. Der Verzicht auf die über 600 Jahre alte Tradition zeigt, wie sehr sich die Verfassungswirklichkeit geändert hatte: diplomatische Absprachen mit den Kurfürsten und die Hausmachtpolitik der habsburgischen Dynastie bestimmten über die Besetzung des Thrones und hatten die traditionelle Symbolik und die Bezugnahme auf den fernen Karolinger überflüssig gemacht. Seit Ferdinand war überdies auch der Italienzug als Voraussetzung für die Kaiserkrönung weggefallen. Vorbei die Zeiten, als Karl IV. sich 1349, der überall wütenden Pest zum Trotz, von Prag aus nach Westen bemüht hatte – eine Krönung in Aachen, das durch den Abfall der Niederlande wieder an den Rand des Reiches rückte, war den Herren auf einmal zu beschwerlich, obwohl weiterhin behauptet wurde, alles sei nur eine Ausnahme. Die Bedeutung der Stadt als Krönungsort wurde in folgenlosen Lippenbekenntnissen zwar immer noch betont, doch als Rudolf II. 1575 in Regensburg gekrönt wurde, musste das für die Aachener wie ein Schlag ins Gesicht wirken. Besonders ehrenvolle Behandlung im Rahmen der Feierlichkeiten – mehr war für die Gesandten der Reichsstadt nicht mehr zu holen.

5.2. Reformation erfolgreich gescheitert

Als Rudolf II. gekrönt wurde, war die Reformation in vielen Reichsstädten vor allem im Südwesten Deutschlands schon längst am Ziel. Mehr als ein halbes Jahrhundert nach Luthers Thesenanschlag waren die Fronten zwischen dem protestantischen und dem katholischen Deutschland weitgehend abgesteckt; neben zahlreichen Städten war auch eine Reihe von Fürsten zum neuen Glauben übergetreten, die Wiedertäufer hatten ein Reich ausgerufen und nach kurzer Zeit zu Grunde gerichtet, Disputationen waren ausgefochten und Allianzen geschmiedet, Glaubenskriege geführt und ein Religionsfrieden geschlossen worden, und während die protestantische Kirche sich mehrmals gespalten hatte, war die katholische dabei, sich neu und geschlossen zu formieren.

In der Reichsstadt Aachen dagegen herrschte ein weitgehend unklares Bild von den konfessionellen Verhältnissen. Wie in vielen Städten, in denen der Einfluss der Patrizier trotz aller Zugeständnisse an die insgesamt reformationsfreundlicheren Handwerker noch ein gewisses Gewicht hatte, war die Obrigkeit hier vor allem aus Sorge um die Aufrechterhaltung der öffentlichen Ordnung lange skeptisch gegenüber allen Arten von Neuerungen geblieben. Während in anderen Reichsstädten der Rat gerade im Interesse der Geschlossenheit des Gemeinwesens dem Willen der protestantisch gesinnten Mehrheit schließlich nachgab, hatte in Aachen die besondere Bindung an den Kaiser bei den etablierten städtischen Oberschichten offenbar eine gewisse Widerstandsfähigkeit gegenüber den Verlockungen der neuen Lehren bewirkt. Doch gerade diese konservativen Oberschichten waren im Lauf der Jahrzehnte schleichend unterwandert worden. Wie hatte es dazu kommen können?

In den ersten Jahren der lutherischen Bewegung vernehmen wir aus Aachen erstaunlich wenig. 1524 trat ein gewisser Albert von Münster als Prediger in der Stadt auf, der gegen Heiligenverehrung, Reliquienkult, Wallfahrten und Sündenablass wetterte und schon bald hingerichtet wurde, weil eine Frau aus Maastricht ihn als Mörder ihres Sohnes identifiziert hatte, was die katholische Geschichtsschreibung noch Jahrhunderte später genüsslich zur unterschwelligen Diskreditierung der gesamten Bewegung ins Feld führte. Nun bestachen die sieben Thesen des kuriosen Wanderpredigers insgesamt ohnehin nicht gerade durch überzeugende

Sachlichkeit: „Zum sechsten, es wäre besser das Geld in offenbare Hurenhäuser getragen, als an Pilgerfahrten zu legen. Zum siebenten, daß die Indulgenz oder Ablaß nicht mehr in der Kirchen, als im Schweinstall verdienet würde.“[187] Dieser Ton entsprach dem oftmals äußerst vulgären Duktus der frühreformatorischen Polemik, von der auch die katholische Seite ausgiebigen Gebrauch machte. Danach aber geschah in Aachen zunächst gar nichts. Während man anderswo damit begann, sich die Köpfe heißzureden und bisweilen auch einzuschlagen, erklärten die Aachener Gesandten 1530 auf dem Augsburger Reichstag lapidar, beim alten Glauben bleiben zu wollen.

Als einige Jahre später mit den Wiedertäufern eine reformatorische Sekte, mit der die Lutheraner ihrerseits nichts zu tun haben wollten, in Münster einen abstrusen Gottesstaat errichtete und der Ton gegen diese Bewegung im ganzen Reich schärfer wurde, griff auch die Aachener Justiz gegen die bis dahin offenbar mehr oder weniger geduldeten Wiedertäufer durch. Von ein paar Hinrichtungen ist die Rede, doch schon 1537 begnügte man sich wieder damit, einen reuigen Anhänger der Wiedertäuferbewegung dazu zu verurteilen, barfuß mit zwei brennenden Kerzen in der Prozession zu gehen, womit seine Wiederaufnahme in die katholische Gemeinde besiegelt war.[188] Überhaupt fiel es der beim alten Glauben gebliebenen Bevölkerung zunächst schwer, zwischen Lutheranern, Wiedertäufern und anderen Anhängern der noch unfertigen reformatorischen Bewegung überhaupt zu unterscheiden, was durch die kreuz und quer über Land ziehenden anarchischen Prediger vom Schlage eines Albert von Münster mit ihrer unausgegorenen Theologie wohl zusätzlich erschwert wurde. In Aachen fehlte es scheinbar an Orientierung, zumal hier keine reformatorischen Theologen ein überzeugendes öffentliches Wirken entfalten konnten. Als 1535 eine Reihe von Zeugen zur religiösen Einstellung eines gewissen Johann Beulart befragt wurde, bezeichneten ihn einige als Lutheraner, andere als Wiedertäufer, viele wussten gar nicht wo sie ihn einordnen sollten, und einer hielt Beulart schlicht und einfach für „ein gut from man und nachbur“. Was Beulart nun wirklich gewesen war und was nicht, wussten noch nicht einmal seine eigenen Diener.[189]

Neue Impulse bekam die Bewegung erst durch Einwanderung von außen. Anfang 1540 wurden einige Zuzügler ausgewiesen, die ihre Unbescholtenheit nicht belegen konnten, und im November wurde ein Verbot reformatorischer Bücher erlassen – ein Zeichen dafür, dass der Rat nun offenbar verstärkt Handlungsbedarf sah. 1544 durchkreuzte die Obrigkeit dann schon wieder ihre eigene Politik, als 30 protestantische Einwanderer als Bürger aufgenommen wurden, die mit ihren Familien aus Flandern und dem Artois gekommen waren – es handelte sich zum größten Teil um Tuchmacher, von denen man sich in Aachen offenbar vor allem eine Belebung der Wirtschaft und damit eine Steigerung der städtischen Einnahmen erhoffte.[190] Über ihre konfessionelle Zugehörigkeit ist wenig bekannt. Einige halten sie für Lutheraner, andere für Calvinisten. Wie auch immer – in den Augen der Katholiken waren sie in jedem Fall Ketzer.

Mit den Tuchmacherfamilien hatte die neue Lehre in Aachen einen Fuß in die Tür gesetzt. Im Kielwasser der Neubürger zogen wohl zahlreiche weitere protestantische Familien in die Stadt, die offenbar zunächst irgendwie geduldet wurden.[191] Als sich von katholischer Seite schließlich Wiederstand gegen die Einwanderer regte, scheint dabei die Angst vor der wirtschaftlichen Konkurrenz eine gewichtigere Rolle gespielt zu haben als die Sorge vor religiöser Unterwanderung. Um den Vorwurf der Tatenlosigkeit zu entkräften, wandte sich der Rat zunächst wieder gegen die Wiedertäufer – eine wohlfeile Repressalie gegen eine Minderheit, zu deren Verteidigung auch die Anhänger Luthers und Calvins keinen Finger rührten. Ansonsten war das Vorgehen gegen die Protestanten weiterhin halbherzig. Ein Beschluss von 1550 band die Verleihung des Bürgerrechts zwar an das katholische Glaubensbekenntnis, doch gleichzeitig wurde verkündet, dass Neubürger nach sieben Jahren Aufenthalt in den Rat gewählt werden konnten, wodurch den Zuwanderern von 1544 die Teilnahme an der städtischen Regierung schon ab 1551 offenstand. Die Aufweichung der katholischen Front schritt fort, doch obwohl schon 1550 offenbar von paranoiden Gemütern in die Welt gesetzte Gerüchte über einen angeblichen Aufruhr des protestantenfreundlichen Bürgermeisters Adam von Zevel kursierten, blieb es in der Stadt zumindest an der Oberfläche weiterhin ziemlich ruhig.

Der am 25. September 1555 geschlossene Augsburger Religionsfrieden sicherte den Konfessionen im Reich weitgehend ihren Besitzstand und enthielt für die freien Reichsstädte die etwas schwammige Bestimmung, dass dort die alte und die neue Religion nebeneinander bestehen bleiben sollten, wenn das bereits „eine zeither“ so gehandhabt worden sei.[192] Die Anwendung dieser Klausel auf die Stadt Aachen sollte in der folgenden Zeit zum Gegenstand von ebenso erbitterten wie spitzfindigen juristischen Auseinandersetzungen werden. Zunächst einmal fühlten die Protestanten sich gestärkt, denn schon im Januar 1556 beantragten die französischsprachigen Einwanderer die Erlaubnis zur Anstellung eines reformierten Predigers und noch einmal zwei Jahre später baten die Aachener Protestanten um eine eigene Kirche. Zwar wurden beide Anträge abgelehnt, ansonsten aber war das Verhalten des Rates von einer Widersprüchlichkeit geprägt, die es schwer macht, einen roten Faden zu erkennen. Ein Dutzend verhafteter Wiedertäufer konnte 1558 ein Jahr lang von Aachener Glaubensgenossen im Gefängnis unbehelligt mit Essen versorgt werden und sogar Briefe an ihre Lieben verschicken; im Februar desselben Jahres ließ sich der Antwerpener Prediger Adrian Cornelius van Haemstede mit 13 calvinistischen Familien in der Reichsstadt nieder. Die Forderungen nach einer öffentlichen Religionsausübung wurden nun deutlicher und lauter. Im April 1559 schickten die Aachener Protestanten eine entsprechende Petition an den Reichstag, die unter anderem von 29 Ratsherren unterzeichnet war, und im selben Jahr wurde Adam von Zevel als Bürgermeister wiedergewählt, der sich inzwischen auch öffentlich zur Reformation bekannt hatte. Damit war der Protestantismus für weite Kreise salonfähig geworden, ohne dass es zu größeren Zusammenstößen gekommen war. Die Stimmung in der Stadt scheint von einer abwartenden Duldung geprägt gewesen zu sein. Doch für Toleranz war schon bald nur noch wenig Platz.

Wirtschaftliche Erwägungen hatten schon früh die Religionspolitik des Rates mitbestimmt, doch als sich die auch religiös motivierten Unabhängigkeitsbestrebungen in den benachbarten Niederlanden zum Krieg gegen die mit dem Kaiser verbündeten Spanier ausweiteten, geriet das konfessionelle Gleichgewicht in der Stadt bald in den Strudel der großen Politik, die mehr nach Bekenntnis und Bündniszugehörigkeit als nach dem individuellen Gewissen fragte. Schon im Mai 1559 hatten zwei Gesandte des spanischen Königs gefordert, keine Flüchtlinge aus Brabant in der Stadt aufzunehmen. Vier Monate später beschloss der Rat die ersten Ausweisungen, eine Reihe von protestantischen Ratsherren legte die Mandate nieder, und im März 1560 schloss der harte Kern des Rates die Protestanten von allen städtischen Ämtern aus, selbst Adam von Zevel wurde aus der Stadt verwiesen. Mochten die Spanier damit auch fürs erste zufriedengestellt sein – in den folgenden Jahren sorgten sie selbst durch endlose Schikanen gegen die niederländische Bevölkerung für einen Auswandererstrom, der sich ins Reich ergoss und auch in Aachen die protestantischen Gruppen weiter stärkte, die noch vor 1580 wahrscheinlich auf immerhin 8000 Personen gegenüber 12 000 Katholiken angewachsen waren.[193]

Nun bildeten diese Protestanten keineswegs eine geschlossene Gemeinde in der Stadt. Konfessionell unterschieden sich Calvinisten und Lutheraner durch ihre Abendmahlslehren so weit voneinander, dass es trotz einer Reihe von Religionsgesprächen nicht zu weiterer Annäherung kam. Die Lutheraner warfen die Calvinisten gern mit Papisten und Wiedertäufern in einen Topf und grenzten sich besonders dann von ihnen ab, wenn Repressalien von katholischer Seite drohten. Immerhin – man redete miteinander, während in den Niederlanden die Inquisition mit den Protestanten kurzen Prozess machte und spanische Truppen unter dem berüchtigten Don Fernando Álvarez de Toledo, besser bekannt als Herzog von Alba, die nicht nur religiös motivierten regionalen Aufstände mit einer solchen Brutalität unterdrückten, dass der Widerstand bald das ganze Land erfasste. Der Aachener Rat musste fortan bei allen religionspolitischen Entscheidungen auch die militärische Lage in der Nachbarschaft im Auge behalten, denn sowohl die Spanier, als auch die Niederländer konnten je nach Kriegslage von Brabant aus ins Aachener Gebiet einfallen, ehe man sich versah.

1574 wurden die Protestanten, denen nach wie vor die öffentliche Ausübung der Religion untersagt war, zu den städtischen Ämtern wieder zugelassen. Für die Verwaltung war das sicherlich von Vorteil, da sich unter ihnen viele kompetente und verdiente Männer befanden. Die katholische Geschichtsschreibung sah das aus der

Rückschau allerdings ganz anders. Zwei Jahrhunderte nach den Ereignissen wetterte der Aachener Chronist Franz Karl Meyer: „Von nun an gieng alles drunter und drüber, Fenster, Thüren und Thore stunden den Ketzereyen aufgesperret; was anderwärts nicht taugen wollte, was hier verbannt, dort ausgepeitscht war, kam in Aachen frey hinein; das edle Bürger-Recht ward zur allgemeinen Hure ... man suchte seine Erlustigung, sein Glück und Heil bey nächtlichen Schwermereyen und Zusammenkünften, Winkel-Predigten wurden in allerhand fremden Sprachen gehalten, und nach wenigem Zeit-Verlauf kannte sich Aachen selbst nicht mehr."[194]

Verhaftung von Aachener Wiedertäufern (1558)

In Wahrheit änderte sich mit der Zulassung der Protestanten zu den städtischen Ämtern an der paradoxen Situation der Gemeinde zunächst nur sehr langsam etwas: obwohl das offene Bekenntnis zu einer reformatorischen Lehre kein Hindernis für die Bekleidung der höchsten Posten in der Stadt war, mussten die Gottesdienste weiterhin in privaten Häusern stattfinden. 1578 gab sich die lutherische Gemeinde in Aachen endlich eine Kirchenordnung, in der für alle Bereiche des Gemeindelebens von der Kündigungsfrist für den Pfarrer über die Zahl der pro Woche zu haltenden Predigten – nämlich vier – und den Ablauf des Abendmahls bis hin zum Verhalten im Gottesdienst alles geregelt wurde: „Darumb, wan das Gesenge ist angefangen, sol ein jeder still schweigen und keiner mitten andern ... reden, schwetzen unnd klappern." Disziplinarische Maßnahmen sollten verhindern, dass die Gemeinde von ketzerischen oder sittlich fragwürdigen Elementen unterwandert wurde.[195] Die Lutheraner scheinen gegenüber den Calvinisten in der Minderheit gewesen zu sein, denn an der ersten Predigerwahl beteiligten sich kaum 50 Personen. Bis zum Ende des Jahrhunderts kam die Gemeinde dann auf schätzungsweise 2000 Mitglieder, die von vier Predigern versorgt wurden.[196]

Eine Epidemie, die zwischen 1576 und 1579 in Aachen wütete, begünstigte derweil offenbar den mehr oder weniger öffentlichen Umgang mit den Sakramenten und seine unbürokratische Duldung[197] – immerhin erließ der Rat 1580 ein ausdrückliches Verbot der öffentlichen Predigt, das von den Protestanten nun umgekehrt als ausdrückliche Genehmigung der privaten Predigt ausgelegt wurde. Zur selben Zeit war eine Kommission in Aachen, die im Auftrag von Rudolf II. die religiösen Verhältnisse in der Stadt prüfen sollte, was einige unversöhnliche Katholiken offenbar ermunterte, die angeblichen Übelstände in den schillerndsten Farben auszumalen. Im Oktober 1580 erschien eine Abordnung altgläubiger Bürger auf dem Rathaus und verlangte die Ausweisung der Protestanten, und selbst eine Gruppe Aachener Frauen unternahm es einen Monat später in einem umständlich formulierten Brief, der Kommission von Übergriffen der Protestanten Bericht zu erstatten, die sie, so schließt der Brief, am liebsten mit dem Spinnrocken eigenhändig aus der Stadt prügeln würden.[198]

Obwohl auch einige katholische Ratsherren die Kommission als Einmischung von außen ansahen und die Einigkeit der städtischen Führungsriege für wichtiger hielten als konfessionelle Triumphe, kam es am 25. Mai 1581 zu einer Spaltung, als 80 protestantische und 48 katholische Ratsherren jeweils ihre eigenen Bürgermeister wählten. Während sich die Protestanten auf ihre Ratsmehrheit beriefen, erklärte Philipp von Nassau im Namen der Kommission die Wahl für ungültig und forderte die Ratsherren in herrischem Ton auf, ihre Ämter durch Übergabe der Schlüssel symbolisch niederzulegen. Am 28. Mai kam es zu einem bewaffneten Auflauf, die Protestanten ließen Kanonen auf dem Markt auffahren, die vor allem der Kommission zeigen sollten, wer in Aachen der Herr im Haus war. Mit den Katholiken dagegen kam es schnell zu einer Einigung, nach der jede Seite einen Bürgermeister stellte. Noch einmal hatten Vernunft und das Interesse an der Wahrung der Unabhängigkeit sich als stärker erwiesen als die konfessionellen Interessen. Etwa 170 Katholiken, die mit dieser Regelung nicht einverstanden waren, verließen vorübergehend die Stadt.[199] Die Forderung der Kommission nach einem katholischen Rat wurde abgelehnt.

Das wiederum alarmierte die auswärtigen Mächte und führte zu gefährlichen Verwicklungen auf diplomatischer Ebene mit militärischen Konsequenzen. Noch im Oktober 1581 belegte der Herzog von Jülich die Stadt mit einer Blockade, der sich Lüttich, Brabant und Kornelimünster nach und nach anschlossen. Aachen versuchte, über protestantische Reichsstädte wie Straßburg, Ulm und Frankfurt Verbündete im Reich zu finden. Boten eilten hin und her, während spanische Truppen aus Brabant einrückten, die Stadt einschlossen und das Umland verwüsteten. Als sie Ende März 1582 endlich abzogen, hatte Aachen das dem Kaiser zu verdanken, der in Augsburg einen Reichstag vorbereitete und die protestantischen Fürsten, deren Geld er für seinen Krieg gegen die Türken brauchte, nicht vor den Kopf stoßen wollte. Nachdem nun die Aachener Frage auf dem Reichstag trotz hitziger Debatten nicht geklärt werden konnte, gab der mehrheitlich protestantische Rat am 9. Januar 1583 endlich grünes Licht für die öffentliche Ausübung der lutherischen und der calvinistischen Konfession. Konsequenzen hatte dieser Schritt zunächst nicht, da die katholischen Mächte im Westen damit beschäftigt waren, den zum Protestantismus übergetretenen Kölner Erzbischof Gebhard zu bekämpfen und die Mandate des Kaisers in Aachen zur Wiedereinsetzung der katholischen Führung wenig Beachtung fanden. Schlimmer noch: eine weitere kaiserliche Kommission bestätigte im April 1584 das Nebeneinander der Konfessionen und das Recht zur öffentlichen Religionsausübung.

Diese Regelung blieb indes ein spürbares Provisorium. Während das Leben in Aachen weiterging, arbeiteten Juristen und Diplomaten im Auftrag des Rates auf der einen Seite und im Auftrag der Exilkatholiken auf der anderen mit fieberndem Eifer an Eingaben und Gutachten, mit denen die vom Kaiser immer wieder aufgeschobene Entscheidung beeinflusst werden sollte. Juristisch stand die Frage im Mittelpunkt, ob eine Reichsstadt überhaupt eigenmächtig das Reformationsrecht ausüben durfte – der Reichshofrat, neben dem Reichskammergericht die zweite oberste gerichtliche Instanz im Reich, kam in einem Gutachten 1593 zu dem Schluss, dass das nicht der Fall sei. Damit war dem Rat in Aachen reichsrechtlich die Legitimation entzogen. Erneut verlangte der Kaiser die Wiederherstellung des Zustandes von 1560 und die Entschädigung der Exilkatholiken, und wieder prallten die Forderungen wirkungslos an der Reichsstadt ab. Für die nun folgende Vollstreckung der Reichsacht mussten umständliche Verfahrensfragen geklärt und Exekutivorgane gefunden werden. In der Zwischenzeit wurde die kaiserliche Kanzlei weiter fleißig mit Eingaben und Traktaten bombardiert.

Jahrelang hatten sich die Aachener Protestanten in Sicherheit wiegen können. Doch als im Mai 1598 nach dem Friedensschluss von Vervins zwischen Spanien und Frankreich plötzlich spanische Truppen frei wurden, musste das für die katholische Partei wie ein Zeichen des Himmels wirken. Am 28. August erschien ein Herold in Begleitung von kaiserlichen Delegierten und Beamten des Herzogs von Jülich vor der Stadt und verkündete die Reichsacht gegen Rat und Bürgermeister. Um die spanische Kriegsfurie auf Abstand zu halten, beugte man sich sofort: schon am 2. September wurde der neue katholische Rat vereidigt und die mühsam erkämpfte Gleichberechtigung der Protestanten per Federstrich kassiert. Es kam zu Ausweisungen und Bücherverbrennungen. Predigthäuser wurden eingezogen und vermietet. Katholische Rückkehrer und protestantische Auswanderer gaben sich an den Stadttoren die Klinke in die Hand.

In der Praxis erwies sich die Rekatholisierung der Stadt allerdings als undurchführbar, denn in den handwerklichen Gaffeln waren die Protestanten so stark vertreten, dass der Rat es sich gar nicht leisten konnte, die Zunftgremien zu konsultieren, sondern über ihre Köpfe hinweg regieren musste. Schnell bildeten sich auch innerhalb des katholischen Rates wieder zwei Fraktionen, von denen eine für Toleranz, die andere für eine eiserne Durchführung der Gegenreformation eintrat. Zunächst wurde der harte Kurs gefahren: das Sendgericht überwachte kleinlich und streng die Einhaltung des katholischen Ritus bei allen Taufen, Eheschließungen und Begräbnissen, und die Jesuiten, deren Ansiedlung im Jahr 1600 vom Rat beschlossen worden war, eröffneten nur ein Jahr später bereits eine Schule.

In den folgenden Jahren schwang das Pendel dann wieder in die andere Richtung aus. Nach einem Handgemenge zwischen der Eskorte der Schwester des Herzogs von Jülich und den Aachener Stadtsoldaten im Jahr 1606 wurde eine erneute Handelssperre gegen die Reichsstadt verhängt, und die unnachgiebige Haltung des konservativen Rates gegenüber Jülich führte am 12. August 1608 zu einem Aufstand, an dem sich neben den Protestanten auch einige Katholiken beteiligten. Der Vogtmeier konnte die Situation angeblich retten, indem er vor der versammelten Menge eine so ausschweifende und langweilige Rede hielt, dass die Erregung verpuffte und die befürchteten Ausschreitungen unterblieben. Dennoch machte der Rat einige Zugeständnisse: Taufen und Eheschließungen durften außerhalb des städtischen Territoriums nach protestantischem Ritus vorgenommen werden, wenn dafür nur die fälligen Gebühren bei der Aachener Geistlichkeit entrichtet wurden. Diese ziemlich scheinheilige Art der Konfliktregelung wurde schon bald wieder zum Gegenstand einer Machtprobe.

Nachdem Johann Wilhelm, der letzte Herzog von Jülich, im März 1609 gestorben war, bildeten sich auf seinem Gebiet neugläubige Gemeinden, deren Gottesdienste von den Aachener Protestanten gern besucht wurden. Als der Rat Anfang Juli 1611 ein Exempel statuierte und fünf Bürger deshalb verhaftete, platzte den Aachener Protestanten der Kragen: Während eine Abordnung noch über die Freilassung der fünf Glaubensgenossen verhandelte, schuf die auf dem Marktplatz versammelte Menge vollendete Tatsachen und besetzte das Rathaus. Nächtliche Randale mündete am folgenden Tag in einen Sturm auf das Jesuitenkolleg. Und während eine entfesselte Meute in der Kirche alles kurz und klein schlug, gelangten die Patres unter dem Schutz besonnener Protestanten ins Haus des Stiftsdechanten, wo sie fünf Monate lang blieben.

Die Protestanten wählten indes einen Ausschuss aus 88 Deputierten, der die Ratswahl von 1598 für verfassungswidrig und den abgesetzten Rat für regierungsunfähig erklärte. Wieder kamen Delegationen nach Aachen, diesmal sogar Gesandte des französischen Königs, die den Jesuiten eine Eskorte für die Rückführung in ihr Kloster zur Verfügung stellten. Ärgerlicherweise schlugen die Patres das Angebot aus Angst vor Repressalien der protestantischen Seite aus, und die Franzosen, die sich nun offenbar um jeden Preis als Wohltäter der katholischen Sache profilieren zu müssen glaubten, zerrten kurzerhand die Gottesmänner unsanft in die Kutsche und ratterten zum Konvent.

Natürlich erreichten die Kommissionen genauso wenig wie der kaiserliche Befehl vom 24. November, der die Wiederherstellung der alten Ordnung forderte und bei dessen Veröffentlichung es zu derartigen Tumulten kam, dass einer der mit der

Anbringung des Mandats beauftragten Männer ums Leben kam. Im Januar 1612 starb Kaiser Rudolf II. dann plötzlich. Kurz bevor sein Bruder und Nachfolger Matthias im Juni desselben Jahres die Zügel in die Hand nahm, war den Aachener Protestanten im so genannten Vikariatsrezess nicht nur die freie Religionsausübung, sondern auch die Ratswahl nach den Bestimmungen des Gaffelbriefs wieder gestattet worden. Die anschließende Wahl war für die Altgläubigen eine Katastrophe: 76 calvinistischen und 40 lutherischen Ratsherren standen nur 12 Katholiken gegenüber.

Der alte katholische Rat, der seine Zusammenkünfte im Dominikanerkloster abhielt, verweigerte dem Gremium erwartungsgemäß die Anerkennung. Wieder hoffte man, dass der vor der Tür stehende Reichstag endlich Klärung bringen würde. Und wieder bearbeiteten die Aachener Städte und Fürsten. Die protestantische Partei wurde dabei von Johann Kalckberner geführt, der sich in dramatischen Schilderungen über die Unfähigkeit des katholischen Rates erging und gegenüber dem Kanzler des sächsischen Kurfürsten äußerte, die Katholiken hätten aus Personalmangel Kinder und Viehhirten in den Rat geholt.[200] Doch eine Bestätigung des Vikariatsrezesses war verfassungspolitisch höchst bedenklich, denn dessen Anerkennung hätte die dauerhafte Gültigkeit kaiserlicher Entscheidungen in Frage gestellt. Überhaupt war auch Kaiser Matthias vor allem an der Türkenhilfe interessiert, so dass er die Aachener Angelegenheit gern wieder verschoben hätte.

Sturm auf Rathaus und Jesuitenkloster Anfang Juli 1611

Nachdem der Reichstag wegen der unüberbrückbaren Differenzen beschlussunfähig auseinandergegangen war, bereitete man sich auf eine bewaffnete Auseinandersetzung vor, zumal Brandenburg und Kurpfalz als Anwärter auf das Erbe des verstorbenen Jülicher Herzogs Johann Wilhelm zunehmend aneinandergerieten. Der 1609 geschlossene Waffenstillstand zwischen Spanien und den niederländischen Generalstaaten kam beiden Seiten gerade recht, weil die unbeschäftigten Söldner nur darauf warteten, endlich wieder zum Einsatz zu kommen. Die Formalitäten – der Übertritt des brandenburgischen Kurfürsten zum Calvinismus und die Konversion des Kurpfälzers zum Katholizismus – waren schnell erledigt. Nachdem niederländische Truppen Jülich erobert hatten, sammelte sich in Maastricht ein spanisches Heer unter dem Kommando von Ambrogio Spinola Doria. Anstatt wie vermutet einen Angriff auf Jülich zu unternehmen, wandte Spinola sich mit mehr als 20 000 Soldaten plötzlich gegen Aachen. Am 22. August 1614 war die Stadt eingekreist. Einen Tag später erschien der Herold mit dem Widerruf des Vikariatsrezesses. Die Forderung, den katholischen Rat wieder einzusetzen, lag auf dem Tisch. Der Rat versuchte es mit Verhandlungen, doch Spinola war nicht der Mann, der sich lange hinhalten ließ. Schon am folgenden Tag ließ er die Kanonen auffahren und gab dem Rat noch eine halbe Stunde zur Kapitulation.

Ambrogio Spinola Doria (1569 – 1630)

Am 26. August 1614 zog die spanische Besatzung in Aachen ein. Der protestantische Rat händigte Stadtsiegel und Schlüssel aus und trat von der Bühne ab. Wieder wurden die Schulen der Protestanten geschlossen und ihre Lehrer und Prediger ausgewiesen. Um auch in demografischer Hinsicht wieder die Oberhand zu bekommen, wurde katholischen Neubürgern Abgabenfreiheit für fünf Jahre zugesagt. Die Protestanten dagegen wurden um so nachdrücklicher zur Kasse gebeten, denn die Kosten für die einquartierten Soldaten mussten natürlich von ihnen getragen werden. Damit nicht genug: im Dezember 1616 endete das letzte Kapitel der Aachener Reformationsgeschichte mit der öffentlichen Hinrichtung von Matthias Schmetz und Andreas Schwarz, den angeblichen Rädelsführern des Sturms auf das Jesuitenkolleg. Nur einer fehlte: Johann Kalckberner, der sich in der Nacht vor der Einnahme der Stadt durch die spanischen Linien geschlichen und nach Jülich durchgeschlagen hatte. 1621 starb er dort, ohne Aachen noch einmal betreten zu haben. Dass man ihn dort dennoch nicht vergaß, verdankte

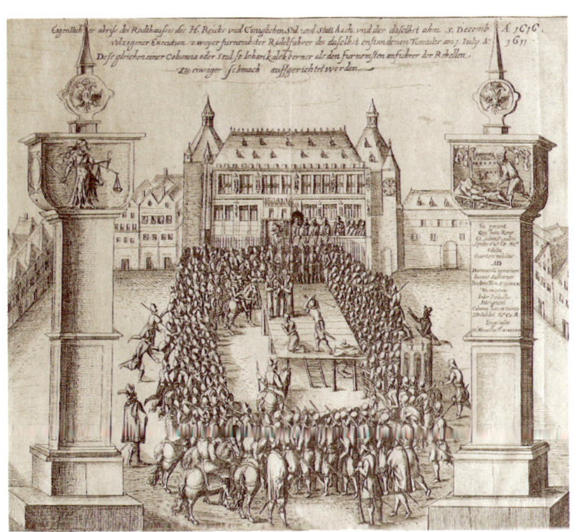
Hinrichtung von Matthias Schmetz und Andreas Schwarz im Dezember 1616

er wiederum seinen katholischen Gegnern, die seine symbolische Hinrichtung durch die Errichtung einer Schandsäule inszenierten und ihm damit ein Denkmal schufen, das auf dem Marktplatz immerhin fast zwei Jahrhunderte lang daran erinnerte, dass in Aachen kein Platz mehr für Konfessionsfreiheit war.

5.3. Repressalien und ihre Folgen

Bisher wurde der Verlauf der Reformation in Aachen gewissermaßen aus der Vogelperspektive geschildert. Die offizielle Einführung des neuen Glaubens war gescheitert, doch wie gesehen gab es auch in den Zeiten der schlimmsten Repressalien immer wieder Lebenszeichen von den protestantischen Gemeinden, die sich wohl kaum in der Stadt gehalten hätten, wenn ihnen neben den Schikanen des Rates – der oft ja gar nicht anders konnte – auch ihre Mitbürger im privaten und geschäftlichen Umgang ausschließlich feindselig begegnet wären. Die Protestanten fanden aber nicht nur Fürsprecher auf katholischer Seite, sondern vermehrten sich schließlich auch durch Übertritte, so dass die Frage berechtigt ist, wie denn das alltägliche Leben mit der konfessionellen Spaltung der Stadtgemeinde sich gestaltete. Insgesamt zeigt sich dabei wieder einmal, dass die Haltungen gegenüber Andersgläubigen so vielfältig waren wie die Charaktere der Beteiligten selbst. Welche Gruppen dabei die Oberhand hatten, hing zum großen Teil auch von der politischen und wirtschaftlichen Großwetterlage ab. Der päpstliche Nuntius Giovanni Francesco Bonomi, der im September 1585 als Kurgast in Aachen weilte, konnte von Berührungsängsten oder Verstimmung jedenfalls nichts berichten: „Der Stadtrat ist hier zwar protestantisch, hat mich aber doch mit aller erdenklichen Ehrenbezeugung empfangen, indem er mir nicht bloß sicheres Geleit gab, sondern mir sogar den sogenannten Ehrenwein spendete.“[201]

Überhaupt darf man sich das Zusammenleben der Konfessionen wohl nicht als das Nebeneinander zweier bis aufs Blut verfeindeter Lager vorstellen – oder dreier, glaubt man den hämischen Berichten der katholischen Chronisten über die Zwietracht zwischen Lutheranern und Calvinisten. Im Gegenteil: viele konnten sich auch dann noch nicht für die eine oder andere Richtung entscheiden, als die Positionen längst klar waren. Auch die lutherische Kirchenordnung von 1578 beklagt solche merkwürdigen Zustände. Dort heißt es nämlich, dass viele „zu beiden Seiten hinken“ – womit gemeint ist, dass die Betreffenden das protestantische Abendmahl mitnahmen und ihre Kinder dennoch katholisch taufen ließen und umgekehrt.[202]

Eine solche unentschlossene Haltung hatte ihre Ursachen wohl gleichermaßen in der Unsicherheit wegen des rechten Glaubens, als auch in dem Bestreben, nirgendwo anzuecken. Das Wechselbad der Gefühle, dem die Gemeindemitglieder ausgesetzt waren, zeigen auch die Gewissensnöte von Heinrich und Maria Holtz, einem protestantischen Paar, das kurz nach der ersten Absetzung des protestantischen Rates katholisch geheiratet hatte und ihr erstes Kind „aus Furcht" katholisch taufen ließ. Bald schon bekamen sie Gewissensbisse gegenüber der evangelischen Gemeinde, leisteten Buße und ließen die anderen Kinder protestantisch taufen.[203] So lässt sich immer wieder beobachten, dass der Riss zwischen den Konfessionen mitten durch die Familien ging. Immerhin ging die Zahl der Taufen der lutherischen Gemeinde von geschätzten 74 im Jahr 1598 innerhalb von zwei Jahrzehnten auf um die 20 zurück und fiel ab 1633 auf unter 10 ab.[204] Dennoch bemerkte Pierre Bergeron in einem Reisebericht, dass die Protestanten im Jahr 1619 immer noch ein Drittel der Einwohner stellten.[205] Rechte aber hatten sie kaum.

Mit der Rekatholisierung von 1598 begann auch in Aachen die große katholische Offensive zur Wiederherstellung des alten Glaubens und zur Kriminalisierung des neuen. Und auch in Aachen ist diese Offensive vor allem mit dem Orden der Jesuiten verbunden, die schon 1601 mit ihrer Lehrtätigkeit in der Stadt begannen und durch den gezielten Erwerb von Grundstücken zwischen Annastraße und Jesuitenstraße einen Komplex in ihren Besitz brachten, auf dem 1616 eine Schule und 1627 eine Kirche fertig gestellt wurde. Fortan hatten die glaubensstarken Protestanten nicht nur mit den Schikanen des Rates zu kämpfen, sondern auch mit der Überzeugungsarbeit der Jesuiten, die den Katholizismus innerhalb und außerhalb der Kirche inszenierten, als sei dieser die eigentliche Neuheit. Selbst das Theater entdeckte der Orden bald für seine Propagandaarbeit; die Jesuitenbühne „vermittelte in der religiös-sittlichen Volkserziehung aller Schichten, denen nur die mangelhaften Aufführungen fahrender Spielleute mit ihren rohen Hans-Wurst-Späßen zugänglich waren, Sinn für Schönheit und festliche Pracht."[206] Die Aachener Jesuitenschule hatte gegen Ende des 17. Jahrhunderts mehr als 600 Schüler, darunter sogar die Kinder einiger protestantischer Familien, denen das hohe Niveau der Ausbildung so wichtig war, dass sie die Gefahr der Indoktrinierung in Kauf nahmen. Der Erfolg dieser Politik zeigte sich unter anderem darin, dass die Jesuiten schon zu Anfang ihres Wirkens viele protestantische Eltern dazu brachten, ihre Kinder katholisch taufen zu lassen.

Überhaupt blieb es noch für Jahrzehnte bei einem merkwürdigen Schwebezustand: Trotz der Ausweisungen gab es weiterhin Protestanten in der Stadt, die bisweilen sogar in den katholischen Kirchenbüchern auftauchen, aus Anlass ihrer Hochzeit mit katholischen Partnern zum alten Glauben zurückkehren oder wenigstens Anlass zu der Hoffnung geben, das irgendwann zu tun.[207] Ein kaiserliches Mandat von 1614, durch das Lutheraner und Calvinisten von den Zünften ausgeschlossen wurden, konnten diese in der Praxis durch Zahlungen an den Rat umgehen. Neben dem Opportunismus der städtischen Regierung, die auf diese Weise durch Anziehen und Lockern der Repressalienschraube die öffentliche Kasse füllte, gab es auf beiden Seiten auch echte Toleranz. Die aber zahlte sich nicht immer aus; ein tragisches Beispiel dafür ist der katholische Ratsherr Bonifacius Colin, der

Die Jesuitenkirche in der gleichnamigen Straße

zwischen 1582 und 1598 als Katholik dem protestantisch dominierten Rat angehörte und alle zwei Jahre das Bürgermeisteramt bekleidete. Die öffentliche Religionsausübung der Protestanten hatte er befürwortet und wurde dafür von den Katholiken als Opportunist beschimpft, während die Protestanten ihm später sein Einverständnis mit der ohnehin nicht vermeidbaren Rekatholisierung übelnahmen. Das wiederum nützte ihm auch bei den Katholiken nichts: Allein wegen seiner Zusammenarbeit mit den Protestanten musste er 1599 verkleidet aus der Stadt fliehen. Alle Versuche, eine Amnestie zu erwirken, wie viele andere sie längst bekommen hatten, schlugen fehl. Im März 1602 scheint er aus Verzweiflung einen Nervenzusammenbruch erlitten zu haben; schreiend und tobend versuchte er sich Zutritt zur Stadt zu verschaffen und wurde von der Stadtwache schließlich verjagt. Am Ende musste er mit 7000 Reichstalern die höchste im Zusammenhang mit der Rekatholisierung verhängte Strafe zahlen.[208]

Die Gegenreformation wirkte tief in den privaten Bereich. Nicht zufällig wurden zu dieser Zeit in den katholischen Gemeinden die Kirchenbücher eingeführt. Mit der Taufe bekamen schon die Neugeborenen die Vorschusslorbeeren auf ein Leben im rechten Glauben, das mit der Letzten Ölung zu enden hatte. Die Verweigerung der Sakramente war ein sicheres Indiz für eine evangelische Gesinnung, und als ob die Überwachung des Gewissens in den intimsten Momenten von Geburt und Tod noch nicht genügte, erstreckte sich die Kontrolle auch auf die Straßen und Plätze der Stadt. 1628 wurde verordnet, dass Passanten beim Vorüberziehen des Allerheiligsten das Haupt zu entblößen hatten. Das war nun für Protestanten eine derart abscheuliche Pflicht, dass sie auseinanderstoben, wann immer eine Prozession um die Ecke bog, was die Obrigkeit wiederum genüsslich dazu nutzte, das kuriose Delikt der Sakramentsflucht mit Haftstrafen zu bedrohen.[209]

Die konfessionelle Spaltung vieler Familien war vor allem bei Beerdigungen ein Problem. Ungnädig bestrafte das Sendgericht alle Teilnehmer an protestantischen Begräbnisfeiern, darunter auch viele Katholiken. Zwischen 1598 und 1608 wurden nicht weniger als 699 Strafen wegen solcher Zuwiderhandlungen verhängt.[210] Schon 1580, also noch vor der Machtübernahme der Protestanten, hatte Bürgermeister Peter von Zevel die Autorität seines Amtes in die Waagschale geworfen, um das Begräbnis eines calvinistischen Predigers durchzusetzen, das vom Sendgericht verboten worden war. In dem 80 Personen zählenden Trauerzug marschierten dann auch demonstrativ viele Ratsherren mit.[211] Der von den Protestanten ab 1582 genutzte Friedhof am Jakobsspital wurde später auf Anordnung des Sendgerichts geschlossen. Beisetzungen fanden auch in der Folgezeit dennoch auf katholischen Friedhöfen statt, und dort kam es immer wieder zu unschönen Szenen, als katholische Pfarrer die Gräber von Protestanten und Sakramentsverweigerern wieder öffnen und die Toten zum so genannten Eselsbegräbnis auf den Acker karren ließen. Einmal kam es zu einem besonders würdelosen Auftritt, als Pfarrer Hermann Fucht von der Jakobskirche während einer Predigt von der versuchten Bestattung eines Protestanten auf seinem Friedhof erfuhr. Wie von der Tarantel gestochen stürzte Fucht aus der Kirche und kippte die Totenbahre eigenhändig über die Friedhofsmauer.[212] 1611 beschwerten sich die Protestanten dann darüber, dass der Rat es den Tuchscherern gestattet hatte, die Tuchrahmen über den Gräbern ihrer Glaubensgenossen zu spannen, während Jesuiten und andere Geistliche die Grabsteine ganz ungeniert als Baumaterial verwendeten. Allerdings waren auch die Evangelischen selbst in der Zeit der protestantischen Ratsherrschaft nicht eben sensibel mit dem Thema umgegangen: Die evangelische Kreissynode hatte 1584 ihren Mitgliedern die Teilnahme an katholischen Begräbnissen nur gestattet, wenn sie dabei ihre Abneigung gegen die „abergläubischen Zeremonien“ deutlich zu erkennen gaben.[213] Und wie die Katholiken sich die Sondergenehmigungen für die Zunftaufnahme von protestantischen Handwerkern bezahlen ließen, freute sich der evangelische Rat über die Einnahmen aus den Wallfahrten.

Aachener Stadtansicht aus der Vogelperspektive (1613)

Auch das Wirtschaftsleben blieb von den konfessionellen Konflikten nicht unberührt. Die Aachener Metallindustrie wurde unter anderem von den Limburger Galmeigruben mit Rohstoffen beliefert, und die Spanier nutzten die Blockierung dieser Lieferungen aus ihrem Herrschaftsgebiet als Zwangsmittel gegen den protestantischen Rat. Und so saß dieser praktisch die ganze Zeit zwischen den Stühlen, weil jedes Zugeständnis an die Spanier wiederum die Generalstaaten verstimmte, mit denen die Aachener Kaufmannschaft einen immer regeren Handel trieb, seit Amsterdam auf Kosten von Antwerpen zu einem der wichtigsten Zentren der europäischen Wirtschaft heranwuchs. Der Zuzug von qualifizierten Arbeitskräften aus den protestantischen Gegenden war darüber hinaus für die einheimischen Unternehmer sehr attraktiv. Doch gerade mit der Messingindustrie als Aachener Vorzeigebranche ging es im Verlauf der Glaubenskonflikte immer mehr bergab: 1559 produzierten in Aachen 68 Meister in mehr als 100 Schmelzöfen 30 000 Zentner Messing. Schon 1602 war die Zahl der Meister auf 50 geschrumpft und bis 1625 halbierte sie sich noch einmal.[214] 1613 hatten die Altenberger Galmeibergwerke auf Anordnung der Spanier die Lieferungen an protestantische Meister eingestellt. Vor allem nach 1614 begann die massenhafte Auswanderung der Gewerbetreibenden, doch weit mussten sie nicht gehen. Jenseits der Grenzen des Aachener Reichs, in Stolberg, Eupen, Düren, Vaals und Monschau fanden sie paradiesische Zustände für den Aufbau ihrer Existenz: keine Repressalien, billige Arbeitskräfte und niedrige Lebenshaltungskosten, dazu Energie in Form von Wasser und Holz in Hülle und Fülle. Die Konkurrenz, die der Stadt dadurch entstand, sollte bis zur Einführung der Gewerbefreiheit zwei Jahrhunderte später zum Gegenstand ständiger Klagen der städtischen Handwerker werden. Und deren Ambachten, die als Organe einer tatkräftigen Unternehmerschaft im späten Mittelalter den Wohlstand ihrer Mitglieder selbstbewusst in politische Macht umzumünzen verstanden hatten, beschränkten ihre Tätigkeit auf Schadensbegrenzung. Schon die 1548 verabschiedete Zunftrolle der Kupferschläger zeigt, wie konsequent man bei der Besitzstandswahrung die Dynamik des Marktes und den technischen Fortschritt ignorierte: Neben den üblichen Anordnungen zur Regelung der Ausbildungsverhältnisse und zur Sicherung der Produktqualität wurde ein Verbot der Vergabe einzelner Arbeitsschritte an auswärtige Subunternehmer sowie der Einfuhr mechanisch gefertigter Produkte erlassen. Auch die 30 Jahre später verfasste Zunftordnung der Kesselmacher verbot die Herstellung von Halbfabrikaten in Mühlenwerken.[215] Als dann die protestantischen Handwerker die Stadt zu verlassen begannen, konnten die verbliebenen Gewerbetreibenden ihren Absatz nur durch Zwangsmaßnahmen sichern, die schon kurz hinter der Stadtmauer keine Gültigkeit mehr hatten.

Der Aachener Kupfermeister Johann Radermecher (1538-1617)

6. Ancien Régime

Ein Resümee der städtischen Geschichte für eine bestimmte Epoche ist nicht nur stark von der Quellenlage, sondern auch von der traditionellen Beurteilung dieser Epoche durch eine Geschichtsschreibung bestimmt, die im größeren Rahmen denkt. Immer wieder wird dabei mit den Kategorien von Aufstieg, Stagnation und Niedergang argumentiert, die vor allem an die Konjunktur und den Grad der politischen Selbstständigkeit der Bürgerschaft geknüpft werden. Damit ist allerdings wenig darüber ausgesagt, was denn den Alltag der Menschen nun tatsächlich ausmachte. Lebte es sich in einer reichen und unabhängigen Stadt wirklich besser als in einem unscheinbar, aber solide vor sich hinwirtschaftenden und politisch bevormundeten Gemeinwesen? Hatte der Glanz der Königskrönungen, in dem sich die Aachener im Schnitt etwa alle zwei Jahrzehnte für ein paar Tage sonnen konnten, irgendeine Auswirkung auf Freuden und Leiden der Bevölkerung gehabt, so dass nach der Verlegung der Krönungen nach Frankfurt nun etwas fehlte?

In politischer und wirtschaftlicher Hinsicht war die Zeit zwischen 1600 und 1800 nach diesen Maßstäben insgesamt alles andere als rosig für die meisten Städte. Die Landesherren setzten ihre Herrschaft auch über konfessionelle Zwangsmittel, die in der Zeit der Glaubenskämpfe zum gängigen politischen Instrumentarium geworden waren, immer weiter nach unten durch. Und die Zünfte der Handwerker, die im späten Mittelalter die städtische Wirtschaft beherrscht und sich den Weg in die Stadträte erkämpft hatten, gingen mehr und mehr unter dem Druck der unternehmerischen Konkurrenz findiger Industriepioniere in die Knie, so dass manch ein gestandener Meister schließlich kaum noch wusste, wie er seine Familie ernähren sollte. Auf der anderen Seite ist gerade in letzter Zeit immer wieder darauf hingewiesen worden, dass die Situation der Reichsstädte weit weniger dramatisch war, als das seit Generationen von einer Geschichtsschreibung kolportiert wurde, deren Vorstellungen von Größe leichtfertig und kritiklos mit schnellem Reichtum und lautem Ruhm verbunden waren. Wer aus dem dunklen und glatten Meer des historischen Stillschweigens prustend an die Oberfläche brach und dort Wellen schlug, wurde bewundert – ohne weiter zu beobachten, ob er auch schwimmen konnte.

In Aachen war diese Situation nicht weniger zweischneidig als anderswo. Wirtschaftszweige, die einst den Wohlstand der Stadt mit begründet hatten, versanken in der Bedeutungslosigkeit, während andere Branchen, die sich den Tendenzen des Marktes nicht verschlossen, neuen Reichtum begründeten, von dem nur wenige profitierten, dafür aber in unerhörtem Maß. In der städtischen Politik tritt ein geradezu unglaublicher Schlendrian aus Vetternwirtschaft, Wahlmanipulation, Korruption und Veruntreuung zu Tage, der aber zu einem guten Teil nur deshalb so skandalös erscheint, weil er Kritiker fand, deren Stimmen ein paar Generationen zuvor vielleicht nicht gehört worden wären. Die städtischen Organe funktionierten trotz dieser Übelstände immerhin auf ebenso erstaunliche Art weiter, wie das kommunale Chaos sich nach gewissen Regeln immer wieder selbst organisierte. Als die französischen Revolutionstruppen eine neue Ordnung einführen wollten, sah plötzlich kaum jemand grundlegenden Handlungsbedarf. Was in den Augen einiger Beteiligter eben noch ein Saustall gewesen war, wurde plötzlich zur altehrwürdigen Ordnung, der man hinterhertrauerte, ganz abgesehen davon, dass sich unter den Fittichen der Franzosen schon bald ein neuer Klüngel etablierte. Das Ancien Régime, das dieser Epoche ihren Namen gab und sie gegen die Neuerungen der Französischen Revolution abgrenzte, war in Aachen wie in anderen Reichsstädten zwar veraltet, aber irgendwie auch niemals neu gewesen.

Die Kriege, die zwei Jahrhunderte lang den Kontinent heimsuchten und viele Städte vollständig zerstörten, trafen Aachen vergleichsweise glimpflich, nämlich vor allem in finanzieller Hinsicht. Was die rücksichtslosen Heere des Dreißigjährigen Krieges nicht geschafft hatten, vollbrachte noch nicht einmal zehn Jahre nach dessen Ende ein Feuer, das die Stadt gründlicher in Schutt und Asche legte, als die Kanonen von Spaniern, Niederländern und Kaiserlichen das vermocht hatten. Weitere zwei Jahrzehnte später war die Stadt schon wieder vorzeigbar genug für

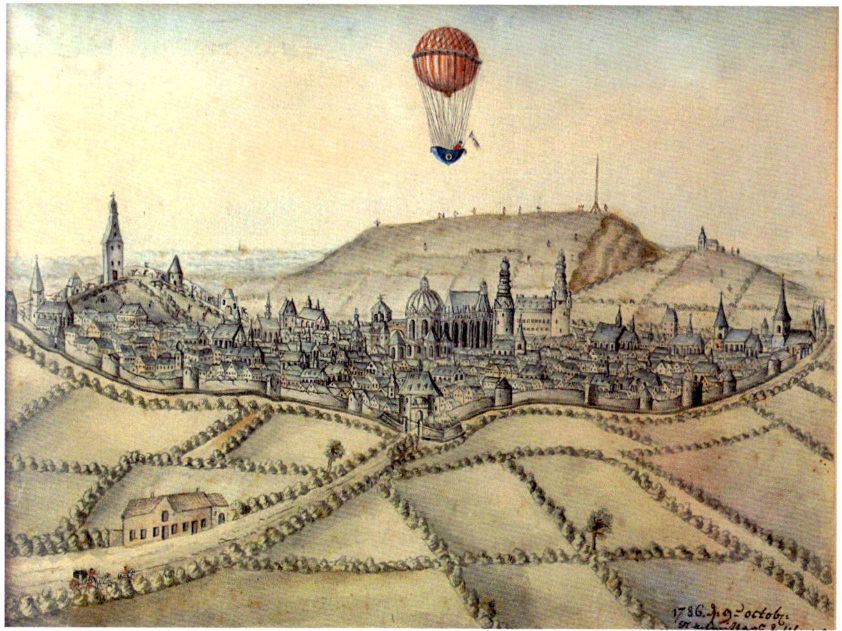

Der Ballonpionier Jean-Pierre Blanchard schwebt am 9. Oktober 1786 über Aachen

einen Friedenskongress – die Aachener Bäder und ihr zielstrebiger Ausbau hatten es möglich gemacht. Was Kaiser Karl schon gewusst hatte, entdeckte nun die feine europäische Gesellschaft: das Wasser von Aachen wurde zur Grundlage eines neuen Wohlstandes. Statt der Krönungen waren es nun die Kuren, die den Adel in die Stadt brachten, und als die Revolutionsarmeen kamen und es Grafen und Herzögen auf der linken Seite des Rheins zwischenzeitlich zu heiß wurde, waren die Französischkenntnisse in Aachen längst ausreichend gediehen, dass man sich auch in dieser Situation mehr oder weniger gelassen zurechtfinden konnte.

6.1. Der große Stadtbrand

Am Morgen des 2. Mai 1656 nahm eine der größten Katastrophen der Aachener Geschichte ihren Lauf. Im Haus eines Bäckers in der Nähe der Jakobskirche brach ein Feuer aus – nicht ganz ungewöhnlich in Zeiten, in denen mit Kohlebecken geheizt und über dem offenen Feuer gekocht wurde, und dennoch fand dieser Brand so günstige Bedingungen für seine Ausbreitung, dass einen Tag später neun Zehntel der alten Stadt in Schutt und Asche lagen. Das Feuer wurde von einem mehrmals seine Richtung wechselnden Wind angefacht und durch die Straßen aller Stadtviertel gejagt. Der brabantische Sekretär Hubert Loyens schloss seine kurz nach dem Brand entstandene Beschreibung Aachens mit den Worten ab: „Wo sind sie nun, soviele Zierden der alten Stadt? Ach! Zwischen erbärmlichen Ruinen und verstreuten Schuttmassen liegen sie begraben ... Nachdem sich das Gerücht durch die Stadt verbreitet hatte, rannten Menschen jeden Standes aus der Kirche herbei, Geistliche und Laien, die mit aller Gewalt bestrebt waren, das Feuer einzudämmen, damit es sich nicht weiter ausdehne: ein Teil goß Wasser, ein Teil holte Leitern herbei und stieg auf die Dächer der Häuser und riß die Giebel ein, um der gefräßigen Flamme durch leere Lücken die Nahrung zu entziehen, aber vergeblich ... Viele, die zu Hilfe eilten, wurden durch den Einsturz der Steine und Balken und der Häuserruinen getroffen, andere angesengt, durch Mörtel verschüttet oder von Feuer verbrannt.“[216] Trotz der verheerenden Auswirkungen auf die Bausubstanz – nach offiziellen Angaben wurden 4664 Häuser zerstört – starben nur 17 Menschen in den Flammen, vielleicht auch deshalb, weil viele aus Angst vor einer Explosion des Pulverturms die Löschgeräte hinwarfen und aus der Stadt flohen, wo sie im Feld kampierten, bis das Feuer seinen Hunger gestillt hatte. Neben den meisten seiner mittelalterlichen Bauten verlor Aachen an diesem Tag auch einen Teil seiner Geschichte, denn das gesamte Archiv bis auf einige besonders wichtige Dokumente, die im Granusturm hinter dicken Mauern gelagert waren, verbrannte und schickte Urkunden, Inventare, Ratskorrespondenz und Zunftrollen als Rauch in die schwarz verhangene Luft.

Der große Stadtbrand am 2. Mai 1656, bei dem neun Zehntel der Stadt verwüstet wurden

Als die Schwaden sich verzogen hatten, war der größte Teil der Aachener obdachlos, zum größten Problem aber wurde schnell die Nahrungsmittelversorgung. Der Rat hob die protektionistischen Einfuhrverbote für Lebensmittel auf und erließ Preisvorschriften, um Wucher zu verhindern. Die Opfer des Brandes bekamen Steuerbefreiung und für den Wiederaufbau sogar kostenlose Bauholzzuteilungen. Da es offenbar auch zu Plünderungen gekommen war, wurde auch der Aufkauf verdächtiger Waren verboten. Auch in anderen Städten regte sich Hilfsbereitschaft: Köln schickte am 15. Mai 200 Malter Roggen zusammen mit einem Passierschein für die Zollgrenze. Steife Worte, die dennoch von Herzen kamen, begleiteten die Lieferung. Es sei den Herren „... mit hochbesturzetem herzen betrübt und mitleidentlich vorkommen, empfinden auch derowegen eine nachbarliche und christliche condolenz, und ist hochlich zu beklagen, dass ein alsolche uralte und furtreffliche reichsstatt in einer so geringer zeit unversehener weise ruiniert und nidergelegt worden ...“[217] Auch Lüttich, Maastricht und Roermond sandten Hilfsgüter, und Papst Alexander VII. ließ durch den Kölner Nuntius Giuseppe Maria Sanfelice 4000 Scudi nach Aachen schicken. Das Reich dagegen war träge – erst 1660 bewilligte der Kaiser die Streichung des Aachener Anteils an den Satisfaktionsgeldern aus dem Dreißigjährigen Krieg und senkte die Beiträge zur Reichsmatrikel.

Die langfristigen Folgen des Brandes waren vielfältig. Beim Wiederaufbau veränderte die Stadt ihr Gesicht. Stein setzte sich gegenüber dem Holz als Baumaterial vor allem bei tragenden Wänden durch, während die Fachwerkbauweise beibehalten wurde, wodurch die für das Aachen dieser Zeit typischen Steinfachwerkbauten entstanden, bei denen ein Blausteingerippe mit Ziegelmauerwerk gefüllt wurde. Die Schornsteine wuchsen höher und die für viele mittelalterliche Städte typische Verbreiterung der Gebäude nach oben wurde verboten und verschwand. Obwohl die Einwohnerzahl durch den Brand nicht wesentlich zurückgegangen war, hatte der Hausbestand noch ein Jahrhundert später den alten Stand bei weitem nicht erreicht. 1686 versuchte der Rat, die Besitzer von Bauplätzen, die durch den Brand entstanden waren, zur Bebauung zu zwingen, und noch 1756, gewissermaßen zum Jubiläum der Katastrophe, wurde die Anordnung mit der Drohung wiederholt, die Grundstücke öffentlich zu versteigern.[218]

Typisches Aachener Steinhaus aus der Zeit nach dem Stadtbrand

Auf der Suche nach neuen Möglichkeiten, der Aachener Wirtschaft auf die Beine zu helfen, gerieten die Bäder zunehmend wieder ins Blickfeld des Rates. Der Kahlschlag des Brandes bot die Möglichkeit zur Errichtung neuer Anlagen, in denen, wie der Stadtarzt Franciscus Blondel es angeblich formulierte, das Wasser wieder aufbauen konnte, was das Feuer zerstört hatte.[219] An der Komphausbadstraße entstand ab 1670 ein ganz neues Viertel, das zur Keimzelle des aufblühenden Badebetriebes wurde. Bei allem Aufbauwillen gelang es dem Rat dennoch nicht, über seinen Schatten zu springen, was die Lockerung der konfessionellen Positionen anging. Im Gegenteil: Man fürchtete, die Protestanten könnten über den Wiederaufbau versuchen, in Aachen einen Fuß in die Tür zu setzen. Aufbauhilfe aus den Niederlanden, deren Herrschaftsbereich seit dem Westfälischen Frieden bis Vaals reichte, lehnte der Rat mit den Worten ab, er wolle „lieber eine wüste als eine ketzerische Stadt haben“.[220]

6.2. Handwerker gegen Verleger

Dass die Zeiten für die städtische Wirtschaft zunächst härter wurden, lässt sich vor allem an der überall anzutreffenden eifersüchtigen Abschottung nach außen ablesen, die es in Zeiten des Aufschwungs nicht gegeben hatte. Konkurrenz belebte das Geschäft nicht mehr, sondern brachte es an den Rand des Ruins – das galt für die Handwerker, deren Ambachten sich mehr und mehr auf ihre Exklusivität einschworen, und es galt für die Bettler, deren Einnahmen durch zerlumpte Gesellen geschmälert wurden, die der Krieg über die Landstraßen in die Stadt spülte. Krisenängste begünstigten die Rückkehr in die Arme einer strengen Moral, die im Zeitalter der Gegenreformation alle Konfessionen erfasste. Bereits 1573 hatten die Goldschmiede in einer neuen Zunftrolle neben den neuerdings üblichen Regelungen zur Abschreckung von auswärtigen Meistern die eheliche Geburt der Kandidaten zur Voraussetzung für die Aufnahme in das Ambacht gemacht und die Teilnahme an der Prozession zum konstituierenden Bestandteil des Zunftlebens.[221] Die kurzsichtige Abschottung der Zünfte verschlimmerte deren Lage allerdings weiter. Schon 1624 war es soweit, dass man durch die Heirat mit einer Meistertochter in das Ambacht der Schneider aufgenommen wurde.[222] So trieben die Zünfte eine paradoxe Politik: Um ihr Monopol zu zementieren, verrieten sie die Ideale, die sie einst groß gemacht hatten. Während die Söhne der alteingesessenen Handwerker die Meisterbriefe praktisch geschenkt bekamen, verbrachten talentierte und motivierte Neueinsteiger „mehr Zeit in der Spülküche als in der Werkstatt."[223] Dass dabei Qualität und Innovation auf der Strecke blieben, ist nun wahrlich kein Wunder.

Sobald die Grenzen der Stadt gegen das aufblühende Gewerbe auf dem Land durchlässig wurden, konnte das städtische Handwerk nur verlieren: Unternehmer wanderten in die Umgebung ab, um den städtischen Steuerlasten und in vielen Fällen auch den religiösen Nachstellungen zu entgehen und machten den Daheimgebliebenen die Preise kaputt. Bauernsöhne boten sich als billige Arbeitskräfte an und drückten die Löhne für Gesellen und Handlanger. Das Gefühl der drohenden Übervorteilung säte nicht nur Unfrieden zwischen Stadt und Land, sondern auch zwischen verwandten Ambachten wie Schmieden und Schlossern, die sich gegenseitig die Zuständigkeitsbereiche benagten. Böses Blut entstand auch immer wieder zwischen der Stadt und den Kanonikern der Marienkirche, die die Steuervorteile der Immunität ungeniert ausnutzten, um Geschäfte zu machen. Ein jahrzehntelanger Rechtsstreit tobte um die Steuerpflicht der auf der Immunität lebenden Bürger, denen nicht ganz zu Unrecht vorgeworfen wurde, sich der Verantwortung für das Wohl des durch die Kriege arg gerupften Gemeinwesens zu entziehen. Streit gab es auch zwischen Bürgern und anderen Teilen der Geistlichkeit. Als sich 1655 einige Handwerker darüber beschwerten, dass der Dominikanerprior auswärtige Arbeitskräfte beschäftigte, antwortete dieser ganz ungerührt, die billigen Tagelöhner würden entlassen, wenn die Aachener Handwerker ihre Löhne an deren Niveau angepasst hätten.[224] Einige Angaben aus dem Jahr 1605 zeigen, dass schon vor dem Ausbruch der verheerenden Kriege der Lebensstandard der Handwerker gesunken war. Die Gehilfen der Steinmetze und Dachdecker verdienten damals etwa 6 Mark am Tag, während der Getreidepreis bei 114 Mark pro Müdde lag. Wir erinnern uns: 1386 hatte ein Bauhandwerker von seinem Tagelohn etwa 15 Kilogramm Brot kaufen können. Nun waren es noch knapp 10, und die Zeiten wurden nicht besser.[225]

Schon die monotone Wiederholung bestimmter Anordnungen, etwa das Verbot der Verarbeitung von Wolle außerhalb der Stadt oder das der Abwanderung von Gesellen in die Produktionsbetriebe der Umgebung zeigen, wie wirkungslos die Maßnahmen der Ambachten und des Rates letztlich waren. Überhaupt wirken viele dieser Anordnungen hilflos und kurzsichtig für die eigentlichen Ursachen der Probleme. Gegen die auswärtige Konkurrenz ging man auch gern mit Gewalt vor wie 1663, als der Stadtrat eine Abteilung Soldaten nach Burtscheid schickte, die ohne jede Rechtsgrundlage eine eiserne Tuchpresse zerstörten. Ähnliche Szenarien wiederholten sich, Bäckern wurden die Öfen zerschlagen und Handwerkern die Werkzeuge entrissen. 1678 ließ der Rat sogar Aachener Bürger an den Stadttoren verhaften, die vom Zechen aus den billigen Burtscheider Tavernen zurückkehrten – sie sollten sich gefälligst bei den einheimischen Wirten betrinken.[226]

Was die Messingindustrie im späten 15. und im 16. Jahrhundert für Aachen gewesen war, wurde nun die Nadelherstellung. Schon um 1600 wurde eine Reihe von verwandten Gewerben wie Eisendrahtzieher und Nagelschmiede mit eigenen Zunftordnungen versehen, 1615 folgten die so genannten Spanischen Nadelmacher, die Hersteller von stählernen Nähnadeln, für die Aachen auf Jahrhunderte hinaus zum privilegierten Standort wurde. Schon um 1700 gab es 200 Meister der Zunft in der Stadt, die ihre Produkte bis nach Spanien, Schweden und Russland lieferten.[227] Die Aufteilung in eine Reihe von simplen und immer gleich ablaufenden Arbeitsschritten machte es möglich, den Herstellungsprozess der Nadeln aufzusplitten und die einzelnen Schritte an Heimarbeiter auf dem Land zu vergeben, die keine handwerkliche Ausbildung und keine Werkstatt brauchten. Ab der Mitte des 17. Jahrhunderts begannen die Aachener Nadelmacher ein System zu nutzen, das fortan auch in anderen Branchen zum Schreckgespenst des Handwerks werden sollte: das so genannte Verlagswesen.

Handwerkswappen der Kupferschläger, Tuchscherer, Töpfer und Drahtzieher

Durch das Verlagswesen produzierten kapitalkräftige Unternehmer Fertigwaren wie Stoffe und eben Nadeln in industriellen Mengen, indem sie die Rohstoffe einkauften und für die Fertigung an Subunternehmer oder direkt an lohnabhängige Arbeitnehmer – oft beschäftigungslose Erntearbeiter und deren Familien – weitergaben. Für die einzelnen und nicht selten an verschiedenen Standorten erledigten

Arbeitsschritte war keine handwerkliche Ausbildung mehr nötig, so dass vor allem auf dem Land in großer Zahl Frauen und Kinder zu Hungerlöhnen für die Arbeiten herangezogen wurden. Da die Produktion auf große Stückzahlen angelegt war, konnten die Verlagsunternehmer einen ganz anderen Absatzmarkt zu ganz anderen Preisen bedienen als die Handwerker in der Stadt, denen schon bald die Luft knapp wurde. Die Aachener Gegend war als Standort für diese frühindustrielle Produktionsweise besonders geeignet und bot alles, was das Verlegerherz begehrte: die nötige Infrastruktur für den Handel, zahlreiche Wasserläufe für die Energiegewinnung und ein Überangebot an Arbeitskräften. Ein lästiges Problem waren allerdings die städtischen Zunftbeschränkungen, denen ja alle Gewerbetreibenden unterworfen waren. Es entsponn sich ein erbitterter und langwieriger Kleinkrieg um die Einhaltung dieser Beschränkungen vor allem im Hinblick auf die Anzahl der zugelassenen Gesellen in einem Betrieb. Die Verleger waren dabei die ganze Zeit über in der Offensive, nutzten gnadenlos jede Gesetzeslücke aus und ließen es im Zweifelsfall auf langwierige Prozesse vor dem Reichskammergericht ankommen, bei denen sie meistens ohnehin den längeren Atem hatten, während die Gegenpartei allein an den jahrelang laufenden Anwaltskosten zu ersticken drohte. Die Dickfelligkeit der Verleger ging so weit, dass bald Dutzende von Betrieben mit der größten Ungeniertheit die Vorschriften missachteten, ohne dass ernsthafte Konsequenzen zu drohen schienen. Derweil wurde den aufmüpfigen Handwerkern mit dem Entzug der ohnehin schlecht bezahlten Aufträge gedroht oder die zuständigen Stellen bei der Stadt geschmiert. 1755 prozessierte der Fabrikant Heinrich Heubgens gegen die Tuchschererzunft, die er auf diesem Weg zur Zusammenarbeit mit seinen auswärtigen Arbeitern zwingen wollte. Schon 1747 hatte er versucht, Meister und Gesellen in Aachen gegeneinander auszuspielen, indem er alle seine Tuchscherergesellen entlassen und den Aachener Meistern Aufträge unter der Bedingung angeboten hatte, dass sie die von ihm entlassenen Tuchscherer nicht einstellten. Nachdem er sie zwischenzeitlich durch falsche Versprechungen auf seine Seite gebracht hatte, gab es schon bald wieder derart böses Blut, dass man Heubgens Totenköpfe an die Hauswände schmierte und Drohbriefe schickte.[228]

Nach der Nadelproduktion ging auch die Textilherstellung immer mehr zum Verlagssystem über und erlebte eine neue Blüte. Weber, Walkmüller, Färber und Scherer arbeiteten für die Verleger, die ihre Produktion mehr und mehr aus der Stadt ins Umland verlegten, teilweise mit Erlaubnis des Rates, der sich die Genehmigung zur Auslagerung einzelner Arbeitsschritte bezahlen ließ. Unternehmerdynastien entstanden und begannen auch politisch eine Rolle zu spielen. Als Cornelius Chorus im Jahr 1754 mit 95 Jahren starb, beschäftigte seine Firma 1000 Arbeiter im Umland von Aachen und hatte in der Stadt selbst mehr als 50 Meister von sich abhängig gemacht. Nur zehn Jahre später betrieb Johann Heinrich Scheibler in Monschau Fabriken mit 6000 Arbeitern. Seine Tuche kleideten die feinen Herren

Inschrift über dem Portal der Tuchfabrik von Johann Arnold von Clermont in Vaals

aus ganz Europa und schließlich sogar die Haremsdamen des Orients.[229] Den Stolz und die Überheblichkeit, aber auch den Trotz dieser Industriepioniere gegenüber der Stadt, die sie nicht gewähren lassen wollte, drückte der Tuchfabrikant Johann Arnold von Clermont in einer lateinischen Inschrift am Eingang seiner Fabrik in Vaals aus, wohin er mit seinem Betrieb 1765 ausgewandert war: SPERO INUIDIAM – „Ich hoffe, beneidet zu werden."[230]

6.3. Analphabeten und Schöngeister

Während in vielen Städten die Bevölkerung durch Kriege und Seuchen zurückging und wegen der trüben Aussichten des Handwerks nicht oder nur zögerlich wieder aufgefüllt wurde, konnte Aachen seine Einwohnerzahl das 17. Jahrhundert hindurch bei etwa 14 000 konstant halten und bis zum Ende des 18. Jahrhunderts auf mehr als 23 000 steigern.[231] Immer noch wurde eingewandert, und immer noch schafften es einige der Neuankömmlinge, unter denen nach 1750 auch wieder mehr Protestanten waren, trotz der Verarmung der handwerklichen Mittelschicht in den Aachener Geldadel aufzusteigen. Dabei hatte eine Neuauflage des Gaffelbriefs aus dem Jahr 1681 strenge Auflagen an die Aufnahme von Neubürgern und an deren politische Betätigung geknüpft, und 1713 hatte es neue Zwangsmaßnahmen von kaiserlicher Seite gegen die evangelischen Gemeinden gegeben. Während die Aachener Protestanten, die nach wie vor keine eigene Kirche hatten, die Gottesdienste in Vaals besuchten, wobei sie manchmal sogar von den Bauern des Aachener Reichs mit Steinen beworfen wurden, musste die Burtscheider Calvinistengemeinde ihr Gotteshaus auf einen ungnädigen Befehl des Kaisers hin bis auf die Grundmauern abreißen. Gleichzeitig wurden katholische Kaufleute mehrmals durch das Versprechen von Abgabenfreiheit und Bürgerrechtsverleihung zur

Ansiedlung in der Stadt aufgefordert, um bestimmte Wirtschaftszweige gezielt zu fördern.

Die Wut der Gesellen auf die Verleger war wegen deren Geschäftspraktiken, vor allem wegen der alltäglichen Erpressung mit Auftragsentzug enorm, und doch waren sie weitgehend machtlos gegen den Preisdruck. Aus Gesellen wurden Handlanger und aus Handlangern Arbeitslose. Kein Wunder, dass schon bald die Zahl der Hilfsbedürftigen so weit angestiegen war, dass 1622 die Erstellung von Armenlisten und 1639 die Verkündung einer Bettelordnung zur Regulierung des Almosenwesens nötig wurden. Nach dem großen Stadtbrand von 1656 wurden die ortsfremden Bettler der Stadt verwiesen. 1693 wurde schließlich bestimmt, dass nur betteln durfte, wer seit mindestens fünf Jahren in der Stadt lebte und der katholischen Konfession angehörte. Bettler bekamen von der zuständigen Behörde eine Art Plakette mit dem Reichsadler ausgehändigt, mit der sie sich als unbemittelt ausweisen mussten, und in ihren Häusern wurden Kontrollen durchgeführt, um die Hilfsbedürftigkeit zu überprüfen. Dass sich auffallend viele Bettler in der Stadt bewegten, fiel den Einheimischen und auch den Auswärtigen auf. Gegen Ende des 18. Jahrhunderts bemerkte ein anonymer Franzose: „Vom Maestrichter- bis zum Adalbertsthor hat man kaum etwas anderes zu befürchten, als die Zudringlichkeiten der Bettler, was mehr traurig als schreckend ist; vom Adalbertsthor dagegen bis zum Jakobsthor kann man für schlimme Fälle nicht haften: man begegnet dort liederlichen Dirnen, ausgelassenen Burschen, Störern der öffentlichen Ruhe und dergleichen; ein anständiger Mensch kann sich wahrhaftig auf derartige Fußwege nicht wagen."[232] Noch um 1800 lag der Anteil der Schreibkundigen an der Aachener Bevölkerung weit unter den Werten für andere Städte des Rheinlandes, wahrscheinlich eine direkte Folge der durch das Verlagswesen weit verbreiteten Kinderarbeit. Selbst aufgeklärte Fabrikan-

Spießrutenlauf: Überfall auf Protestanten auf dem Weg zum Gottesdienst (1765)

ten hielten es oftmals für überflüssig, den Kindern eine grundlegende Schulbildung zukommen zu lassen.[233]

Dennoch wird die Reihe der Chroniken, die sich mit dem ganz alltäglichen Geschehen in der Stadt befassen, im Verlauf des 18. Jahrhunderts dichter. Das bekannteste Werk dieser Art stammt aus der Feder des Bürgermeistereidieners Johannes Janssen, der aufmerksam und detailfreudig viele Ereignisse festhielt, die anderen Chronisten nicht berichtenswert erschienen. Seine Chronik ist ein Spiegel der Mentalität einer Zeit, die zwischen Aberglauben und Aufklärung schwankte, sie ist gespickt mit Klagen über die sittliche Verkommenheit als Ursache aller Übelstände seiner Epoche, die immer noch als Gottesstrafe angesehen wurden: „Man kann sich nicht verwunderen über die jetzige Jugend wie diese so wild und ausgelassen bei jetziger Zeit ... In Summa weder alt noch jung, reich noch arm taugt nit mehr."[234]

Dem gesteigerten Informationsbedürfnis der gebildeten Bevölkerung entsprach die Entstehung eines rudimentären Pressewesens. Der Übergang von den ereignisbezogenen und sensationswütigen Flugblättern der Reformationszeit zu regelmäßig erscheinenden Zeitungen war zu Janssens Zeiten bereits vollzogen. Während es in Köln schon 1620 eine eigene Zeitung gab, machte in Aachen der Drucker Anton Metternich im Jahr 1667 den Anfang mit seiner „Ordinari wochentliche Freitags-Post-Zeitung" – ein Blatt, von dem leider kein einziges Exemplar erhalten ist und das sein Erscheinen schon kurz darauf wieder einstellte. Es folgte 1680 eine zweite Aachener Zeitung, herausgegeben von Johann Heinrich Clemens, der sich 1681 beim Rat über die Konkurrenzblätter aus Köln beschwerte und vergeblich versuchte, ein Verkaufsverbot der auswärtigen Zeitungen zu erwirken.[235] 1688 stellte auch dieses Blatt sein Erscheinen ein. Erst 1729 kam dann die umständlich betitelte und zweimal wöchentlich erscheinende „Ordinari Kayserliche Reichs-Stadt Aachische Post-Zeitung" auf den Markt, die die Aachener mit Anzeigen, amtlichen Bekanntmachungen und Nachrichten aus der ganzen Welt versorgte, die allerdings so allgemein wie möglich gehalten waren und sich jedes politischen Kommentars enthielten, da sowohl das Sendgericht, als auch ein vom Rat bestellter Zensor darüber wachten, dass nichts an die Öffentlichkeit kam, was Unruhe verursachen konnte. Nachrichten aus der Stadt fehlten fast ganz, was damit begründet wurde, dass sich die Ereignisse vor Ort ja ohnehin von selbst herumsprächen.[236] Diese Feststellung ist bezeichnend für die Zuverlässigkeit der Mundpropaganda in einem Gemeinwesen von 20 000 in der Mehrheit nicht lesekundigen Einwohnern, in dem jeder seine Nachbarn, Zunftgesellen und Pfarrgenossen kannte und aus ihnen ein eigenes Informationsnetzwerk gesponnen hatte, dem eine zweimal wöchentlich erscheinendes Postille nicht das Wasser reichen konnte und wollte.

So schlug das mehr oder weniger gebildete Aachener Publikum die Zeitung vor allem auf, um wenig zuverlässige Kolportagen über Ereignisse in anderen Städten und Ländern sowie gefälligen Klatsch über die gekrönten Häupter des Kontinents

Titelblatt der „Kayserlich Freyer Reichs-Stadt Acher Zeitung" (1769)

und Abhandlungen über die Pariser Hutmode zu lesen. Für das Aachener Leben sind darüber hinaus die Anzeigen interessant, denn für Theaterveranstaltungen wurde dort ebenso geworben wie für durchreisende Gaukler und Schausteller, die Riesen und Zwerge, dressierte Affen und Hunde und sogar ein Wachsfigurenkabinett durch die Lande karrten.[237] Stellenanzeigen geben Auskunft darüber, welche Fertigkeiten die feine Aachener Gesellschaft bei ihren Hausangestellten schätzte: „Ein Mohr, welcher von Allem etwas versteht, sucht eine Stelle als Kutscher" – so liest sich ein Gesuch, während die Angebote eindrucksvoll zeigen, dass man in der Zeit der gepuderten Perücken als Hausangestellter bessere Chancen auf einen Arbeitsplatz hatte, wenn man den Umgang mit dem Lockenwickler übte, anstatt das Kehrblech kreisen zu lassen: „Ein Bedienter gesucht, der deutsch, französisch und italienisch sprechen und frisiren kann ..."[238] Die Forderung nach Kenntnissen in der Kunst des Frisierens zieht sich fast wie ein roter Faden durch die Stellenausschreibungen. Abgerundet wird das Angebot durch Inserate von Tanzlehrern, Erziehern und Anbietern von allerlei Medikamenten.

Nach der Mitte des 18. Jahrhunderts schlug die Aufklärung in Aachen stärker durch. Es bildeten sich Zirkel, die selbst die katholische Gesellschaftsordnung nicht mehr als selbstverständlich hinnahmen. 1774 wurde die Freimaurerloge „La Constance" gegründet und bekam 1778 den deutschen Namen „Zur Beständigkeit". Nur ein Jahr später war sie bereits verboten, doch dadurch ließ sich die konfessionsübergreifende Gedankenfreiheit auch nicht mehr unterdrücken. Unter den 15 Gründungsmitgliedern der Loge waren acht Katholiken, vier Lutheraner und drei Calvinisten gewesen, lauter wohlhabende Bürger, durch deren Zusammenschluss sich bereits andeutete, dass die Gesellschaft da-

Es wird hiemit bekannt gemacht, daß Johann Wahl von Andernach bürthig mit beglaubten Certificaten versehener Cammer-Jäger dahier angekommen, und bey seinem in klein Cöllnstraß wohnenden Schwager Johann Peter Hoch blaufarber und Printer ohnweit der Minderbrüder Kirch logiere, und bey demselben eine Witterung um die Ratzen und Mäuse zu vertreiben, und zu tödten, in Form eines Pulvers ad 12. Mark Aix, wie auch eine Venetianische Tinctur um die Wantzen in zweymahl 24. Stunden zu vertreiben und zu tödten, auch per enkel Glaß zu 12. Mark, zugleich auch ein bewährtes Mitel für die Hüner-Augen ad 4. Mark zu haben seye.

Kammerjäger gefällig? Werbeanzeige aus einer Aachener Zeitung (1769)

bei war, ihre Gliederungsebenen zu kippen. 1783 wurde eine Lesegesellschaft gegründet, in deren Räumlichkeiten europäische Zeitschriften und allerhand aufklärerische Schriften auslagen.

Schon 1772 war mit der wöchentlich erscheinenden „Privilegirten Kaiserlichen Reichspostamts-Zeitung" ein Blatt auf den Markt gekommen, das vor allem mit seiner vom Freiherrn Friedrich Wilhelm von der Trenck herausgegebenen Beilage „Der Menschenfreund" Ideen der französischen Revolution vorwegnahm und innerhalb von kürzester Zeit wegen seiner Ausfälle gegen die Kirche und wegen des ungebührlichen Tones gegenüber den Monarchen mit der Zensur aneinandergeriet. Gleichzeitig beschwerte sich der pfälzische Kurfürst über das laxe Zensurwesen und klagte, in Aachen könne scheinbar jeder drucken lassen, was er wolle.[239] Offenbar nahmen sich die Aachener Zensoren die Kritik zu Herzen und machten Eugen von Heinsberg, dem Gesamtherausgeber der Zeitung, das Leben derart schwer, dass der „Menschenfreund" noch im selben Jahr 1772 eingestellt wurde. Die „Reichspostamts-Zeitung" dümpelte noch ein paar Jahre lang zahnlos vor sich hin und ging dann auch ein. Von der Trenck beharkte sich noch eine zeitlang mit den Zensoren, die er mit „muthwillig ausschlagenden Eseln" und ähnlichem verglich und als „Tölpel Schmerbauch, Kilian Büffel, Hans Bavian und Görgen Schafreckel" karikierte.[240] Auch mit der Geistlichkeit geriet er aneinander; die Aachener Priesterschaft bezeichnete er im allgemeinen als „grunzende Pfaffen" und den Erzpriester Tewis, mit dem er sich 1775 einen regelrechten Flugblätterkrieg lieferte, als „hochwürdige Canaille".[241] Es ist eine Ironie der Geschichte, dass von der Trenck, der die Stadt bald darauf verließ, um sich in Österreich mit der Regierung anzulegen, schließlich ausgerechnet im revolutionären Frankreich wegen Spionage für Österreich verurteilt wurde und unter die Guillotine kam.

6.4. Soldaten, Deserteure, Banditen

Der Dreißigjährige Krieg war eins der folgenschwersten Ereignisse für die deutsche Geschichte überhaupt. Die Verzahnung von Bündnispartnern und Feinden mit ihren unterschiedlichen Interessen, die langfristigen Auswirkungen auf die Machtgewichtungen zwischen den beteiligten Herrschern und den verschiedenen gesellschaftlichen und politischen Gruppierungen ihrer Staaten, die demografischen Veränderungen vor allem durch Seuchen und Hungersnöte, die Verwüstung von Kulturlandschaften und die Schaffung neuer Absatzmärkte, die teuer erkauften Siege und die Winkelzüge der Diplomatie bei den Friedensverhandlungen – all das hat zu komplexen Diskussionen darüber geführt, wer diesen Krieg eigentlich gewonnen hat. Liest man die Chroniken und Berichte der Augenzeugen, dann stellt man fest, dass im Kampf um das tägliche Überleben der Bevölkerung Sieg und Niederlage schon deshalb eine untergeordnete Rolle spielten, weil Feinde und

Verbündete sich vor Ort an ihrem Verhalten so gut wie gar nicht unterscheiden ließen. Für die Bevölkerung in Stadt und Land war dieser Krieg eine endlose Kette von Durchmärschen und Besetzungen, von Erpressung und Raub, von Misshandlung und Vergewaltigung. Den Weg der Heere und ihrer nach unten hin nahtlos zu Räuberbanden ausfasernden Bestandteile säumten brennende Gehöfte, zertrampelte Felder und geplünderte Städte. Nur wenige Landstriche blieben davon verschont.

Schloss Kalkofen im Osten von Aachen

Der Nordwesten Deutschlands hatte durch die Nachbarschaft zum Unabhängigkeitskrieg in den Niederlanden schon einen Vorgeschmack auf das bekommen, was es bedeutete, wenn Söldnerheere das Land heimsuchten, gegen die die Gefolgschaften des spätmittelalterlichen Fehdewesens sich bescheiden ausnahmen. Plünderungen im Aachener Umland und die Erpressung von Krediten, die nie zurückgezahlt wurden, hatte es schon 1568 direkt nach dem Beginn des Krieges gegeben. Im Juni 1572 erließ der Rat eine neue Wachordnung, nach der Fremde ausgiebig über den Zweck ihres Besuchs und ihre Unterkunft befragt wurden. Bezeichnenderweise mussten Feuerwaffen vor dem Betreten der Stadt auf dem Feld abgeschossen werden, damit niemand die Stadt mit geladenen Büchsen betrat.[242] In den folgenden Jahren tauchten die ungebetenen Gäste aus den Niederlanden immer wieder vor der Stadt auf, plünderten und schleppten Krankheiten ein. Nur selten leistete man Gegenwehr wie 1582, als die Aachener die spanische Besatzung von Schloss Kalkofen bis auf einen Mann niedermachten und die Soldateska so für kurze Zeit aus dem Land vertrieben. 1587 waren die Spanier wieder da und forderten 7000 Taler im Monat für die Verpflegung, während der Getreidepreis sich gegenüber den Vorjahren verfünffachte.[243]

Als der Dreißigjährige Krieg begann, war Aachen bereits besetzt. Die spanischen Truppen, die 1614 unter Ambrogio Spinola Doria die katholische Ordnung wieder hergestellt hatten, waren teilweise durch kaiserliche Landsknechte ersetzt worden. Alle Versuche der Aachener, die Truppen loszuwerden, schlugen fehl: 1624 wandte man sich an den Kaiser und 1627 an die spanische Infantin Isabella Clara Eugenia, die den Aachener Heiligtümern einen Besuch abstattete. Erst das Jahr 1632 brachte eine Wende. Die Generalstaaten eroberten die Provinz Limburg und forderten die seit dem Mittelalter damit verbundenen Obervogteirechte in Aachen ein. Und während die spanische Besatzung noch im selben Jahr aus Aachen abzog, verlangten die Niederländer schon 1633 die Zulassung der Protestanten zu den Ambachten – allerdings ohne Ergebnis.

Bis 1636 blieb die Stadt noch von den Kriegsereignissen verschont, während im Umland die Soldateska ihre Kreise zog. Ab und zu musste der Rat durch Preisvorschriften gegen Wucher und Spekulation einschreiten, aber eine echte Bedrohung blieb aus. Ende Januar 1636 erschien dann der kaiserliche Oberst von Bredau vor der Stadt und brachte seine Kanonen am Salvatorberg in Stellung. Zähneknirschend erlaubte der Rat die Einquartierung – etwas anders blieb ihm aufgrund der unzureichenden Verteidigungsanlagen auch nicht übrig – und nahm die Truppen bis zum Juni desselben Jahres auf. Die Einquartierung schlug mit fast 200 000 Reichstalern zu Buche und gab eine Vorstellung von den Kosten, die den Aachenern in den folgenden Jahren ins Haus standen.[244] Immer wieder versuchte man durch Zahlungen die Soldaten fernzuhalten, doch schon im März 1638 kam es zu einer Beschießung durch den kaiserlichen General Carretto, dem man die Winterquartiere verweigert hatte. Es half nichts, dass der Rat sich bei der Stadt Köln beschwerte, die die Munition für die Kanonade geliefert hatte: Statt der erwarteten 600 Soldaten zogen nun 1500 Mann ein und verschlangen bis zum 1. Juni knapp 66 000 Reichstaler. Im Dezember nahm dann General Piccolomini mit einem Teil seiner Truppen in Aachen Winterquartier für den Gegenwert von 32 000 Reichstalern; 1640 und 1641 konnte sich die Stadt von der Einquartierung für Zahlungen in ähnlicher Größenordnung freikaufen, die zum Teil in Waffenlieferungen beglichen wurden. Insgesamt hatte der Krieg die Stadt bis dahin nicht weniger als 380 000 Reichstaler gekostet. Kredite waren aufgenommen und Steuern ausgeschrieben worden, die wiederum zu einem jahrelangen Streit mit dem Kapitel führten, das sich mit Hinweis auf seine Steuerfreiheit jeder finanziellen Mitverantwortung zu entziehen versuchte. Bestimmungen über den Wachdienst auf dem Rathaus aus dem Jahr 1645 werfen ein Schlaglicht auf Moral und Zustand der städtischen Miliz: Umherschießen und Verfeuern der Holztüren wurden ebenso verboten wie Saufgelage im Wachlokal; viele Soldaten erschienen offenbar einfach nicht beim Dienst, so dass schließlich ein allgemeines Alkoholverbot erlassen werden musste.[245] Bis zum Ende des Krieges kosteten ein von der Stadt unterhaltenes kaiserliches Regiment und gelegentliche Zahlungen an durchziehendes Kriegsvolk noch einmal etwa 400 000 Reichstaler. Auch nachdem der Westfälische Frieden dem Krieg offiziell ein Ende gesetzt hatte, war die Tortur noch nicht vorbei: Hessische Truppen plünderten Aachener Kaufleute aus, daneben wurden Abschlagszahlungen und so genannte Satisfaktionsgelder an die auf die Heimreise wartenden Schweden fällig, und noch 1653 verwusteten lothringische Soldaten das Aachener Reich und richteten dabei einen Schaden von rund 100 000 Reichstalern an, so dass die Gesamtkosten eine Million überstiegen. Für das ausstehende Geld wurden Aachener Kaufleute haftbar gemacht, die sich bisweilen unversehens in Gefangenschaft wiederfanden. In einem Schreiben an den Kaiser, das wahrscheinlich aus dem Jahr 1653 stammt, resümierte der Aachener Rat die Situation so: „Ob nun einiger ander stand des heiligen reichs in so kurzer zeit auch so hoch belästiget und beschwert worden seie als eben diese Euer Majestät königliche stuel und statt Aach, solches wird schwerlich zu glauben stehen."[246]

Auf dem Friedenskongress wurde Aachen durch den Bürgermeister Joachim von Berchem vertreten, die Protestanten schickten Georg Ulrich Wenning. Bei den Verhandlungen ging es um den Stichtag für den Besitzstand der Religionsparteien – man einigte sich auf den 1. Januar 1624 – und um Detailfragen wie die Zulassung der Protestanten zu den Zünften und das Verbot der privaten Religionsausübung. Die Formulierung darüber war am Ende so schwammig, dass der Streit nach dem Krieg gleich weiterging. War die private Ausübung der Religion nun eine Gewohnheit gewesen oder nicht? Während die immer noch im Umland der Stadt umherstreifenden Schweden den Rat 1649 zur Öffnung der Stadttore zwangen, damit die Evangelischen die auswärtigen Gottesdienste besuchen konnten, wurde wieder einmal eine kaiserliche Kommission ernannt, die die Frage der Religionsausübung und der Zunftfähigkeit der Protestanten zu prüfen hatte, doch weil die Schweden das Interesse verloren und die Kommission nie in Aachen ankam, blieb am Ende alles beim Alten.[247]

Das Jahrhundert blieb kriegerisch. Auf den Dreißigjährigen Krieg folgte der so genannte Devolutionskrieg zwischen Frankreich und Spanien, in dessen Verlauf Ludwig XIV. sich Teile der spanischen Niederlande einverleibte. Trotz der schweren Zerstörungen durch den Stadtbrand wurde Aachen als Tagungsort für die Friedensverhandlungen ausgesucht. Im April 1668 gab die Stadt ihr Debüt als Kongressort, und am 2. Mai konnte der Friede zwischen den Vertretern der beteiligten Mächte, nämlich dem Marquis de Croissy, einem Bruder des berühmten Finanzministers Colbert für Frankreich und dem Freiherrn von Bergeyck für Spanien geschlossen werden. Vermittelt wurde der Vertrag durch den päpstlichen Nuntius Agostino Franciotti, der im Haus des Bürgermeisters Gerlach Mauw am heutigen Friedrich-Wilhelm-Platz residierte, wo auch die Vertragsurkunde unterzeichnet wurde. Im Vergleich zum Friedenskongress von Münster, wo man 20 Jahre zuvor mit komplizierten und langwierigen Absprachen die Prachtentfaltung der Diplomaten auf ein vertretbares Maß hatte eindämmen müssen, waren die Auftritte der Gesandten in Aachen bescheiden; einzig Croissy fuhr mit mehreren Kutschen, livrierten Pagen und einer Eskorte von 140 Reitern vor. Und während französische Truppen weiter das Umland ausräuberten, blieb Franciotti in Aachen, wo er zwei Jahre später starb.

Und so ging es weiter. Im November 1677 wurde Aachen noch einmal durch den münsterischen General von Wedel beschossen, wieder einmal wegen Verweigerung des Winterquartiers, und als man sich schließlich auf die Lieferung von Lebensmitteln einigte, behielten die Soldaten Wagen und Zugtiere gleich ein. Ein Jahr später richteten französische Truppen in Aachen ein Magazin ein, 1689 lagen über 2000 brandenburgische Soldaten im Winterquartier, und 1695 überfiel ein französisches Kommando die Stadt und raubte die Kriegskasse der Brandenburger, was zu einem 15 Jahre dauernden Rechtsstreit zwischen dem Kurfürsten und der Stadt darüber führte, wessen Nachlässigkeit den Überfall nun eigentlich möglich gemacht hatte. Als man sich 1710 auf einen Vergleich einigte, tobte schon der spanische Erbfolgekrieg, der, wie könnte es anders sein, das Aachener Umland verwüstete und Soldaten zum Winterquartier in die Stadt brachte. Als sei die Ausplünderung durch die Soldaten nicht genug, ließ die Ehegattin des während des polnischen Thronfolgekrieges in Aachen einquartierten kaiserlichen Generals Friedrich Heinrich von Seckendorf bei der Abreise im Dezember 1735 ein Fass voller Wachskerzen aus dem Besitz der Stadt mitgehen.[248]

Ein weiterer zweifelhafter Höhepunkt der unseligen Auseinandersetzungen zwischen den europäischen Mächten war der Siebenjährige Krieg, der wiederum Franzosen nach Aachen brachte. Die Größe der Heere war in den vergangenen Jahrzehnten stetig angewachsen. Und die Soldaten waren nicht das einzige Problem: „Dem französischen Heere folgte zudem ein ungeheurer Tross von Weibern, Köchen, Perückenmachern, Gauklern und anderem Gelichter, die es sich angelegen sein liessen, französische Liederlichkeit überall einzubürgern.“[249] Dazu kamen noch Verwundete und Flüchtlinge, die in Klöstern untergebracht wurden. Die Franzosen setzten den Magistrat fest, um die Errichtung eines Magazins und die Lieferung von Heu und Hafer zu erzwingen und pressten allein im Jahr 1760 insgesamt 350 000 Reichstaler aus der Stadt.[250] Dennoch liefen ihnen zu allem Überfluss beim Auszug angeblich auch noch die Ehefrauen der nicht nur geschröpften, sondern nun auch noch gehörnten Aachener Bürger hinterher.[251]

Während im Dreißigjährigen Krieg noch mit Söldnerarmeen gekämpft wurde, waren es nun stehende Heere, die weniger mit Geld und Aussicht auf Beute, als mit Zwangsmaßnahmen und drakonischen Strafen rekrutiert und bei der Stange gehalten wurden. Desertionen waren an der Tagesordnung. Kaum angeworbene Soldaten liefen in Massen davon, versteckten sich in Dörfern und Städten und fanden nicht selten die Solidarität der Bevölkerung, bei der die Werber mit ihren rabiaten Methoden ohnehin äußerst unbeliebt waren. Im Juli 1745 stürmte in Aachen eine wütende Menge die Gefängnisse, in denen österreichische Werber insgesamt 30 Deserteure eingesperrt hatten, die aus den Fenstern um Hilfe riefen.[252] Mehrmals kam es in dieser Zeit zu Aktionen, bei denen Werber mit Steinen beworfen und Rekruten, die offenbar gegen ihren Willen verschleppt worden waren, befreit wurden.

Die ständigen Kriege, der Terror der Werber und die Bedrohung der Existenz durch Plünderung und Brandschatzung führten zu einer Verrohung der Bevölkerung vor allem auf dem Land, die bald die Grenzen zwischen Krieg und Frieden, Soldaten und Räubern auf beispiellose Art verschwimmen ließ. Deserteure hielten sich mit Diebstählen über Wasser, Bauerntrupps schlugen den zerlumpten Bodensatz ganzer Kompanien in die Flucht oder schlossen sich diesem an, und auch wer nicht unmittelbar am Krieg beteiligt war, führte bald einen Existenzkampf, der alle Züge einer kriegerischen Auseinandersetzung mit der Staatsmacht tragen konnte. In der Aachener Nachbarschaft trieb um die Mitte des 18. Jahrhunderts eine Horde ihr Unwesen, die von der Bevölkerung als Bockreiterbande bezeichnet wurde, weil schon bald allerhand Gerüchte von satanischen Aufnahmezeremonien die Runde machten. Sie rekrutierten sich aus umherziehenden Gaunern und Deserteuren und durchstreiften ein Gebiet von etwa 30 Kilometern Durchmesser nordwestlich von Aachen bis zur Maas. Dabei kam ihnen die Aufsplitterung des Landes in dieser Gegend zugute, weil sie durch die schnelle Überschreitung von Grenzen den Verfolgern immer wieder ein Schnippchen schlagen konnten. Um 1740 häuften sich die Hauseinbrüche, bei denen die Bewohner von schwarz geschminkten oder maskierten Eindringlingen zur Preisgabe der Geldverstecke gezwungen wurden. Ihre Aktivitäten gingen in Wellen über das Land, Verhaftete verrieten unter der Folter ihre Komplizen und dieselben Soldaten, die für die Bekämpfung der Bande eingesetzt wurden, wechselten bei ausbleibender Bezahlung bisweilen die Seite und schlossen sich den Bockreitern an. Um 1770 hatte die Bande mindestens 500 Mitglieder allein im Maasgebiet. In diesem Jahr wurde der Aachener Joseph Keyser auf dem Markt in Jülich gefasst, wo er ein gestohlenes Pferd verkaufen wollte. Weil seine Komplizen fürchteten, er könnte unter der Folter ihre Namen verraten, erwogen sie sogar, ihn im Kerker zu vergiften.[253] Doch dazu kam es nicht. Es folgte eine neue Hinrichtungswelle, danach gingen die Aktivitäten langsam zurück. Mit welcher Härte die frühneuzeitliche Justiz gegen Gesetzesbrecher vorging, ist hinreichend bekannt und wird durch eine schon um 1700 erstellte Gebührenordnung des Aachener Henkers ebenso knapp wie eindrucksvoll bestätigt: „einen zu stranguliren“ kostete demnach 10 Reichstaler, und „einen zu enthaubten“ sogar 15. Zusätzliche Dienstleistungen wie „den kop mit ein beyl abzuhawen“ und „den kop auf eine stang zu setzen“ schlugen noch einmal zusätzlich mit jeweils 5 Reichstalern zu Buche.[254]

Doch auch in späteren Jahren kam es immer wieder zu Überfällen und Schutzgelderpressungen im Aachener Umland. Ein Drohbrief aus dem Jahr 1794 zeigt eindrucksvoll, wie die wenig gebildeten Gauner ihren Erpressungsversuchen eine amtliche Note zu geben bemüht waren. Angesichts der kindlichen Verbissenheit – man wies extra darauf hin, dass der Brief mit Blut unterschrieben war – und der Dichte der Rechtschreibfehler könnte man fast vergessen, dass hier professionelle

Schutzgelderpresser am Werk waren. Eine Bande aus 26 Leuten weist da einen gewissen Johannes Pruemper darauf hin, dass sein Haus wegen der unzureichenden Schutzgeldzahlungen ohne die Fürsprache von zweien ihrer Spießgesellen schon längst in Flammen aufgegangen wäre und fordert ultimativ folgendes: „Jetz sage wir dir zum letzte mahl, du solles noch 26 conen an gelt in der nemeligen nagel hencken des abens um 10 auren den 11. februarius auff die dag ... So du dass gegeben hast, so bist du befreiet von alle übel bey dag und bey nacht. So du das gelt gipts, so gipts du auch der breiff wederum zurück; aber nem dich in ach, dass du kein man etwass davon sagts, sonst hilff dir dass alles nichts, sonsts bist du dein leben niemer sicher bey dag und bey der nacht. Der shluss der ist gemacht; wir haben alle 26 uns untershrieben mit unsere blut; so du nicht 26 conen an gut gelt gipts, nochmal, so ist alles umsonst und alles nichts wer dir helften. Amen."[255]

6.5. Der Aachener Frieden

Nach dem Friedensschluss von 1668 bemühte sich die Stadt Aachen auch weiterhin als Verhandlungsort. Seit dem Westfälischen Frieden gab es für europäische Kongresse einen gesteigerten Bedarf, denn die Staaten des Kontinents waren durch dieses grundlegende Vertragswerk in ein kompliziertes Netzwerk eingewoben, in dem jede kleine Gleichgewichtsverschiebung sich sofort auf die Nachbarn und die Nachbarn der Nachbarn auswirkte, so dass Konflikte kaum noch regional begrenzt blieben. Dazu kam, dass wegen der kreuz und quer laufenden verwandtschaftlichen Verbindungen zwischen den Dynastien nach dem Aussterben einer Linie oft schon bald Ansprüche aus anderen Ländern angemeldet wurden, deren gekrönte Häupter sich als Schwager, Großneffen oder Enkel der Verstorbenen entdeckten, militärisch vollendete Tatsachen schufen und ihre Forderungen durch waghalsige juristische Traktate unterstützten, die aus den zur Verfügung stehenden Gesetzbüchern jeweils das Erbrecht heranzogen, das gerade genehm war. Besonders Ludwig XIV. von Frankreich betrieb eine solche Politik mit großer Konsequenz und stürzte Europa damit in eine

Kaiserin Maria Theresia von Österreich (1745 – 1780)

Reihe von Kriegen, deren Ergebnisse am Verhandlungstisch bestätigt oder korrigiert werden mussten, wobei die französischen Diplomaten ihre Gegner oft so geschickt gegeneinander ausspielten, dass Frankreich am Ende besser dastand als das durch das militärische Kräfteverhältnis gerechtfertigt gewesen wäre. Die Friedensschlüsse von Aachen (1668), Nimwegen (1679), Ryswijk (1697) und Utrecht (1713) waren Meilensteine auf diesem Weg und wurden vom Volksmund in den Klageruf „Ach, Nimmweg, Reißweg, Unrecht!" umgewandelt.

Das Prestigebedürfnis der absolutistischen Höfe und die damit verbundene ständige Angst vor Übervorteilung durch andere führten dazu, dass bei solchen Verhandlungen die Fragen von Protokoll und Repräsentation bald mehr Raum einnahmen als die diplomatischen Gespräche selbst. Ein Verhandlungsort musste demenstprechend standesgemäße Unterkünfte für die Gesandten und Räumlichkeiten für die Unterhandlungen bieten können. Aachen konnte das, denn hier verkehrte seit der zweiten Hälfte des 17. Jahrhunderts eine Gesellschaft, die ebenfalls die großen Auftritte schätzte. Und schließlich stand mit den Bädern und den zugehörigen Baulichkeiten auch eine Infrastruktur der Zerstreuung und Geselligkeit zur Verfügung, die den Diplomaten die Zeit zwischen den Verhandlungen nicht zu lang werden ließ. Schon im Herbst 1696 hatte der Aachener Gesandte Leonhard von Dautzenberg in Wien und Den Haag verhandelt, um den Friedenskongress zur Beendigung des Pfälzischen Erbfolgekrieges in die Stadt zu bringen. Dieser Kongress tagte am Ende in Ryswijk. Doch ein halbes Jahrhundert später bekam Aachen seine Chance.

Zur Verhandlung standen die Bedingungen zur Beendigung eines weiteren Erbfolgekrieges, des österreichischen diesmal, an dem seit 1741 wieder alle maßgeblichen europäischen Mächte von Spanien bis Russland und von Schweden bis Neapel Anteil nahmen. Es ging um die Anerkennung Maria Theresias als österreichische Thronfolgerin, die von Bayern mit Unterstützung Frankreichs und Spaniens bestritten wurde. Dahinter stand der alte Konflikt zwischen den französischen Bourbonen und den österreichischen Habsburgern, zu dem sich die neue Rivalität zwischen Preußen und Österreich wegen Schlesien und die aufkommenden Konflikte zwischen Frankreich und England wegen der Kolonien in Amerika gesellten. Ab 1746 war der Krieg auch wieder im Aachener Umland angekommen, wo die Österreicher Bauernhöfe plünderten und Bäume als Brennholz abhackten. Im Juni 1747 flohen Maastrichter Bürger aus Angst vor einer Belagerung nach Aachen. Willkommen waren sie nicht: Johannes Janssen wetterte „...dass deres Gesmeiss anjetzo so fill alhier ist, dass unglaublich und eine Schande ist, dan diss godtlose Gesindel pflanst alhier wider so starck ahn, dass zu verwunderen und zu bedauren ist."[256] Kurz darauf ging es an den Verhandlungstisch.

Als im Spätsommer 1747 die ersten Gerüchte zu vernehmen waren, dass Aachen den Zuschlag als Verhandlungsort bekommen sollte, begann eine fieberhafte Aktivität zur Verschönerung der Stadt und zur Vorbereitung der Quartiere für die Diplomaten. Vermieter und Wirte rieben sich schon die Hände, und im November kamen die ersten Beschwerden über die überzogenen Preisforderungen der Aachener, so dass der Rat eine Verordnung gegen den Mietwucher erlassen musste, verbunden mit der Warnung, dass eine Verlegung des Kongresses nicht ausgeschlossen sei. In der Tat hatte die Stadt Köln versucht, die Gesandten durch das Angebot kostenloser Unterkünfte an den Rhein zu locken. Vergebens.

Am 8. Januar 1748 schloss die Stadt Aachen einen Vertrag mit dem Maler Francesco Bernardini für die Ausmalung des großen Rathaussaales; im März wurde angeordnet, dass Mittwochs und Samstags vor den Häusern zu kehren sei und dass man von den Bürgern gutes Benehmen in der Öffentlichkeit, vor allem in den Wirtshäusern erwarte.[257] Zu dieser Zeit rasselten bereits die Gepäckwagen der Gesandten in Aachen ein. Kurz darauf folgten die hohen Herren selbst: für Österreich Graf Wenzel Anton von Kaunitz, der in der Jesuitenstraße abstieg, für Frankreich Alphonse Marie Louis Graf Saint Séverin d'Aragon, einquartiert in der Komphausbadstraße, daneben die Gesandten Spaniens (Jaime Masones de Lima y Sotomayor), Englands (John Montagu, Earl of Sandwich), Sardiniens (Joseph Borré, Comte de la Chavanne), Genuas (Francesco Maria Doria) und der Niederlande (Graf Wilhelm von Bentinck, Gerard Arnold Hasselaer und Baron von Wassenaer). Vertreter weiterer Mächte und Fürsten kamen als Beobachter.

Die illustre Gesellschaft amüsierte sich allem Anschein nach ganz hervorragend. Festmähler, Bälle und Konzerte auf dem Rathaus, Einladungen der Gesandten untereinander zu den Geburtstagen und Namensfesten ihrer Monarchen, ein Picknick auf dem Lousberg mit Feuerwerk, Auftritte von Komödianten, ein Maskenball und viele andere Festlichkeiten gaben den Diplomaten Anlass zur Zerstreuung und dem Chronisten Janssen zu erbosten Tiraden gegen das gottlose Treiben. Dabei waren die Auftritte der Herren im Vergleich zu den Kongressen der Vergangenheit von einer ungezwungenen Formlosigkeit. Hatten in Münster noch langwierige Diskussionen um die Anzahl der Kutschen und die der Pferde vor denselben stattgefunden, so wurde jetzt bestimmt, dass jeder Bevollmäch

John Montagu, Earl of Sandwich (1718 – 1792)

tigte zu den Verhandlungen mit einem zweispännigen Wagen vorzufahren hatte. Eine festgelegte Reihenfolge für die Anfahrten gab es ebensowenig wie eine feste Sitzordnung für die Besprechungen.

Wenzel Anton Graf Kaunitz (1711 – 1794)

So locker man bei den Feierlichkeiten trotz aller Etikette scheinbar miteinander umging, so verbissen waren die Verhandlungen. Saint Séverin versuchte einen Keil zwischen seine Gegner zu treiben und strebte vor allem einen Frieden mit England an. Der Franzose war mit allen Wassern gewaschen: nachdem er das Gerücht ausgestreut hatte, Spanien und Österreich stünden vor dem Abschluss eines Separatfriedens, verlor Sandwich die Nerven und kam seinerseits mit entsprechenden Angeboten auf Frankreich zu. Am Abend des 30. April 1748 wurde im französischen Quartier an der Komphausbadstraße ein Präliminarfrieden unterzeichnet. Der Waffenstillstand wurde darin noch um sechs Wochen verzögert, um dem französischen Heerführer Moritz von Sachsen die Gelegenheit zur Einnahme von Maastricht zu geben, das nun tatsächlich belagert wurde. Auch sonst wurden die anderen Mächte durch den Präliminarfrieden überrumpelt. Österreich trat erst am 23. Mai unter Protest dem Vertrag bei, fünf Tage später folgten Spanien und Genua. Janssen kommentierte das Intrigenspiel mit der pessimistischen Bemerkung: „Ich glaub auch nicht dass es lang so tauren kann. Entweder Gott straft uns noch scharfer als er uns gestraft hat bei jetziger Kriegs und theure Zeit, oder die Welt muss nicht lang mehr stehen, dieses ist Gott allein bekannt. Dan obschon wir so viele Strafen von Gott nacheinander empfangen haben, ... dennoch besseren wir uns kein Haar, o contrair, werden noch alle Tag schlimmer und gottloser.“[258]

Der endgültige Frieden sollte auf dem Rathaus geschlossen werden. Die Diplomaten besichtigten die Räumlichkeiten persönlich und bestimmten ein Zimmer mit Blick auf den Katschhof als Konferenzraum. Für jeden der fünf Gesandten der gekrönten Häupter wurde eine eigene Tür in den Raum gebrochen, damit alle gleichzeitig an den Verhandlungstisch treten und sich zu Beratungen in die dahinter gelegenen Zimmer zurückziehen konnten. Am Ende aber wurde das Rathaus gar nicht genutzt. Ein knappes halbes Jahr nach dem Präliminarfrieden waren die Nachbesserungsforderungen der übergangenen Mächte weitgehend ausgeräumt, und die ehemaligen Kriegsgegner Frankreich und England verstanden sich so blendend, dass sie sich in einem Geheimabkommen einigten, Österreich notfalls mit Gewalt zur Annahme einiger strittiger Punkte zu zwingen. Als der Frieden von Aachen dann schließlich am 18. Oktober 1748 zwischen Frankreich, England und den Niederlanden unterschrieben wurde, geschah das wieder in den Quartieren der Gesandten. Und wieder dauerte es ein paar Wochen, bis alle beigetreten waren. Der Friedenskongress von Aachen endete nicht mit einer feierlichen Verkündigung der Artikel, er endete ohne Böllerschüsse und ohne öffentliche Verlesung des Vertrages. Sang- und klanglos reisten die Herren ab – Saint Séverin wahrscheinlich zufrieden, Kaunitz ernüchtert und Sandwich und die Niederländer vielleicht am ehesten mit dem Gefühl, mit einem blauen Auge davongekommen zu sein. Als Erinnerung an den Friedensschluss hängen im Rathaus nur noch die Portraits der neun Gesandten, die der Bitte des Rates um ein Bild als Andenken an ihren Aufenthalt nachzukommen geruht hatten.

6.6. Badefreuden und Liebeshändel

Schon mit der Renaissance hatte man begonnen, sich mit den Thermalquellen und ihrer Wirkung auch methodisch zu befassen. 1546 war in Köln eine Schrift des in Aachen als Arzt tätigen Franciscus Fabricius Ruremundanus über die Bäder erschienen – die erste wissenschaftliche Abhandlung über das Badewesen überhaupt. Keine zehn Jahre später folgte Pierre Bruhez, der Leibarzt der französischen Königin, mit einer weiteren Arbeit über die Aachener Bäder. Danach blieb es für eine Weile ruhig um den Badebetrieb, der sich wahrscheinlich auch wegen der Wirren der folgenden Zeiten nicht entfalten konnte – immerhin lag der niederländische Kriegsschauplatz direkt vor der Tür. Nach dem Dreißigjährigen Krieg und dem Stadtbrand von 1656 nahm der Kurbetrieb dann einen rasanten Aufschwung. 1676 wurde der Lütticher Mediziner Franciscus Blondel als Stadtarzt angestellt und zehn Jahre später zum Inspekteur des Badewesens ernannt. Blondel machte sich im Lauf seines langen Lebens – er starb 1703 im Alter von 90 Jahren – um den Aachener Kurbetrieb verdient wie kein zweiter. 1688 erschien seine Abhandlung „Außführliche Erklärung und augenscheinliche Wunderwirckung deren heylsamen Badt- und Trinckwässeren zu Aach" auf Deutsch. Das Buch ist ein einzigartiges historisches Dokument nicht nur über die Aachener Bäder, sondern auch über den Kenntnisstand seiner Zeit im Hinblick auf Entstehung und Beschaffenheit der Quellen und auf die Wirksamkeit des Heilwassers. Beeindruckend ist dabei allerdings vor allem, wie wenig man eigentlich wusste. Das fing schon bei den geologischen Ursprüngen der Quellen an – eins der größten ungelösten Rätsel war die Frage, wie aus

Franciscus Blondel (1613 – 1703)

der kalten Erde überhaupt heißes Wasser kommen konnte. Blondel referierte dazu zunächst alle gängigen Theorien, die zum Teil schon von antiken Schriftstellern diskutiert worden waren wie unterirdische Winde, Gärungsprozesse und Feuer; er selbst kam zu dem Schluss, dass die im Wasser enthaltenen Salze unter der Erde durch chemische Reaktionen Wärme erzeugten.[259] Wie hätte man auch wissen können, dass in 3000 Metern Tiefe bereits Temperaturen um den Siedepunkt herrschen?

Es folgt eine Beschreibung der Aachener Bäder und dann eine Gebrauchsanweisung für ihre Nutzung, die der Krankheitslehre der damaligen Zeit mit ihren Vorstellungen von mysteriösen organischen Wechselwirkungen verhaftet ist, so dass heutigen Medizinern bei einigen der Hinweise die Haare zu Berge stehen würden. Blondel berücksichtigte immerhin alle Aspekte des Kurwesens: die richtigen Anwendungen zum richtigen Zeitpunkt, begleitende Therapien, empfehlenswerte Schlafgewohnheiten sowie die Wirkungen des Heilwassers für Trinkkuren werden ausgiebig abgehandelt, gefolgt von einer Liste mit mehr als 100 Fallbeispielen als Beweis für die Wirksamkeit der Aachener Therapien vor allem gegen Gicht, Koliken, Blasensteine, Geschwüre und die Folgen von Schlaganfällen. Bei aller vorgeschobenen Sachlichkeit trägt die Aufstellung streckenweise eher noch die Züge mittelalterlicher Wundergeschichten. Zwei Jesuiten, die nach Schlaganfällen halbseitig gelähmt aus Amerika zurückgekehrt waren, wurden in Aachen angeblich vollständig geheilt.[260]

Als Stadtarzt konnte Blondel auch außerhalb der Bäder allerhand praktische Erfahrungen auf dem Gebiet des Gesundheitswesens sammeln. Er behandelte die Patienten in den Spitälern, überwachte die Apotheken, stellte Atteste zur Befreiung vom Wachdienst aus und untersuchte die Leichen der Verstorbenen zur Früherkennung von Seuchen. Schon 1625 war nach einer Reihe von Fleckfieberepidemien ein erster Entwurf für eine städtische Medizinalordnung vorgestellt worden, der aber vom Stadtrat wie auch ein weiterer Entwurf aus dem Jahr 1664 nicht verabschiedet wurde. Nicht nur Epidemien sollten mit diesen Regelungen bekämpft werden, sondern auch die Konkurrenz der Ärzte in Gestalt von selbsternannten Wunderheilern. Just im selben Jahr lief ein Prozess zwischen Aachener Ärzten und einem Barbier, der zweifelhafte Heilmittel verkauft hatte und selbstbewusst seine geheilten Patienten als Zeugen bemühte. Die Ärzte entgegneten, sie hätten wohl umsonst studiert, wenn „ein jeder schuster, kesselschläger und sonsten ausser studio und erlernter Kunst“ stehender Quacksalber auf die Patienten losgelassen würde.[261] Ihre Bemühungen um eine seriöse Heilkunst und natürlich um ungeschmälerte Einnahmen wurden allerdings gerade vom Stadtrat immer wieder durchkreuzt, der durchreisenden Kurpfuschern bereitwillig Sondergenehmigungen für ihre Heilungsspektakel erteilte, bei denen es zuging wie auf dem Jahrhmarkt: Bühnen wurden aufgebaut, auf denen die Herren vor staunendem Publikum chirurgische Eingriffe vorzugsweise an Brüchen, Geschwüren und Blasensteinen vornahmen. Die Grenzen zwischen Scharlatanerie und Heilkunst verschwammen dabei auf dramatische Weise, denn einerseits waren Heilungserfolge bisweilen trotz haarsträubender Methoden nicht von der Hand zu weisen, und andererseits waren auch die Leistungen einer Schulmedizin, die mit rudimentären anatomischen Kenntnissen und ohne Anästhesie und Desinfektion auskam, nicht selten eher auf die Einbildung und Selbstheilungskräfte der Patienten zurückzuführen. Der wirtschaftliche Erfolg der Scharlatane maß sich zum großen Teil an der Inszenierung ihrer Mittelchen. So hatte ein Kurpfuscher namens Bartholomäus Col, der um 1727 durch die Lande reiste, seinen Helfern Gift verabreicht und ihre Hände in siedendes Öl und flüssiges Blei getaucht, um die Wirkung seiner Tränke und Brandsalben unter Beweis zu stellen. Im August 1698 war der berühmte Wanderarzt Jacques Beaulieu in Aachen zu Besuch, der eine neue Technik zur Entfernung von Blasensteinen entwickelt hatte und vor Ort über 200 Personen operierte.[262] Bisweilen stellte die Stadt den Wunderheilern auch Zeugnisse über den Erfolg ihrer Behandlungen aus.

Johann Joseph Couven (1701 – 1763), Zuordnung des Portraits nicht ganz gesichert

Die Bäder befanden sich zu dieser Zeit, wie gesagt, in einem rasanten Aufschwung, so dass Architekten und Bauhandwerker alle Hände voll zu tun hatten. Zwischen 1670 und 1682 entstand ein neues Viertel um das Komphausbad herum, das zum Zentrum des Badebetriebes wurde und schließlich mit dem Rosenbad, dem Korneliusbad und dem Herrenbad drei Thermalanlagen umfasste, die für die verschiedensten Anwendungen ausgelegt waren. Flanierflächen, ein Kurgarten und ein Trinkbrunnen, der 1704 mit einer Plattform für eine Kapelle versehen wurde, machten die Anlage zu einem Treffpunkt für die Kurgäste, die bald nicht mehr nur wegen des Heilwassers in Scharen nach Aachen strömten. Ab 1720 erreichte die Bautätigkeit, die sich vor allem mit den Namen der Architekten Laurenz Mefferdatis und Johann Joseph Couven verbindet, ihren Höhepunkt. Nach Plänen von Couven wurde 1751 das Komödienhaus auf dem Katschhof mit 560 Plätzen als einer der ältesten bürgerlichen Theaterbauten Deutschlands fertig gestellt und schließlich 1786 die Neue Redoute, wiederum an der Komphausbadstraße, die als Kurhaus und Vergnügungszentrum für Tanz und Glücksspiel unter den Gästen geradezu legendär wurde. Aachen wurde das deutsche Modebad des Rokoko. Die vielen Anekdoten in Berichten und Lebenserinnerungen erwecken den Eindruck, dass man tatsächlich vor allem der Vergnügungen wegen in die Stadt kam, obwohl die Abenteuer natürlich so manchen beschönigenden Filter in den Köpfen der verblühten Kavaliere passierten, bevor sie ihren Weg in deren Memoiren fanden.

In Aachen selbst wurde die Gesellschaft vor allem vom Glücksspiel angezogen, das ansonsten fast überall illegal war. Das gemeinsame Baden von Frauen und Männern war schon 1698 verboten worden, allerdings schienen die Gebrechen einiger Patienten angesichts der Aussichten auf frivole Amüsements schon von selbst nachzulassen; als Vergnügungsbäder waren die Anlagen in Burtscheid ohnehin beliebter, weil sie sich in privater Hand befanden und daher einer weniger strengen Kontrolle unterstanden, außerdem hatte das Wasser der Burtscheider Quellen eine schwächere Wirkung, so dass man sich länger darin aufhalten konnte.

Es ist nicht einfach, den Alltag der Aachener Kurgäste zu beschreiben, ohne der Verlockung der Histörchen zu erliegen, die wie Perlen auf einer langen Schnur durch die Jahrzehnte hindurch von den prominenten und weniger prominenten Zeugen aufgereiht worden sind. Wann immer die Spitzen der europäischen Aristokratie in ihren Kutschen in die Stadt rollten, reckten sich die Hälse, Zeitungen kolportierten die Ankunft von Baronen, Grafen, Herzögen und Kurfürsten, und manches gekrönte Haupt kam unter falschem Namen, um wenigstens Heiligtümer und Manufakturen unerkannt besichtigen zu können. Nicht alle schätzten den Rummel, der in Aachen um die Bäder gemacht wurde. Während Georg Friedrich Händel im Herbst 1737 seine durch die Kur wieder erwachten Lebensgeister in einem mitreißenden Orgelkonzert von der Leine ließ[263], spuckte Friedrich der Große, der sich alle Ehrenbezeigungen verbeten hatte, fünf Jahre später in einem Brief an seinen Freund Voltaire Gift und Galle gegen den Kurbetrieb: „Ich befinde mich in der Residenz Karls des Grossen und aller Hypochonder, an einem Ort ohne Geselligkeit, wo man die Wässer der Hölle trinkt und wo die Charlatanerie der Aerzte auch den Geist der Kranken zu beherrschen sucht ... Ich kenne keinen dümmeren Ort als diesen hier.“[264]

Solche Anwürfe kümmerten den Rest der Gesellschaft wenig. Einheimische und Auswärtige vermischten sich bei Festessen und Tanzveranstaltungen in Privathäusern und Nobelunterkünften. Man besuchte Kaffeehäuser und konferierte über die Fortschritte der Kur mit Ärzten, deren Honorare bisweilen in keinem Verhältnis zu ihren medizinischen Leistungen standen, man bestaunte die Prozessionen und büßte schon begangene und noch zu begehende Sünden im Angesicht der ehrwürdigen Reliquien, man besichtigte die Nadelmanufakturen und holte sich Anregungen für die eigene Geschäftstätigkeit in der Heimat, man ließ Portraits von sich anfertigen und gab bei den Aachener Handwerkern Einrichtungsgegenstände für die gemieteten Suiten und Mitbringsel für die Daheimgebliebenen in Auftrag. 1750 wurden eine Reihe von Glücksspielen, darunter auch Roulette vom Rat untersagt, doch schon 1764 eröffnete die Stadt eine eigene Spielbank, die an Investoren verpachtet wurde. Was Einheimischen verboten war, blieb den zahlungskräftigen Fremden erlaubt, doch schon 1778 hatte das heimliche Glücksspiel in privaten Haushalten derart überhand genommen, dass die Nachtwächter angewiesen wurden, verdächtige Häuser im Auge zu behalten.[265] Soldaten wachten auch über den ordnungsgemäßen Ablauf des genehmigten Glücksspiels, wie auf der Ketschenburg vor dem Adalbertstor, die von Bettlern und Prostituierten regelrecht belagert wurde: „Abgesehen von den Armen trifft man dort Straßendirnen, die nicht sehr appetitlich sind und deren Äußeres mehr Mitleid als Begierde einflößen muß.“ Der Trick einiger dieser Damen bestand darin, die Gäste mit ihren offenbar wohl doch nicht ganz wirkungslosen Reizen hinter die Büsche zu locken und dort auszurauben – die Vorfälle waren den Betroffenen meistens derart peinlich, dass es gar nicht erst zu einer Anzeige kam.[266] In der Stadt wurde in der Redoute gezockt, wo sich auch immer wieder Falschspieler – Griechen genannt – unter die Gäste mischten. „Ein Spieler hat hier das Vergnügen, sich auf die Art zu ruinieren, die ihm am besten gefällt“ – so brachte Martin Louis Antoine de Barjolles das Treiben 1784 auf den Punkt.[267] Im Jahr davor war Aachen Schauplatz eines besonders klatschtauglichen Dramas geworden, als sich der gescheiterte Literat Ramier de Raudière erschossen hatte, nachdem ein Stück von ihm auf der Bühne durchgefallen war und er sein ganzes Geld im verzweifelten Glauben an ein System, mit dem er die Bank sprengen könnte, durchgebracht hatte. Offenbar konnte er nicht ohne Zahlenspielereien aus der Welt scheiden, die tödliche Kugel setzte Raudière sich am 11. 11. um 11 Uhr, und ein paar Tage nach seiner Beisetzung durch den Scharfrichter fand man ein Kartenspiel auf seinem Grab, weshalb in der Stadt gemunkelt wurde, er könne auch als Geist nicht ohne sein Spiel leben und feile weiter an einem unfehlbaren System.[268] Solche Vorfälle ließen immer wieder Stimmen laut werden, die ein Verbot des Glücksspiels forderten, doch die Stadt verdiente so gut an ihrem Casino, dass im Rat niemand wegen ein paar ruinierten Spielern wirklich Handlungsbedarf sah – und so trafen in der Aachener Redoute auch weiterhin Hasardeure und Edelmänner zusammen, stellten den Damen nach und zogen sich gegenseitig über den Tisch. „Aachen ward zum Dorado der Welt und Halbwelt, der echten und minder echten Edelleute, der Fürsten und Falschspieler. Kaiser, Könige, Prinzen, Künstler und Denker gaben sich hier ein Stelldichein. Rotes Gold rollte über grüne Tische. Pistolenschüsse ewig verliebter und händelsuchender Kavaliere knallten in den Büschen. Und in den Schwefelquellen heilten Vielerfahrene die Blessuren, die sie sich auf dem Felde des Ruhms und der Liebe geholt hatten."[269]

Trinken, spielen, baden – Amüsements unter ärztlicher Aufsicht im Königsbad

Bei so vielen Gelegenheiten zu dubiosem Gelderwerb und galanten Händeln durfte auch der ungekrönte König der professionellen Schwerenöter nicht fehlen. Als Chevalier de Seingalt reiste er in Aachen ein – Giacomo Girolamo Casanova, der durch seine Memoiren unsterbliche Weltenbummler, Aufschneider und Schürzenjäger. Es hob sich der Vorhang für ein grandioses Husarenstück. Casanova hatte in Paris die Bekanntschaft der ältlichen Marquise Jeanne d'Urfé gemacht, die nicht nur reich und eitel, sondern auch abergläubisch war – die perfekte Charaktermischung also, um ihr mit einer hanebüchenen Räuberpistole das Geld aus der Tasche zu ziehen. Casanova hatte der Marquise nichts weniger als die Unsterblichkeit angeboten. In einer geheimen Zeremonie wollte er bei Vollmond mit einer Jungfrau ein Kind zeugen, in das die Seele der Marquise eine Woche nach der Geburt übergehen sollte. Nachdem er sie sechs Jahre lang hingehalten hatte, kündigte Casanova schließlich an, das Ritual solle im Frühjahr 1762 in Aachen über die Bühne gehen. Eine Jungfrau war schnell beschafft: die dem falschen Chevalier wohlbekannte vierzehnjährige Tänzerin Marianna Corticelli wurde als Gräfin Lascaris zusammen mit ihrer Mutter in die Aachener Gesellschaft eingeführt und kam wegen ihrer nicht gerade gräfinnenhaften Tänze schnell ins Gerede. Schon bald war auch Casanova in eine unerfreuliche Duellgeschichte verwickelt, bei der ein französischer Offizier ums Leben kam. Die Zeit drängte, doch als der Vollmond nahte, drohte Marianna damit, den ganzen Schwindel auffliegen zu lassen, wenn Casanova ihr nicht die Schmuckschatulle herausgebe, die die Marquise ihm für sie überreicht hatte. Das wiederum war nicht möglich, weil unser Held das kostbare Stück bereits versetzt und das Geld verspielt hatte. Casanova zog sich schließlich aus der Affäre, indem er der Marquise den Rat gab, einen Brief mit ihrem Anliegen an den Mond zu schreiben. In einem Gartenhaus vor den Toren von Aachen verabredeten sich die beiden, um den Brief in einer Badewanne zu verbrennen und so zum Himmel aufsteigen zu lassen. Casanova erinnert sich: „Nach einigen dem Planetargeist wohlgefälligen Räucherungen sangen wir Psalmen ab. Ich führte dann die Marquise feierlich zur Badewanne, neben der eine Alabasterschale mit Genever stand. Unter kabbalistischen Worten, die ich selbst nicht verstand, und die von der Marquise nachgebetet wurden, setzte ich die Flamme des Wacholderspiritus in Brand."[270] Der Rauch des Briefes war kaum aufgestiegen, da fiel auch schon die Antwort des Mondes herab, wenn auch nicht vom Himmel, sondern aus Casanovas rüschenbesetztem Ärmel, und sie war enttäuschend – bestürzt musste die Marquise da lesen, dass der Mond eine erneute Verschiebung des Zeugungsrituals und damit der Wiedergeburt wünschte. Casanova war gerettet. Da seine Geldkuh aber offenbar nicht mehr bereit war, sich weiter melken zu lassen, kehrte die Gesellschaft dem deutschen Kurort bald den Rücken. Casanova kehrte in anderen Angelegenheiten immerhin noch zweimal dorthin zurück.[271] Als Heiratsmarkt blieben die Aachener Bäder sehr beliebt, denn wie schon Karl Ludwig Freiherr von Pöllnitz 1734 bemerkt hatte, waren viele reiche Leute unter den „Baufälligen, welche das Verlangen nach der Gesundheit dahinführet … deren Umgang nicht anders, als überaus nützlich seyn kann."[272]

6.7. Die Aachener Mäkelei

Während die feine Gesellschaft sich im Casino vergnügte, ging die Stadt trotz der Einführung einiger neuer Abgaben finanziell am Stock. 1758 erreichte die Neuverschuldung einen Rekordwert von 4 Millionen Aachener Mark. 1783 hatten die Zinszahlungen 38 % des Gesamthaushaltes erreicht.[273] Selbst städtische Angestellte mussten bisweilen auf ihr Geld warten. Regiert wurde dieses ruinierte Gemeinwesen schon lange nicht mehr demokratisch, wenn das überhaupt jemals so gewesen war. Von 1725 bis 1755 regierte der vom pfälzischen Kurfürsten als Herzog von Jülich unterstützte Bürgermeister Martin Lambert de Lonneux, von 1763 bis 1775 hatte Johann Lambert Kahr das Ruder in der Hand, der immerhin eine Reihe von Maßnahmen gegen die davongaloppierende Verschuldung ergriff und die Aachener Interessen auch gegen Jülich vertrat. Zwischen den beiden Regierungen lagen unruhige Jahre. Und während der Mob bei Lonneux nach dem Ende seiner Herrschaft die Scheiben einwarf, brach der Chronist Janssen eine Lanze für den alten Bürgermeister: „Er hat vieles Fressen und Saufen, was der Stadt zum Schaden, und jahrlich grooss unnötige Unkösten hatte, abgeschafft, und ein guter Haushalter und Vater vor die Stadt abgeben, dieses kann ich mit mein Eid bekraftigen."[274] Saniert war damit aber noch lange nichts. Da die Verfassung die Wiederwahl von amtierenden Bürgermeistern verbot, ließen diese sich nur alle zwei Jahre aufstellen und regierten in der Zwischenzeit über willfährige Strohmänner. Sein Amtsverständnis brachte Kahr in einem ihm zugeschriebenen Ausspruch zum Ausdruck: „Wir sind hier so souverains, wie der Kaiser in seinen Landen."[275]

Ohnehin waren lediglich die Zunftmitglieder und damit nur etwa jeder achte Aachener Einwohner wahlberechtigt. Die Stimmen dieser etwa 3000 Personen wurden nicht durch Überzeugung gewonnen, sondern durch den ausgewogenen Einsatz von Bestechungsgeldern und Drohungen. Im Zusammenhang mit der Aachener Politik des 18. Jahrhunderts ist immer wieder von zwei Gruppierungen die Rede, die als Alte und Neue Partei bezeichnet werden. Ein nachvollziehbares Programm sucht man bei beiden vergeblich, sie standen nicht für bestimmte politische Richtungen, sondern unterschieden sich hauptsächlich dadurch, dass die eine gerade an der Macht war und die andere ihr dieselbe durch allerhand Machenschaften zu entwinden versuchte, dementsprechend waren es keine politischen Visionen, die die Akteure antrieben, sondern ihre eigenen wirtschaftlichen Interessen und die ihrer Klientel, und außerdem, wie Janssen es einmal ausdrückte, die „verfluchte Regiersucht".[276] Die Gewinnung von Anhängern bei entscheidenden Wahlen durch den Kauf ihrer Stimmen wurde in Aachen als „Mäkelei" bezeichnet, was sich von „makeln" ableitet. Bisweilen wurden Wahlen sogar durch den Aufmarsch von so genannten Knüppelmännern begleitet, die von einer Partei bezahlt wurden, um die Gegner einzuschüchtern und ihnen notfalls durch handfeste Überzeugungsarbeit bei der Meinungsfindung behilflich zu sein.

Kahrs Mannschaft – die Alte Partei – zog sich schon bald den Ärger des Kurfürsten Karl Philipp Theodor zu, der 1768 einen Katalog mit 29 Beschwerden vorlegte – größtenteils Bagatellen, die in erster Linie als Vorwände für den bevorstehenden gewaltsamen Eingriff in die Aachener Verhältnisse herhalten mussten. Im Januar 1769 verbot der Reichshofrat dem Kurfürsten, dessen Absichten offensichtlich waren, ausdrücklich die Gewaltanwendung, doch der scherte sich nicht darum. Am 10. Februar war es soweit: kurpfälzische Truppen erschienen vor der Stadt, brachen Adalbertstor und Kölntor auf und marschierten unter Trommelschlag auf den Markt, wo ihr Kommandant Freiherr von der Horst dreist verkündete, die Besetzung diene der Wahrung der Freiheiten der Bürger. Aktiven Widerstand leistete niemand. Die 2000 Soldaten wurden in den Häusern der politischen Gegner des Kurfürsten einquartiert – allein Kahr hatte 200 ungebetene Gäste. Dass sie mit Gewalt dauerhaft nicht durchkamen, wussten der Kurfürst und sein Vogtmeier wohl, ihnen ging es eher um die Stärkung der Opposition und um einen schnellen Regierungswechsel. Als die Truppen nach vier Monaten auf Druck des Kaisers abgezogen wurden, hatten sie wenig erreicht. Mit der Untersuchung der Vorfälle wurde wieder einmal eine kaiserliche Kommission beauftragt, die im August 1771 in Aachen eintraf und sich erst nach drei Jahren auflöste. Kahr regierte indessen weiter. Mit dem Kurfürsten kam es 1777 zu einem Vergleich, der für die Aachener zufriedenstellend war – eine Entschädigung für die Lasten der Einquartierung aber bekamen sie nicht.

Zu diesem Zeitpunkt war Kahr bereits gestorben. Sein Zögling Stephan Dominicus Dauven rückte auf den Stuhl des Bürgermeisters nach und regierte zunächst wie gehabt abwechselnd von dort aus und aus dem Hintergrund. 1786 aber blies die Neue Partei zum Großangriff, Anlass war die Flucht eines Rentmeisters, der der Unterschlagung verdächtigt wurde. Eine 80 Punkte umfassende Beschwerdeschrift, unterzeichnet von 17 Bürgern, zumeist jungen Unternehmern, die den Freimaurern nahestanden, brandmarkte Korruption, Vetternwirtschaft und Machtmissbrauch der städtischen Regierung. Der Anführer der Neuen Partei war wieder ein Spross aus dem Hause Lonneux und nebenbei auch der Schwager des Vogtmeiers, so dass die politische Bindung an den Kurfürsten sogar eine familiäre Grundlage hatte. Martin Franz de Lonneux hatte Fabrikanten und Kaufleute hinter sich, die reichsten Männer der Stadt, und wenn die Neue Partei sich selbst auch als fortschrittlich in ihren Zielen darzustellen versuchte – ihre Methoden waren es nicht. Im Mai und im Juni 1786 gelang es ihr, durch Bestechung eine Reihe von Ambachten auf ihre Seite zu ziehen. Die Stimmung war aufgeheizt, wie ein anonymer Chronist berichtet: „War eine Zunft für die Neu Partey gewonnen, so zog man Schaar-weis mit Music und Geschrey, Vivat die Neu Partey, über die Gassen und Straßen, die Alt Partheische Häußer wurden beschimpft, und man rief in einem Verächtlichen Tone ‚Faul, Faul, Alte Schelmen, Stinckerde', ich hätte es gewiß Kein Altparteyischer rathen wollen, bey derley Aufzüge zum Vorschein zu Kommen."[277] Am 13. Juni kam es bei den Wahlen zum Vorstand der Krämerzunft zu schweren Ausschreitungen, als Anhänger der Neuen Partei den Saal stürmten und sogar die zur Bewachung abgestellten Stadtsoldaten vertrieben. Dauven zog die Notbremse und setzte am folgenden Tag die Ratswahl aus, woraufhin nicht weniger als 664 Zunftvertreter eine Protestnote verfassten. Nach der Fronleichnamsprozession kam es zu Pöbeleien gegen den Bürgermeister, der die Teilnahme der Ambachten untersagt hatte, und vor seinem Haus gab es einen bedrohlichen Auflauf.

Stephan Dominikus Dauven, eine der Schlüsselfiguren der Aachener Mäkelei

Dauvens Verfassungsbruch ließ die Neue Partei sich nicht gefallen. Sie erzwang die Durchführung der Ratswahl, und als am 24. Juni auf dem Rathaus die städtischen Beamten gewählt wurden, lauerten auf dem Platz schon die Knüppelmänner. Bei der Drohung blieb es nicht: Die Wahl fiel zu Gunsten der Alten Partei aus, und die Menge stürmte los. Am Ende mussten Anhänger der Neuen Partei ihre Gegner vor der Prügelorgie ihrer eigenen Schergen beschützen, die im Eifer des Gefechts offenbar rabiater zu Werk gingen als eigentlich geplant und es überdies mit der Unterscheidung zwischen Freund und Feind nicht so genau nahmen. In dieser Situation warf sich Vogtmeier Rudolf Konstanz von Geyr zum Schiedsrichter auf, war als solcher aber so wenig glaubwürdig, dass schon bald fast alle Ratsherren der Alten Partei nach Kornelimünster geflohen waren, um dort eine Gegenregierung gegen den nun von der Neuen Partei dominierten Rat aufzubauen.

Die folgende Zeit war bestimmt von der Suche nach Verbündeten; parallel dazu liefen gerichtliche Verfahren vor den höchsten Gerichten des Reiches und Streitigkeiten über deren Zuständigkeiten. Am Ende strengte Kaiser Joseph höchstpersönlich einen Prozess gegen Lonneux und drei seiner Mitstreiter an, weil sie den Reichshofrat zu beeinflussen versucht und vor der Brüsseler Regierung eine Falschaussage gemacht hatten. Verflochtene Bündnisstellungen und unsaubere Methoden der Einflussnahme – das schrie wieder einmal nach einer kaiserlichen Untersuchungskommission, die auch gleich Verbesserungsvorschläge für die Aachener Verfassung ausarbeiten sollte. Als das entsprechende Mandat des Reichskammergerichts in Aachen eintraf, verstand es die Neue Partei, das Urteil – eigentlich völlig ungerechtfertigt, weil ja noch nichts entschieden war – der Öffentlichkeit als Sieg für ihre Sache zu verkaufen. Lonneux hielt am 26. März 1787 einen triumphalen Einzug in die Stadt, sein Kutschenkorso wurde von einer jubelnden Menge begleitet, in der sich manch ein bekanntes Gesicht aus der Knüppelmännergarde wiederfand. Über der Straße vor seinem Haus war eine „Engelsmaschine" installiert, die Blumen streute, was für allerhand Empörung sorgte, weil eine solche Vorrichtung normalerweise nur bei Prozessionen verwendet wurde.[278] Und wie es der Zufall wollte, befand sich gerade eine Theatergruppe in der Stadt, deren Leiter Gustav Friedrich Wilhelm Großmann von der Neuen Partei zur Aufführung eines Stückes mit dem Namen „Bürgerfreiheit" überredet wurde, das in aller Eile zusammengeschrieben worden war, so dass bei der Premiere am 27. März die Druckerschwärze fast noch feucht war. Das Stück war eine geradezu unglaubliche Verherrlichung der Neuen Partei in geradezu unglaublich kitschigen Bildern. Die Handlung gipfelte darin, dass ein Vater seiner Tochter vor einem Bild von Lonneux die Heirat erlaubte: „Kinder und Kindskinder sollen noch in spätsten Zeiten meine Nachkömmlinge vor dieses Bild führen und sagen: das that de Loneux ..." Als sei das noch nicht deutlich genug, zückte die Schwester der Glücklichen ein Amulett mit dem Konterfei des Bürgermeisters: „Seht nur seine Silouette trag ich schon lange am Halse ... O alle Morgen, wenn ich aufstehe, und alle Abends, wenn ich schlafen gehe, küße ich es.“ Dann wieder der Vater: „Gott segne euch; so wie er unsere Stadt mit diesen edlen Männern gesegnet hat.“[279] Die Alte Partei schäumte vor Wut und legte sofort eine Klage beim Reichskammergeicht ein, während die Neue Partei sich scheinheilig von dem Stück distanzierte.

Trotz aller Propaganda kam es bei der Bürgermeisterwahl am 25. Mai zu einem Doppelsieg der Alten Partei, der einen Monat später durch die Beamtenwahl schon wieder zunichte gemacht wurde, bei der die Neuen sich durchsetzen konnten. Derweil untersuchte die Kommission den Rathaussturm vom Vorjahr, verhörte die Knüppelmänner und brachte die haarsträubenden Praktiken der Mäkelei und einen Unterschlagungssumpf ans Licht, in den die höchsten städtischen Beamten verwickelt waren. Bald hatte die neue Partei nichts mehr zu feiern: Am 3. Oktober wurde Lonneux verhaftet, und zu Beginn des Jahres 1788 wurden 60 Ratsherren der Neuen von ihren Ämtern suspendiert. Die Bügermeisterwahl gewannen wieder die Alten. Dann aber verzögerte sich die Arbeit der Kommission zusehends, und im Juni 1789 bestimmte das Reichskammergericht die paritätische Ergänzung des Rates mit Angehörigen beider Parteien. Die Spannungen zwischen Rat und Kommission, die auch in die Finanzverwaltung eingriff, wuchsen derweil immer weiter.

Parallel dazu lief die Debatte um die zukünftige politische Grundordnung der Stadt. Um die Reform voranzutreiben, wurden die Bürger aufgefordert, Vorschläge für eine Verfassung einzureichen – sieben Aachener kamen der Einladung nach, insgesamt tendierte man in der Stadt eher zur Beibehaltung der alten Zunftverfassung, die von den Aufklärern als veraltet, konfus und weltfremd angesehen wurde. In Frankreich brach gerade eine neue weltgeschichtliche Epoche an, doch die Diskussion um die Aachener Verfassung schleppte sich ungerührt dahin; Entwürfe, die sich nur wenig voneinander unterschieden, wurden vorgelegt, zerredet und wieder verworfen. Im Juli 1792 waren wieder kurpfälzische Truppen in der Stadt, mussten einen Monat darauf aber auf Druck von außen schon wieder abziehen. Und während an den Gerichten noch die Akten gewälzt wurden, schufen die Revolutionsheere vollendete Tatsachen. Die letzte Aachener Mäkelei endete ohne Paukenschlag und fand keinen Sieger. Wer in der städtischen Politik noch Interessen zu vertreten hatte, tat fortan gut daran, sich mit den Besatzern zu arrangieren.

7. Franzosenzeit

Die so genannte Franzosenzeit umfasst kaum mehr als zwei Jahrzehnte der Aachener Geschichte, und dennoch erhebt sie den Anspruch, eine eigene Epoche zu sein. Mit Recht: die Französische Revolution und Napoleon als ihre glanzvollste und fatalste Ausgeburt änderten nicht nur die politischen Verhältnisse von Grund auf, sondern krempelten fast alle Bereiche des öffentlichen Lebens vollständig um. Nicht umsonst trägt das Standardwerk über diese Zeit den Titel „Auf dem Weg in die Moderne“. Eine Maßnahme jagte die nächste: Finanzverwaltung, Zunftwesen, Armenfürsorge, Bildung, Gesundheitswesen und schließlich selbst Maße und Gewichte – überall wurden alte Zöpfe abgeschnitten und verkrustete Strukturen rationalisiert. Die Franzosen misteten den Augiasstall der seit Jahrzehnten von eigennützigen Parteienkämpfen gelähmten Stadt so gründlich aus, dass die alten Reichsstädter sich die Augen rieben. Sie konnten es tun, weil sie keine Rücksichten auf irgendwelche alten Seilschaften zu nehmen hatten. Die Kehrseite der Medaille war eine nicht endende Kette von Kriegen und steigende Steuern.

Mit der Revolution waren breite Bevölkerungsschichten zur Anteilnahme am politischen Leben aufgerufen. Sie fügten sich nur sehr zögernd in die neuen Freiheiten, deren Segnungen um so mehr wie hohle Phrasen erscheinen mussten, als die Kontributionsforderungen der Franzosen immer maßloser und die Übergriffe gegen die Kirche immer schikanöser wurden, nachdem sich die Revolutionäre einige anfängliche Sympathien schon durch die Hinrichtung des Königs verspielt hatten. Alle Versuche, die Aachener Bevölkerung durch die Gründung von franzosenfreundlichen Zirkeln und mehr oder weniger pompöse Feierlichkeiten für die Sache der Revolution zu gewinnen, bewirkten wenig; in den zeitgenössischen Quellen werden sie aus Aachener Sicht oft mit beißendem Spott kommentiert. Das gehobene Aachener Bürgertum sah die Revolution in gefährlicher Nähe zu Pöbelherrschaft und Anarchie. Als aber kurz darauf Napoleon die Revolutionsregierung beseitigt hatte, brachen für die Honoratioren goldene Zeiten an.

Mit Napoleons Herrschaft kehrte Ruhe ein, obwohl die Kriege nicht aufhörten. Vor allem aber hielten Ordnung und Rechtssicherheit in der inzwischen fest mit Frankreich verbundenen Stadt Einzug. Der Geist der von Napoleon eingeführten Gesetzbücher überdauerte die Herrschaft des Korsen und bildete die Grundlage für eine Rechtsordnung, die noch heute besteht. Ob die Aachener gern Franzosen waren oder nicht, ist dabei nur schwer zu beurteilen. Denn während die Propagandamaschine Napoleons, der schon bald eine ganze Reihe von bürgerlichen Freiheiten wieder kassiert hatte, den Kaiser wie einen Gott feierte, und die Gegenseite nicht weniger pathetisch und emotionsgeladen die Befreiung der deutschen Nation von der Despotie beschwor, verteilten die Aachener ihre Sympathien offenbar recht nüchtern. Spätere Lokalhistoriker, die ihre Heimat gern als Hort des patriotischen

Widerstandes gegen die Unterjochung geadelt hätten, kamen dadurch in eine gewisse Rechtfertigungsnot, denn ganz offensichtlich empfand man es in Aachen nicht als Schande, Franzose sein zu müssen, solange das wirtschaftlich von Vorteil war. Und in dieser Hinsicht konnte man sich dort nun wirklich nicht beschweren: die Kontinentalsperre gegen England schaffte der einheimischen Industrie einen lästigen Konkurrenten vom Hals, und der Absatz, allen voran in der Tuchindustrie, florierte wie selten zuvor.

Aber nicht nur das: Napoleon zeigte auch ein ganz persönliches Engagement bei der Förderung der Reichsstadt, die nun keine mehr war. Auf der Suche nach historischen Bezugspersonen für den Imperator ohne dynastisches Rückgrat war man schnell auch auf den Aachener Übervater gekommen, dessen Gebeine im Schrein der Marienkirche nun endlich wieder durch kaiserliche Aufmerksamkeit verwöhnt wurden. Was lag näher als Napoleon, der schon der neue Hannibal, der neue Cäsar und der neue Augustus gewesen war, nun auch zu einem neuen Karl zu stilisieren? Der Vergleich war ganz nach dessen Geschmack, und so bedachte er die Stadt mit einer Mischung aus handfesten Zuwendungen und symbolischen Gaben, mit denen er die Aachener eine zeitlang für sich gewinnen konnte. Doch da sie kurz vor dem Sturz des Kaisers wieder verstärkt zur Kasse gebeten worden waren, fiel ihnen der Abschied, als es dann soweit war, wahrscheinlich etwas leichter.

7.1. Canaillen und Schelme

Die Revolution kam, so könnte man sagen, in drei Stufen nach Aachen: zunächst geisterten Nachrichten vom Fortgang der Ereignisse in Paris durch die Straßen und durch die Presse, bald darauf kam eine Welle von verstörten Flüchtlingen aus Frankreich, und dann waren sie da: die ungeordnet marschierenden Kolonnen mit ihren Kokarden, die die Heere der gegen Frankreich verbündeten Mächte vor sich hertrieben, während deren Monarchen die Welt nicht mehr verstanden. Die politischen Ziele waren noch ein schillerndes Farbenmeer, als die Revolution Aachen erreichte. Die Kokarden aber waren auch damals schon blau, weiß und rot. Weiß stand dabei für die Monarchie, die durch rot und blau, die Farben der Stadt Paris, sozusagen eingeklemmt wurde.

Als alles begann, waren solche Kokarden in Aachen noch sehr selten zu sehen, und das politische Interesse an den Vorgängen in Frankreich hielt sich in Grenzen. Selbst die Flüchtlinge, in erster Linie französische Adlige und Geistliche, wurden scheinbar vor allem als willkommene Gäste angesehen, die den Spielbetrieb ankurbelten und der Stadt neue Einnahmen bescherten. Im Juni 1791 war König Gustav III. von Schweden in der Stadt. Unter den Flüchtlingen war eine fieberhafte Stimmung aufgekommen, die der schwedische König, der die bevorstehende Flucht Ludwigs XVI. aus Frankreich mit geplant hatte, in einem Brief an Graf Oxenstierna

Das Adalbertstor im Jahr 1791

beschrieb: „Ich habe hier fast alle Großen gefunden, welche Frankreich besitzt. Alle diese illustren Heimatlosen bilden die angenehmste Gesellschaft. Sie sind von gleich großem Haß gegen die Nationalversammlung wie von unbegreiflicher Uebertreibung in Bezug auf alles erfüllt. Es ist ein merkwürdiges aber ebenso trauriges Schauspiel, sie zu sehen und zu hören. Wir stehen, so scheint es wenigstens, am Vorabende wichtiger Ereignisse."[280] Die Flucht wurde vereitelt, und weil die Lage in Frankreich immer bedrohlicher wurde, wuchs der Flüchtlingsstrom in Aachen stetig an. Auf die Absetzung des französischen Königs folgten Machtkämpfe zwischen revolutionären Splittergruppen, bei denen sich angesichts der Bedrohung durch die gegen Frankreich verbündeten Mächte schließlich die Jakobiner mit ihrem radikalen Kurs durchsetzten.

Unterdessen begann der Krieg. Die Volksheere der Revolution standen bald in den Niederlanden, und endlich schien man auch in Aachen mehr und mehr Partei zu ergreifen. Franz Dautzenberg, einer der wenigen Revolutionsanhänger der ersten Stunde, dessen „Politischer Merkur für die Niedern Reichslande" im März 1791 verboten worden war, bezahlte einen öffentlichen Auftritt mit Kokarde noch mit der Inhaftierung. Je näher jedoch die Franzosen kamen, desto lebhafter wurden ihre Anhänger, jedenfalls beim einfachen Volk. Im November 1792 berichtete ein Aachener Anwalt an einen Kollegen: „Ich mag es nicht schreiben, wie sich der Pöbel in Aachen unter gewissen Anführungen schon herausnimmt. Schon ist ein Freiheitsbaum, schon rote Kappen und Kokarden in der Arbeit, und laut trägt man sich in Aachen damit herum, daß man den Franzosen entgegengehen und sie empfangen werde."[281] Bald strömten die Reste der geschlagenen österreichischen Armeen nach Osten, während vor der Stadt Schanzen aufgeworfen wurden. Zu Kämpfen kam es nicht. Am Abend des 15. Dezember 1792 rückte ein französischer Vortrupp in die Stadt ein. Der folgende Tag erlebte dann den Einzug von 6000 Soldaten, deren Einquartierung bis spät in die Nacht dauerte. Der Unternehmer Friedrich Jacobi, ein Sohn des Literaten Friedrich Heinrich Jacobi, der noch zwei

Tage zuvor geschrieben hatte, „Kokardenunfug" werde in Aachen noch nicht getrieben, musste sich nun korrigieren und meldete: „Alle Buden hängen voller Kokarden, und man sieht gemeine Leute und Kinder in Menge damit gezieret."[282]

Benehmen ist Glückssache – so könnte man das Verhalten der Soldaten in den Häusern der Aachener Bürger, von denen kaum einer von der Einquartierung verschont wurde, wohl am ehesten beschreiben. Die Berichte sind widersprüchlich, es scheint, dass es wegen der lockeren Disziplin in der Armee eher eine Frage des persönlichen Charakters der einquartierten Soldaten war, ob diese bei ihren Wirten randalierten und stahlen oder nicht. Plünderungen begingen angeblich eher die Freiwilligen aus Brabant, die sich den Revolutionstruppen angeschlossen hatten, und weniger die Franzosen selbst. Die Offiziere waren gegen das Treiben offenbar machtlos: „Die Generals bitten, man möchte die Kerls nur selbst totschießen."[283] In jedem Fall war die revolutionäre Führung in Paris daran interessiert, die Einwohner der besetzten Gebiete für ihre Sache zu gewinnen, und zwar so sehr, dass der Nationalkonvent nur zwei Wochen nach dem Einmarsch in Aachen für die von den Truppen geschädigten Bürger eine Entschädigung in Höhe von 60 000 Francs bereitstellte.

Es begann die Inszenierung der neuen Freiheit. Die 1616 auf dem Markt errichtete Schandsäule für den aufsässigen Protestanten Johann Kalckberner wurde niedergerissen, stattdessen richtete man einen Freiheitsbaum auf, wobei die Begeisterung der Bevölkerung trotz der angeblich überall flanierenden Kokarden zu wünschen übrig ließ: „Alles zeigt deutlich genug, dass die hiessigen einwohner keinen sinn haben für die französische freiheit."[284] Die Beseitigung der Schandsäule weckte bei den Katholiken sofort den Verdacht einer protestantischen Verschwörung. In der Tat brachen für sie nun harte Zeiten an: Die Klöster wurden geschlossen, und es begann die Inventarisierung ihres Besitzes, die nichts Gutes verhieß. Kruzifixe und Reichsadler verschwanden aus der Öffentlichkeit. Auch die Tage der städtischen Regierung waren gezählt: Der Stadtrat, das altehrwürdige Organ der kommunalen Selbstverwaltung, wurde abgesetzt. Einige Köpfe der Neuen Partei witterten Morgenluft, die meisten aber hielten sich zurück. Aus Angst vor Anarchie und Chaos rückten die ehemaligen Gegner dann doch lieber zusammen, während die Aachener Straßenjungen die Marseillaise umdichteten und den *enfants de la patrie* rotzfrech „Kanaljepack en Schelmenvieh" entgegensangen.[285]

Als wolle man wenigstens die gute alte Aachener Tradition der fruchtlosen Kommissionen fortsetzen, traf am 7. Januar 1793 eine solche aus Paris ein, unter ihnen niemand geringeres als Georges Danton. Die Kommission hatte die Aufgabe, Übergriffe der französischen Truppen zu untersuchen und dem Konvent in Paris Bericht zu erstatten. Nach fünf Tagen kamen die Herren zu dem Schluss, dass man sich viel von den anfänglichen Sympathien verspielt habe. Gegenüber Dautzenberg ereiferte sich Danton, man müsse auch in Aachen die Revolution entfachen – keine

Revolution aus Milch und Honig, wie er sich ausdrückte, sondern eine aus Blut, wie in Paris. Dautzenberg, dem die ungezügelten Leidenschaften seines Gegenübers unheimlich gewesen sein dürften, entgegnete, das gebe das Aachener Klima nicht her. Dantons Antwort: Dann müsse man es eben aufheizen.[286]

Wenn sich das Klima in den folgenden Tagen aufheizte, dann nicht eben im Sinne der Revolutionäre. Am 7. Januar wurden die Aachener zur Wahl einer provisorischen Verwaltung zusammengerufen. Als die Franzosen die ohnehin ziemlich missmutig versammelte Menge fragten, ob sie eine neue Verfassung wünschten, schallte ihnen ein tausendstimmiges „Nein!" entgegen. Während in Paris die Köpfe rollten, suchten die Revolutionäre in Aachen mit beinahe rührender Verbissenheit, Überzeugungsarbeit zu leisten. Ein am folgenden Tag gegründeter „Klub der Freunde der Freiheit, Gleichheit und Bruderliebe" brachte es bei einer ersten Versammlung immerhin auf 80 Teilnehmer. Was die gebildeten Aachener davon hielten, zeigt der Kommentar von Gilles-Leonard von Thimus-Goudenrath in seinem Tagebuch: „Es bestand ein Club, wo sich alle Tage eine Menge von Müßiggängern, französischen Spielern und der ganze Auswurf von Aachen versammelte. Hier wurden Geschmacklosigkeiten und Dummheiten ausgeheckt."[287] Der gute Wille der Franzosen schien keine Grenzen zu kennen: Als zwei Tage später die Wahl der Repräsentanten aus den Grafschaften auf dem Programm stand, musste mit Einquartierungen gedroht werden, um die Bürger überhaupt zur Abstimmung zu bringen. Besonders renitent war offenbar die Marschiertorgrafschaft, die in der Kapuzinerkirche wählen sollte und insgesamt sechsmal die Abstimmung verweigerte. Soldaten zogen auf, und der Saal kochte. Ein fassungsloser General Dampierre musste zusehen, wie die Versammlung ihn und seine Männer zum Narren hielt, indem sie schließlich einen alten Bettler zum Repräsentanten wählte.[288] Am 25. Januar wurde der Nadelfabrikant Stephan Beissel zum Maire bestimmt, und auch er konnte erst durch Dampierres neuerliche Drohung mit Einquartierung dazu bewegt werden, den Posten anzunehmen. Beissel fügte sich, nicht ohne den Hinweis, in Deutschland nenne man so etwas nicht Freiheit, sondern Despotie.[289] Freiheit hin, Despotie her: simple Gemüter konnten mit den Segnungen der Verwaltungsreform à la française ohnehin wenig anfangen – sie klagten, die Franzosen wollten ihnen eine neue Muttergottes aufzwingen, weil sie die Wörter „maire" und „mère" verwechselt hatten.[290] Schließlich gestattete Dampierre entnervt die Beibehaltung der alten Verfassung.

Stephan Beissel, der erste Maire in der Franzosenzeit

Übergabe der Stadtschlüssel, Gemälde von Arthur Kampf (1905)

Bald danach wendete sich das Kriegsglück vorübergehend. Am 1. März 1793 verloren die Franzosen bei Aldenhoven eine Schlacht, und schon am nächsten Tag packte die Aachener Garnison ihre Koffer. Dampierre hinterließ Beissel einen Brief, der trotz aller Differenzen von freundschaftlichem Respekt zeugt: „Ich reise ab, Bürger, mit dem Kummer darüber, daß ich Ihnen nicht für alle Mühen dankte, welche Sie sich während des Aufenthalts der Franzosen hier gemacht haben ... Ich werde niemals Ihre Tugenden und Ihren Freimut vergessen."[291] Drei Stunden nachdem die Österreicher unter dem Jubel der Bevölkerung in Aachen eingerückt waren, kehrten noch einmal die Franzosen zurück. Am Ende behielten die Österreicher die Oberhand. Sie beschossen die Innenstadt vom Lousberg aus und kämpften sich durch die Pontstraße auf den Markt vor. Die Franzosen hatten in der Jakobstraße zwei Kanonen aufgefahren, die aber von den Aachenern unschädlich gemacht wurden. Die Zahlenangaben in den Berichten über die Verluste der Franzosen im Straßenkampf schwankten zwischen 40 und 70 Toten. Erst am nächsten Morgen wurden die inzwischen bis aufs Hemd ausgezogenen Leichen beseitigt. Einigen Berichten zufolge waren von den Österreichern auch Gefangene und sogar die Tochter eines französischen Offiziers erschossen worden. Ein Zeuge erinnert sich: „Den 2. März vergesse ich mein Leben nicht. Das furchtbare Geschrei der Fliehenden, das Brüllen der Tiroler und Ungarischen Scharfschützen, das Gewimmer der Sterbenden und das unaufhörliche Krachen der Kanonen ..."[292]

Wer eben noch die Franzosen bewundert hatte, bejubelte nun die Österreicher. Der Aachener Kaufmann Aloys Perger vermerkte in seinen Memoiren lapidar: „Beim Glückswechsel der Partheien wechselten wir auch die Kokarden an unsere Hüte."[293] Und selbst Dautzenberg, der frühere Anhänger der Revolution, fand in seiner neuen Zeitung „Aachener Zuschauer" patriotische Worte für die Ereignisse: „Unsere Mitbürger brannten vor Begierde, an der Befreiung ihrer Vaterstadt ihren Theil zu haben. Zu ihrem Ruhme waren sie es, welche ihren Rettern die Thore öffneten, sie wanden den Feinden Deutschlands die Waffen aus den Händen, als die

Unholde beim Verlassen dieser Reichsstadt ihre ohnmächtige Wuth an den Tag legten."[294] Der Karlsstatue am Brunnen auf dem Markt wurde die Jakobinermütze vom Kopf gerissen, die sie scheinbar seit dem Einmarsch der Franzosen und wahrscheinlich zum stillen Ärger vieler Aachener getragen hatte.

Doch die Freude währte nicht lange. Schon im Sommer 1794 waren die Franzosen wieder im Anmarsch. In Aachen ging die Angst um, denn die Beteiligung der Bürger an der Vertreibung der Besatzer am 2. März des Vorjahres war nicht vergessen worden. Der Stiftsschatz wurde nach Paderborn geschafft und die französischen Flüchtlinge ausgewiesen. Etwa 1000 Bürger, vor allem Anhänger der Alten Partei, verließen die Stadt. Die Ängste waren allerdings unbegründet, denn die angeblich geplante Zerstörung Aachens war gar nicht beabsichtigt gewesen. Entsprechende Meldungen beruhen auf einer vom städtischen Baumeister Joseph Vossen in die Welt gesetzten Legende, in der er selbst die Hauptrolle spielt: In dramatischer Mission war Vossen dieser Geschichte zufolge mit zwei anderen Abgesandten zum Hauptquartier des Obergenerals Jourdan in Herve vorgedrungen und hatte sich allerlei Anfeindungen gefallen lassen müssen, bis – *deus ex machina* – ein gewisser Oberst Mariète die Szenerie betrat, der sich für die Aachener in die Bresche warf und berichtete, er sei an jenem fatalen 2. März von Bürgern versteckt, verpflegt und als Mönch verkleidet aus der Stadt gebracht worden.[295]

Wie auch immer: Am 23. September 1794 waren die Franzosen wieder in Aachen, und ihre Kontributionsforderungen waren schon Strafe genug. Der ungestüme Missionarseifer der Völkerbefreier war dem außenpolitischen Kalkül der Machthaber in Paris gewichen, die nach dem Sturz Robespierres das zerrüttete Land endlich zur Ruhe bringen wollten und dazu ihre Kriege gewinnen mussten. So wurden auch die Aachener neben ständigen Geldforderungen zur Ablieferung von Getreide, Wein, Pferdefutter, Schuhen, Bettdecken, Leinentuch, Metall, Seilen, Schießpulver und Medikamenten genötigt; Waffen mussten auf dem Rathaus abgegeben werden und Kunstschätze wurden beschlagnahmt. Und so traten Altargemälde und Marmorsäulen, der Pinienzapfen und die Wölfin aus der Marienkirche den Weg nach Frankreich an, selbst das Bleidach wurde abgedeckt, um Munition daraus zu machen. Auch andere Kirchen wurden regelrecht ausgeschlachtet. Anstelle von Geld wurden die sogenannten Assignaten eingeführt, Anweisungsscheine auf die Erlöse aus dem Verkauf des beschlagnahmten Kirchenbesitzes, die sich keiner großen Beliebtheit erfreuten, zumal die Regierung selbst bei ihren Kontributionsforderungen echtes Geld bevorzugte.

Um den Forderungen Nachdruck zu verleihen, wurde städtischen Würdenträgern ungerührt mit Inhaftierung gedroht. So kündigte die Bezirksregierung, die acht zweispännige Wagen gefordert, aber nur einen erhalten hatte, Ende Mai 1795 an, den Magistrat bei Wasser und Brot schmoren zu lassen. Dessen Antwort fiel bemerkenswert schneidig aus und traf die Revolutionäre an ihrem wunden Punkt –

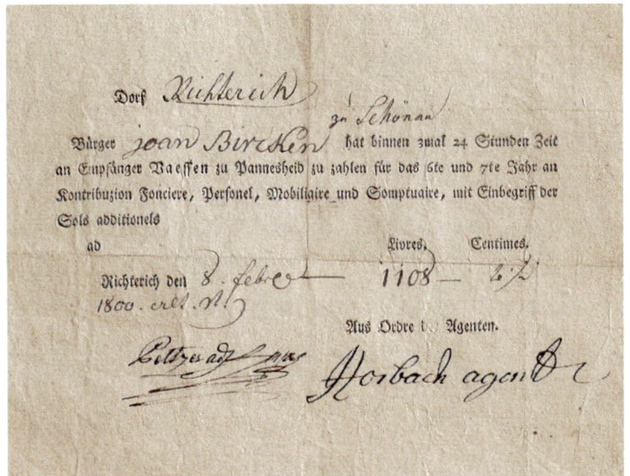

Dorf Richterich

zu Schönau

Bürger joan Bircken hat binnen zwal 24 Stunden Zeit an Empfänger Vaessen zu Pannesheid zu zahlen für das 6te und 7te Jahr an Kontribuzion Fonciere, Personel, Mobiliaire und Somptuaire, mit Einbegriff der Sols additionels

ad | Livres. | Centimes.

Richterich den 8. febr 1800 | 1108 —

Aus Ordre des Agenten.

Horbach agent

Kontributionsforderung aus dem Jahr 1800

der Glaubwürdigkeit: „Da wir … die Drohung von Einkerkerung auf Wasser und Brod ersahen, glaubten wir uns auf einen Augenblick in den Zeiten des Despotismus zurück … Kerker auf Wasser und Brot ist Dieben und fraudeleusen Banqueroutieren, nicht aber Munizipalen, die ihre Pflichten erfüllen, geeignet. Übrigens scheint eure Drohung nicht aus dem schätzbaren Werke les droits de l'homme, noch aus den Gesäzen der französischen Republik, sondern aus der Geschichte eines türkischen Bassa, oder welches auch der Fall sein dörfte, eines Robespierres en mignature hergeleitet zu sein."[296]

Zu diesem Zeitpunkt war ein besonders harter Winter gerade zu Ende gegangen, der natürlich auch eine Hungersnot und entsprechende Krankheiten nach sich gezogen hatte. Die französischen Soldaten waren davon nicht weniger betroffen als die Aachener Bevölkerung. Nach Aussage eines Kaplans aus Kornelimünster waren bis zum März 1795 nicht weniger als 4700 Franzosen gestorben, die am Fuß des Lousbergs in Massengräber geworfen wurden.[297] Im Sommer danach kam es zu einer Revolte der Soldaten, die mit der Erschießung von sechs Aufständischen am Templergraben endete. Vor Gericht verteidigt hatte sie übrigens Franz Dautzenberg, der sich im „Aachener Zuschauer" in finsteren Spekulationen über eine mögliche Unterwanderung durch ausländische Agenten erging.[298]

Die Verwaltung der besetzten Gebiete wurde mehrmals umorganisiert. Meistens waren solche Maßnahmen mit dem Versprechen von Steuersenkungen verbunden, das dann mit der schönsten Selbstverständlichkeit wieder gebrochen wurde. Nachdem im Oktober 1797 der Frieden von Campo Formio unterzeichnet worden war, der Frankreich in einem Geheimartikel bereits das Land bis zum Rhein zugestand, war der Weg für den Aufbau von Départements in den besetzten Gebieten frei. Aachen wurde damit zur Hauptstadt des Départements Roer, das von Kleve im Norden bis nach Monschau im Süden reichte.

Für die Beteiligung des Volkes an der Wahl seiner Regierung konnte man sich kaum noch erwärmen. Im März 1797 war zwar noch einmal die alte Ratsverfassung eingeführt, ein Jahr später aber wieder durch eine Munizipalität nach französischem Muster ersetzt worden. Damit waren auch die Zünfte überflüssig; ihre Aufhebung ging einher mit der Einführung der Gewerbefreiheit, die manchem

Handwerker schlaflose Nächte bereitet haben dürfte, weil mit dem ohnehin schon stark ausgehöhlten Zunftwesen die letzten Sicherheiten verschwanden. Weitere Maßnahmen zum Steuerwesen, die Einführung der französischen Amtssprache und die Maßnahmen gegen die Kirche brachten die Bevölkerung gegen die Obrigkeit auf und förderten den zivilen Ungehorsam. Wie schon der Jakobinerclub, so konnte auch der im Januar 1798 eröffnete „Reunionszirkel" zur Beförderung des Anschlusses der besetzten Gebiete an die französische Republik nicht recht begeistern. Geleitet wurde der Zirkel bezeichnenderweise von einem offenbar erneut geläuterten Franz Dautzenberg, der bei einer Unterschriftensammlung doch immerhin 318 Stimmen für die Vereinigung mit Frankreich sammeln konnte.[299]

Die Szenarien wiederholten sich: Als im Februar ein neuer Freiheitsbaum errichtet wurde, charakterisierte ein anonymer Beobachter die Beteiligten abfällig als „mehrentheils Burdscheidter Protestanten oder Kezer, Aacher Frey Maurer und Freygeister, allgemein schlechte Christen und leichtfertige Kerls, vom Hochmuth, Haß und Eigennutz beselet. Sie suchten zwar Frohsinn und Beifall des Pöbes bey dieser Handlung zu erlangen, aber ihnen wurde nichts, als kalte Verachtung und Unwillen zu theil."[300] An Feierlichkeiten mangelte es nicht, ob man nun den Jahrestag der Enthauptung des Königs beging oder den der Enthauptung Robespierres, den Sturm auf die Bastille oder die französischen Siege, das Fest der Ackersleute oder das der Jugend, ob die Glocken läuteten oder die Böller knallten; all die steifen Veranstaltungen, bei denen die französischen Autoritäten schwülstige Reden hielten „von den Talenten und glänzenden Siegen Buonaparts, von Ausrottung der Tyranney, von Einführung der Menschenrechte und dergleichen Fabeley" – rechte Freude über die bunt gemischten Anlässe kam in Aachen nicht auf, Spott dafür um so mehr: „Freitags ward hier das Fest der Jugend gefeyert ... um 9 uhr fanden sich etliche Aeltern mit ihren Kindern, die Lehrer und Lehrerinnen samt ihren Schülern auf dem Gemeinde Haus ein, von dannen Sie samt alle öffentlichen Gewalten in einer mehr dan Närrisch

Tanz um den Freiheitsbaum (um 1793)

und Hanswurstischen Procession nach Köllerthor aus zogen." Oder: „... selbiges nahm seinen Anfang unter läutung der Glocken Abends um 9 uhr und wehrte bis Mitternacht 12 uhr, was sie wehrend dieser zeit für dummes Zeug getrieben, weis Gott ..."

Diese Stimmungsbilder sind insofern mit Vorsicht zu genießen, als hier vor allem die gebildete Aachener Oberschicht zu Wort kam, und sie widersprechen sich, wenn die ärmere Bevölkerung auf der einen Seite als besonders anfällig für die öffentlichen Spektakel der Franzosen dargestellt wird, auf der anderen Seite dann aber wieder in den Zeugenstand gerufen wird, um deren Wirkungslosigkeit zu belegen. Tatsache ist aber, dass eine Mehrheit der Aachener sich nicht für die Revolution erwärmen konnte. Das hatte seinen Grund vor allem in den Schikanen gegen die Geistlichkeit, die neben Steuern und Kontributionen als das größte Ärgernis empfunden wurden. Eine von den Revolutionären ersonnene sterile Alternativreligion, der „Kult des Höchsten Wesens", wurde von der Bevölkerung so beharrlich ignoriert, dass ein im Dezember 1794 am Hühnermarkt eröffneter Tempel schon bald wieder geschlossen werden konnte, ohne dass ihn jemand vermisste. Nachdem mit der Einführung der Religionsfreiheit im Februar 1795 eine Entspannung eingetreten war, setzten die Nachstellungen zwei Jahre später wieder ein. Im September 1797 wurde den Priestern ein Eid auferlegt, in dem sie den Hass auf das Königtum schwören sollten. Über diese Forderung kam es zu einer Spaltung der Geistlichen, die so tief ging, dass die „Ungeschworenen" ihren Gläubigen die allerschlimmsten Höllenstrafen androhten, wenn sie nur die Messen der „Geschworenen" besuchten.[301] Ostern 1798 erreichten die Drangsalierungen ihren Höhepunkt, als sogar Prozessionen verboten wurden. Priester durften nicht mehr im zeremoniellen Gewand auf die Straße. Kreuze und Heiligenbilder wurden aus dem öffentlichen Raum verbannt, der Glaube wurde selbst im offiziellen Sprachgebrauch zum „Aberglauben" und die Kirchen zu „Ceremonienhäusern" erklärt.[302] Dass man sich mit derartigen Maßnahmen in einer Stadt keine Freunde machte, die ihren katholischen Glauben in der Vergangenheit mit einer solchen Verbissenheit verteidigt hatte wie Aachen, hätte man wissen können. Zu dieser Zeit aber lag die Republik ohnehin in den letzten Zügen. Die politische Bühne betrat ein Mann, der sich bisher nur auf den Schlachtfeldern einen Namen gemacht hatte. Am 9. November 1799 stürzte er in Paris die Regierung: Napoleon Bonaparte.

7.2. Noch ein Kaiser

Nach dem Staatsstreich vom 18. Brumaire des Jahres VIII, wie der Tag nach dem Revolutionskalender genannt wurde, war es mit der Volksherrschaft wieder vorbei. Napoleon, zunächst Erster Konsul, baute seine diktatorische Machtposition in den folgenden Jahren immer weiter aus und stützte sich dabei nach innen vor allem auf das Großbürgertum. Stabilität und Wohlstand, Versöhnung mit der gerupften Kirche und dem geschundenen Adel, all das war geeignet, auch das Misstrauen der konservativen Aachener abzubauen. Napoleon selbst besuchte die Stadt zum ersten Mal im September 1804, genau drei Monate vor seiner bereits beschlossenen Kaiserkrönung. Präfekt Méchin traf sogleich den richtigen Nerv, als er den designierten Kaiser mit einer Rede begrüßte, die in den Worten gipfelte: „Die Asche Karls wird lebendig, und seine große Seele lebt in Napoleon!“[303] Solche Vergleiche schienen den Aachenern zu gefallen, die sich im Glanz des zukünftigen Kaisers sonnten und sich seine Gunsterweise wie Orden an die Brust hefteten. In der Tat verstand Napoleon zu verblüffen. Er kultivierte den Ruf des übermenschlichen Genies; nach einer Audienz, bei der Napoleon mit detaillierten Kenntnissen über die örtlichen Verhältnisse geglänzt hatte, schwärmte der Aachener Maire Jakob Friedrich Kolb in den höchsten Tönen: „... ein Unikat, ein Universalgenie! Dieses Departement, das doch so weit von seiner Hauptstadt entfernt ist, kennt er besser, als wir selber! Über alle Kleinigkeiten weiß er Bescheid ... erstaunlich, unfaßbar ...“[304] Und so ging es weiter: Unermüdlich eilte Napoleon von einem Termin zum anderen, besichtigte Manufakturen und fachsimpelte mit Unternehmern und Verwaltungsfachleuten, fragte, hakte nach, hörte sich Klagen an und versprach Abhilfe; er interessierte sich für alles und tadelte selbst den servilen Méchin, als dieser nach vorgebrachten Klagen der Aachener Bürgerschaft ins Stottern geriet und sich Akten aus seiner Amtsstube zu holen anschickte („Herr Präfekt, Sie sind lange genug in diesem Lande, um es in Ihrem Kopf zu haben und nicht in Ihrem Bureau“) – am meisten aber verblüffte es die Aachener vielleicht, dass er seine Versprechungen auch hielt. Verbesserungsvorschläge wurden angenommen und zugesagte Gelder zügig angewiesen. Die Schulden der Stadt wurden zum größten Teil übernommen und Mittel für die Verschönerung des Lousbergs zur Verfügung gestellt. Die Aachener bekamen nicht nur die nach Frankreich verschleppte Karlsstatue vom Marktbrunnen zurück, sondern auch die Verfügungsgewalt über ihre veralteten und militärisch wertlosen Befestigungsanlagen, die dadurch allerdings zum großen Teil der Vernichtung preisgegeben wurden: bis 1807 waren bereits acht Stadttore abgerissen worden, und die Zerstörung, größtenteils zur Wiederverwendung des Baumaterials, sollte das ganze Jahrhundert über andauern. Später schenkte Napoleon der Stadt noch ein überlebensgroßes Portrait von sich, das zusammen mit einem Bild seiner Frau Josephine noch heute den Sitzungssaal des Rathauses schmückt – da steht der neue Kaiser und ist in seiner feierlichen Pose mit dem hermelingesäumten und wappenbestickten Purpurmantel einem absolutistischen König doch bald ähnlicher als dem römischen Imperator, als der sein Lorbeerkranz ihn ausweisen soll.

Auch Kaiserin Josephine wusste zu entzücken. Als Napoleon in Aachen ankam, weilte sie bereits seit mehr als einem Monat zur Kur in der Stadt und absolvierte das übliche Programm aus Kuren und gesellschaftlichen Veranstaltungen; die Aa-

Napoleon als Kaiser im Krönungsornat

chener stellten eine Ehrengarde aus Bürgern mit eigens entworfenen Uniformen auf und aus dem Schatz der Marienkirche bekam sie Stücke der vier großen Heiligtümer sowie das Armreliquiar und den Talisman Karls des Großen – das Reliquiar landete so später im Louvre und der Talisman im Schatz der Kathedrale von Reims. Dass sie sich aber vor seiner Nase auf den Karlsthron setzte, das empfand offenbar auch ein Napoleon als Sakrileg.[305]

Die Verwaltung bekam durch Napoleon eine endgültige Ordnung. Das Département war in Arrondissements eingeteilt und wurde von einem Präfekten geführt, der in Aachen seinen Amtssitz im „Londoner Hof" in der Kleinkölnstraße hatte. Auf der untersten Ebene der Verwaltung lagen die Gemeinden, die von einem Maire mit Unterstützung eines Munizipalrates verwaltet wurden, dessen Größe je nach Einwohnerzahl der Gemeinde schwankte. In Aachen hatte der Munizipalrat 30 Mitglieder. Wie wenig von der republikanischen Verfassung noch üb rig war, zeigte sich schon daran, dass die Munizipalräte, die ohnehin nicht viel Gestaltungsspielraum hatten, aus den 100 Höchstbesteuerten der Gemeinde gewählt wurden, so dass die große Mehrheit der Bevölkerung von der Gestaltung der Politik ausgeschlossen war. Da die konservativen Elemente durch die moderate Kirchenpolitik Napoleons versöhnt und die Liberalen durch seine wirtschaftspolitischen Maßnahmen zufriedengestellt waren, konnte sich das gehobene Bürgertum in dieser Ordnung relativ geschlossen wiederfinden. Hohe Beamte wurden ohnehin vom Präfekten ernannt und je höher man in der Hierarchie kam, desto mehr Franzosen fand man.

Wenn die Mitbestimmung ihnen auch verwehrt war – die einfachen Leute bekamen immerhin Sicherheit und Stabilität. Nachdem im Frieden von Lunéville im Februar 1801 der Rhein als Grenze Frankreichs völkerrechtlich festgeschrieben worden war, wurde im September 1802 in Aachen die französische Verfassung eingeführt, wodurch die Aachener zu vollberechtigten Bürgern Frankreichs wurden. Das napoleonische Rechtssystem umfasste fünf grundlegende Gesetzbücher – angefangen beim berühmten *Code Civil* von 1804 – und sicherte allen Untertanen Gleichheit vor einem Gesetz zu, das systematisch und verständlich aufgebaut war.

Bei allen Errungenschaften war der diktatorische Charakter des Systems unverkennbar. Über die erbliche Kaiserwürde hatten die Untertanen im Mai 1804 immerhin selbst abstimmen können, allerdings ging es auch dabei nur bedingt demokratisch zu; in Aachen schickte der Maire im Auftrag des Präfekten Polizeibeamte zur Sammlung der Stimmen aus, so dass sich eine Wahlbeteiligung von immerhin 82 % ergab, und dennoch war die Ausbeute mit 1917 Ja-Stimmen immer noch nicht gerade glänzend.[306] Auch ein Blick auf die Aachener Presselandschaft offenbart Napoleons Reich nicht gerade als ein Paradies der Grundrechte. Die Zahl der Zeitungen wurde immer weiter eingeschränkt, im September 1809 gab es nur noch zwei Blätter, und im Januar 1811 nur noch eins: das *Journal de la Roer*, das schon bald die nicht mehr rosige Lage immer krampfhafter gesundbeten musste. Nach einigen fetten Jahren war die Wirtschaft ab 1810 wieder in eine Krise geraten, dazu kamen Kontributionen und die Aushebung von Soldaten für den bevorstehenden Krieg gegen Russland. Von diesem Feldzug und seinem katastrophalen Ausgang aber erfuhren die Aachener wegen der Pressezensur schon bald so gut wie gar nichts mehr.

Mit der Kirche kam es nach den schweren Jahren der Revolutionsregierungen zu einer Versöhnung durch das im September 1801 abgeschlossene Konkordat, so dass viele Katholiken endlich wieder ruhig schlafen konnten. Vor dem Portal der Marienkirche stand schon 1802 eine Büste Napoleons als sichtbares Zeichen einer Eintracht, die mit Gleichberechtigung allerdings wenig zu tun hatte. Just im Juni dieses Jahres bestimmte ein Konsularbeschluss die Auflösung aller Aachener Stifte und Klöster, die nicht in der Krankenpflege oder im Erziehungswesen tätig waren.

Der Grundbesitz der Anstalten wurde zum großen Teil an Aachener Bürger verkauft und die Geistlichen mit Renten versorgt. Während einfache Priester sich mit 500 Francs zufrieden geben mussten, bekamen die Stiftskanoniker der Marienkirche 2300 und der Propst sogar 18 000 Francs im Jahr zugesprochen.[307]

Napoleon schuf sich unter anderem durch das Besetzungsrecht der Bistümer eine Kirche nach seinem Willen. Im Sommer 1802 bekam auch Aachen im Zug der kirchenpolitischen Neuordnung einen Bischof, der am 23. Juli mit einem stattlichen Konvoi aus 22 Kutschen unter dem Jubel der Bevölkerung einzog: Marc Antoine Berdolet, Jahrgang 1740, war ein Revolutionsanhänger der ersten Stunde, der für den Kaiser die Werbetrommel rührte, wo er nur konnte. Ein Bericht der französischen Geheimpolizei sagt über ihn: „Bischof Berdolet ist Patriot, er besitzt gesunden Menschenverstand, ist jedoch zu langsam bei seinen Arbeiten; er ist duldsam, wenn auch gezwungenermaßen etwas Heuchler, weil er nun einmal den Beruf eines Bischofs ausübt; er ist ein zuverlässiger Freund, und man kann ihm volles Vertrauen schenken."[308] Berdolet war ein glühender Anhänger Napoleons, obwohl dieser immer wieder rücksichtslos in die Angelegenheiten der Kirche hineinredete und im Juli 1809 sogar den Papst einkerkern ließ. Die Konsequenz dieses Konflikts war es, dass Jean Denis François Camus, der im Oktober 1810 eingesetzte Amtsnachfolger des im Vorjahr verstorbenen Berdolet, von Pius VII. niemals anerkannt wurde, was wiederum Napoleons Ansehen schadete. Berdolet aber blieb den Aachenern in guter Erinnerung, zumal in seiner Amtszeit die Turmzeigung der Reliquien wieder gestattet und der Münsterschatz aus dem Paderborner Exil in die Kaiserstadt zurückgeführt wurde. Das Bistum Aachen indes überlebte seinen selbstgerechten Gönner nicht lange: 1818 wurde es noch um das Gebiet der Diözese Lüttich vergrößert, 1821 aber offiziell aufgelöst.

Aachens erster Bischof Marc Antoine Berdolet (1802 – 1809)

Durch die Religionsfreiheit kamen endlich auch die Aachener Protestanten zu ihrem Recht. Noch 1793 hatte einer von Ihnen resignierend geäußert: „Sie steckten auch lieber die Stadt in Brand, als daß sie uns einen Platz zu einer Kirche einräumten."[309] Das änderte sich bald. Auch die protestantische Kirche bekam per Gesetz eine hierarchische

Ordnung unter staatlicher Aufsicht verpasst, und am 17. Juli 1802 konnten Lutheraner und Reformierte die Annakirche zur gemeinsamen Nutzung einweihen. Berdolet, dem die protestantischen Prediger bei seinem Amtsantritt ihre Glückwünsche übermittelt hatten, gratulierte immerhin, ließ sich für die Feier aber entschuldigen. Dass fast 300 Jahre nach der Reformation nun tatsächlich eine protestantische Kirche in Aachen stand, war für die meisten Katholiken wohl doch nicht gerade ein Grund zum Feiern. In wirtschaftlicher Hinsicht hatten die Protestanten zur napoleonischen Zeit ohnehin einen geradezu beängstigenden Einfluss gewonnen: 1812 waren unter den 100 höchstbesteuerten Bürgern in Aachen schon 28 Evangelische. An ihrem Bevölkerungsanteil gemessen, waren sie damit im exklusiven Zirkel der Schwerreichen schon fünfzehnfach überrepräsentiert.[310]

Von Napoleon gestiftete Medaille zur Auszeichnung gewerblicher Innovationen

Für die Entwicklung der Aachener Industrie war die Herrschaft Napoleons geradezu ein goldenes Zeitalter. Der Wegfall der Zollgrenzen nach Frankreich und die Kontinentalsperre gegen England waren dabei die beiden entscheidenden Faktoren. Durch den Rückgang des Schiffsverkehrs verlagerten sich die Handelszentren von der Küste ins Binnenland, so dass Aachen als Standort noch einmal zusätzlich gewann. Napoleon förderte die einheimische Industrie, von deren Leistungsfähigkeit er sich bei seinem Besuch im September 1804 ausgiebig überzeugt hatte, durch die Bereitstellung von Preisgeldern für innovative Produkte und durch die Einrichtung eines Handelsgerichts und einer Gewerbekammer, die der Regierung Vorschläge zur weiteren Verbesserung der Produktionsbedingungen machen sollte. Die Industrialisierung kam mit großen Schritten, und sie erhöhte den Profit der Unternehmer in der alles beherrschenden Tuchindustrie ganz ungemein: 1807 stellte der Maschinenfabrikant Charles James Cockerill eine erste Spinnmaschine auf, die die Handarbeit von 60 Personen erledigte.[311] Es folgten 1809 der erste Maschinenschertisch und 1812 die erste Webmaschine. Zu diesem Zeitpunkt war der Höhepunkt bereits überschritten: die 1810 einsetzende Krise ließ die Umsätze des Tuchgewerbes, die sich seit der reichsstädtischen Zeit von 5,5 auf 11 Millionen Francs verdoppelt hatten, innerhalb eines Jahres wieder auf 7 Millionen fallen.[312]

Da die Unternehmer durch die Mechanisierung Arbeitskräfte einsparten, wirkte sich die Krise vor allem auf die Arbeiter aus. Bei stetigem Wachstum der Bevölkerung vor allem durch Zuwanderung in die offenbar sehr attraktive Stadt – 1812 hatte Aachen die Grenze von 30 000 Einwohnern überschritten – öffnete sich in diesen Jahren die Wohlstandsschere. Die Zahl der Hausarmen verdreifachte sich im Verlauf der napoleonischen Herrschaft.[313] Für sie war ein neu eingerichtetes Wohlfahrtsbüro zuständig, während die Armenhäuser von einer Hospizienkommission übernommen wurden. Um noch einmal den Vergleich zwischen Lohn und Kaufkraft am Beispiel von Brot zu bemühen: 1386 reichte ein Tagelohn für 15 Kilogramm Brot, 1605 waren daraus 10 Kilogramm geworden, und 1812 schließlich gerade einmal 4 Kilogramm.[314] Wer den Lebensunterhalt für die Familie nicht allein bestreiten konnte, schickte seine Kinder für einen Bruchteil des üblichen Tagelohns arbeiten. Laurenz Jecker, der in seiner Fabrik in der Eilfschornsteinstraße als erster auf dem Kontinent Stahlnadeln mit gegossenen Köpfen herstellte und dafür von Napoleon eine Standuhr geschenkt bekam, beschäftigte in seinem Betrieb 225 Kinder, von denen die jüngsten erst vier Jahre alt waren – und das bei insgesamt 250 Mitarbeitern.[315] Und auch die Frauen schafften an: Schon 1799 gab es in Aachen nicht weniger als 24 öffentliche Bordelle. Der spätere Maire mit dem unhandlichen Namen Johann Wilhelm Gottfried Franz Maria von Lommessem bemerkte, dass es „kaum eine Stadt in Frankreich, vielleicht in ganz Europa gibt, wo im Verhältnis zur Bevölkerung Liderlichkeit und Prostitution sich in so beängstigender Weise eingeschlichen und soviel Unheil gestiftet haben."[316] Solche Zustände waren allerdings keine Folge der französischen Herrschaft, sondern eine Begleiterscheinung der Industrialisierung, die sich durch die Förderung Napoleons lediglich schneller entwickeln konnte.

Aus der Rückschau wirkt die Konjunkturkrise fast wie ein böses Omen, das den Untergang Napoleons begleitete. Der im Sommer 1812 begonnene Russlandfeldzug endete in der bekannten Katastrophe und mündete in die Erhebung der deutschen Länder gegen Napoleon. Aachen aber war nicht Deutschland, und so bekam man von den ersten Kämpfen weit im Osten wenig mit, zumal das *Journal de la Roer* ein verzerrtes Bild vom Kriegsverlauf zeichnete. Wo die Verbündeten überhaupt standen, erfuhr man nur über Nachrichten von ihren angeblichen Ausschweifungen.[317] Am 6. November 1813, knapp drei Wochen nach der entscheidenden Schlacht bei Leipzig, eilte Napoleons jüngster Bruder Jerôme, König von Westfalen, mit seinem Gefolge auf der Flucht nach Frankreich wie ein Unheilsbote durch die Stadt, und kurz nach der Jahreswende überschritten die Alliierten den Rhein. Am 17. Januar 1814 war es dann auch in Aachen soweit: die Franzosen rückten ab, und gegen Nachmittag zeigte sich eine Abteilung Kosaken am Kölntor. Die Franzosenzeit war vorbei.

Was mit Aachen geschehen sollte, stand in den Sternen. Die herrenlosen niederrheinischen Départements wurden in ein Generalgouvernement mit Sitz in Aachen umgewandelt, ein provisorisches Gebilde, das ab März 1814 von dem preußischen Staatsrat Johann August Sack geleitet wurde und über dessen Zukunft bald entschieden werden sollte. Während in Frankreich noch gekämpft wurde, setzten die Preußen sich am Rhein fest.

8. Preußenzeit

Preußen und das Rheinland – mehr als eine Liebesheirat war das eine Zweckehe, die für das linksrheinische Gebiet mit den Befreiungskriegen begann. Preußen war ein Beamtenstaat mit übermächtiger Militärmaschine; Preußen klang nach Rekrutenaushebung und Verwaltetwerden, und wenn auch das napoleonische Frankreich gerade in seinen letzten Jahren mehr Rekruten ausgehoben und mehr Steuern eingetrieben hatte als Preußen das später tat, so war das Misstrauen zunächst – wohl auch aus konfessionellen Gründen – beträchtlich. Später zeigte sich, dass Preußens Herrschaft in den neu erworbenen Gebieten doch ein milderes Gesicht hatte als befürchtet. Und dennoch ist es schwer zu sagen, ob die Aachener nun eigentlich gerne Preußen waren oder nicht. Napoleon konnte man vergöttern oder auch hassen. Preußen, so könnte man vielleicht sagen, lernte man irgendwann und irgendwie zu schätzen.

Mit diesem Preußen ging es nun ins 19. Jahrhundert, das dem Land und der Stadt eine Reihe von Veränderungen bescherte, die die Zusammensetzung der Gesellschaft, den Alltag vieler Menschen und ihr Denken für immer veränderte. Im wirtschaftlichen und technischen Bereich nahm eine Entwicklung ihren Lauf, die sich schon zur Franzosenzeit angedeutet hatte. Aachen war in gewisser Weise das

Blick auf Münster und Rathaus (um 1850)

Einfallstor der Industrialisierung nach Deutschland, denn die vorwiegend in England entwickelten Maschinen fanden ihren Weg auf den Kontinent über Belgien. Betriebe wurden mechanisiert und der Wert der Arbeitskraft sank dramatisch. Ein neuer Geldadel aus Unternehmern gründete Dynastien, während viele Arbeiter bald nicht mehr wussten, wie sie ihre Familien ernähren sollten. Die latente Gefahr von Hungerrevolten bekam ganz langsam eine politische Färbung. Noch war es vor Ort nicht soweit: Während die Franzosen im Sommer 1830 wieder einmal einen König stürzten, verwüstete in Aachen eine kleine Gruppe von unzufriedenen Arbeitern die Villa des Maschinenfabrikanten Cockerill. Eine eilends aufgestellte Bürgergarde stellte die Ordnung wieder her, noch ehe das ebenso eilends herangerufene preußische Militär eintraf.

Bald schon wurde die Lage komplizierter, denn es gab mehr als Revolution und Reaktion in Gestalt von revoltierenden Arbeitern auf der einen Seite und den Vertretern der Staatsmacht und der alten Ordnung auf der anderen. Das konservative und darüber hinaus höchst katholische Aachener Bürgertum geriet durch die Repressionen gegen seine Kirche mit dem Staat aneinander und bildete ein politisches Bewusstsein aus, das sich im Verlauf der revolutionären Ereignisse von 1848 einen organisatorischen Rahmen gab. Wie wenig klar die Fronten zunächst waren, zeigte sich schon im April des Revolutionsjahres, als die vor einer Kaserne aufgezogene Bürgerwehr plötzlich und scheinbar ohne das wirklich zu wollen in eine aufgebrachte Menge feuerte. Die Ereignisse brachten eine erhebliche Verwirrung in die Debatte, wer nun eigentlich mit wem an einem Strang zog.

Aus den in diesen Jahren gegründeten Vereinen entstanden nach und nach die politischen Parteien. In Aachen hatten die katholischen Gruppierungen bald die Oberhand, spalteten sich aber in einen sozialreformerischen und einen konservativen Flügel. Im Hintergrund der Meinungsverschiedenheiten stand die große Frage, die das 19. Jahrhundert mit seinem rasanten Fortschritt aufgeworfen hatte: Wie sollte man mit dem revolutionären Potenzial von links umgehen, das ebenfalls dabei war, sich politisch zu formieren und dabei auf höchst unberechenbare Wege geraten konnte?

8.1. Wieder deutsch

Die Franzosenzeit endete plötzlich, aber nicht unsanft. Das *Journal de la Roer*, immerhin in gewisser Hinsicht das Organ des französischen Präfekten, änderte seinen Namen in „Stadt-Aachener Zeitung“, verzichtete auf den französischen Teil und verkündete am 18. Januar 1814, genau einen Tag nach dem Abzug der Franzosen seinen Lesern: „Unser Blatt konnte gestern wegen der vorgefallenen Begebenheiten nicht erscheinen“ – ganz so, als sei das Ende einer Epoche nicht mehr als eine bedeutungslose Panne im Geschäftsgang gewesen.[318]

Es dauerte noch drei Monate, bis Napoleon den Kampf aufgab. Nach einem ersten Friedensschluss in Paris und der Abschiebung des Kaisers nach Elba begann im September 1814 der Wiener Kongress, auf dem die europäischen Mächte über die Ordnung des Kontinents verhandelten. Schon vorher hatte sich abgezeichnet, dass das nieder- und mittelrheinische Gebiet, das in Form von zwei Generalgouvernements bereits von preußischen Beamten (Sack in Aachen und Gruner in Trier) geleitet wurde, dauerhaft dem preußischen Staat zugeschlagen würde. Friedrich August von Klinkowström, der im Mai 1814 mit der Organisation der Landwehr beauftragt war, schrieb damals schon: „Das Gerücht sagt, diese Gegenden würden preussisch. In diesem Fall ist es mir lieb, hier keine Aussichten zu haben, zum Leben ist es doch nicht deutsch genug."[319] Auf dem Wiener Kongress liebäugelte Preußen zunächst mit einer Einverleibung Sachsens und hätte dafür auch auf die Rheinlande verzichtet, lenkte dann aber auf Druck von England ein, das eine starke Militärmacht an Frankreichs Grenzen bevorzugte. Noch mehr als drei Monate vor der Unterzeichnung der Kongressakte, nämlich am 23. Februar 1815, verkündete die Stadt-Aachener Zeitung, was bevorstand und was von den Bürgern erwartet wurde: „Unser Schicksal ist entschieden und vereinigt mit dem einer großen und aufgeklärten Nation, die nicht allein den Willen, sondern auch die Fähigkeit und Kraft besitzt, ihren Rang zu behaupten. Wir werden nicht mehr vereinzelt, wie Waisen, dastehen, und bald vom Auslande, bald von übermüthigen Landesgenossen zertreten werden. Uns kömmt es jetzt zu, durch Bürgersinn, Gehorsam und Liebe für unseren Souverain uns des neuen Vaterlandes würdig zu machen, mit verdoppeltem Eifer uns in die Reihen älterer Söhne Borussiens zu stellen und durch treue Pflichterfüllung uns als ebenbürtige Kinder zu legitimiren."[320]

Fast hätte alles noch einmal anders kommen können. Eine Woche nach der Meldung landete der unschädlich geglaubte Napoleon wie ein Gespenst mit einer kleinen Schar von Getreuen in der Nähe von Cannes und marschierte mit der größten Ungeniertheit nach Paris, wo ihm ein triumphaler Empfang bereitet wurde. Kurz darauf hatte er wieder eine Armee, und Europa befand sich erneut im Krieg. Die verbündeten Mächte setzten ihre Truppen wieder in Bewegung, und der preußische König beeilte sich, im Hinblick auf den zugesicherten Besitz vollendete Tatsachen zu schaffen: Nicht ganz zufällig wurde die offizielle Besitzergreifung der Rheinlande schon am 5. April vollzogen. Behörden und Gerichte arbeiteten fortan nicht mehr im Namen der Verbündeten, sondern im Namen Friedrich Wilhelms III.

Die feierliche Huldigung fand in Aachen am 15. Mai statt, noch einen ganzen Monat vor der letzten und entscheidenden Schlacht von Waterloo. Der bei der Zeremonie anwesende Ernst Moritz Arndt fand die dem Zeitgeist entsprechenden Worte: „Die Sonne ging herrlich auf, als ob auch die Natur das schöne Fest mit uns feiern wollte ... Nur im Südwesten ruhte ein düsterer Saum am Horizonte Frankreichs, als ob der Vergangenheit Sünden seit 26 Jahren sich dort himmelhoch aufgethürmt hätten."[321] Auf dem Markt war die Bürgermiliz aufgezogen und vor dem Rathaus stand eine Tribüne, die mit allegorischen Figuren geschmückt war, darauf ein Thron mit Baldachin und über dem Thron ein Bild des Königs, der durch Generalmajor von Dobschütz und Staatsrat Sack vertreten wurde. Die beiden standen links und rechts des leeren Thrones und nahmen den Treueschwur der Volksvertreter ab, dann durfte gejubelt werden. Zum Festmahl im Rathaus nach der Unterzeichnung der entsprechenden Urkunden waren 395 Gäste geladen – gewissermaßen ein Krönungsmahl ohne König, das aber durch die permanente Selbsthuldigung der Preußen offenbar so steif und salbungsvoll geriet, dass der Publizist und Naturwissenschaftler Johann Friedrich Benzenberg es sich nicht verkneifen konnte, die Veranstaltung „ein fast französisches Fest" zu nennen.[322]

Was nun begann, könnte man in gewisser Weise als Identitätssuche bezeichnen. Wenn sich vielleicht auch eine Mehrheit der allgemeinen Begeisterung angeschlossen hatte, die seit den Befreiungskriegen durch das Land wogte, so wollte man doch auf eine Reihe von Einrichtungen aus der französischen Zeit nicht mehr verzichten. Vor allem das französische Recht, das in vielerlei Hinsicht moderner war als das preußische, sollte beibehalten werden. Die Chancen dafür standen gar nicht schlecht, denn eine überstürzte Übertragung der Rechtsverhältnisse aus den altpreußischen Gebieten war von der Obrigkeit gar nicht beabsichtigt: Eine Justizkommission prüfte seit Juni 1816 die Zustände vor Ort, begleitet von einer publizistischen Kampagne, bei der sich Befürworter und Gegner der Einführung des preußischen Rechtssystems die Finger wundschrieben, unter anderem auch wegen der Verfassungsfrage. Friedrich Wilhelm III. hatte am 22. Mai 1815 nämlich von Wien aus unter dem Eindruck der Bedrohung durch den zurückgekehrten Napoleon mit der „Verordnung über die zu bildende Repräsentation des Volkes" ein Verfassungsversprechen abgegeben, an dessen Einlösung er nun, nachdem die Gefahr gebannt war, gar nicht dachte. Da nun überhaupt nichts passierte, erlahmte auch der Eifer der Debatten. Im November 1818 wurde die Einführung des preußischen Rechts in den Rheinlanden immerhin verschoben, zwei Jahre später ganz verworfen und die Grenzen der bestehen

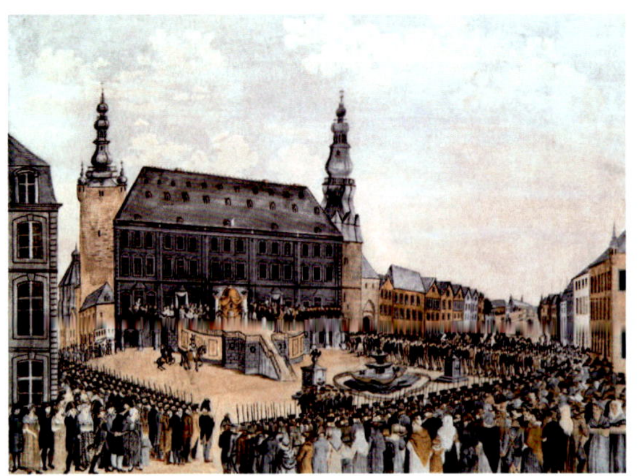

Die Huldigungsfeier vor dem Rathaus am 15. Mai 1815

den Gerichtsbezirke lediglich an die neu gebildeten Regierungsbezirke angepasst. Auch die französische Munizipalverfassung wurde erst 1845 durch die preußische Gemeindeordnung ersetzt.

Überall herrschte die Restauration. Der Rheinische Provinziallandtag, ein 1826 zum ersten Mal einberufenes Gremium, das den Rheinländern wenigstens die Möglichkeit gab, ihre Stimme gegenüber der Regierung zu erheben, war ganz nach mittelalterlichem Vorbild ständisch zusammengesetzt, so dass der Adel die Vertreter der Städte und Landgemeinden mühelos überstimmen konnte. Noch einmal erlebten die politischen Diskussionen eine bescheidene Renaissance, das revolutionäre Potenzial aber reichte gerade dafür aus, dass nach der Grundsteinlegung für das neue Regierungsgebäude am Theaterplatz im September 1828 ein kleiner Pulk von Leuten zur Baustelle zog und einen preußischen Adler mit Steinwürfen zerstörte. Dass die Aachener mit den Preußen nie so ganz warm werden konnten, zeigt vielleicht am besten die Tatsache, dass man noch mehrere Generationen später aus Aachener Sicht „zu den Preußen" ging, wenn das Militär einen rief. Diese Haltung beruhte zunächst auf Gegenseitigkeit: Ein Freund von Bismarck, der 1836 in Aachen weilte, sagte am Vorabend einer Reise nach Westfalen: „Ich mache morgen nach Deutschland."[323]

Vorbehalte gab es, wie gesagt, auch im Hinblick auf die konfessionellen Differenzen. Unter Napoleon hatte man nach den schwierigen Jahren der Revolution einen *modus vivendi* gefunden. In gewisser Weise profitierten die Preußen nun von der Arbeit ihrer Vorgänger, als sie den eingezogenen Kirchenbesitz übernahmen und den Ausverkauf, den die Franzosen zu Gunsten der Staatskasse begonnen hatten, stillschweigend fortführten ohne noch einmal eine Welle der Empörung auszulösen. Immerhin hatten sie am 7. Dezember 1815 „das der Pariser Raubhöhle wieder abgejagte Aachener Gemeindeeigenthum" – nämlich die 1794 veschleppten Kunstschätze vor allem aus der Marienkirche – in einer feierlichen Zeremonie zurückgegeben.[324] Was für schwere Auseinandersetzungen zwischen der katholischen Kirche und dem Staat noch bevorstanden, konnte damals noch niemand ahnen.

8.2. Der Aachener Kongress

Im zweiten Pariser Frieden vom 20. November 1815 war beschlossen worden, dass Frankreich vorläufig für drei Jahre von Truppen der verbündeten Mächte besetzt würde und dass ein Monarchenkongress über die Fortführung der Besatzung beraten sollte. Als dieser Zeitraum sich dem Ende zuneigte, stand nicht nur die Entscheidung über die Zukunft der Besatzung an, sondern auch über die Regelung der französischen Reparationen, die wegen einer Börsenkrise nicht pünktlich gezahlt werden konnten – eine willkommene Gelegenheit für die Monarchen, sich und die Restauration zu feiern und feiern zu lassen. Wieder verstand es Aachen, sich als Kulisse für glamouröse Auftritte in Szene zu setzen, um das Rennen gegen Düsseldorf zu machen. Seit April 1818 war es amtlich: im Herbst sollte wieder alle Welt nach Aachen blicken.

Wieder begannen Arbeiten zur Verschönerung von Häusern und Promenaden. Wieder rieben die Aachener sich die Hände angesichts der goldenen Aussichten auf viele schnell verdiente Taler durch die Vermietung von Wohnraum. Und wieder kamen gleichzeitig mit den Equipagen und Soldaten auch die Händler: „Beinahe in allen Straßen sah man Lager von Galanterie-Waaren, Porzellain-Geräthe von der feinsten Gattung und andern kostbaren Gegenständen etablirt. Ein Silber- und Diamantenhändler aus Augsburg hatte dahier ein über eine Million Gulden an Werth haltendes Magazin. Sogar türkische Kaufleute aus Konstantinopel hielten auf der Komphausbadestraße eine große Niederlage orientalischer Waaren. Prächtige Gobelins, vortreffliche Gemälde-Sammlungen, merkwürdige Kunst- und Kabinetsachen fand man in verschiedenen Lokalen aufgestellt. Die ersten Sänger und Tonkünstler aus Deutschland, Frankreich und Rußland trafen zusammen. Luftballen und Panoramen wurden, gegen Eintritts-Preis, zu sehen verkündigt, und eine Legion Weinhändler bestürmte die Häuser der Einwohner.“[325]

Kurz darauf reiste dann auch die Prominenz an. Am 27. September kam der König von Preußen, der am folgenden Tag den österreichischen Kaiser vor der Stadt abholte. Mit leichter Verspätung hielt dann auch der Zar seinen Einzug, während der König von England lediglich Vertreter entsandte. Für die eigentlichen Verhandlungen, geführt in den Quartieren der Fürsten Hardenberg (Markt), und Metternich (Komphausbadstraße), interessierte sich die Öffentlichkeit herzlich wenig. Immerhin dauerte der Kongress fast zwei Monate, in denen offenbar in trauter Eintracht die Reparationen gesenkt und der Abzug der verbündeten Truppen aus Frankreich beschlossen wurde. Frankreich wurde gnädig in den Kreis der vier europäischen Großmächte Österreich, Russland, Preußen und England aufgenommen. Doch auch diese neue Freundschaft war zunächst von der Vergangenheit überschattet. Als am 18. Oktober, dem fünften Jahrestag der Schlacht von Leipzig, vor dem Adalbertstor eine Truppenparade mit anschließendem Gottesdienst zur Erinnerung an die Befreiung Deutschlands von Napoleons Herrschaft abgehalten wurde, hielt sich die Feierstimmung des französischen Gesandten Armand Emanuel Richelieu, Herzog von Plessis und Nachfahre des berühmten Kardinals, doch immerhin so weit in Grenzen, dass er es vorzog, aufs Land zu fahren und eine alte Abtei – wahrscheinlich Kornelimünster – zu besichtigen.[326]

Ansonsten wiederholten sich die Bilder, die Aachen anlässlich des Friedenskongresses von 1748 oder bei den zahlreichen Besuchen gekrönter Häupter gesehen hatte. Vorläufiger Höhepunkt des gesellschaftlichen Lebens war ein Ball in der Neuen Redoute am 4. Oktober, für den die ganze Komphausbadstraße aus Sicherheitsgründen gesperrt wurde. Als die Gäste versammelt waren, schritten Zar Alexander

Das in den Stadtgarten versetzte Kongressdenkmal von Karl Friedrich Schinkel (1844)

und König Friedrich Wilhelm III. Arm in Arm durch die große Flügeltür in den Festsaal – ein effektvoller Auftritt, der auch in seiner ganzen Selbstgefälligkeit noch einen überwältigenden Charme hatte und seine Wirkung auf die Zuschauer nicht verfehlte. Die folgenden sechs Wochen waren angefüllt mit ähnlichen Feierlichkeiten für die Kongressteilnehmer und Spektakeln für das Volk – Sänger und Faustkämpfer traten auf, Maler stellten ihre Werke aus und eine Luftschifferin schwebte über der Stadt. Franzstraße und Alexanderstraße bekamen zu Ehren von Kaiser und Zar ihre Namen. Dosierte Wohltätigkeit beglückte die Armen; städtische Honoratioren hielten Reden vor den Monarchen und fanden alles vortrefflichst, herrlichst und erlesenst. Ein direkt nach dem Kongress veröffentlichter Bericht schließt mit den Worten: „Schließlich erfülle ich die heiligste Pflicht, den Allerhöchsten Monarchen für die der Stadt Aachen erzeigten unschätzbaren Gnaden die innigste Dankverehrung, Namens der ganzen Bürgerschaft, allerunterthänigst zu erstatten …“[327] Das war der Boden, auf dem die Saat der Restauration aufgehen konnte.

8.3. Industrialisierung

Auch bei diesem Kongress hatten es sich einige Teilnehmer nicht nehmen lassen, die Aachener Manufakturen zu besichtigen, von denen einige damals gerade dabei waren, zu Fabriken zu werden. Die Aachener Wirtschaft war in den letzten französischen Jahren in eine Krise geraten, die nach 1814 nicht einfach zu Ende ging, weil Napoleon nicht mehr war. Vielmehr tauchten mit den Preußen neue Probleme auf, aber eben auch neue Chancen: Die Verschiebung der Zollgrenzen erschwerte zunächst die Ausfuhr nach Westen und erleichterte kurz darauf die Ausfuhr nach Osten. Der Faden von Napoleons Wirtschaftsförderung wurde weitergesponnen und bescherte Aachen 1817 eine Handwerksschule, 1821 einen Gewerbeförderverein und 1837 eine Gewerbeschule. Und das Ende der Kontinentalsperre brachte zwar die englische Konkurrenz wieder ins Geschäft, erhöhte damit aber gleichzeitig den Modernisierungsdruck, so dass nach einer Reihe von Investitionen die Aachener Tuche bald auch international wieder konkurrenzfähig waren.

Um die englischen Maschinen kopieren zu können, betrieben auch Aachener Unternehmer mit der größten Selbstverständlichkeit Industriespionage auf der anderen Seite des Ärmelkanals, während der preußische Staat Betriebe mit fortschrittlichen Produktionstechniken förderte wie auch Napoleon das getan hatte. Beschleunigt wurde die Ausbreitung solcher Techniken in Aachen durch die räumliche Nähe der Industriegebiete im Lütticher Raum, in denen die von England herübergeschwappten Neuerungen sich zuerst durchsetzten. Als Standort war Aachen auch wegen der Kohlevorkommen in der Umgebung geeignet.

Die Industrialisierung kam nicht über Nacht. Während einige Wirtschaftszweige schnell mechanisiert wurden, arbeiteten andere noch lange mit handwerklichen Arbeitsgängen – es hing vom Stand der Technik ab, welche Arbeitsschritte bereits mechanisiert werden konnten. Die Übergänge zwischen Manufakturbetrieben und Fabriken waren fließend, dazu kam, dass die meisten Fabriken für die noch nicht mechanisierten Arbeitsschritte zunächst weiterhin das Verlagssystem nutzten, so dass auch der größte Aachener Wirtschaftszweig, die Textilherstellung, noch für Jahrzehnte mehr Heimarbeiter nach Stücklohn beschäftigte als fest angestellte Arbeiter in der Fabrikanlage selbst. Da durch die Beschleunigung der Ströme von Waren, Kapital und Informationen auch Preise und Absätze stärker ausschlugen, konnten Aufträge schnell wegbrechen und die Situation der Heimarbeiter wurde noch ein gutes Stück unsicherer. Der soziale Sprengstoff, der sich damals ansammelte, lag eher bei diesen ehemaligen Handwerkern als bei den Fabrikarbeitern. Selbstständige Meister waren zu Tagelöhnern geworden, von denen wiederum einige in einer Art wenig lukrativer Teilselbstständigkeit andere bei sich beschäftigten. Die Webstühle standen oft in den Wohnungen, weil Ladenlokale oder Werkstätten nicht mehr notwendig und überhaupt auch gar nicht mehr bezahlbar waren. Noch 1836 waren unter den 67 Wollwarenherstellern in Aachen nur 6 Betriebe, die alle Produktionsschritte selbst ausführten und nur ein einziger davon – Kelleter in der Jakobstraße – hatte die Produktion unter dem Dach eines einzigen Standortes gebündelt. Insgesamt 10 000 Menschen lebten in Aachen von der Wolltuchherstellung.[328]

Nach den bereits erwähnten, schon zur Franzosenzeit aufgestellten Maschinen zur Tuchherstellung wurde schließlich das Sinnbild der Industriellen Revolution schlechthin eingeführt: Aachens erste Dampfmaschine, ein Monstrum von 16 Pferdestärken, das bei Kelleter zum Antrieb von Maschinen zum Spinnen und Scheren installiert wurde. Kronprinz Friedrich Wilhelm ließ es sich nicht nehmen, bei seinem Aufenthalt in der Stadt im August 1817 einen Besuch bei Kelleter zu machen, wo die Aufstellung des Ungetüms gerade vorbereitet wurde. Die Nachbarn waren weniger begeistert über die grandiose Errungenschaft. Wegen der

Rauchbelästigung und dem befürchteten Wertverlust ihrer Grundstücke bildeten sie eine regelrechte Bürgerinitiative und blockierten die Zulassung einer zweiten Dampfmaschine, die Kelleter kurz darauf beantragt hatte.[329] Erst 1822 konnte eine weitere Dampfmaschine in der Tuchfabrik Startz aufgestellt werden. Danach kam die Sache in Fahrt, beschleunigt vor allem durch die Ansiedlung von Maschinenherstellern in der Stadt. Schon 1814 hatte der Belgier Jacques Pascal Piedbœuf in Weiden die erste Dampfkesselfabrik auf dem europäischen Festland errichtet, und bis 1830 gab es fünf Maschinenwerke in Aachen. Einer der größten Pioniere auf diesem Gebiet, der aus England nach Belgien ausgewanderte William Cockerill, baute in Lüttich die größte Maschinenfabrik Europas auf; seine Söhne heirateten in die Aachener Gegend ein und wurden zu Impulsgebern der Mechanisierung vor Ort. Wer die Zeichen der Zeit erkannt hatte, konnte auf dieser Welle nach oben schwimmen. Unternehmerdynastien wie Nellessen, van Houtem, Startz, Heusch und Kesselkaul wurden weit über die Stadtgrenzen hinaus bekannt. Neben dem Tuchgewerbe wuchs nun die Metallindustrie zu einem mächtigen Wirtschaftsfaktor in Aachen heran und konnte ihre Produktion zwischen 1822 und 1858 verdreißigfachen.[330]

Wo produziert wurde, musste auch transportiert werden. Von Napoleon übernahm Preußen ein hervorragendes Straßensystem, das in den folgenden Jahrzehnten, zum Teil auch mit gebührenpflichtigen Straßen privater Bauherren, um ein Vielfaches erweitert wurde. Postkutschen fuhren täglich von Aachen nach Köln, Lüttich und Maastricht. Die rasanteste Entwicklung aber erlebte das Lieblingskind der Industrialisierung: die Eisenbahn. Schon seit 1833, also nur acht Jahre nach der Eröffnung der ersten öffentlichen Bahnstrecke in England, wurde über den Bau einer Linie zwischen Köln und Antwerpen gesprochen. Im Juli dieses Jahres beschloss man in Belgien den Bau der Strecke von Antwerpen nach Verviers – auf Staatskosten. Die Berliner Regierung erteilte daraufhin im Dezember eine vorläufige Konzession für den Weiterbau der Strecke nach Köln. Anders als in Belgien kam in Preußen das Kapital von privaten Investoren, die sich allerdings allerhand Einmischungen vom Staat

Internationales Marketing: französische Visitenkarte eines Aachener Nadelherstellers

David Hansemann (1790 – 1864)

gefallen lassen mussten. Zur Finanzierung der kostspieligen Projekte gründete man Gesellschaften, so 1836 die Rheinische Eisenbahn-Gesellschaft, der es vor allem Dank der unermüdlichen Lobbyarbeit des Aachener Unternehmers David Hansemann gelang, die zunächst aus Kostengründen abgelehnte Streckenführung über Aachen durchzusetzen. 1841 konnte der Abschnitt von Köln bis Aachen und zwei Jahre später die Weiterführung bis Verviers eröffnet werden – die erste grenzüberschreitende Eisenbahn der Welt. Eine weitere Pionierleistung in diesem Zusammenhang war die Überwindung der Steigung zwischen Aachen und Ronheide, bei der zwei dort installierte Dampfmaschinen die Lokomotive über Drahtseilzüge nach oben schleppten – für die Verständigung zwischen den beiden Stationen wurde der erste in Deutschland eingesetzte Telegraf benutzt, der noch bis 1855 in Betrieb war.[331] Die Strecke hatte schon nach kürzester Zeit eine rekordverdächtige Auslastung, und das Netz wurde erweitert: 1846 erhielt die Aachen-Maastrichter Eisenbahn-Gesellschaft die Konzession für eine entsprechende Verbindung, gleichzeitig wurden Schienen von Aachen nach Düsseldorf verlegt; beide Strecken konnten 1853 in Betrieb genommen werden. Die Aachener Industrie hatte damit die nötige Infrastruktur für ihre Gütertransporte. Wie intensiv die Möglichkeiten des neuen Transportmittels genutzt wurden, zeigt allein die Tatsache, dass zwischen 1844 und 1860 die Zahl der im Land eingesetzten Güterwaggons von 1350 auf 24 000 stieg.[332] In den folgenden Jahren wurden die Netze durch Eisenbahnbrücken in Köln und Düsseldorf miteinander verbunden.

Wie die Industrie die Eisenbahn brauchte, so brauchte die Eisenbahn die Industrie. Schon 1838, im Jahr der Einführung der Gasbeleuchtung, hatte der Aachener Kutschenbauer Pierre Pauwels zusammen mit Hugo Jacob Talbot die Waggonfabrik Pauwels & Talbot eröffnet. Vernetzungen gab es nicht nur bei den Strecken: Talbot tat sich 1845 mit dem Dampfkesselfabrikanten Piedbœuf und den beiden Maschinenherstellern Neumann und Esser zusammen und gründete auf dem Landgut Rothe Erde ein Walzwerk, das wiederum unter anderem Schienen herstellte und zu einem der größten Stahlbetriebe in Deutschland werden sollte. Fusionen, Risikokapital, schwindelerregendes Wachstum und bodenloser Absturz in den Bankrott: so mancher Geschäftsvorgang dieser Epoche scheint fast wie ein Vorgriff auf die Zeiten der Globalisierung mit ihrem hoch aggressiven Wettbewerb. Piedbœufs explosionsartig aus dem Boden gewachsenes Stahlwerk schlitterte mehrmals am Rand der Pleite entlang, wurde 1851 durch den Konzern Karl Ruetz & Co. übernommen und 1864 durch den Aachener Hütten-Aktien-Verein, dessen Geschäftsführer schon wieder Talbot, Piedbœuf und Esser hießen. Bis 1884 verzwölffachte der Betrieb seine Produktion.[333]

8.4. Die soziale Frage

Die Folgen der rasanten industriellen Entwicklung sind bekannt. Die oben geschilderte Zunahme der Armut zur Franzosenzeit war erst der Anfang gewesen, denn immerhin war die Arbeitslosigkeit durch den ständigen Rekrutenbedarf des Kaiserreichs abgefedert worden. Als die Zeiten friedlicher wurden, führte das zusammen mit der Mechanisierung der Betriebe zu einem Überschuss an Arbeitskraft und damit zum Verfall der Löhne. Der wirtschaftliche und gesellschaftliche Abstieg der Handwerker ging weiter: Meister, die in den Fabriken arbeiteten, erhielten zwei Drittel des üblichen Lohns und damit nur noch soviel wie die Gesellen. Von 936 Webern, die im Jahr 1851 – elf Jahre nach der Einführung des mechanischen Webstuhls – in Aachen registriert waren, hatten gerade 17 ein Einkommen, das oberhalb der Steuerbemessungsgrenze lag.[334] Durch die Mechanisierung der Arbeitsschritte in den Fabriken waren handwerkliche Qualifikation und Körperkraft ohnehin immer weniger gefragt, was zu einem Teufelskreis führte: das gesunkene Einkommen zwang auch die Frauen und Kinder der Betroffenen an die Webstühle, was wiederum die Löhne drückte, damit das Einkommen der Väter verringerte und die Mitarbeit der ganzen Familie um so notwendiger machte. Durch die Kinderarbeit sank das Einkommen normaler Arbeiter allein zwischen 1830 und 1840 noch einmal um ein Drittel.[335] Armut und Abhängigkeit von den Unternehmern öffneten einen zweiten Teufelskreis: Schikanen der Arbeitgeber und willkürliche Lohnsenkungen mussten hingenommen werden, wenn man nicht verhungern wollte.

Von der Arbeiterwohnung zum Appartement – Hinterhof in der Rosstraße

Dieses Elend spiegelt sich auch in der Wohnsituation: Berechnungen ergaben, dass in den Arbeiterfamilien pro Person etwa 7 Quadratmeter Wohnfläche zur Verfügung standen – eigentlich noch weniger, wenn man bedenkt, dass die Webstühle meistens auch noch in der Wohnung standen. Den zweifelhaften Rekord hielt die Familie Schneiders in der Pontstraße 79: in einem Raum von etwa 5 x 5 Metern lebten zwei Erwachsene mit fünf Kindern und drei Webstühlen; eine andere Familie hauste immerhin ohne Webstühle mit neun Personen auf 19 Quadratmetern.[336] Da manchmal auch mehrere Parteien in einem Raum wohnten, wurden mit von der Decke herabhängenden Tüchern und manchmal nur mit Kreidestrichen auf dem Fußboden Parzellen abgeteilt, die ganze Familien voneinander trennten. Noch 1875 wohnten in der Rosstraße mit ihren schmalen Fassaden im Schnitt 24 Personen pro Haus.[337]

Vor allem die Kinderarbeit hatte katastrophale gesundheitliche Folgen. Tagsüber in der Fabrik, nachts zusammengepfercht in stickigen Hinterhofwohnungen – Mangelerkrankungen und Wachstumsstörungen waren vorprogrammiert. Schon 1816 hatte ein Besucher der Stadt festgestellt: „Ob auch körperliche Schwäche, häufige Häßlichkeit und eine kleine Statur von diesen frühen körperlichen Anstrengungen der jungen Kinder ... die unglückliche Folge seyn mögen? Fast glaube ich es, da ich an keinem Orte eine so große Anzahl von Krüppeln und Zwergen gefunden zu haben mich erinnere, als hier in Aachen."[338] Die Zukunft, die solchen auf ihre Arbeitskraft reduzierten Kindern blühte, bestand eigentlich nur aus Arbeit. Da in Aachen die Schulpflicht erst spät eingeführt und noch viel später konsequent durchgesetzt wurde, ruinierten angehende Wollweber und Nadelschleifer ihre Gesundheit ohne Unterbrechung weiter und erreichten selten ein Alter, in dem überhaupt an Ruhestand zu denken war. Jonas Ludwig von Hess beschrieb die Zustände noch zur Franzosenzeit so: „Ein Scheerer, Karder und Kratzer wird, ehe er zwanzig Jahr durch gearbeitet hat, steif, wie ein alter Hühnerhund, mit dem Unterschiede, daß dieser von seinem Herrn immer noch gepflegt und versorgt wird ... Einem Weber brechen die Beine vom steten Niederhängen gewöhnlich schon vor seinem vierzigsten Lebensjahre auf; mit funfzig ist er ein völliger Krüppel. Die Nadelschleifer werden alle schwindsüchtig. Der feine Eisenstaub zerfrißt die Lungen; selten bringt einer es bis funfzig, ohne schon hörbar dem Grabe entgegen zu keuchen. Allen diesen Menschen, die, während ihrer gesunden Tage, bei dem vollsten Fleiße, nichts anderes als einen dürftigen Unterhalt für sich und die Ihrigen gewinnen können, bleibt, wenn Krankheit oder Alter sie zu fernern Arbeiten unfähig gemacht, nichts als der Hungertod oder der Bettelstab mit Weib und Kindern übrig."[339]

Gegenmaßnahmen wurden von staatlicher, kirchlicher und privater Seite ergriffen. Für den Staat spielte dabei vor allem der ärgerliche Mangel an verwendungsfähigen Rekruten eine Rolle, der bei den Musterungen immer wieder offenbar wurde. Friedrich Wilhelm III. hatte schon im Mai 1828 die Anweisung erteilt, gegen die

Kinderarbeit vorzugehen. 1839 konnte schließlich eine erste Maßnahme durchgesetzt werden, nach der Kinder erst ab neun Jahren und zunächst nur für höchstens zehn Stunden am Stück in die Fabrik durften. Bis 1855 wurde das Eintrittsalter auf zwölf Jahre heraufgesetzt. Widerstand regte sich prompt. Baron Geyr von Schweppenburg, der Aachener Abgeordnete im preußischen Landtag fürchtete, dass auf diese Weise ein Heer von Herumtreibern und Müßiggängern herangezüchtet würde, und die Handelskammer vermerkte in einer Stellungnahme: „Gewöhnen sich die jungen Leute bei Zeiten nicht an Fleiß und Ordnung, so werden sie schwerlich mehr tüchtige Arbeiter."[340] So unmenschlich es auch klingen mag, in der Sache war dieses Argument nicht ganz von der Hand zu weisen, denn dadurch dass Eltern und Geschwister den ganzen Tag über arbeiten mussten, waren die kleineren Kinder weitgehend unbeaufsichtigt. Und selbst die meisten Eltern hielten wenig von einem Arbeitsverbot für die Kinder, das mit Verdienstausfällen für die Familie verbunden war. Auch gegen die Schulpflicht hörten die Widerstände nicht auf. Nach wie vor sahen viele die Schule als einen Ort, an dem nutzloses Wissen vermittelt wurde, so dass der Aachener Fabrikinspektor noch 1865 am Rand seines Jahresberichts resignierend vermerkte: „Die Dummheit konveniert den in Aachen herrschenden Tendenzen allerdings mehr als die Bildung."[341]

Auch bei der medizinischen Versorgung der Bevölkerung wurden Maßnahmen ergriffen. Nachdem der Aachener Arzt Vitus Metz 1830 das erste Entbindungsheim in Preußen gegründet hatte, fasste Bürgermeister Emund Emundts fünf Jahre später den Plan, ein Hospital für Bedürftige zu errichten und ließ in diesem Zusammenhang ein Gutachten über die Zustände in den bestehenden Häusern erstellen. Im Hinblick auf Hygiene und Platzangebot sah es dort kaum anders aus als in den privaten Haushalten: Die Patienten lagen in der Regel alle in einem Raum, so dass ansteckende Krankheiten eher verbreitet als geheilt wurden, und wer gesund werden wollte, tat gut daran, standhaft auszublenden wie nebenan gestorben und operiert wurde. Verunreinigte Kleidung und Kisten und Körbe mit Habseligkeiten lagen und standen herum und sorgten zusammen mit

Das Mariahilfsspital in einer zeitgenössischen Darstellung

den verseuchten Strohmatratzen nicht gerade für eine keimfreie Umgebung. Um das Chaos nicht vollständig zu machen, war Besuch nur einmal in der Woche erlaubt.[342] Die Neugründung aber wollte und wollte nicht werden: Debatten um die laufenden Kosten, den richtigen Pflegeorden und den Bauplatz zogen sich in die Länge, so dass das neue Krankenhaus an der Monheimsallee erst 1854 eingeweiht werden konnte.

Auch in höheren Kreisen fanden sich schließlich engagierte Unterstützer der Armen, oft in Zusammenarbeit mit der Kirche. 1832 entstand unter dem Eindruck einer Choleraepidemie ein Karitaskreis. Zwei Jahre später rief David Hansemann einen „Verein zur Beförderung der Arbeitsamkeit" ins Leben, der mit einem Teil der Gewinne der ebenfalls von Hansemann gegründeten Aachen-Münchener Feuerversicherungsgesellschaft unter anderem als Unterstützungskasse für Bedürftige fungierte. 1838 wurde von Pfarrer Wilhelm Sartorius an der Foillanskirche eine Armenküche eingerichtet, zwei Jahre darauf folgte Joseph Istas an der Pauluskirche diesem Beispiel. Und schließlich gab es eine Reihe von weiteren privaten Initiativen, die um so bemerkenswerter sind, als sie zum Teil aus dem Dunstkreis der Unternehmerschaft kamen. Im Haus der Fabrikantenfamilie Fey in der Bendelstraße traf sich damals der genannte Karitaskreis aus Priestern und Laien, die aus dem Geist der Nächstenliebe heraus nach Lösungen für die Armut suchten. Es fanden sich Ärzte wie Heinrich Hahn, die die Bedürftigen behandelten, Lehrer wie Philipp Höver, die deren Kinder unterrichteten und Geistliche wie Andreas Fey, die sich zu ihren Anwälten machten. Besonders bekannt wurden drei Schülerinnen der in Aachen tätigen Lehrerin und Dichterin Luise Hensel, die sich früh mit dem Elend und den daraus erwachsenden moralischen Verpflichtungen beschäftigt hatte: Pauline von Mallinckrodt, Franziska Schervier und Clara Fey, deren Bruder Andreas, seit 1830 Kaplan an der Pauluskirche, die Zusammenkünfte im elterlichen Haus in der Bendelstraße arrangierte. Clara Fey eröffnete 1844 ein Waisenhaus in Aachen, Pauline von Mallinckrodt, die 1839 nach Paderborn umgezogen war, gründete dort eine Kinderbewahranstalt, ein Blindenheim und schließlich die „Genossenschaft der Schwestern der christlichen Liebe". Franziska Schervier schließlich verschrieb sich der Krankenpflege und gründete 1845 mit den „Armen Schwestern vom Heiligen Franziskus" ebenfalls einen eigenen Orden. Beim Aufbau dieser Gemeinschaften legten sie denselben unternehmerischen Durchsetzungswillen an den Tag, den ihre Väter beim Aufbau ihrer Betriebe gezeigt hatten – tatsächlich war es kaum ein Zufall, dass einige der Initiativen gegen die Armut gerade von den Familien ausgingen, die eben diese Armut mit verursacht hatten und von ihr profitierten: „Die Lebensentscheidung einer Clara Fey und einer Franziska Schervier erscheint in der Tat geradezu als ein Protest gegen einen ungezügelten Industrialismus, der die mit ihm verbundenen Folgen allzuwenig beachtete."[343] Hier offenbart sich eine bemerkenswerte Besonderheit des sich entwickelnden Sozialkatholizis-

Franziska Schervier (1819 – 1876)

mus Aachener Prägung, der in gewisser Weise radikaler auftrat als anderswo: In Aachen war die katholische Industriellenoberschicht wenig intellektuell und außergewöhnlich wirtschaftsliberal, so dass das Pendel auch in die Gegenrichtung stärker ausschlagen konnte und einen Weg vorzeichnete, den Kaplan Cronenberg später konsequent bis zur direkten politischen Konfrontation mit den konservativen Katholiken beschritt. Die Angriffe der religiös motivierten Sozialreformer gegen den selbstzufriedenen Fabrikantenstand waren heftiger als anderswo und zielten auf eine deutliche Abgrenzung, die, wie im Fall von Clara Fey und Franziska Schervier, mitten durch die Familien gehen konnte. Das scheint auf den ersten Blick insofern paradox, als gerade dieser Fabrikantenstand, sofern er katholisch war, den Katholizismus schon bald als Bollwerk gegen die revolutionäre Arbeiterschaft betrachtete. Doch gerade der Widerspruch zwischen der zur Schau getragenen christlichen Gesinnung und den höchst unchristlichen Zuständen in den Fabriken, in denen zehnjährige Kinder nachts an Spinnmaschinen schufteten, forderte den Widerspruch einiger denkender Christen heraus. Am Ende erwies die karitative Bewegung den Fabrikanten aber dennoch einen Gefallen, indem sie tatsächlich das revolutionäre Potenzial eindämmte. Schließlich hatte der Stiftspropst Johann Matthias Claessen schon 1832 das Horrorszenario einer zu allem entschlossenen Arbeiterschaft entworfen, die in nicht allzu ferner Zeit zum Sturm auf die Bastionen des Wohlstandes ansetzen werde.[344]

Das revolutionäre Potenzial zeigte 1830 ein erstes Mal seine Zähne, wenn auch noch ohne politische Stoßrichtung. Im Juli 1830 war in Paris eine Revolution ausgebrochen, deren Vibrationen über Brüssel und Lüttich schon einen Monat später in Aachen zu spüren waren. Den Anlass lieferten unangekündigte Lohnkürzungen bei der Auszahlung der Arbeiter der Tuchfabrik Nellessen am 28. August. Solche willkürlichen Kürzungen waren in der Aachener Tuchindustrie an der Tagesordnung und wurden in der Regel aus Angst um den Arbeitsplatz zähneknirschend hingenommen. Diesmal aber wurde zu einer Protestversammlung für den über-

Ein Überlebender der Industrialisierung: Schlot von Nellessens Tuchfabrik in der Mörgensstraße

nächsten Tag aufgerufen. Gerüchte über einen Aufstand in Verviers machten die Runde, und die Fäuste ballten sich bald nicht mehr nur in den Taschen.

Am 30. August versammelten sich die Arbeiter mehrerer Tuchfabriken und zogen mit einem wachsenden Pulk vor Nellessens Fabrik. Wer bei den anschließenden Ereignissen die Rädelsführer waren, konnte selbst beim späteren Prozess nicht mehr ganz genau geklärt werden, jedenfalls kamen sie nicht aus Nellessens Fabrik. Beteiligt waren Saisonarbeiter aus Belgien und beschäftigungslose Weber sowie Verlagshandwerker. Alkohol scheint auch im Spiel gewesen zu sein, jedenfalls wurde das später zur Entschuldigung angeben. Wie auch immer: die Menge versuchte offenbar, Nellessens Fabrik zu stürmen, um die Maschinen zu zerschlagen, konnte sich aber keinen Zutritt verschaffen und zog weiter zur Villa des Maschinenfabrikanten Charles James Cockerill gegenüber dem Elisenbrunnen. Die Türen wurden aufgebrochen und das gesamte Mobiliar zerschlagen. Wie erwähnt, hatte Cockerill 1807 durch eine in seiner Lütticher Fabrik hergestellte Spinnmaschine den Industrialisierungsreigen in Aachen eröffnet. Nun kehrten sich die sozialen Folgen seiner Errungenschaften gegen ihn selbst: In einem Wutausbruch versuchte man zu vernichten, was man als Ursache für Hungerlöhne und Arbeitslosigkeit ansah, und zerstörte am Ende doch nur das Mobiliar eines Fabrikanten im Ruhestand, das dieser wohl umgehend erneuerte. Beim Prozess stellte einer der Richter später sarkastisch fest, das Gesamtvermögen der 74 Angeklagten hätte nicht ausgereicht, um auch nur einen Spiegel von Cockerill zu ersetzen.[345]

Eine Massenbewegung war es nicht, die da durch die Straßen zog und die Bürger in Schrecken versetzte. Der harte Kern der gewaltbereiten Randalierer wurde später auf weniger als 100 Personen geschätzt, die Masse der Schaulustigen immerhin auf 4000. Diese Menge wandte sich nun zum Stadtgefängnis und versuchte, die Gefangenen zu befreien – in der Mehrzahl keineswegs Schwerverbrecher, wie später gern behauptet wurde, sondern solche, die kurze Strafen für die typischen

Armutsdelikte wie Gartendiebstahl und Holzfrevel absaßen. Jetzt erst schritt die zur Wiederherstellung der Ordnung aufgestellte Bürgergarde ein, erschoss im Verlauf der Tumulte sieben Arbeiter und nahm alle gefangen, die nicht rechtzeitig in den Gassen verschwanden. Die Wucht des Aufstandes hatte man offenbar überschätzt: Von Koblenz waren 2700 Soldaten angefordert worden, doch noch ehe sie in Aachen ankamen, war der Spuk dort schon wieder vorbei. 62 Beteiligte wurden später zu langen Zuchthausstrafen verurteilt. Der Prozess führte immerhin zu einer Debatte über die Praxis der willkürlichen Lohnkürzungen, und die Aachener Bezirksregierung regte sogar ein entsprechendes Verbot an. Am Ende aber geschah gar nichts. Das einzige, was aus Berlin kam, war ein Portrait des Königs, mit dem dieser den Bürgern für ihren Einsatz bei der Niederschlagung des Aufruhrs dankte.

Friedrich Wilhelm III. (1797 – 1840) – ein Porträt als Dankeschön

8.5. Politisierung der Gesellschaft

Was sich 1830 in Europa regte, war mehr als eine soziale Protestbewegung, oder besser gesagt: weniger. Die Forderungen des liberalen Bürgertums nach einer Verfassung, nach Pressefreiheit und politischer Mitbestimmung beinhalteten keineswegs eine grundsätzliche Änderung der Verhältnisse, die zum Massenelend führten, sondern sprangen, so könnte man es sagen, auf den Zug der Arbeiterunruhen auf. Die Reaktionen der Führung waren zunächst so unterschiedlich, wie die deutsche Staatenwelt bunt war. In einigen Ländern konnten tatsächlich einige zaghafte Reformen angestoßen werden. Dann aber wurden die Fürsten sich schnell einig; eine Reihe von repressiven Beschlüssen sorgte bis 1834 dafür, dass von Revolution vorläufig keine Rede mehr war.

Dennoch gärten liberale und zunehmend auch nationale Ideen in den Köpfen weiter. 1830 hatten die Belgier sich durch eine Revolution ihre staatliche Unabhängigkeit erkämpft, die Polen hatten dasselbe erfolglos versucht und waren in die Emigration zerstreut worden. Die Begeisterung für Belgier und Polen, kurz darauf auch für die Griechen, schlug gerade in Deutschland hohe Wellen, wo die nationale Einheit, die man mit bürgerlicher Freiheit verband, sich immer mehr zu einer politischen Forderung verfestigte. Es setzte eine Phase der beschleunigten Politisierung ein, überall wuchsen Zusammenschlüsse und Vereine der verschiedensten Art aus dem Boden, die dem Zeitgeist entsprechend einen mehr oder weniger politischen Charakter bekamen: von den karitativen Vereinen war bereits die Rede, gleichzeitig entstanden neue Gesangsvereine und Turnvereine, Griechenvereine, konfessionelle Vereine und Arbeitervereine. Mit dem Fortgang der politischen Debatten kristallisierten sich grob gesehen fünf politische Richtungen heraus, deren Spektrum sich von rechts nach links wie ein Fächer öffnen lässt: eine konservative, eine liberale, eine konfessionelle, eine demokratische und eine sozialistische. Als die politischen Spannungen 1848 den Siedepunkt erreichten, gossen die lockeren Gruppierungen ihren politischen Willen in die Form von Vereinen, aus denen Parteien werden sollten.

Zunächst aber war es noch nicht soweit, denn Preußen war einer der Staaten, die am entschlossensten gegen alle Arten von Unruhestiftern vorgingen. Das Misstrauen bekam auch ein gerade gegründeter Verein zu spüren, der das öffentliche Leben in Aachen seitdem in wechselndem Gewand begleitet: die 1829 vom Gerichtssekretär Clemens August Hecker gegründete Florresei, Aachens erster Karnevalsverein. Mit der Florresei bekamen die örtlichen Karnevalstraditionen einen organisatorischen Überbau; sie war Ausgeburt und gleichzeitig satirisches Spiegelbild dieser Zeit, die alles in Clubs organisieren musste und dort die Grundregeln demokratischen Verhaltens spielerisch und meistens unbewusst einübte. Damit war auch der Karneval politisch, mit den Statuten gaben sich die Vereine in gewisser Weise die Verfassung, die der Staat ihnen verweigerte. Standesunterschiede wurden unter den Narrenkappen jedenfalls für die Dauer der Feiern eingeebnet. Ein direkter Bezug auf politische oder religiöse Themen wurde bei den öffentlichen Auftritten dennoch ausgeklammert; der erste Karnevalsumzug am Rosenmontag 1830 fand unter dem Motto „Generalassekuranz gegen die Narrheit“ statt, umfasste 33 Wagen und stellte eine bunte Mischung aus historischen, literarischen, phantastischen und al-

Clemens August Hecker (Mitte), Gründer des Aachener Karnevalsvereins Florresei

legorischen Gestalten dar. Schon im folgenden Jahr wurde der Karnevalsumzug wegen der Unruhen wieder von der Polizei verboten, die karnevalistische Aktivitäten auch vor der Gründung der Florresei schon kennen und verachten gelernt hatte – nämlich vor allem als Gelegenheit für den Straßenpöbel zur ungestraften Begehung von Exzessen aller Art. Dabei war gerade durch die Gründung des Vereins ein Sitzungskarneval entstanden, der sich vom Straßenkarneval außerhalb der durchorganisierten Umzüge auch gesellschaftlich immer weiter abgrenzte. Die Florresei wurde in den folgenden Jahren gegen den Willen Heckers immer mehr zu einem exklusiven Zirkel, hohe Staatsbeamte wurden zu Ehrenmitgliedern ernannt und die Aufnahmebedingungen verschärft. Dennoch gab es 1835 wieder ein Maskierungsverbot, gleichzeitig tobte eine grundsätzliche Debatte um die Zulassung der öffentlichen Karnevalsfeiern in den katholischen Gegenden Preußens. Es galt, dass Umzüge dort erlaubt sein sollten, wo eine lange Karnevalstradition herrschte. Und eine solche wurde Aachen schließlich abgesprochen, woraufhin die Empörung darüber hochkochte, dass auswärtige Protestanten sich anmaßten, die Existenz der einheimischen katholischen Gebräuche zu bestreiten. Ausgerechnet für das Jahr 1838 wurde das Verbot dann wieder aufgehoben, wohl nicht ganz zufällig, denn der Staat hatte allen Grund, sein gerade schwer angeschlagenes Verhältnis zu den Katholiken zu reparieren. Was war geschehen?

Im November 1837 war der Kölner Erzbischof Clemens August von Droste zu Vischering wegen seines unnachgiebigen Kurses in der Frage der religiösen Erziehung von Kindern aus gemischtkonfessionellen Ehen verhaftet und in der Festung Minden inhaftiert worden. Die Festnahme, als „Kölner Ereignis" in die Geschichte eingegangen, löste einen Sturm der Entrüstung unter den preußischen Katholiken aus, der die Politisierung der konfessionellen Kreise erheblich beschleunigte. Noch vor der Verhaftung hatte die Regierung unter anderem in Aachen angefragt, welche Reaktion von der Bevölkerung zu erwarten sei. Polizeidirektor Lüdemann hatte für diesen Fall vor erheblichen Unruhen gewarnt: „Das Volk hört niemand als seine Kleriker, es liest nicht, es versteht und begreift niemand anders."[346] Als der Erzbischof dann dennoch verhaftet wurde, kam es zu Protesten und Solidaritätsbekundungen, aber nicht zur Explosion. Geradezu anrührend naiv wirkt die Gründung eines Mädchenvereins, dessen Mitglieder eifrig gelobten, keine Nichtkatholiken zu ehelichen und den Umgang mit Protestanten zu meiden. Bildnisse des Erzbischofs tauchten auf Tabaksdosen und Plakaten auf, daneben gab es antipreußische Wandschmierereien und schließlich auch Flugblätter: „Fluch und Rache dem Könige!" oder „Auf, Ihr Katholiken, betet zu Gott, daß er diese Mörder von der Erde vertilge, brauchet Gewalt und rufet die Franzosen um Hülfe an!" Obwohl es nicht zu Tätlichkeiten kam wie in Münster, wo eine Menschenmenge einen Steinhagel auf die in der Stadt stationierten preußischen Soldaten niedergehen ließ und das teuer bezahlte, erging sich Landrat Schnabel, kommissarischer Polizeipräsident und

Rathaus, Aquarellierte Lithographie nach Johann Peter Scheuren (1826)

damals wahrscheinlich die unbeliebteste Gestalt in der Stadt, in finsteren und paranoiden Prophezeiungen von Verschwörung und Verrat: In Tongern, so hieß es in einem der Berichte an den Minister, werde das Volk von Missionspriestern in österreichischem Sold gegen Preußen aufgehetzt und sei bereit, in einer regelrechten Invasion nach Preußen einzufallen. An anderer Stelle wurde behauptet, die katholische Geistlichkeit plane einen Sprengstoffanschlag auf die Unterkunft des preußischen Gesandten in Brüssel.

Am Ende entspannte sich die Lage noch einmal. Als 1840 in Frankreich revisionistische Töne laut wurden, brandete eine Welle der nationalen Empörung durch Deutschland und erfasste auch die Katholiken, die mit dem ebenfalls 1840 erfolgten Thronwechsel in Preußen neue Hoffnungen verbanden. In der Tat gab es unter dem neuen König Friedrich Wilhelm IV. erste Anzeichen einer Besserung auch bei den Fragen der bürgerlichen Freiheit. Doch bald war die Krisenstimmung zurückgekehrt. Wieder kam die Unruhe zunächst von unten. Und wieder ging der entscheidende Impuls für das, was eine Revolution werden sollte und dann doch keine wurde, von Frankreich aus.

Eine Agrarkrise hatte ab 1846 die Lebensmittelpreise dramatisch ansteigen lassen; auch in Aachen ist eine Verdoppelung der Brotpreise und eine Verdreifachung der Kartoffelpreise zu beobachten.[347] Was das für die Arbeiter bedeutete, ist angesichts der oben beschriebenen Zustände leicht vorstellbar. Die Fürsorge war schon bald hoffnungslos überlastet; der Gesamtfonds der Armenverwaltungskommission in Aachen belief sich schließlich auf zwei Drittel des städtischen Haushalts. Choleraepidemien breiteten sich unter der geschwächten Bevölkerung schnell aus. 1846 gab es in Aachen bereits einen kleinen Aufstand, der als Poschweck-Revolution in die Lokalgeschichte eingegangen ist: Aufgebrachte Aachener stürmten die Bäckereien, weil ihnen das traditionell kostenlos ausgegebene Ostergebäck – Poschweck genannt – verweigert worden war. Die Bäcker hatten geschlossen die Streichung dieser Gabe erklärt, weil sie selbst angeblich so gut wie nichts mehr verdienten. 1847 wurde den Aachenern dann wegen der wachsenden Not vom Staat die Mahl-

und Schlachtsteuer erlassen, eine 1821 eingeführte Abgabe auf Brot und Fleisch, die Preußen in 132 ausgewählten Städten erhob, in denen die Warenzufuhr wegen der baulichen Gegebenheiten kontrolliert werden konnte. Gerade wegen der willkürlichen Umstände ihres Zustandekommens war die Steuer an den betroffenen Orten so unpopulär, dass sie ihrerseits zu lokalen Aufständen in einigen Städten führte, in denen sie beibehalten wurde.

Parallel zu den Unruhen der unteren Volksschichten brandete nach dem Bekanntwerden der Revolution in Frankreich im März 1848 auch die Verfassungsdiskussion in den bürgerlichen Kreisen erneut mit voller Heftigkeit auf, nachdem es schon in den Vorjahren wieder in den Köpfen gegärt hatte. Damit verbunden war die Forderung nach nationaler Einheit und politischer Mitbestimmung. Die 1845 auch in Aachen eingeführte preußische Gemeindeordnung sah eine Wahl der Gemeindeverordneten nach dem Dreiklassenwahlrecht vor, bei dem die Bürger nach ihrem Steueraufkommen in drei Gruppen eingeteilt wurden, deren Stimmengewicht mit abnehmendem Einkommen sank. Mit anderen Worten: von fast 50 000 Einwohnern waren bei der ersten 1846 nach diesem Modell durchgeführten Abstimmung nur 1673 wahlberechtigt, davon gerade 133 in der ersten Klasse, die über ein Drittel der Sitze in der Versammlung bestimmte. Selbst um in der dritten Klasse mitwählen zu können, war ein Einkommen nötig, das dreimal höher lag als der durchschnittliche Arbeiterlohn.[348]

Nachdem Ende Februar 1848 die ersten Meldungen von den revolutionären Ereignissen in Paris eingetroffen waren, wurde es auch in Aachen unruhig. Versammlungen wurden abgehalten und eine Bürgerwehr aus 600 Personen aufgestellt. Bald zeigte sich, was zum Grundproblem der Revolution von 1848 werden sollte: Die bürgerlichen Kreise befürworteten zwar die Verfassung, überschätzten aber den guten Willen des Monarchen, oder besser gesagt: setzten irrtümlicherweise überhaupt einen guten Willen des Monarchen voraus. Die Verfassung war nach Meinung des liberalen Bürgertums ein Mittel gegen unkontrollierte Umstürze, wodurch die zaghaften Reformer anfällig für leere Versprechungen von königlicher Seite wurden. Am 4. März begannen auf dem Rathaus Beratungen über eine Petition an den König. Am Ende einigte man sich auf einen Katalog von Forderungen, mit denen die wichtigsten politischen und rechtlichen Fragen gestreift wurden, die in den folgenden Monaten zum Dauerthema der Debatten werden sollten: eine Volksvertretung, gerechtere Steuerverteilung, Pressefreiheit und die Einführung von Geschworenengerichten. Das Schreiben schloss mit den Worten: „Dies sind vor allem die Wünsche, welche die Bürgerschaft der Stadt Aachen erfüllen. Sie haben nichts gemein mit den gefährlichen Theorien, die in dem jetzigen Augenblicke den gesellschaftlichen Zustand bedrohen."[349] Das Gespenst einer unkontrollierten Revolution, die direkt in die Anarchie mündete, war damit schon beim Namen genannt. Die vor dem Rathaus auf das Ergebnis der Beratungen wartende Menge trollte sich, nachdem die Petition verlesen worden war.

Um das revolutionäre Potenzial einzudämmen, wurden in den folgenden Wochen eine Reihe von Arbeitsbeschaffungsmaßnahmen eingeleitet. Dann aber platzten die Nachrichten von den Ereignissen in Berlin in die fiebernde Stimmung: Als der König vom Balkon des Schlosses eine Reihe von Zugeständnissen verkündet hatte, waren auf dem Platz Schüsse gefallen und hatten eine Kettenreaktion der Gewalt ausgelöst. Während in Berlin noch die Barrikadenkämpfe tobten, löste die Nachricht von den Reformversprechungen im ganzen Land eine konfuse Begeisterung aus, in deren Kielwasser es zu Ausschreitungen kam. Auch in Aachen war die Lage unübersichtlich: Bürgermeister Emundts hisste die schwarz-rot-goldene Fahne auf seinem Haus. Und dennoch erblickten einige in der brodelnden Stimmung offenbar eine Gelegenheit zur Abrechnung mit Emundts, denn es kam zum Sturm auf das Haus, so dass der Bürgermeister mit seiner Familie durch die rückwärtigen Gärten fliehen musste. Die Möbel, die er zum Ärger der Aachener Handwerker bei ausländischen Lieferanten bestellt hatte, flogen aus den Fenstern und wurden auf der Straße angesteckt. Schließlich wurde die Menge von David Hansemann beschwichtigt, der vom Balkon seines Hauses am Friedrich-Wilhelm-Platz eine Ansprache hielt. Emundts aber war die Lust aufs Regieren vergangen: einige Tage nach dem Ereignis reichte er sein Entlassungsgesuch ein.

Oberbürgermeister Edmund Emundts (1832 – 1848)

In den nächsten Tagen wurden die Bürger eindringlich aufgefordert, ihren Beitrag zur Aufrechterhaltung von Ruhe und Ordnung in der Stadt zu leisten und ihre Kinder und Hausangestellten möglichst nicht auf die Straßen zu lassen. Es gab noch einige Zusammenrottungen, aber zunächst keine Ausschreitungen mehr. Schon bald kam das auch in anderen Städten verbreitete Gerücht auf, Provokateure seien am Werk gewesen und hätten die einfache Bevölkerung mit Geld und Alkohol zu Krawallen verführt.

Es folgten bewegte Zeiten. Eine Versammlung jagte die nächste, Adressen und Petitionen verließen die Stadt in Richtung Berlin. Neue Vereine formierten sich, ein paar Wirrköpfe sangen die Marseillaise und es fanden tränenreiche Verbrüderungen mit einer Gruppe von Exilpolen aus Belgien statt, wobei natürlich auch gleich wieder ein „Verein zur Unterstützung der tapferen und unglücklichen Polen“ gegründet wurde. Da man auf den König nichts kommen lassen wollte, mussten schwammige Formulierungen herhalten, um die blutigen Zusammenstöße in Berlin zu erklären. In einer Adresse der Aachener an die Berliner Bevölkerung vom 27. März hieß es: „Mit Freude, mit unendlichem Jubel begrüßtet ihr die Freiheit verkündenden Worte unseres Königs, als urplötzlich die durch ein schmachvolles System dem Volk entfremdeten unglücklichen Söhne des einen großen Vaterlandes gezwungen wurden, diesen Jubelruf in mörderischem Kampf zu ersticken ...“[350] Ein zutraulicher König, ein jubelndes Volk, und eine Armee, die wie ferngesteuert in eine Menge feuerte, der sie doch eigentlich viel lieber um den Hals gefallen wäre: diese naiven Vorstellungen waren es, die es dem liberalen Bürgertum eine zeitlang möglich machten, zu glauben, der König zöge mit ihnen in der Verfassungsfrage an einem Strang. Zwar hatte es in der Tat schon am 29. März einen Kabinettswechsel gegeben, bei dem niemand anders als David Hansemann zum Finanzminister ernannt worden war, doch im Grunde seines Herzens wartete Friedrich Wilhelm IV. nur auf die Gelegenheit, die alte Ordnung wieder in vollem Umfang herzustellen.

Beim Generalstab des 8. preußischen Armeekorps in Koblenz sah man die Lage am Rhein ohnehin ganz anders: „In der Rheinprovinz ist jede Spur vaterländischen Sinnes, einer Art von Pietät gegen das preußische Königshaus erloschen, weil er nie wahrhaft dagewesen. Laien und Geistliche auf der Kanzel, Besitzende und Proletarier stimmen in ihrer Gesinnung gegen Preußen überein.“[351] In den Städten wurden Truppen einquartiert, und weil die Kasernen nicht ausreichten, mussten die Bürger ihre Türen öffnen. Auch nach Aachen wurden zum großen Missbehagen der Bevölkerung preußische Soldaten gelegt. Als am 14. April eine Einheit Reservisten aus Pommern mit schwarz-weißer Fahne durch das Kölntor einzog, empfand man das als Provokation. Angeblich kam es schon bei dieser Gelegenheit zu Tätlichkeiten, weil die Soldaten einigen an der Straße stehenden Bürgern die schwarz-rot-goldenen Kokarden abgerissen hatten. Es herrschte eine gereizte Stimmung, zumal die Unruhen sich auch auf die Konjunktur niederschlugen und viele um ihr tägliches Brot bangten.

Am folgenden Tag eskalierte die Situation. Arbeiter rotteten sich zusammen, zogen durch die Großkölnstraße und bewarfen die Wache vor dem Rathaus mit Steinen. Zunächst hielt die Bürgergarde sich zurück – schließlich teilte sie die Forderung der Menge nach dem Abzug der Reservisten.

Friedrich Wihelm IV. (1840 – 1858)

Doch als die Menge am nächsten Tag, einem Sonntag, zur Kaserne zog, ergab sich die paradoxe Situation, dass die Bürgerwehr nun plötzlich zum Schutz der einquartierten Soldaten aufziehen musste und ihrerseits mit Steinen beworfen wurde. In fieberhafter Eile erwirkte man die Zusage, dass die Reservisten abgezogen würden. Das aber reichte der aufgebrachten Meute nicht mehr, die nun den Abzug aller Soldaten verlangte. Erst jetzt schritt die Bürgergarde ein und trieb die Protestierenden durch die Franzstraße zurück. Als diese sich zum Gegenangriff formierten, fielen Schüsse, danach erlebte Aachen sein kleines Berlin: Während die Reservisten in aller Eile zum Bahnhof gebracht und abtransportiert wurden, wuchs in der Hartmannstraße eine Barrikade aus dem Boden, schließlich griff das Militär aus den Kasernen selbst ein und stellte in blutigen Schießereien die Ordnung wieder her. Ein Offizier der Bürgergarde entging nur knapp der Lynchjustiz, einem anderen wurde das Haus verwüstet. Am Ende waren neun Arbeiter und ein Soldat ums Leben gekommen.

Am folgenden Montag traten Verhaftungen an die Stelle der Straßenkämpfe. Für 60 Personen hatte der Aufruhr ein gerichtliches Nachspiel, diesmal allerdings unter ganz anderen Vorzeichen als 1830. Bei der Bürgergarde fand sich niemand, der den ersten Schuss abgegeben haben wollte, es gab sogar ein Amnestiegesuch mit mehr als 1000 Unterschriften. Als der Prozess Anfang Juli 1849 endete, war zwar keine Amnestie gegeben worden, aber alle 57 Angeklagten verließen den Saal mit Freisprüchen in der Tasche.

In der Zwischenzeit waren Wahlen für Anfang Mai festgesetzt worden. Zwei Nationalversammlungen sollten gebildet werden: Eine gesamtdeutsche in Frankfurt und eine preußische in Berlin. In einem umständlichen Verfahren wurde in Aachener Kirchen, Schulen und Wirtschaften für insgesamt 32 Wahlbezirke zunächst über die Wahlmänner abgestimmt, die dann in einem zweiten Schritt die Abgeordneten bestimmten. Es war die erste allgemeine Wahl in der Geschichte der Stadt, wenngleich Frauen immer noch ausgeschlossen waren und das Mindestalter für Frankfurt bei 21 Jahren und für Berlin bei 24 Jahren lag. Natürlich waren Geistliche, Kaufleute und Fabrikanten in der Liste der 97 Wahlmänner immer noch überrepräsentiert, doch ein erdrückendes Übergewicht war es nicht.[352] Knapp zwei Drittel der Wahlberechtigten gaben ihre Stimme ab.

Das Ergebnis der Wahl war im ganzen preußischen Rheinland ein Sieg der katholischen Partei. Selbst ein populärer Kandidat wie der liberale Protestant David Hansemann konnte sich in Aachen nicht gegen Franz Jungbluth, den Vorsitzenden des katholischen Vereins Constantia durchsetzen, der als Abgeordneter nach Berlin ging, wurde aber vom Landkreis Aachen, der zwei eigene Wahlbezirke bildete, trotzdem gewählt – die zweite Stimme ging übrigens an den Kölner Erzbischof. Für Frankfurt wählte man in der Stadt Aachen dann doch Hansemann, der im

Parlament zunächst durch den Aachener Kanoniker Wilhelm Smets vertreten wurde, der allerdings kurz darauf starb.

Der Politisierungsschub in den Monaten vor und nach den Wahlen hatte zur Gründung von neuen Vereinen geführt, die sich nach und nach als Parteien konstituierten. Die bereits 1845 entstandene katholische Constantia war der erste dieser Vereine, der dem in Aachen besonders selbstbewussten katholischen Element eine politische Stimme verlieh. Im März 1848 bildete sich nach dem Mainzer Vorbild auch in Aachen ein Piusverein, der den politischen Arm der elitären Constantia auch in die unteren Schichten verlängern sollte. Der Piusverein erzielte eine geradezu unglaubliche Breitenwirkung, auch er schickte unermüdlich Petitionen an die Parlamente, eine erste Adresse an die Frankfurter Nationalversammlung war von sage und schreibe 7600 Personen unterzeichnet.[353] Seine große Zeit war allerdings schon bald wieder vorbei, denn nachdem die Revolution im folgenden Jahr ausgebremst worden war und ihre Gegner die Situation wieder voll im Griff hatten, ging das Interesse weiter Kreise an der politischen Betätigung verloren. Bezeichnenderweise war der Verein schon im Januar 1849 mit dem Vorwurf konfrontiert worden, selbst reaktionär zu sein. Die Antwort folgte in voller Schärfe: „Die Mitglieder des Pius-Vereins könnten als Rheinländer, welche 34 Jahre den Altpreußen bei Besetzung der Stellen vom Oberpräsidenten bis zum Briefträger und Feldhüter hätten nachstehen und dazu für das altpreußische Junkerthum die Grundsteuer bezahlen müssen, unmöglich reaktionär sein."[354] Eine genauere Positionierung wurde in der folgenden Zeit aber nicht mehr nötig: Der Piusverein zog sich aus der Politik zurück und ging bald darauf ein.

Die Liberalen hatten zunächst eine Sammlungsbewegung unter der Führung von David Hansemann gebildet, spalteten sich dann aber vor allem über die Frage des Wahlrechts in zwei Lager, die im Dickicht der Vereinsgründungen zu erahnen sind: die große Mehrheit bevorzugte einen Zensus nach dem Modell des Dreiklassenwahlrechts, um die ärmeren Schichten nach Möglichkeit von der politischen Mitbestimmung auszuschließen. Der andere Flügel, die Demokraten, war für das allgemeine und gleiche Wahlrecht und faserte allmählich nach links in eine Reihe von Arbeitervereinen aus, ohne dabei umstürzlerischen Verlockungen zu erliegen, aber auch ohne nennenswertes politisches Gewicht.

Inzwischen hatten die konservativen Kräfte im Land zum Schlag gegen Revolutionäre und Reformer ausgeholt – nach einer wohlüberlegten Pause, in der die Gemüter sich beruhigt hatten. Im November wurde ein neues, erzkonservatives Kabinett einberufen und die preußische Nationalversammlung nach Brandenburg verlegt – ein erster Schritt auf dem Weg zu ihrer Ausschaltung, wie man kaum übersehen konnte. Die Antwort waren Protesteingaben, die auf den König wenig Eindruck machten, und ein Aufruf zur Verweigerung der Mahl- und Schlachtsteuer. Die Aachener Bürgergarde fand in dieser Frage einen Kompromiss, der die ganze zaghafte Halbherzigkeit des Widerstandes offenbart: sie wollte Steuerverweigerer mit ihren Ladungen zwar in die Stadt lassen, den Eintreibern aber an den Toren bei der Registrierung der eingeführten Ware helfen, falls eine nachträgliche Bezahlung erzwungen werden sollte. Das Verfahren wurde durch von der Regierung geschickte Soldaten abgekürzt, die schon am 25. November in Aachen eintrafen und die Eintreibung selbst übernahmen. Damit war auch dieser Widerstand beendet.

Am 5. Dezember 1848 löste der König die preußische Nationalversammlung auf und erließ kurzerhand selbst eine Verfassung, die ein Parlament mit zwei Kammern vorsah, von denen nur die zweite nach dem Gleichheitsprinzip gewählt wurde. Noch einmal entfalteten die Vereine vor der Wahl im Januar ihre Tätigkeit, und noch einmal kam es zu Neugründungen. Die größten Gruppierungen befürworteten die oktroyierte Verfassung, um wenigstens die letzten Reste der zugestandenen Reformen zu retten. Die Wahlen brachten dennoch einen überraschenden Umschwung zu Gunsten der Demokraten, die auch in Aachen ihre beiden Kandidaten durchbringen konnten. Erst die kurz darauf erfolgte Wahl zur ersten Kammer – wieder nach dem Dreiklassenwahlrecht – gewannen wieder die Katholiken.

Das Interesse an der Politik hatte zu dieser Zeit allerdings schon stark nachgelassen. Als kurz darauf die zweite Kammer noch einmal aufgelöst und das Dreiklassenwahlrecht als ausschließliches Prinzip für beide Kammern eingeführt wurde, war die Wahlbeteiligung längst in den Keller gefallen. Die liberalen Unternehmer wandten sich von der Politik ab und widmeten sich wieder ihren Geschäften. Die Überwachung setzte verstärkt wieder ein. 1851 hielt bei einer Karnevalssitzung der Florresei ein Redner mit dem Orchester Zwiesprache, das auf die Frage nach der Meinung des Volkes über die Zustände in Deutschland die Melodie von „Es kann ja nicht immer so bleiben“ spielte. Dieser und ein paar andere Scherze genügten für ein Verbot aller weiteren Veranstaltungen des Vereins, das nur mit Mühe nach einer Garantieerklärung wieder aufgehoben wurde.[355] Deutschland verfiel politisch noch einmal in einen biedermeierlichen Schlummer. Als es erwachte, hatten die Prioritäten sich verschoben.

8.6. Herbst eines Badeortes

1818 waren der Stadt von König Friedrich Wilhelm III. die Bäder zurückgegeben worden, die Napoleon sieben Jahre zuvor in Staatsbesitz überführt hatte. Nun war diese Verstaatlichung nicht unbedingt von Nachteil für die Stadt gewesen, denn sie sparte Kosten. Allerdings war auch die Zahl der Badegäste in der napoleonischen Zeit dramatisch gesunken. Bereits 1816 hatte sie sich wieder verdoppelt.[356]

Dennoch scheint es, dass die Zeiten der liederlichen Ausschweifungen und galanten Abenteuer des Rokoko unwiederbringlich vorbei waren. Die Kriege der letzten beiden Jahrzehnte hatten hunderttausende von Geschädigten produziert, die die Quellen wieder aus denselben Gründen besuchten wie die römischen Legionäre das einst getan hatten. Nachdem die Aachener Bäder eineinhalb Jahrhunderte lang vorwiegend in den Memoiren vergnügungssüchtiger Lebemänner Erwähnung gefunden hatten, veröffentlichte der Arzt Gérard Reumont 1828 nach langer Zeit wieder ein Buch, das den medizinischen Aspekt der heißen Quellen in den Vordergrund stellte, deren Ursprung übrigens immer noch nicht geklärt war.

Reumonts Fallbeispiele zeichnen ungewollt das Portrait einer Generation, die auf den Schlachtfeldern Europas verheizt worden war: „General D. wurde bei einer, während dem letzten Kriege vorgefallenen Schlacht, in der Nähe der linken Schulter durch eine Kugel verwundet ... Herr T., Hauptmann, war in der Schlacht bei Leipzig durch einen Schuß am rechten Fuß verwundet worden ... Herr N., in Militairdiensten, 40 Jahre alt, von gesunder Konstitution, hatte mehrere Schußwunden durch beide Schenkel, in der Nähe der Kniegelenke, erhalten, und dabei das Unglück gehabt, übel behandelt zu werden.“[357] Unter den Patienten waren nun auch wieder viele Engländer, die sich nach dem Ende der Kontinentalsperre endlich wieder auf dem Festland bewegen konnten und nun zusammen mit den einstigen Kriegsgegnern einträchtig mit Bechern in der Hand in der Schlange am Brunnen in der Komphausbadstraße standen. 1822 wurde sogar ein Verein gegründet, der Bedürftigen die kostenlose Benutzung der Bäder ermöglichte. Nur ein Jahr darauf begannen Modernisierungsmaßnahmen am Kaiserbad und am Quirinusbad, es folgte 1828 der Neubau des Rosenbades.

Aachener Dom, Gemälde von Michael Neher (1854)

Überhaupt ging es ruhiger zu als ein halbes Jahrhundert zuvor. Johanna Schopenhauer, die Mutter des Philosophen, konnte 1828 nicht mehr viel Mondänes erblicken und bescheinigte Aachen ein beschauliches Kurleben, das weit hinter dem Rummel anderer Badeorte zurückblieb.[358] Dazu passte es, dass Reumont in seinem Buch fast gleichzeitig den Rat gegeben hatte: „Die tumultuösen und rauschenden Vergnügungen, die man so oft in den Brunnenorten antrifft, passen nicht für alle Kranken. Derjenige, welcher den Wunsch hegt, daß der Gebrauch des Wassers für seine Gesundheit vorteilhaft werde ..., muß ihnen also nothwendig entsagen.“[359]

Auf der anderen Seite erzielte gerade die Aachener Spielbank, die seit der Franzosenzeit mehrmals abwechselnd geschlossen und wieder eröffnet worden war, in den Jahren um 1840 Rekordgewinne, die die gesamten Steuereinnahmen in Aachen übertrafen. Um Bankrotteure schnell loszuwerden, versprach die Stadt 1841 Gästen, die alles verspielt hatten, einen Zuschuss für die Heimreise – unter der Bedingung, dass sie auch wirklich sofort verschwanden.[360] Angesichts der saftigen Einnahmen, die durch das Casino auch an die Stadtkasse flossen, stieß es den Aachenern, die vom Fremdenverkehr lebten, um so saurer auf, dass diese Gelder offenbar mehrheitlich für andere Zwecke verwendet wurden. Im Mai 1844 ging eine Petition mit 377 Unterschriften an den Oberbürgermeister, dessen Absender sich über mangelnde Investitionen in den Kurbetrieb beklagten, weshalb andere Städte dabei seien, Aachen den Rang abzulaufen, zumal den Gästen auch keine anderweitigen Veranstaltungen geboten würden. Dass es unterschiedliche Interessen und Vorstellungen davon gab, wie die öffentlichen Mittel einzusetzen seien, zeigte sich wenige Tage später in einem giftigen Leserbrief an die Aachener Zeitung, in dem die Unzufriedenen aufgefordert wurden, die Brunnen und Kurhäuser doch mit ihrem eigenen Geld zu bauen. Zwei Jahre später richteten diese ihre Beschwerde dann direkt an den König.[361] Der aber urteilte ganz und gar nicht im Sinne der Beschwerdeführer, sondern ließ den Spielbetrieb 1849 vorläufig und nach zwischenzeitlicher Wiederzulassung 1854 durch den Innenminister ganz verbieten, woraufhin die Zahl der Kurgäste sich halbierte.

Was nun ein attraktives Kurleben war, darüber konnten die Meinungen schon weit auseinander gehen, je nachdem, was die Berichterstatter gewohnt waren. Clemens von Orsbach hatte 1851 staunend bemerkt: „In dem, dem Elisenbrunnen gegenüber liegenden großen, äußerst eleganten Ruellen'schen Hotel wird es lebendig ... In diesem großartigen Gasthofe werden zur Zeit fast alle Nationen der Welt repräsentirt. Türken, Perser, Russen, Engländer, Oesterreicher, Nordamerikaner, Franzosen, Quäker vom Mississippi, Ungarn, Italiener, Spanier, Sigmaringer, Bückeburger, Wittgensteiner und sogar Preußen von Geburt ... Allmälig nimmt das Leben in der Brunnenallee zu. Die Musik beginnt. Heute hat sie als Einleitung die Ouvertüre zum Freischütz gewählt ... Ein Türke mit rothem Fez bewegt sich durch die Menge. Es ist ein Flottenoffizier des Großsultans, der sich hier von einem Gichtübel befreien will."[362] Dieses internationale Publikum bekam zumindest in Sachen Musik allerhand geboten: Die Niederrheinischen Musikfeste, die zwischen 1825 und 1870 vierzehnmal in Aachen stattfanden, sahen Gastspiele von Größen wie Johann Strauß, Franz Liszt, Jacques Offenbach und Klara Schumann, und 1852 wurde in Aachen das erste städtische Orchester des Rheinlandes aus der Taufe gehoben.

In gewisser Weise war das biedermeierliche Aachen mit seinen flanierenden Badegästen und florierenden Buchhandlungen, das 1825 sein neues Theater mit der

Das Aachener Theater, errichtet 1825 nach Plänen von Karl Friedrich Schinkel

neunten Symphonie von Beethoven eingeweiht hatte, die Kehrseite dieser ganz anderen Stadt der ratternden Maschinen, an denen ein paar Straßen weiter zerlumpte Kinder ohne Zukunft den ganzen Tag lang Tuchbahnen webten. Gerade in Aachen war dieser zumeist unsichtbare Kontrast zwischen zwei sich scheinbar kaum berührenden Welten stärker als in anderen Städten: Die rasante Industrialisierung produzierte größere Armut als anderswo, während die unverdrossen sprudelnden Heilquellen und das Casino größeren Reichtum anzogen. Doch anstatt aufeinanderzuprallen, begannen die beiden Welten nach der Mitte des 19. Jahrhunderts wieder ganz langsam aufeinander zuzuwachsen. Die scharfen Kontraste verschwanden mit den Jahrzehnten. Aus der Verschmelzung der Gegensätze entstand die Stadt, die man heute noch wiedererkennt.

9. Kaiserreich

Nach den triumphalen Siegen Preußens und seiner Verbündeten über Frankreich erfuhr die Anhänglichkeit der Aachener an ihren Monarchen mit der Kaiserproklamation von Versailles am 18. Januar 1871 zunächst einen kräftigen Schub. Und auch die Wirtschaft florierte nach einer kurzen Krisenphase weiter, es wurde Geld verdient und ausgegeben. Im Kaiserreich wuchs die alte Kaiserstadt noch einmal über sich hinaus und bekam ein neues Gesicht. Gepflasterte Straßen rückten ins Feld aus, Alleebäume standen stramm und neue Fabrikschlote reckten sich wie die Pickelhauben. Fotos dokumentieren das Straßenbild und machen es vergleichbar. Denkt man sich Fuhrwerke und Schnauzbärte weg, dann stellt man fest, dass einige Straßenzüge sich seitdem kaum noch verändert haben.

Unter dem langsam verklingenden Jubelgeschrei formierten sich allerdings sehr schnell die politischen Kräfte, die in den folgenden Jahrzehnten um den Einfluss auf die Seelen kämpfen sollten. Und ein Kampf um die Seelen war es tatsächlich in gewisser Weise, denn die Vereine und Interessensvertretungen der unruhigen Zeiten um 1848 hatten sich zu Parteien entwickelt, die sich nun um die Gunst einer wesentlich breiteren Wählerschaft bemühten, nachdem bei den Reichstagswahlen nicht mehr wie im Bundesstaat Preußen das Dreiklassenwahlrecht galt. Politische Auseinandersetzungen bekamen eine weltanschauliche Prägung. Das hatte in Aachen und anderswo vor allem zwei Gründe: zum einen organisierte sich gerade in diesen Jahren die Sozialdemokratie als massenwirksame Vertretung der Arbeiterschaft, zum anderen formierte sich der politische Katholizismus unter dem Zwang der Kulturkampfgesetze zu einer beispiellosen und letztlich erfolgreichen Opposition gegen Bismarck und seine kirchenfeindlichen Maßnahmen. Beide Bewegungen führten, jede auf ihre Art, ideologische und teilweise fast zum Überlebenskampf stilisierte Kampagnen, die eine Polarisierung der politischen Landschaft mit sich brachten, ohne dass dabei die Grabenkämpfe in-

Kaiser Wilhelm I. vor dem Aachener Rathaus (Gemälde von Anton von Werner)

nerhalb der einzelnen Gruppierungen aufhörten. Das galt in Aachen vor allem für die katholische Partei, die mitten im Kulturkampf in eine konservative und eine sozialreformerische Richtung zerfiel. Als die Konservativen schließlich den Sieg davontrugen, war die Sozialdemokratie der lachende Dritte.

Die bekam nun aber sofort Gegenwind aus Berlin. Nachdem Bismarck sich an den Katholiken die Zähne ausgebissen hatte, wandte er sich den Genossen zu, die von 1878 bis 1890 durch das Sozialistengesetz in ihrer Betätigung stark eingeschränkt blieben, dann aber auch in Aachen einen stetigen Stimmenzuwachs erzielen konnten – trotz der erbitterten Gegnerschaft auch der katholischen Arbeiterorganisationen, die sich bisweilen sogar in Tätlichkeiten entlud. Auf dem Höhepunkt der sozialdemokratischen Erfolge brach der Erste Weltkrieg aus, die Auseinandersetzungen traten schlagartig in den Hintergrund und fast das gesamte politische Spektrum fand sich unter nationalem Getöse zusammen, getreu dem Ausspruch des Kaisers, er kenne keine Parteien mehr, sondern nur noch Deutsche.

Dieser Krieg wirkte in Aachen wie in allen anderen Städten auch tief in den Alltag hinein. Wo man sich eben noch in Spekulationen über deutsche Blitzsiege gegenseitig übertroffen hatte, regierte nun die Lebensmittelkarte. Wo eben noch ausrückende Soldaten jubelnd verabschiedet worden waren, trafen nun Briefe ein, die vom Heldentod sprachen. Wo eben noch mit Geschenken überladene Autokonvois an die Front aufgebrochen waren, gab es nun bald nur noch Rüben und mit Sägemehl gestrecktes Brot. Und wo eben noch Ergebenheitsadressen an den Kaiser geschickt wurden, standen am 9. November plötzlich Arbeiter und Soldaten mit der roten Fahne vor der Tür.

9.1. Gründer und Ingenieure

Die frühe Industrialisierung ist in Aachen – vielleicht gerade weil sie mit den Aufständen von 1830 und 1848 verbunden war – ausführlich dokumentiert und beschrieben worden. Mit der Jahrhundertmitte war aber das Ende der Fahnenstange noch lange nicht erreicht, auch wenn man sich vielleicht an die rasante Entwicklung gewöhnte. Neue Fabriken schossen auch weiterhin aus dem Boden, und als die Einwohnerzahl im Oktober 1887 die Großstadtmarke von 100 000 übersprang, hatte sie sich innerhalb von weniger als vier Jahrzehnten verdoppelt. Die Kaiserzeit – jedenfalls solange sie friedlich war – ist den Zeitgenossen als eine Epoche des Fortschritts und des wachsenden Wohlstandes in Erinnerung geblieben. Für eine positive Gesamtbeurteilung hat sie allerdings wegen ihres katastrophalen Untergangs im Ersten Weltkrieg und der darauf folgenden Demontage ihrer staatstragenden Ideale einen zu großen Schönheitsfehler bekommen.

Dabei ging es auch schon vor dem Krieg keineswegs immer nur bergauf. Kurz nach dem Beginn der rasanten und euphorischen Aufbruchswelle folgte ab 1873 der Absturz in der so genannten Gründerkrise mit zahlreichen Konkursen auch in Aachen. Die Wollausfuhr brach um fast 70 % ein und die Zahl der unterstützungsbedürftigen Familien verdoppelte sich.[363] Dennoch scheint das System der öffentlichen und privaten Wohlfahrtseinrichtungen einigermaßen funktioniert zu haben, denn zu Hungerrevolten kam es nicht, obwohl die Arbeiterbevölkerung noch einmal stark angewachsen war. Und als die Krise überwunden war, ging es erneut steil bergauf. Die von Bismarck auf den Weg gebrachte Sozialgesetzgebung, so sehr sie auch taktische Ziele verfolgte, verbesserte die Lage der Arbeiter nachhaltig, weil sie deren Existenz auch bei Unfällen und Krankheit sowie im Alter absicherte.

Viele Städte bekamen in diesen Jahrzehnten ihre heutige Gestalt, im Guten wie im Schlechten. Ab 1875 wurden in Aachen die verbliebenen Reste der mittelalterlichen Stadtmauer und alle Tore bis auf die beiden heute noch erhaltenen abgerissen. Jenseits der ehemaligen Stadtgrenzen entstanden die inzwischen als Altbauten hoch geschätzten Gründerzeitpaläste. Reklameschilder und Litfasssäulen tauchten auf. 1880 wurde eine von Pferden gezogene Straßenbahn eingerichtet, die allerdings schon 1895 durch eine elektrische Bahn ersetzt wurde – wegen mangelnder Pferdestärken waren die Fahrgäste an einigen besonders steilen Teilstücken zum Aussteigen gezwungen gewesen.[364] 1881 entstand die erste Badeanstalt der ganzen Rheinprovinz am Kaiserplatz, 1892 wurde ein Elektrizitätswerk gebaut. Die Aufgaben der Stadt wuchsen beständig und umfassten Versorgung mit Strom, Wasser und Gas, Entsorgung der Abwässer, Straßenbau, Krankenhauswesen und Schulbetrieb. 1896 wurde im Kurhaus ein Kinematograph aufgestellt, und noch im selben Jahr stand eine direkte Telefonverbindung nach Berlin.

Am technischen Fortschritt hatte Aachen seit der Gründung der Hochschule auch einen aktiven Anteil. Polytechnische Schulen hatte es schon seit dem frühen 19. Jahrhundert gegeben, mit der Kaiserzeit und dem beschleunigten Siegeszug der Naturwissenschaften wurden die meisten von ihnen in Hochschulen umgewandelt. Aachen war die zweite Einrichtung dieser Art in Deutschland, die diesen Titel trug. Dabei war der Weg dorthin gar nicht einfach gewesen: Es hatte damit begonnen, dass der Aachener Regierungspräsident Friedrich von Kühlwetter dem preußischen Kronprinzen im Februar 1858 eine Spende von 5000 Talern für die Einrichtung einer Polytechnischen Schule in der Rheinprovinz überreichte. Um den Standort entbrannte sofort ein erbitterter Wettkampf zwischen Aachen und Köln, während die Regierung ganz gezielt die beiden Städte gegeneinander ausspielte, um möglichst hohe Zuschüsse aus den kommunalen Kassen herauszuschlagen. Es dauerte noch fünf Jahre, bis Aachen sich durchsetzte und den Zuschlag erhielt. In der dafür ausgefochtenen Kampagne wurde an Argumenten so ziemlich alles angeführt, was höheren Orts Gefallen finden konnte: „Aachen ist der Mittelpunkt der reichsten Industrie und bietet dem theoretischen Studium der Polytechnik die unmittelbare Nähe der Praxis dar … Aachen ist die wohlfeilere, mit den nötigen Räumen reichlich versehene Stadt. Sie ist zugleich das Feld, wo durch ein Bildung verbreitendes Institut der Ultramontanismus wirksam bekämpft werden kann, und wo er, ein Feind deutscher Sitte und deutschen Geistes, überwunden werden muß."[365] Und nicht nur das – wo man sonst mit dem florierenden Kurbetrieb warb, wurde nun dessen angebliche Trostlosigkeit werbend beschworen: Die Badesaison sei kurz und ansonsten hielten sich nur Schwerkranke in der Stadt auf, die Spielbank sei geschlossen und das Theater mittelmäßig. Ein ausgestorbener Kurort im abblätternden Glanz der mondänen Vergangenheit, in dem welkende Greise durch welkende Gärten schlurften – welche Umgebung konnte besser geeignet sein, um die richtige Arbeitsatmosphäre für Studenten abzugeben, die sich anderswo nur allzu gern ablenken ließen? Etwa Köln mit seinem ausufernden Großstadtleben, wo die Versuchung an jeder Ecke lauerte?

Hauptgebäude der Rheinisch-Westfälischen Technischen Hochschule

Im November 1863 war die Sache entschieden, Aachen bekam seine Hochschule. Den Ausschlag hatten unter anderem die finanziellen Zusagen der Stadt gegeben, die das Grundstück am Templergraben und 160 000 Taler für die Baukosten beisteuerte. Für die Deckung der laufenden Kosten sorgten unter anderem wieder einmal Hansemanns Ziehkinder: die Feuerversicherung und der Verein zur Förderung der Arbeitsamkeit. Die Grundsteinlegung fand am 15. Mai 1865, dem 50. Jahrestag der Huldigung der Rheinlande an den preußischen König

Werbeplakat der Fafnir-Werke

statt, dessen Nachfolger Wilhelm, der spätere Kaiser, sich diesmal sogar selbst die Ehre gab. Zur feierlichen Eröffnung schritt man am 18. Oktober 1870. Nach einem kurzzeitigen Einbruch der Studentenzahlen wegen der Gründerkrise ging es bald wieder bergauf. Neue Institute schossen aus dem Boden und tun es bis heute. Welche wirtschaftlichen Möglichkeiten das Ingenieurwesen barg, zeigen als ein Beispiel unter vielen die Aachener Fafnir-Werke, zunächst ein klassischer Aachener Nadelhersteller, der von den Nadeln zu den Fahrradspeichen fand, bald darauf ganze Fahrräder herstellte, dann zu den Motoren überging und schließlich, wenn auch nur für kurze Zeit, komplette Motorräder und Autos baute.

9.2. Kulturkampf

Kurz nach der Reichsgründung kam es zu Konflikten zwischen der preußischen Regierung und der katholischen Kirche, die sich zu einer Machtprobe hochschaukelten, die als Kulturkampf in die Geschichte eingegangen ist. Schon das Unfehlbarkeitsdogma von 1870 hatte bei der Regierung großes Misstrauen gegenüber den Katholiken hervorgerufen, an deren Loyalität gegenüber dem Staat man schon seit den Trotzreaktionen auf die Inhaftierung des Kölner Erzbischofs im fernen Jahr 1837 zweifelte. Als Bismarck nun die Abteilung für katholische Kirchenangelegenheiten im Kultusministerium wegen ihrer für seinen Geschmack zu nachgiebigen Haltung gegenüber den Polen aufgelöst hatte, fegte abermals ein Sturm der Entrüstung durch das katholische Deutschland. Die Antwort darauf war der im Dezember 1871 verabschiedete und im ganzen Deutschen Reich geltende „Kanzelparagraph", der es Geistlichen verbot, im Rahmen der Ausübung ihres Amtes politische Stellungnahmen abzugeben. Es folgten 1872 im Bundesstaat Preußen ein Verbot der Jesuiten und die Verdrängung der Geistlichen aus der Schulaufsicht, und in den folgenden Jahren ergoss sich eine Flut von weiteren gesetzlichen Bestimmungen über das Land, die das Ziel verfolgten, die Kirche vor allem im Bereich der Erziehung vollständig der staatlichen Kontrolle zu unterwerfen und Widerstand durch rigorose Zwangsmittel zu brechen. Im April 1875 wurden allen Geistlichen, die keine ausdrückliche Absichtserklärung zur Befolgung der staatlichen Gesetze abgaben, durch das so genannte „Brotkorbgesetz" die Bezüge gestrichen.

Otto von Bismarck (1815 – 1898)

Die Wut der Katholiken kannte keine Grenzen, und ihr Widerstand trug einen guten Teil zur ständigen Verschärfung der Gesetze bei. Trotz regierte auf beiden Seiten. Wie unversöhnlich das Klima vor Ort war, das hing allerdings stark von den beteiligten Personen ab. Besonnene Beamten konnten durch schonende Umsetzung der Maßnahmen hier und da die Wogen einigermaßen glätten, anderswo sorgte die strikte und fast genüssliche Durchsetzung der Kulturkampfgesetze für eine fast schon bürgerkriegsartige Stimmung. Verschärfend wirkte sich dabei die Tatsache aus, dass die preußischen Katholiken vor allem in den westfälischen und rheinischen Provinzen lebten, die zum größten Teil erst mit den Befreiungskriegen an Preußen gefallen waren und der Regierung angesichts der früheren Auseinandersetzungen um religionspolitische Fragen nicht immer wohlgesonnen waren.

In Aachen, einer der stärksten Bastionen der Katholiken, setzten die Behörden die Gesetze nur zögerlich und ungern durch. Die Solidarität mit der bedrohten Kirche reichte bis in die mit der Durchführung der Maßnahmen beauftragte Beamtenschaft, und Zeugen für Verstöße waren schwer aufzutreiben. Als Max Hoemens, dem Kaplan an der Jakobskirche, im Dezember 1873 die priesterliche Betätigung verboten wurde, spottete das zentrumsnahe „Echo der Gegenwart": „Den Vorteil hat die Sache, daß die Polizeibeamten sich in der letzten Zeit fleißig in der Kirche von St. Jakob zeigen, und Beten schadet ja niemandem."[366] Angesichts der breiten Empörung gab sich in Aachen nicht ein einziger Priester die Blöße, die durch das Brotkorbgesetz geforderte Unterwerfung unter die Staatsmacht zu geloben, zumal der Papst die Annahme von staatlichen Gehältern nur den Priestern erlaubte, die von der Kanzel aus erklärten, sich den Kulturkampfgesetzen nicht zu beugen. Auf diese Weise entstand sozusagen eine Pattsituation der Loyalitäten: Wer Geld bekommen wollte, musste dem Staat versprechen, seine Gesetze zu befolgen, doch um es annehmen zu dürfen, musste er seiner Kirche versprechen, eben diese Gesetze zu missachten. Schon im Juni 1875 wurde die Vermögensverwaltung der Gemeinden staatlicher Aufsicht unterstellt. Zunächst versorgten sich die mit Gehaltssperren belegten Priester aus den mit ihren Pfarrstellen verbundenen Besitzungen, doch im Januar 1876 wurden auch diese mit der ziemlich unredlichen Begründung eingezogen, sie seien schon 1806 von den Franzosen enteignet worden und der Kirche seitdem nur zur Nutznießung überlassen gewesen. Schließlich mussten sich die Geistlichen durch Spenden der Pfarrkinder unterhalten; das staatliche Gehalt, das die Regierung einigen Pfarrern von sich aus anbot, um die Abwehrfront ins Wanken zu bringen, verweigerten fast alle. Nationalen Feiern wie dem Sedanstag blieben die Katholiken demonstrativ fern und begingen stattdessen die päpstlichen Amtsjubiläen mit um so größerem Pomp. Preußische Disziplin verflüchtigte sich zusammen mit der Loyalität dem Staat gegenüber: Als Kultusminister Adalbert Falk im Juli 1875 die Stadt Aachen besuchte, ging seine Ansprache in einem Pfeifkonzert unter. Dennoch schlugen die Maßnahmen der Regierung der Seelsorge tiefe Wunden. Zehn Jahre nach dem Beginn des Kulturkampfes war im Regierungsbezirk Aachen fast die Hälfte der Pfarrstellen unbesetzt.[367] Zahlreiche Klöster waren inzwischen eingegangen. Und wie ein Jahrhundert zuvor die malträtierten Aachener Protestanten Gottesdienste in den Niederlanden besucht hatten, so schickten nun die malträtierten Aachener Katholiken ihre Kinder zu Taufe und Firmung über die Grenze.

Auch in der örtlichen Politik wirkte der Konflikt sich aus. Ab 1874 stellte der katholische Verein Constantia die Mehrheit der Stadtverordneten. Als Ende des Jahres mit Wilhelm Leopold Janssen ein neuer Oberbürgermeister gewählt worden war, verweigerte der Kaiser diesem die Bestätigung, so dass man schließlich im August des folgenden Jahres auf den Kölner Landrat Ludwig von Weise umschwenken musste. Auch ein Beschluss der Stadtverordnetenversammlung zur Herabsetzung des Wahlzensus, die eine Erweiterung der bisher nur zu 7 % wahlberechtigten Bevölkerung nach unten hin mit sich brachte, stieß in dieser Situation erst recht auf die Ablehnung der Regierung: „Wir können die Zunahme der Wählerzahl in der geringeren Volksklasse, welche durchaus den Weisungen der klerikalen Parteiführer gehorcht, nicht für wünschenswert halten."[368]

Um 1877 begann Bismarck einzusehen, dass seine Gesetze ihre Ziele nicht erreichten. Da eine Annäherung an die Zentrumspartei auch aus machtpolitischen Gründen – unter anderem zur Bekämpfung der Sozialdemokratie – gegeben erschien, wurden die Kulturkampfgesetze nach und nach wieder aufgehoben. Ein Schlussstrich war aber erst 1887 gezogen. Wie der preußische Staat sich schwer damit tat, seine Niederlage einzugestehen, so taten die Katholiken sich schwer damit, dem Staat wieder den vollen Respekt zu zollen. Als im Vorfeld des Aachener Katholikentages von 1879 eine Debatte darüber entbrannte, ob neben der Büste des Papstes auch ein Konterfei des Kaisers stehen sollte, sprach sich eine große Mehrheit des Lokalkomitees dagegen aus. Erst später wurde von höherer Stelle entschieden, dass Kaiserbüsten in Zukunft bei solchen Veranstaltungen wieder aufzustellen seien, um nicht den Eindruck zu erwecken, bei den Katholiken regiere eine grundsätzlich kaiserfeindliche Gesinnung.[369]

9.3. Wahlkampf

Auf dem politischen Parkett hatte sich schon einige Jahre vor der Reichsgründung der Ton zwischen Liberalen und Konfessionellen verschärft. Bei den Wahlen zur Stadtverordnetenversammlung hatte der Liberale Verein, dem die oft protestantischen Industriellen nahe standen, meistens die erste Klasse der Wähler fest in der Hand, die Constantia dafür die zweite und die dritte Klasse, was insgesamt jedenfalls ab 1874 zunächst vor allem wegen des Kulturkampfes zu einer beständigen Mehrheit der konfessionellen Partei führte. Bei den Landtagswahlen war deren

Der Kaiserplatz um 1880

Vorsprung noch größer. Anders als bei den Wahlen zum Landtag und zur Stadtverordnetenversammlung, die nach dem Dreiklassenwahlrecht abgehalten wurden, fielen bei den Reichstagswahlen die Stimmen der einfachen Leute stärker ins Gewicht, da dort alle männlichen Einwohner über 25 Jahre zur Urne gebeten waren. Die örtlichen Wahlvereine schlossen sich hier den reichsweit agierenden Parteien an und ließen sich bisweilen von diesen sogar die Kandidaten aufstellen, womit die politischen Auseinandersetzungen ein Stück weltanschaulicher wurden. Nicht zufällig formierte sich 1870 die Zentrumspartei als politische Vertretung der Katholiken.

Die Kräfte der Arbeiterbewegung und der Gewerkschaften hatten sich 1863 unter der Führung von Ferdinand Lassalle unter dem Namen „Allgemeiner Deutscher Arbeiterverein" zu einer Partei zusammengeschlossen, aus der über einige Umwege schließlich die heute noch bestehende SPD werden sollte. Im Dezember 1868 hatte dieser Verein eine erste Versammlung in Aachen abgehalten, doch die Erfolge der Agitation waren äußerst bescheiden, zumal die Versammlungen schon ab 1869 immer wieder von regelrechten Störkommandos des gerade gegründeten Paulusvereins unter der Führung des Kaplans Eduard Cronenberg gesprengt wurden. Zunächst wurde die Agitation eingestellt, doch als die Sozialdemokraten im Juli 1878 zum ersten Mal mit August Bebel als Kandidat zur Reichstagswahl antraten, kamen sie immerhin auf 13 % der Stimmen. Wie war das möglich gewesen in einer Stadt, in der die Kirche auch die Arbeiter fest in der Hand zu haben schien?

Die katholische Sozialbewegung, wie sie einige Jahrzehnte zuvor mit dem Karitaskreis entstanden war, hatte eine zweite Generation hervorgebracht, die in dem tatkräftigen Kaplan Cronenberg ihre Galionsfigur fand. Cronenberg hatte 1869 den Paulusverein als katholischen Arbeiterverein gegründet, der schon nach wenigen Jahren einen beinahe sensationellen Mitgliederstand von 5000 erreichte. Der Verein hatte ein Versammlungshaus, das mit den Mitteln einer eigens dazu gegründeten Baukasse errichtet worden war, und unterhielt sogar eine Streikkasse. Obwohl seine Gründung ausdrücklich gegen die Sozialdemokratie gerichtet war, bediente sich Cronenberg schon bald ganz ähnlicher Töne und Mittel wie diese und brachte damit die Constantia, für deren Geschmack er viel zu schnell und viel zu weit links segelte, zunehmend in Harnisch. Schon bald wurde er beim Kölner Generalvikariat angeschwärzt; vor allem nach seiner Parteinahme für streikende Fabrikarbeiter in Eupen im Mai und im Juni 1872 hagelte es Beschwerden. Zur Vertiefung der Spaltung kam es während des Landtagswahlkampfes 1873, als eine Kandidatur Cronenbergs schroff zurückgewiesen wurde, obwohl der Paulusverein für das Zentrum eben in Gestalt der Constantia unermüdlich die Werbetrommel gerührt hatte. Der Mohr hatte seine Schuldigkeit getan, bemerkte Cronenberg verbittert.

Die Quittung bekam die Constantia schon bald: Für die Reichstagswahlen im Januar 1874 bildete Cronenberg einen eigenen Wahlverein und ließ sich als Kandidat aufstellen. Damit war der offene Bruch innerhalb des katholischen Lagers vollzogen – ausgerechnet mitten im Kulturkampf. Das „Echo der Gegenwart" giftete: „Was bezweckt also die Aufstellung Cronenbergs und was wird die nothwendige Folge derselben sein? Wohl nicht Anderes, als eine Spaltung, welche den Liberalen Aachen in die Hände arbeiten wird. Darf sich dazu auch nur ein einziger katholischer Arbeiter hergeben?"[370] Am Ende unterlag der Kaplan ziemlich deutlich gegen den Kandidaten der Constantia Friedrich Baudri. Auch als Baudri kurz darauf starb, scheiterte Cronenberg in der Ersatzwahl im Januar 1875 erneut, diesmal am ehemaligen hessischen Finanzminister Max von Biegeleben, wenn auch nicht mehr mit ganz so großem Abstand.

Wie tief der Graben war, zeigt eine Äußerung Cronenbergs aus dem Wahlkampf vom Dezember 1874, in dem er erklärt hatte, dass sich „die materiell ausgebeuteten Katholiken von ihren katholischen Ausbeutern in Ausübung ihrer bürgerlichen Rechte fernerhin nicht wollen bevormunden lassen."[371] Mit welcher Arroganz diese Bevormundung sich ausdrückte, das bewies Joseph Lingens, einer von Cronenbergs erbitterten Gegnern aus den Reihen der Constantia, auf dem Höhepunkt der Auseinandersetzung im Jahr 1877: „Ach was, soziale Fragen sind soziale Phrasen, die die Arbeiter sich haben in den Kopf setzen lassen. Wir sind die Herren hier und tun, was wir wollen."[372]

Zu diesem Zeitpunkt war die Demontage Cronenbergs bereits in vollem Gang. Einer von ihm gegründeten Gesellschaft für den Bau von Arbeiterwohnungen wurden die Kapitalien entzogen, unter anderem von zahlungskräftigen Mitgliedern der Constantia. Ob die allgemeine wirtschaftliche Lage dabei ausschlaggebend war oder ob es sich um eine Intrige handelte, ist nicht ganz klar, jedenfalls ging die Baugesellschaft zum 1. Januar 1876 in Konkurs. Für die Reichstagswahl im Januar 1877 kandidierte schon nicht mehr Cronenberg selbst, sondern sein langjähriger Mitstreiter, Kaplan Johannes Laaf, der wieder gegen Max von Biegeleben in den Ring stieg. Das Ergebnis war gewissermaßen ein Warnschuss vor den Bug der Constantia, deren Kandidat die absolute Mehrheit nicht erreichte und gegen Laaf in die Stichwahl gehen musste, wo er schließlich und endlich mit einer hauchdünnen Mehrheit von 4192 gegen 4115 Stimmen gewann.

Dieser Achtungserfolg war allerdings das letzte politische Aufbäumen der Fraktion Cronenbergs. Gegen den Kaplan wurde im April 1877 ein Ermittlungsverfahren wegen Betrugs eingeleitet, weil es bei der Buchführung der Baugesellschaft zu Unregelmäßigkeiten gekommen war; es folgte ein weiteres Verfahren wegen Homosexualität aufgrund von zweifelhaften Zeugenaussagen, das gerade angesichts des Zeitpunkts der Anzeige doch einige Fragezeichen hinterlassen hat. Innerhalb des Paulusvereins hatte inzwischen Kaplan Wilhelm Teus eine Mehrheit gegen Cronenberg gesammelt, diesen aus seiner Leitungsposition gehebelt und die Führung des Vereins übernommen. Cronenberg war so gut wie erledigt.

Das war die Konstellation, in der der Wahlkampf für die Reichstagswahl im Juli 1878 begann. Angesichts der Zerrüttung innerhalb des katholischen Lagers traten nun die Sozialdemokraten zum ersten Mal an, brachten es mit August Bebel aus dem Stand auf 13 % und überflügelten damit knapp Cronenbergs Verlegenheitskandidaten, den Weber Wilhelm Breuer. Das Rennen machte wieder der Kandidat der Constantia, die damit endlich wieder klar gestellt hatte, wer in Aachen den politischen Ton angab. Cronenbergs Ende ließ nun nicht mehr auf sich warten: Im November 1878 wurde er in beiden Punkten der Anklage schuldig gesprochen und zu einem Jahr Gefängnis verurteilt, eine Strafe, die in zweiter Instanz noch auf zwei Jahre erhöht wurde. Nach seiner Haftentlassung lebte der Kaplan in Schiefbahn und in Vorst, wo er am 10. Dezember 1897 starb. Seinen Verein, der noch einige Jahre lang eine traurige Existenz geführt hatte, hatte er überlebt. Die Gehässigkeit, mit der er bekämpft worden war, ist bezeichnend für die Angst des bürgerlichen Lagers vor allen Bestrebungen, die irgendwie nach Sozialdemokratie rochen – selbst wenn sie in der Soutane eines Kaplans daherkamen.

Seinen eigentlichen und erklärten Gegnern, die nur drei Monate nach der Reichstagswahl vom Juli 1878 durch das „Reichsgesetz wider die gemeingefährlichen Bestrebungen der Sozialdemokratie“ gewissermaßen gefesselt und geknebelt worden waren, standen nun ebenfalls schwere Zeiten bevor. Da jede Form der offenen Werbung verboten war, bildeten sich Tarnvereinigungen wie der Arbeiter-Bildungsverein oder die Karnevalsgesellschaft Olymp. Werbematerial musste in die Stadt geschmuggelt und versteckt werden. Hubert Krewinkel, einer der Aachener Sozialdemokraten der ersten Stunde, wurde 1886 wegen derartiger Aktivitäten zu einer Gefängnisstrafe von 10 Monaten verurteilt. Da der Partei nun paradoxerweise die Wahlwerbung, nicht aber die Aufstellung von Kandidaten verboten war, brachte sie es auch in der Verbotszeit bei den Reichstagswahlen immerhin auf Ergebnisse um die 10 %. Cronenberg abserviert, die Sozialdemokraten verboten – es waren goldene Jahre für die Constantia und damit für die Zentrumspartei, deren Ergebnisse sich bei schwacher Wahlbeteiligung um die 80 % bewegten.

Nachdem das Sozialistengesetz 1890 nicht mehr verlängert worden war, erinnerten sich auch die Katholiken wieder an ihre proletarische Klientel. Pfarrer Joseph Sittard fand sofort einen anschaulichen Vergleich: „Falsche Propheten sind aufgestanden, die dem Arbeiter alles Mögliche versprechen, wie es der erste Sozialdemokrat, die Schlange im Paradiese, unsern Voreltern gegenüber gethan hat."[373] Eine neue Gründungswelle von christlichen Arbeitervereinen und Gewerkschaften spülte über das Land, die anders als Cronenberg und seine Mitstreiter vor allem wieder die sittliche Erziehung ihrer Schäfchen und die gemeinsame Teilnahme an Eucharistiefeiern und Prozessionen in den Vordergrund stellte, allerdings auch für eine Verbesserung der sozialen Absicherung im Fall von Krankheit oder Tod sorgte. Gegen ihre roten Gegner spuckten vor allem die Geistlichen auch weiterhin Gift und Galle, dabei ähnelten sich die schlagenden Argumente durchaus. Die Kapläne warfen den Sozialdemokraten vor, sie näherten sich heimtückisch und unter Verschleierung ihrer wahren religionsfeindlichen Absichten den christlichen Arbeitern. Die Sozialdemokraten schossen zurück, die christlichen Vereine und Gewerkschaften näherten sich den Arbeitern ebenso heimtückisch und unter Verschleierung ihrer wahren kapitalistenfreundlichen Absichten. Beide hatten sie auf ihre Weise Recht. Wie die Argumentationsmuster, so war auch der Ausschließlichkeitsanspruch ähnlich. Der 1896 gegründete „Christlich-soziale Textilarbeiterverband für Aachen-Burtscheid und Umgebung" forderte in seinen Statuten von den Mitgliedern eine ausdrückliche Distanzierung von den „Umsturzparteien".

Deren Anhänger waren auch sonst allerhand Schikanen von offizieller und privater Seite ausgesetzt. Die Durchführung eines internationalen Bergarbeiterkongresses, der im Mai 1896 nach Aachen einberufen worden war, wurde durch Einreiseverbote ausländischer Teilnehmer und bürokratische Hürden bei der Anmeldung erschwert, während mehrere Aachener Wirte die Vermietung ihrer Lokale als Tagungsstätte verweigerten. Zur Überwachung des Kongresses fand sich schließlich ein der englischen Sprache mächtiger Beamter, dem ein von den Bergwerksunternehmen besoldeter Stenograph an die Seite gestellt wurde, wodurch die Protokolle auch gleich auf den Schreibtischen der Fabrikanten landeten.[374] Als Hubert Krewinkel, der schließlich doch ein Lokal organisiert hatte, zwei Jahre später gestorben war, kam es bei seiner Beerdigung zu unschönen Szenen, als eine aufgestachelte Menge sich, Gassenhauer singend, auf den Leichenzug stürzte und den Sarg bespuckte, während die Polizei tatenlos zusah.[375]

Im Lauf der folgenden Jahre steigerten sich die Sozialdemokraten dennoch stetig und erreichten bei den Reichstagswahlen im Januar 1912 ein beinahe sensationelles Ergebnis von 27,5 %. Ganz offensichtlich erweiterte sich der Kreis derer, die den einstigen Reichsfeinden die Zusammenarbeit nun doch nicht mehr kategorisch verweigerten; immerhin war in diesem Jahr sogar ein Angebot von den Liberalen, die doch in Aachen vor allem das Unternehmertum vertraten, für eine

Zusammenarbeit gegen das Zentrum im Fall einer Stichwahl eingegangen. Auch in umgekehrter Richtung erklangen bei aller klassenkämpferischen Verbissenheit bisweilen versöhnliche Töne. Bemerkenswert ist der Nachruf, den die Rheinische Zeitung im September 1913 für den mit 91 Jahren verstorbenen Aachener Nadelfabrikanten Leo Lammertz druckte. Nach einem Lob seiner persönlichen Disziplin heißt es da etwas hölzern: „Als ein guter Lohnzahler hat auch der tüchtige Mann, der jetzt die Augen schloß, sich nicht erwiesen ... Das Kapital muß eben von der Ausbeutung der menschlichen Arbeitskraft leben. Weil es so ist, bekämpfen wir es und verlangen die Vergesellschaftlichung der Produktionsmittel. Das hindert uns nicht, dem tüchtigen Menschen, ganz gleich, wo er steht, unsere Achtung zu bezeugen. Der Verstorbene hielt sich frei von jener kleinlichen Bekämpfung der Arbeiterbewegung. Er kaufte die Arbeitskraft, nicht den Menschen.“[376] In der Tat hatte die Sozialdemokratie ihren Weg gemacht: als weniger als ein Jahr später die Julikrise ausbrach, folgte sie dem Kaiser schweren Herzens und nicht ohne Zerwürfnisse, aber dennoch schließlich mit demonstrativer Entschlossenheit in ein Wagnis, das das Ende des Reiches besiegelte.

9.4. Grabenkampf

Der Krieg begann als Krise zwischen Österreich und Serbien, in die wegen der ganz Europa umfassenden Bündnissysteme innerhalb von kürzester Zeit alle europäischen Mächte hineingezogen wurden. Als die Krise begann, war von einem Weltkrieg noch nicht die Rede, obwohl die Öffentlichkeit durch das jahrelange verbale Schlachtengetümmel bereits auf eine Auseinandersetzung von ungeahnten Ausmaßen eingestimmt war. Nach dem Attentat von Sarajevo vergingen einige Wochen in fieberhaften diplomatischen Aktivitäten. Dann ging es Schlag auf Schlag: Auf ein österreichisches Ultimatum an Serbien folgte die Mobilmachung in Serbien, auf die österreichische Kriegserklärung an Serbien die Mobilmachung in Russland, auf die deutsche Kriegserklärung an Russland die Mobilmachung in Frankreich, auf die deutsche Kriegserklärung an Frankreich die Mobilmachung in Großbritannien. In Deutschland herrschte eine endzeitartige Stimmung, eine gespenstische Mischung aus herausgeschrieener Begeisterung und heruntergeschluckter Beklommenheit. In der festen Überzeugung, sich zu verteidigen, griff man an.

Das Echo der Gegenwart brachte diese Stimmung auch in Aachen auf den Punkt: „‚Es geht los!‘ – mit diesem kurzen und gewichtigen Ausruf nahm das Volk die Entscheidung von Samstagabend auf. Es klang nicht nach Schmerz und Furcht, eher nach Befriedigung über das luftreinigende Gewitter.“[377] Und genau das erwartete man von diesem Krieg: eine Reinigung des scheinbar durch das Warten auf eben diesen Krieg zermürbten und verweichlichten Volkskörpers. Man setzte auf einen schnellen Sieg und beeilte sich, das durch Taten zu demonstrieren. Schüler und Studenten liefen zu den Fahnen. Wer nüchterner dachte, lief zur Sparkasse und hob seine Einlagen ab.

Während die deutschen Truppen im Westen zunächst vorstürmten und dann in den Schützengräben stecken blieben, stiegen in der Heimat die Lebensmittelpreise, nachdem sich die Hoffnungen auf einen schnellen Sieg schon im September zerschlagen hatten. Das Wirtschaftsleben wurde vollständig umgekrempelt: Bald waren für Deutschland 12 Millionen Männer im Kriegseinsatz, dementsprechend herrschte ein beängstigender Arbeitskräftemangel in der Heimat, der durch den Einsatz von Frauen und Kriegsgefangenen nur unzureichend aufgefüllt werden konnte, obwohl der Konsum zurückging. Erfolg hatte, wer kriegswichtige Produkte lieferte; für die Aachener Tuchfabriken bedeutete das vor allem die Umstellung auf Uniformstoffe, an denen für die nächsten Jahre ein unstillbarer Bedarf herrschte. Dennoch ging die Produktion der Aachener Textilbetriebe im Lauf des Krieges um drei Viertel zurück.

Im März 1915 begann die Rationierung, zunächst für Brot und nach und nach für die meisten anderen Lebensmittel, ab dem Sommer 1916 dann auch für Kleidung und ein Jahr später für fast alles, was man irgendwie kaufen konnte. Fast sofort etablierte sich ein Schwarzmarkt; bei Hamsterfahrten auf die Dörfer beschaffte man, was in den Läden nicht mehr zu haben war, zumal die zugestandene Kalorienmenge bald nur noch die Hälfte des normalen Bedarfs deckte. Beeren und Wildgemüse wurden gesammelt, Tauben für den Sonntagsbraten geschossen, Kartoffeln durch Steckrüben ersetzt und Mehl mit allen möglichen und unmöglichen Beigaben gestreckt. Gegen Anfang des Jahres 1918 waren bestimmte Lebensmittel im normalen Handel fast nicht mehr zu bekommen. Die Wut auf die Bürokratie, die nach Meinung der Bevölkerung bei der Lebensmittelverteilung versagt hatte und den Schwarzhandel nicht wirksam bekämpfte, köchelte bedrohlich. Kurz vor dem Ende des Krieges fiel dann auch noch die Spanische Grippe im Zuge einer Pandemie in Aachen ein und raffte schätzungsweise 3000 Menschen dahin. Trotz des großen Sterbens an der Front wurde im Jahr 1916 der zwei Jahre zuvor begonnene Bau einer neuen Thermenanlage mit Kurhaus und Hotelkomplex abgeschlossen.

Soldaten aus aller Herren Länder in einem Aachener Kriegsgefangenenlager

Wie die Bürger Beeren sammelten, so sammelte

Aachener „Liebesgaben" vor der Abfahrt an die Front

der Staat Metalle. Schon im Dezember 1915 waren Geräte aus Kupfer und Messing für die Rüstungsproduktion beschlagnahmt worden, es folgten Sammlungen von Goldschmuck und die Einziehung von Kirchenglocken. Immer wieder wurde die Bevölkerung zur Zeichnung von Kriegsanleihen aufgerufen, mit denen man die schwindende Kreditwürdigkeit des Staates aufzufangen versuchte. Doch spätestens seit die Vereinigten Staaten dem Deutschen Reich am 6. April 1917 den Krieg erklärt hatten, war die materielle Überlegenheit der Alliierten durch nichts mehr auszugleichen. Am 19. Mai 1918 erlebte Aachen ein erstes Mal einen Fliegeralarm. Natürlich erreichte diese neue Dimension des Krieges nicht annähernd das katastrophale Ausmaß des Zweiten Weltkriegs – die Bomben wurden zunächst noch von Hand aus der Pilotenkanzel abgeworfen und richteten dementsprechend wenig Schaden an. Dennoch spürte die durch beschönigende Meldungen von der Front über die wahre Kriegslage getäuschte Bevölkerung zum ersten Mal, was Ohnmacht war. Über einen Luftangriff vom 1. November 1918 auf den Friedhof am Adalbertsteinweg ist ein Augenzeugenbericht erhalten, dessen Verfasser sich souverän gab und offenbar bereits alles Wissenswerte über solche Angriffe verinnerlicht hatte: „Kinder wurden über die Erde gezogen, Gräber und Grabschmuck zertreten. Nach besten Kräften sprach ich aufs Publikum ein, aber ohne jeden Erfolg. Alles rannte den Ausgängen zu, anstatt ruhig mit Überlegung zu handeln, unter den nächsten Bäumen Schutz zu suchen und sich dadurch gegen Fliegersicht zu schützen. Bei Fliegerangriff heißt das Hauptgebot: Ruhe bewahren! Panik ist schlimmer als Fliegerangriff!"[378]

War die deutsche Regierung und mit ihr die verblendete Öffentlichkeit noch bis 1917 geschlossen von einem siegreichen Ende des Krieges ausgegangen, so mehrten sich nun die Stimmen, die einen Friedensschluss ohne Annexionen forderten. Matthias Erzberger von der Zentrumspartei machte am 6. Juli 1917 den Anfang mit seiner Forderung nach einem Verständigungsfrieden, die im Reichstag sogar mehrheitlich Zustimmung fand und zu einer folgenlosen Resolution führte – der Krieg ging weiter, zumal die Alliierten bald die für die meisten

Deutschen inakzeptable Abdankung des Kaisers forderten. Die öffentliche Meinung begann, sich auf gefährliche Weise zu polarisieren, denn die Gegner eines Verständigungsfriedens verrannten sich mehr und mehr und gegen alle Vernunft in die Idee von einer mit aller Kraft erzwungenen Kriegswende und konnten nach dem Zusammenbruch um so leichter glauben, der Sieg sei nur durch die Unterwanderung des Durchhaltewillens in der Heimat verspielt worden.

Verwundete des Ersten Weltkriegs in einem Aachener Lazarett

Noch am 20. Oktober 1918 – die deutsche Heeresleitung hatte bereits Waffenstillstandsverhandlungen gefordert und die Alliierten standen kurz vor dem Durchbruch – fand in Aachen eine Kundgebung für eine neue Kriegsanleihe statt, auf der Oberbürgermeister Wilhelm Farwick ein Musterbeispiel für die grenzenlose Unbelehrbarkeit lieferte, die damals die Verlautbarungen der deutschen Regierungskreise beherrschte: „Was ist drum der Anlaß, daß jetzt auf einmal die Leute den Kopf verlieren? – Man möchte sagen: weil sie nie einen gehabt haben!“[379] Und noch am 3. November schickte der Volksverein für das katholische Deutschland ein Treuegelöbnis per Telegramm an den Kaiser. Am selben Tag begannen in Kiel die Unruhen der Matrosen der Hochseeflotte, die das Ende des Kaiserreichs herbeiführen sollten und damit dem Zusammenbruch an der Westfront um Haaresbreite zuvorkamen.

Der Streik der Matrosen richtete sich gegen den Befehl zum Auslaufen der Flotte, der in militärischer Hinsicht angesichts des unrettbar verlorenen Krieges völlig sinnlos war und nur der falsch verstandenen Ritterlichkeit der Marineleitung entsprungen war, die einem ehrenvollen Untergang mehr abgewinnen konnte als sachlicher Schadensbegrenzung. Das aber sahen nicht nur die Matrosen grundsätzlich anders, sondern auch die viele Soldaten an der Westfront, wo die Disziplin sich in rasanter Auflösung befand. Soldaten, die noch in letzter Minute an die Front geschickt werden sollten, verweigerten die Ausführung ihrer Befehle oder verließen die Züge. Nach sowjetischem Vorbild entstanden Soldatenräte. Die Revolte der kriegsmüden Armee schlug auf die nicht weniger kriegsmüde Heimat zurück. Am Nachmittag des 7. November schlugen sich 200 Matrosen aus Kiel bis nach Köln durch, wo sich schon am 8. November ein Arbeiter- und Soldatenrat bildete, der wiederum nach allen Seiten seine Gesandten ausschickte. Die Revolution sprang von einer Stadt zur anderen und fand überall ihre Nahrung. Fast an allen Orten entfaltete sie sich nach dem gleichen Mechanismus: Ankunft von Aufständischen, Vereinigung mit den vor Ort stationierten Soldaten und einheimischen Arbeitern, Sturm auf die Gefängnisse und Depots, Bildung von eigenen Räten vor Ort und Übernahme einer provisorischen Regierungsgewalt. In Aachen war es am 9. November soweit – Matrosen und Soldaten zogen durch die Stadt, während in Berlin eine der folgenschwersten Entscheidungen der deutschen Geschichte fiel: Reichskanzler Prinz Maximilian von Baden verkündete den Thronverzicht des Kaisers, und vom Balkon des Reichstags rief ein Sozialdemokrat die Republik aus. Die Zukunft des Landes war ein einziges Fragezeichen.

10. Weimarer Republik

Die Zeit unmittelbar nach dem Krieg, die mit dem von der Revolution hinterlassenen politischen Vakuum begonnen hatte, war im ganzen Land verwickelt und von großer Orientierungslosigkeit geprägt. Die linksrheinischen Gebiete wurden von Belgiern und Franzosen besetzt, während in verschiedenen Hauptstädten ein paar neue Staaten ausgerufen wurden. Schließlich konnte die Einheit des Reiches gerettet werden, das nun zu einer Republik wurde, die ihren Namen vom Tagungsort ihrer Nationalversammlung erhielt. Die Geburt dieser Weimarer Republik war schwer. Nicht ohne Grund tagte die Nationalversammlung in der Provinz – Berlin war von Straßenkämpfen zwischen dem harten Kern der Rätebewegung und ihren rechtsextremen Gegnern erschüttert. Politische Vernunft führte Sozialdemokraten, Zentrum und liberale Demokraten schließlich zusammen.

Währenddessen lebten am Rhein die alten Ressentiments gegen Preußen wieder auf. 1919 führten die rheinischen Unabhängigkeitsbestrebungen ein erstes Mal zu erheblicher Unruhe. Sie wurden auch in Aachen von Teilen der katholischen Oberschicht fast wie ein Nachbeben des Kulturkampfes aufgenommen und geteilt, doch nach der Konsolidierung des Weimarer Staates zerfiel die Bewegung. Als sie 1923 noch einmal auflebte und ausgerechnet in Aachen mit Hilfe von auswärtigen Separatisten eine Rheinische Republik ausgerufen wurde, fand diese unter der Bevölkerung so gut wie keine Unterstützung – kein Wunder, denn die angeblichen Vorkämpfer der Freiheit, die ihr Hauptquartier im Regierungsgebäude am Theaterplatz aufschlugen, sahen nicht nur aus wie Ganoven, sondern benahmen sich auch so, wenn sie mit Pistolen in der Hand auf den Trittbrettern von Autos durch die Stadt rasten. Aachen erlebte zehn wilde Tage, dann war der Spuk vorbei und die Republik, und zwar die richtige, vorläufig gerettet.

Leider eben nur vorläufig. Als die belgische Besatzung 1929 endlich abzog, standen schon die Nationalsozialisten in den Startlöchern. In Aachen waren die Wahlergebnisse von Hitlers Partei, gemessen am Reichsdurchschnitt, katastrophal schlecht. Weite Teile der Arbeiterschaft hingen der Kommunistischen Partei an, die die Sozialdemokraten inzwischen überflügelt hatte, und das katholische Bürgertum blieb beim Zentrum. Als aber kurz nach der Ernennung Hitlers zum Reichskanzler der Gleichschaltungsterror begann, wurden auch hier sowohl die Anhänger der Republik, als auch deren rote Gegner überrumpelt. Und auch hier fanden sich schnell Gestalten, denen die braune Uniform überraschend gut passte.

10.1. Ratlos trotz der Räte

Die Soldaten und Arbeiter der Rätebewegung, die Anfang November 1918 fast überall gleichzeitig und in alle Richtungen aktiv wurden, trafen auf eine vor Schreck wie gelähmte Staatsmacht. Behörden und Bürger, niemand wusste so recht, wie mit den Gestalten umzugehen war, die plötzlich das Straßenbild beherrschten und die öffentlichen Gebäude besetzten. Und auch die Räte selbst hatten kein einheitliches politisches Programm. Sie waren entstanden aus dem Widerstand gegen die Fortführung des sinnlosen Krieges und fanden sich, ehe sie sich versahen, in der Rolle der Ordnungsmacht wieder. Schnell traten Köpfe auf den Plan, die mit Hilfe der Rätebewegung politische Ziele zu verwirklichen hofften, von denen man kurz zuvor noch nicht einmal hätte träumen dürfen. Doch ebenso schnell erwachten die etablierten Parteien aus ihrer Lethargie und versuchten ihrerseits, Einfluss auf die Räte zu nehmen. Vor Ort hing alles davon ab, ob eine Radikalisierung der Bewegung verhindert werden konnte. Dass das meistens gelang, war in erster Linie ein Verdienst der SPD, die weit genug links stand, um von den Räten als Partner akzeptiert zu werden, und dennoch nicht so weit links, dass sie sich auf kopflose Abenteuer eingelassen hätte. Auf diese Weise wurde den Räten der revolutionäre Zahn schnell gezogen.

In Aachen platzte die Meldung von der Ankunft aufständischer Soldaten aus Köln am Abend des 8. November 1918 mitten in eine Versammlung des Sozialdemokratischen Vereins. Gegen Mitternacht wurden unter der Leitung einer Abordnung des Kölner Arbeiter- und Soldatenrates die Bahnhöfe besetzt. Mitten im Hauptbahnhof bildete man einen provisorischen Aachener Soldatenrat. Die Ereignisse fanden einen prominenten Augenzeugen in dem späteren Reichskanzler Heinrich Brüning, der in dieser Nacht mit führungstreuen Soldaten vom kaiserlichen Hauptquartier in Spa nach Aachen geschickt worden war. Seine Leute sollten dort die Bahnhöfe besetzen, um den Nachschubtransport zu sichern und ein Übergreifen der Revolte auf die Etappe zu verhindern. Sie kamen zu spät. Die Bahnhöfe waren bereits besetzt, und es erging der Befehl zum Abrücken. Brüning schlief im Zug ein, und als er aufwachte, standen sie immer noch oder schon wieder in Aachen. Dort herrschte helle Aufregung. Brüning erinnerte sich später: „Als ich zu meinem Kommandeur zurücklief, der mit innerem Widerstreben den strengen Befehl, nicht auf die Revolutionäre zu schießen, an die Offiziere wiederholte, sah ich auf der Haupttreppe eine Menschenmenge, an der Spitze Weiber der übelsten Sorte in schwarzen Kleidern mit roten Bändern, die von hinter ihnen stehenden Marinesoldaten und Revolutionären langsam die Treppe hinaufgeschoben wurden. Hinter mir öffneten sich die Wagentüren. Maschinengewehrläufe wurden vorgeschoben und auf den Mob gerichtet, der alsbald in Panik geriet. Es war nur eine Frage von Sekunden und unsere Leute würden auf eigene Verantwortung feuern."[380]

Am Ende kam es nicht zur Schießerei. Die Aachener Bahnhöfe blieben zunächst in der Hand der Aufständischen, die die Einstellung der Transporte von Munition und Mannschaften an die Front erzwangen, Lebensmittellieferungen aber durchließen. Noch in der Nacht zum 9. November formierte sich ein lärmender Zug in die Innenstadt, der ganz nach dem üblichen Strickmuster dieser Novemberrevolution zur Erstürmung des Zivilgefängnisses schreiten wollte. Das wurde zunächst von Mitgliedern eines von der SPD in aller Schnelle gebildeten Aktionsausschusses verhindert, gelang aber zwei Stunden später – es war inzwischen vier Uhr morgens – schließlich doch. Währenddessen legten die Landsturmmänner in den Aachener Kasernen die Waffen ab und beteiligten sich an Plünderungen in Kleiderkammern und Lebensmitteldepots. Über diese Ereignisse dämmerte der 9. November herauf.

Am Morgen griff der Soldatenrat gegen die plündernden Trittbrettfahrer durch. Es zeigte sich, dass den vielgeschmähten Revolutionären doch in erster Linie an der Wiederherstellung und Wahrung der öffentlichen Sicherheit gelegen war. Ein Plünderer wurde erschossen, und während Soldaten gewissermaßen als privater Sicherheitsdienst gegen Bezahlung vor den Kaufhäusern Posten bezogen, verhandelten Vertreter der SPD mit dem provisorischen Soldatenrat, der sich noch am selben Tag mit dem gerade gebildeten Arbeiterrat zum Arbeiter- und Soldatenrat zusammenschloss. Dieser wurde in einer am Nachmittag abgehaltenen Sitzung auf dem Rathaus von den Verwaltungsspitzen der Stadt und des Regierungsbezirks, die sich erstaunlich handzahm gaben, anerkannt. Draußen flanierten nach langer Zeit wieder einmal die Kokarden, diesmal rote. Der Arbeiter- und Soldatenrat wurde bald von den Angehörigen der SPD und der USPD, einer während des Krieges am linken Rand von der SPD abgefallenen Splitterpartei dominiert. Das Gremium bekam ein Büro im Verwaltungsgebäude auf dem Katschhof, seine Mitglieder wurden mit Ausweisen ausgestattet.

Das war auch bitter nötig. Gerade Aachen und seine Umgebung waren wegen der Nähe zur Front und zur Grenze ein Mekka für Kriminelle und versprengte Soldaten. Bewaffnete Banden fuhren mit Autos über Land, raubten die Bevölkerung aus, versuchten sich auch an Erpressung und Betrug und gaben sich dabei mindestens einmal auch als Abgesandte des Aachener Arbeiter- und Soldatenrates aus. Schon am 11. November rief dieser zur Bildung eines Sicherheitsdienstes auf. Daneben wurde eine 500 Mann starke Bürgerwehr aufgestellt, wodurch sich die Sicherheitslage schließlich langsam verbesserte. Eine der aktivsten Banden konnte bald gefasst werden. Ihr Anführer war gerade 18 Jahre alt.

Gleichzeitig setzte der Strom der aus den Kampfgebieten zurückflutenden Soldaten ein. Die Freude über das Ende des Krieges ließ den Rückmarsch fast wie einen Triumphzug erscheinen. Noch einmal lebten die alten Zeiten auf, als General Sixtus von Arnim vor dem Elisenbrunnen eine Parade abnahm. Geschlagene Soldaten, die wie Sieger begrüßt wurden, eine Militärparade des kaiserlichen Heeres in einer von Soldatenräten beherrschten Stadt, rote Fahnen an den Waggons der nach Osten ratternden Züge und die geknurrten Beschwerden der Offiziere, die beim Empfang in Aachen die Reichsflaggen vermisst hatten – all das zeigt, wie paradox die gesamte Situation war, die irgendwie in der Luft hing zwischen einer Vergangenheit, die man nicht loslassen wollte und einer Zukunft, von der es nur vage Vorstellungen gab. Ausgerechnet der Soldatenrat der 4. Armee äußerte in diesen Tagen: „Wir wollen uns schützen vor den Elementen, die nur noch die rote Fahne anerkennen. Die rote Fahne ist das Symbol der Anarchie, und wir wollen keine Anarchie, sondern einen Staat, in dem jeder Bürger sein Recht hat."[381] Diese Äußerung zeigt einmal mehr, dass auch die Soldatenräte von einem Ort zum anderen, von einer Einheit zur anderen und von einer Ebene der militärischen Hierarchie zur anderen oft völlig unterschiedliche Vorstellungen von der Gestaltung der Zukunft hatten.

Oberbürgermeister Wilhelm Farwick (1916 – 1928)

Die übernahmen in Aachen schon gegen Ende des Monats ganz andere Soldaten, nämlich die Belgier. Schon am 23. November erging ein Aufruf der Stadtverordneten an die Bevölkerung, sich gegenüber den erwarteten Besatzern höflich und zurückhaltend zu zeigen. Eine Woche später näherten sich die ersten belgischen Einheiten der Stadt. Oberbürgermeister Wilhelm Farwick ging ihnen bis zur Lütticher Straße entgegen und begleitete sie zum Rathaus, wo wiederum Verhandlungen mit den Vertretern der Behörden begannen. Der Arbeiter- und Soldatenrat, der sich vier Tage zuvor zum „Volksrat für den Aachener Regierungsbezirk" umbenannt hatte, wurde ohne viel Federlesens noch am selben Tag aufgelöst. Eine Proklamation der Besatzer ließ nicht lange auf sich warten und zeigte den Aachenern in aller Deutlichkeit, wer nun der Herr im Haus war: nächtliche Ausgangssperre und Versammlungsverbot wurden verhängt und die Ablieferung aller Waffen sowie die Stellung von zehn Geiseln gefordert. Alle amtlichen Veröffentlichungen hatten fortan in Deutsch und Französisch zu erscheinen.[382] Als die Belgier am 7. Dezember vorübergehend gegen französische Besatzungssoldaten ausgetauscht wurden, übernahmen diese eine Stadt, in der es über die Disziplin der Bevölkerung keine Klagen gab.

10.2. Besatzer und Separatisten

Das ganze Streben der Franzosen nach dem Krieg war auf eine endgültige Beseitigung der Gefahr an ihrer Ostgrenze gerichtet. Die linksrheinischen Gebiete sollten entweder annektiert oder zu unabhängigen Pufferstaaten umgeformt werden, weshalb die meisten Militärs dagegen waren, dass die dortige Bevölkerung überhaupt an den Wahlen zur deutschen Nationalversammlung teilnahm. Um die Trennung vom Reich zu erleichtern, wurde schon am 12. Dezember eine Zollgrenze zwischen dem besetzten und dem unbesetzten Gebiet errichtet, während der Handel nach Frankreich erleichtert und sogar eine Verringerung der Reparationsleistungen für diese Region diskutiert wurde. Der am 28. Juni 1919 geschlossene Versailler Vertrag, der den Ersten Weltkrieg formell beendete und für Deutschland eine fast endlose Reihe von militärisch, wirtschaftlich und moralisch schwerwiegenden Klauseln enthielt, bestimmte in den Artikeln 428 bis 431 die Modalitäten der Besetzung der linksrheinischen Gebiete, die zunächst für 15 Jahre vorgesehen war. Dem Vertrag war ein Rheinlandabkommen angegliedert, das den Besatzungsbehörden über die Interalliierte Hohe Rheinlandkommission eine Reihe von Befugnissen für Eingriffe in die Verwaltung gab.

Zunächst war das Besatzungsregime in Aachen unnahbar und hart. Demonstrative Militärparaden von Franzosen und Belgiern, die Grußpflicht der deutschen Bevölkerung gegenüber den Soldaten, die Zensur von Post und Presse sowie allerhand Schikanen bei den Ausweiskontrollen sorgten zusammen mit der höchst unpopulären Requirierung von Wohnraum für nicht weniger als 9000 Soldaten für Verbitterung in der Öffentlichkeit, die noch einmal aufkochte, als im Dezember 1919 ein betrunkener Besatzungssoldat einen Aachener Metallarbeiter erschoss. Dennoch hatte sich das Verhältnis zwischen Franzosen und Deutschen seit dem Sommer dieses Jahres langsam gebessert, und einige der Zwangsmaßnahmen waren aufgehoben worden. Selbst die Aachener Frauen wurden nach dem Motto „erst Schokolad, dann Promenad" angeblich zugänglicher für die Soldaten, zum großen Missbehagen national eingestellter Sittenwächter.[383]

Im Februar 1920 kamen die Belgier zurück nach Aachen. Durch die im Versailler Vertrag bestimmte Abtretung von Eupen und Malmedy sowie von Teilen des Kreises Monschau war Belgien noch ein Stück näher an die Stadt ge-

Belgische Soldaten vor einem beschlagnahmten Gebäude

rückt. Den genauen Verlauf der Grenze handelten schließlich nicht irgendwelche Kommissionen aus, sondern Oberbürgermeister Farwick, denn innerhalb der eigentlich für die Abtretung bestimmten Gebiete lagen die Gewinnungsanlagen der Aachener Wasserwerke, auf die die Stadt nach Farwicks Meinung auf keinen Fall verzichten konnte. Im November 1921 gaben die Belgier nach: Sief und Teile von Lichtenbusch gingen an Deutschland und brachten dem Oberbürgermeister die Ehre ein, im Kampf gegen die Bestimmungen des in ganz Deutschland verhassten Friedensvertrags einen kleinen symbolischen Erfolg errungen zu haben.

Die Zugehörigkeit des Rheinlandes zu Preußen wurde kurz nach dem Krieg nicht von allen als selbstverständlich angesehen. Mit der Kapitulation formierte sich eine rheinische Autonomiebewegung, die vor allem von den Franzosen mit Wohlwollen gesehen wurde. Es entstand das so genannte Weststaatprojekt, das einen von Preußen unabhängigen deutschen Bundesstaat innerhalb des Reichsverbandes aus den rheinischen Provinzen nebst Westfalen und Hessen-Nassau vorsah. Wie viele unausgegorene politische Bewegungen, so änderte auch diese mehrmals ihren Namen, nannte sich zunächst „Bund zum Schutz der rheinischen Freiheit" und dann „Freiheitsbund der deutschen Rheinlande". Nicht ganz zufällig hatte die Bewegung ihre Wurzeln in der Zentrumspartei, wo einige unversöhnliche Gemüter nun offenbar Gelegenheit fanden, ihre Ressentiments aus der Kulturkampfzeit wieder aufzuwärmen. Die sich anbahnende Zusammenarbeit der Zentrumspartei mit der verhassten SPD in Berlin war vielen Katholiken in der fernen Rheinprovinz ohnehin ein Dorn im Auge. Schon am 6. Dezember 1918 schnaubte das Echo der Gegenwart: „Gut denn! Machen wir einen gründlichen Schnitt. Rheinland und Westfalen ... bilden die westliche neue Republik, echt deutsch in der Vergangenheit und echt deutsch in der Zukunft ... Und Berlin-Preußen? Mag der Osten für sich bleiben. Und wer bei uns im Westen dahin Neigung hat, mag hinübergehen."[384] Auch in liberalen Kreisen fand das Weststaatprojekt seine Anhänger, hier vor allem unter den Industriellen, die angesichts der chaotischen Zustände in Berlin fürchteten, in einen bolschewistischen Umsturz hineingezogen zu werden. Und schließlich hoffte man durch eine staatsrechtliche Verankerung des Rheinlandes in Westfalen französische Annexionspläne vereiteln zu können. Zwischenzeitlich waren solche Sorgen alles andere als unbegründet.

Im Frühling 1919 war die Popularität der Bewegung in Aachen so groß, dass ein kurz zuvor gegründeter „Verein Westdeutsche Republik in der Einheit des Deutschen Reiches zu Aachen" über einen eigens dafür eingerichteten Ausschuss eine Probeabstimmung durchführen konnte, deren Ergebnis geradezu sensationell war. Über die Zentrumspresse wurden 65 000 Postkarten mit dem Text „Ich wünsche die Errichtung einer Westdeutschen Republik in der Einheit des Reiches und verlange eine baldige Volksabstimmung" verschickt, und nicht weniger als 50 000 davon kamen unterschrieben zurück.[385] Danach aber geschah zunächst einmal nichts.

Zwar hatten die Separatisten das Wohlwollen der Franzosen, aber Großbritannien und die USA waren strikt gegen derartige Experimente. Außerdem kehrte sich die öffentliche Stimmung gegen die Separatisten, als geheime Gespräche zwischen diesen und dem französischen General Mangin bekannt wurden. Die für den 29. Mai 1919 geplante Ausrufung der Rheinischen Republik im Kaisersaal des Aachener Rathauses stand damit unter keinem guten Stern. Am Ende sprachen die belgischen Besatzungsbehörden ein Machtwort und untersagten den Staatsstreich. Ein verzweifelter Versuch, die Proklamation des Weststaates in Wiesbaden am 1. Juni mit dem Segen von General Mangin nachzuholen, schlug kläglich fehl. Die provisorische Regierung unter dem Juristen Hans Adam Dorten blieb eine provisorische und wurde nach nur vier Tagen aus ihren Amtsräumen geworfen.

Mit dem Inkrafttreten der Weimarer Verfassung am 11. August 1919 verlor die separatistische Bewegung einen großen Teil ihrer Unterstützer. Die Parteien, die trotz allem Unmut und trotz aller Berührungsängste gegenüber der Demokratie den neuen Staat zu tragen bereit waren, brachten eine Mehrheit ihrer Anhänger hinter sich. Schon bei der Wahl zur Weimarer Nationalversammlung am 19. Januar hatten Zentrumspartei, Sozialdemokraten und die linksliberale Deutsche Demokratische Partei in Aachen zusammen mehr als 90 % der Stimmen bekommen.

Guter Wille war da, doch klare Verhältnisse herrschten noch lange nicht. Schon im März 1920 kam es in Berlin zu einem Putsch des nationalistischen Politikers Wolfgang Kapp, der mit Hilfe des Reichswehrgenerals Walther von Lüttwitz die Regierung vorübergehend aus der Hauptstadt vertreiben konnte, dann aber durch einen Generalstreik zur Aufgabe gezwungen wurde. Auch in Aachen wurde gegen Kapp und seine provisorische Regierung protestiert, dabei entstanden verwirrende Situationen: bei einer Kundgebung am Kaiser-Wilhelm Denkmal vor dem Theater kletterten einige Demonstranten auf die Statue und malten ihren Kopf rot an, und noch am selben Abend erschien ein Zug von Studenten vor dem Denkmal, legte einen Kranz nieder und stimmte die Kaiserhymne „Heil dir im Siegerkranz“ an, wofür sie sich anschließend rechtfertigen mussten.[386]

Die Demütigung durch den Versailler Vertrag wurde von den Rechten bewusst instrumentalisiert, um die Demokratie und ihre Verteidiger zu verunglimpfen. „Novemberverbrecher“ hatten das Reich verraten und seine Niederlage verschuldet, und „Erfüllungspolitiker“ betrieben seinen Ausverkauf an die Franzosen – das waren in aller Kürze die Argumente der nationalistischen und völkischen Kreise, in deren Hetze sich zunehmend antisemitische Töne mischten. Die psychologische Wirksamkeit dieser Propaganda wäre ohne die wirtschaftlichen Folgen des Krieges nicht dieselbe gewesen. Die Versorgungslage blieb schlecht und konnte nicht mehr als vorübergehende Nebenwirkung eines heroischen und siegreich zu beendenden Völkerringens erklärt werden – die Entbehrungen schienen sinnlos, man litt nicht mehr für den Kaiser und nicht mehr für das Vaterland. Welche Probleme in Zukunft auch immer auftauchten, die Schuld trug angeblich jedes Mal die Demokratie, die von rechts als katzbuckelnder Diener der Siegermächte und von links als katzbuckelnder Diener des Kapitals beschimpft wurde und damit moralisch immer in einer ungesunden Defensive blieb.

Auch in Aachen war die Versorgungslage nach dem Krieg kaum besser als vorher. Lebensmittel wurden weiterhin gegen Marken abgegeben. Die Blockade der Alliierten wurde erst im Juli 1919 aufgehoben. Milch und Rindfleisch, Butter und Kaffee, Bohnen und Eier standen fast ein Jahr nach Kriegsende immer noch auf dem fünffachen, zehnfachen und fünfzehnfachen Vorkriegspreis.[387] Die zunächst geschlossene Grenze förderte den Schmuggel und ließ die Verkaufsbuden auf niederländischem und belgischem Gebiet wie die Pilze aus dem Boden schießen, doch die Schwarzmarktpreise waren für den größten Teil der hungernden Bevölkerung unerschwinglich. Die Alliierten behaupteten ihrerseits, die schlechte Versorgungslage sei von der Regierung in Berlin absichtlich herbeigeführt worden, um den Besatzern Schwierigkeiten zu machen, wie ja auch die sich anbahnende Inflation der deutschen Seite zumindest insofern gelegen kam, als sie als Argumentationsgrundlage für die angestrebte Revision der Reparationszahlungen herangezogen werden konnte. Im westdeutschen Grenzland aber hatte sie katastrophale Auswirkungen, denn kaum war das Problem des Schwarzhandels nach Deutschland durch die Öffnung der Grenze beseitigt, da kamen nun ihrerseits die Nachbarn mit harter Währung wie die Heuschrecken ins Land eingefallen und kauften in Aachen und Umgebung nicht nur Lebensmittel, sondern auch Baumaterial und Möbel und überhaupt alles, was für Geld irgendwie zu haben war.

Im Verlauf des Jahres 1923 schlingerte die Krise ihrem Höhepunkt zu. Im Januar hatten französische und belgische Truppen das Ruhrgebiet besetzt, um die Reparationslieferungen wirksamer kontrollieren zu können. Die Besatzer verhängten den Belagerungszustand, übernahmen die Kontrolle über die Industrieproduktion und gingen mit rigoroser Härte gegen jede Art von Widerstand vor. Parallel dazu entwickelte sich die Inflation explosionsartig und trieb auf ihrem Höhepunkt im Herbst dramatische und aberwitzige Blüten. Der Geldwert verfiel so schnell, dass Händler ihre Warenlager mit dem eingenommenen Geld kaum noch auffüllen konnten, während Arbeiter nach jeder Lohnauszahlung in die Geschäfte rannten, um zu kaufen, was noch zu bekommen war. Der Aachener Bauunternehmer Josef Dreuw hatte seiner Bank, die ihm kein Bargeld geben konnte, schon im Juli gedroht: „Sollte ich bis morgen mittag den gewünschten Betrag nicht erhalten, so sehe ich mich gezwungen, jedem Arbeiter einen Scheck auszustellen, und mögen Sie dann selbst sehen, wie Sie mit den Leuten fertig werden. Ich mache noch darauf aufmerksam, daß dieselben sich jedenfalls nicht vertrösten lassen."[388]

Gegen die Ruhrbesetzung formierte sich in Deutschland eine breite Opposition, und selbst die Reichsregierung hatte sich, unterstützt von den Gewerkschaften, zu einem Aufruf zum passiven Widerstand durchringen können. Beamte und Arbeiter verweigerten den Dienst; die Besatzer antworteten mit Ausweisungen und übernahmen die Kontrolle über die Bahn, um den Abtransport der Pfänder zu gewährleisten. In Aachen kam es schon Ende Januar zu ersten Ausweisungen von Beamten bis hinauf zum Regierungspräsidenten, deren Abreise von Solidaritätskundgebungen der Bevölkerung begleitet war. Die Abfahrt der Ausgewiesenen geriet zu einem derartigen Spektakel, dass die belgische Besatzungsmacht die Bahnsteige mit Bajonetten räumen ließ.

Einige Gruppen, vor allem aus dem Dunstkreis der rechtsextremen Freikorpsbewegung, erweiterten den passiven zum aktiven Widerstand und ließen Bahnschienen und Brücken in die Luft fliegen. Die Besatzer antworteten mit weiteren Repressalien und Todesurteilen gegen gefangene Saboteure. Auch in Aachen kam es zu einem aufsehenerregenden Prozess, nachdem im April 1923 die geplante Sprengung einer Bahnlinie aufgeflogen war, über die beschlagnahmte Kohle nach Belgien transportiert wurde. Drei Verhaftete bekamen Zwangsarbeitsstrafen (einer davon lebenslänglich); fünf Flüchtige wurden in Abwesenheit zum Tod verurteilt, darunter der damals 18 Jahre alte Rudolf Schmeer, einer der Aachener Nationalsozialisten der ersten Stunde, der hier noch ausgiebig von sich reden machen sollte. Im Mai zerrten die Besatzer sogar Oberbürgermeister Farwick vor ein Kriegsgericht, weil er eine angeordnete Requisition von Möbeln nicht durch Beschlagnahmung durchgesetzt hatte. Das Gericht verurteilte ihn zu einem Monat Gefängnis und einer Million Reichsmark Strafe. Die Gefängnisstrafe wurde drei Wochen später in einem Berufungsverfahren gestrichen, und die Million war bald nichts mehr wert. Dennoch wurde Farwick Ende Juli aus Aachen ausgewiesen. Um Saboteure abzuschrecken, nahmen die Belgier außerdem eine Reihe von angesehenen Männern, darunter Stadtverordnete, Professoren und Chefredakteure als Geiseln und setzten sie als lebende Schutzschilde auf den Transportzügen ein.

Aachener Notgeldschein aus dem Juli 1923

Die Versorgungslage hatte sich inzwischen so weit verschlechtert, dass es Hungerdemonstrationen und Plünderungen gab. Am 10. August zog eine lärmende Menge über den Adalbertsteinweg aufs Land, um bei den Bauern die Herausgabe von Lebensmitteln zu erzwingen. Es kam zu einem Handgemenge mit der Polizei. Schüsse fielen, und mehrere Personen blieben schwer verletzt liegen. Drei Tage später erlebte Aachen einen der blutigsten Tage seiner Geschichte. Es begann mit dem

Zug einer riesigen Menschenmenge zum Polizeipräsidium, wo man die Freilassung der Gefangenen forderte. Nach dem Polizeibericht hatten sich mehr als 20 000 Menschen auf den Straßen um das Gebäude versammelt. Was dann passierte, wurde hinterher von den Beteiligten unterschiedlich dargestellt. Ob die Polizisten von den Fenstern des Gebäudes tatsächlich ohne Vorwarnung in die Menge zu feuern begannen oder nicht[389] – Tatsache ist, dass eine Abordnung der Protestierenden drinnen verhandelte, während draußen die ersten Steine flogen. Tatsache ist, dass das Volk irgendwann Anstalten machte, das Gebäude zu stürmen, und Tatsache ist, dass die Beamten irgendwann zu schießen begannen. Am Ende lagen 15 Tote und mehr als 100 Verletzte in den Straßen, während die aufgebrachte Menge weiterzog und Geschäfte plünderte.

Das Polizeipräsidium, Schauplatz der blutigen Unruhen vom 10. August 1923

Als sei die junge Republik durch Inflation und Besatzungsherrschaft, Putschversuche von rechts und Revolten von links noch nicht genug gefährdet, meldeten sich nun auch noch die Separatisten erneut zu Wort. Wieder hatten sich die Namen geändert. Was früher „Freiheitsbund der deutschen Rheinlande" geheißen hatte, nannte sich nun „Rheinisch-republikanische Volkspartei", war für eine völlige Loslösung von Deutschland und unterhielt schon 1922 mit der immerhin reichstreuen „Rheinischen Volksvereinigung" ein Sekretariat am Friedrich-Wilhelm-Platz. Diesmal aber war eine breite Mehrheit in der Öffentlichkeit gegen die Separatisten, erst recht nach dem Beginn der Ruhrbesetzung – für die Günstlinge der Franzosen und Belgier waren es nicht gerade goldene Zeiten. Ein Delegiertenkongress der Separatisten im Juli 1922 mit immerhin mehr als 600 Teilnehmern, zu dem die Rheinisch-republikanische Volkspartei unter ihrem Gründer Franz Josef Smeets geladen hatte, war bereits von Gegenkundgebungen begleitet. Das der SPD nahestehende „Volksblatt" brachte die Stimmung auf den Punkt: „Wir sind der Meinung, daß Herr Smeets sein blaues Wunder erleben würde, wenn er es jemals wagen würde, ohne den Schutz fremder Nationen sich bei den Rheinländern blicken zu lassen."[390]

Gruppenbild mit Pistolen: Separatisten posieren Ende Oktober 1923

Es sollte noch ein Jahr vergehen, bis die Separatisten ihre Chance bekamen, und sie bekamen sie mit der Ruhrbesetzung. Im August 1923 formierten sie sich neu und gründeten in Koblenz die „Vereinigte Rheinische Bewegung". Angesichts der allgemeinen Misere regten sich Hoffnungen, durch die Loslösung von der Berliner Regierung die Franzosen milde zu stimmen und so eine Erleichterung bei den Reparationen zu erlangen. Auf einer Versammlung war es wieder Dorten gewesen, der unter großem Applaus markige Worte zum Thema gefunden hatte: „Als hier Kunst und Wissenschaft schon in höchster Blüte stand, des Stromes silberne Wogen an Dörfern und Städten und hochragenden Domen vorbeirauschten, da war in Berlin noch keine Stadt, kein Fischerdorf, nein, es war ein Sumpf, ein elender, modernder Spreesumpf. Und dieser Sumpf verpestet heute ganz Deutschland."[391] Solche Töne wurden zwar von einer großen Bevölkerungsmehrheit als Verrat am eigenen Volk angesehen, dennoch fanden sich bei einer Versammlung der Separatisten im Aachener Westpark im September, kurz vor der offiziellen Beendigung des passiven Widerstandes gegen die Ruhrbesetzung, 8000 Personen unter grün-weiß-roten Fahnen ein. Die Veranstaltung wurde von Protesten begleitet, Aachener sangen am Rand der Kundgebung das Deutschlandlied und es kam zu ersten Rangeleien.

In der Nacht vom 20. auf den 21. Oktober überschlugen sich die Ereignisse. Bewaffnete Separatisten, die mit Autos in die Stadt gekommen waren, stürmten das unverteidigte Rathaus und das Regierungsgebäude am Theaterplatz und riefen im Kaisersaal, so feierlich das zu der unchristlichen Stunde eben möglich war, die Rheinische Republik aus. Regierungschef wurde der Aachener Geschäftsmann Leo Deckers, der sich im Krieg als „Spritschieber-König" einen Namen gemacht hatte.[392] Das klang nicht unbedingt nach seriöser Regierungsarbeit. Mit der Machtübernahme der Separatisten, von den Zeitgenossen auch Sonderbündler genannt, sollte eine neue Epoche in der Geschichte des Rheinlandes eingeläutet werden. Wer ihren nächtlichen Auftakt verschlafen hatte, konnte es am nächsten Morgen an den Wänden nachlesen: „Rheinländer! Die Rheinische Republik ist da. Jeder Widerstand wird unnachsichtlich unterdrückt. Plünderer und Ruhestörer werden strengstens bestraft. Wir werden für Lebensmittel und Arbeit sorgen. Bewahrt Ruhe und Ordnung."[393]

Aachen war nicht der einzige Schauplatz eines solchen Umsturzes. Die Bewegung strahlte aus und pflanzte sich ähnlich wie fünf Jahre zuvor die Rätebewegung fort, allerdings mit sehr unterschiedlichem Erfolg. In Koblenz riefen Josef Friedrich Matthes und Hans Adam Dorten fast zeitgleich mit Aachen ebenfalls den Rheinlandstaat aus, während ähnliche Versuche in Bonn und Mönchengladbach schnell am Widerstand der Bevölkerung scheiterten und auch Dorten und Matthes sich schon bald nicht mehr grün waren. Auch in Aachen traten die Sonderbündler mit einer fast schon erschütternden Unverdrossenheit gegen eine Öffentlichkeit an, die sie verabscheute, während die Belgier eine abwartende Haltung einnahmen. Städtische Beamten verweigerten den Dienst, und nachdem die Separatisten auf eine Demonstration vor dem Regierungsgebäude geschossen hatten, brach eine wütende Menge in das Büro der Bewegung am Friedrich-Wilhelm-Platz ein. Dabei fielen ihr die Mitgliederverzeichnisse der Bewegung in die Hände, woraufhin einige Aachener Sonderbündler in der folgenden Nacht ungebetenen Besuch bekamen. Am nächsten Tag war das Möbelgeschäft Mülleneisen, dessen Inhaber zu den führenden Köpfen der Separatisten gehörte, Ziel eines Angriffs, bei dem die gesamte Einrichtung in Stücke geschlagen wurde. Schon am 24. Oktober hatten die Separatisten alle öffentlichen Einrichtungen mit Ausnahme des Regierungsgebäudes geräumt.

Es ergab sich eine höchst merkwürdige Situation: Vom Regierungsgebäude aus herrschte ein Politiker mit dem Spitznamen „Spritschieber-König" über einen Staat, der sich hochtrabend „Rheinische Republik" nannte, in Wahrheit aber kaum über den Theaterplatz hinausreichte, während die Bürgerschaft, in deren Namen er zu regieren behauptete, hinter Polizeikordons die Fäuste gegen ihn schüttelte und auf dem Rathaus die belgische Besatzungsmacht in ihrer Wachstube saß und tat, als ginge sie der Umsturz nichts an. Seine Armee bestand zum großen Teil aus Kriminellen, die mit Pistolen bewaffnet auf den Trittbrettern von Autos zu Patrouillenfahrten aufbrachen. Ein Augenzeuge erinnerte sich später: „Fast durchweg setzten sich ihre Reihen aus üblen, zweifelhaften Elementen zusammen. Keiner machte Hehl aus seinen Vorstrafen. Ganz offen erklärten die Leute, daß sie nur mitmachten wegen der ihnen versprochenen Frankenlöhnung und wegen der Aussicht auf gute Pöstchen." Ein anderer Zeuge bezeichnete sie als „ein aus allen Kloaken der Welt zusammengescharrtes Gesindel"[394]

Nun war es mit der Frankenlöhnung so eine Sache, denn Franzosen und Belgier stießen mit ihrer Unterstützung der Separatisten wie schon mit der Ruhrbesetzung auf den Widerstand von Engländern und Amerikanern, die im Fall der Zerstückelung Deutschlands eine Revision des Versailler Vertrages gefordert hätten. Als am Morgen des 25. Oktober die Aachener Polizei das Tor zum Regierungsgebäude mit einem Lastwagen einrammte und mit 70 Mann zum Sturm auf Deckers' Festung ansetzte, wurde sie plötzlich von belgischen Soldaten unter Feuer genommen und anschließend entwaffnet. Deckers konnte bleiben. Seine Anhänger kurvten weiterhin durch die Stadt, organisierten Brot, schossen auf ihre Gegner oder wen immer sie dafür hielten, rissen deren Bekanntmachungen ab und klebten eigene an, auf denen Deckers, der Ruhestörer, zur Bewahrung von Ruhe und Ordnung aufrief. Der versuchte derweil erfolglos, die Presse auf seine Seite zu bringen und verkündete großspurig: „Wenn die Revolution siegreich ist, werde ich mich zurückziehen. Ich habe keinen Ehrgeiz.“[395]

In der Nacht vom 1. auf den 2. November bekam Deckers sogar noch Verstärkung: 3000 Gesinnungsgenossen waren es angeblich, die in Aachen eintrafen, um der Bewegung zum Sieg zu verhelfen. Die Straßen um das Rathaus wurden abgesperrt. Die Fenster zum Markt mussten verschlossen werden. Auf dem Platz wurden die Hydranten aufgedreht. Im Rathaus hatten sich städtische Beamte und Feuerwehrleute verbarrikadiert. Dann begann einer der eigenartigsten Sturmangriffe, die Aachen jemals erlebt hatte. Deckers' Leute begannen, das Rathaus unter Beschuss zu nehmen, setzten Leitern an und stiegen durch die eingeschlagenen Fenster ein. Die Verteidiger konnten wegen des Druckabfalls durch die aufgedrehten Hydranten keine Feuerwehrschläuche einsetzen, wie ihre Bonner Kollegen das eine Woche zuvor erfolgreich getan hatten. Stattdessen flogen mit Salmiak gefüllte Bierflaschen auf die Angreifer, die schließlich auch eine Tür aufgesprengt hatten und sich durch die Amtsstuben vorkämpften. Die Belgier saßen derweil ein paar Räume weiter mit einer geradezu unglaublichen Dickfelligkeit in ihrer Wachstube. Knüppel und Flaschen gegen Gewehre und Sprengstoff – das konnte nicht lange gut gehen, und so wehte schon um 10 Uhr die grün-weiß-rote Fahne auf dem Rathaus, nachdem die letzten Verteidiger über die Dächer geflohen waren. Einer von ihnen, Hubert Walraven, bezahlte die Verteidigung des Rathauses mit dem Leben.

Das Rathaus nach dem Sturm am 2. November 1923

Deckers und seine Leute hatten nicht viel Zeit, um ihren Sieg zu feiern. Der Angriff auf das

Rathaus war der letzte Akt im Drama um die Sonderbündler, denen nun die Besatzer mit derselben Ungerührtheit ihre Gunst entzogen, mit der sie sie vorher hatten gewähren lassen. Brüssel ahnte, was kurz darauf auch Paris einsehen musste: gegen die Engländer war in der Rheinlandkommission nichts zu machen. Kaum waren die Besatzungstruppen vor Ort in Kenntnis gesetzt, da wurden die Separatisten angewiesen, auf dem Markt Aufstellung zu nehmen. In einer Kolonne marschierten sie unter den Beschimpfungen der Bevölkerung zum Bahnhof ab. Als aus dem Ende des Zuges noch einmal Schüsse fielen, kochte der Volkszorn über. Vier Leute, die von der Kolonne getrennt worden waren, gerieten in die Hände der Menge; zwei von ihnen wurden totgeprügelt, die beiden anderen überlebten mit schweren Verletzungen. Leo Deckers starb 1933 im Luxemburger Exil. Im französischen Besatzungsgebiet hielten sich vereinzelte Widerstandsinseln der Separatisten noch bis in den Dezember hinein. Und während man in Aachen am 9. November 1923 unter großer Anteilnahme der Bevölkerung Hubert Walraven beerdigte, gab es in München schon den nächsten Putschversuch. Wieder siegten die Ordnungskräfte der Demokratie. Doch gegen diesen Gegner war ihr Sieg nur vorübergehend.

10.3. Trügerische Konsolidierung

Der Münchener Putsch war der erste ganz große Auftritt von Adolf Hitler auf der politischen Bühne. Seine Partei, entstanden um 1920 in Münchener Bierkellern, sammelte alles, was unzufrieden und frustriert war und die Republik, die Juden und die Kommunisten hasste. In wenigen Jahren gelang es der NSDAP, in den meisten deutschen Städten Ortsgruppen aufzubauen. Bei Wahlen trat sie zunächst noch gar nicht auf. Eine solche Ortsgruppe war in Aachen gegen Ende des Jahres 1922 von Adolf Frömbken gegründet worden, doch wegen der Beteiligung ihrer Mitglieder an Sabotageakten gegen die Ruhrbesetzung wurde sie im folgenden Jahr von der belgischen Polizei aufgelöst. Ihre Neugründung ließ noch drei Jahre auf sich warten, und der Initiator war ebenfalls kein unbeschriebenes Blatt im Ruhrkampf gewesen: Rudolf Schmeer, im April 1923 in Abwesenheit zum Tod verurteilt wegen Beteiligung an einem geplanten Anschlag und inzwischen begnadigt.

Nach dem Ende der Inflation sah es so aus, als ob der Weimarer Staat die schlimmste Zeit hinter sich hätte. Am 15. November 1923 wurde der Absturz der Währung mit der Einführung der durch Hypotheken gesicherten Rentenmark aufgefangen. Von den Geldbeträgen mussten mittlerweile zwölf Nullen gestrichen werden, um Löhne und Preise wieder in gewohnte Größenordnungen zu bringen. Links des Rheins konnte die neue Währung wegen des Widerstandes der Interalliierten Rheinlandkommission erst ein paar Monate später eingeführt werden. Auch danach blieb das Klima in der Aachener Wirtschaft durchwachsen. Die Grenznähe hatte für Schmuggler und Schwarzhändler ihren Reiz, die einheimische Industrie aber wurde durch neue Zölle bei der Beschaffung von Rohstoffen behindert. Kapital für neue Investitionen war nicht vorhanden und die rechtsrheinischen Märkte, die zwischenzeitlich für die Ausfuhr fast völlig unzugänglich gewesen waren, konnten nicht zurückerobert werden. Die schlimmste Folge dieser Schwierigkeiten war die Stilllegung des Hüttenwerks Rothe Erde im Jahr 1926. Die Anlagen wurden demontiert und 5000 Menschen standen auf der Straße. Gegen Ende dieses Jahres lebten 20 % der Menschen in Aachen von der Stütze.

Von Mai bis September 1925 war im Aachener Rathaus eine Ausstellung zu sehen, in der an die tausendjährige Zugehörigkeit des Rheinlandes zum Deutschen Reich erinnert werden sollte – ein Anlass, der nicht nur in Aachen mit zahlreichen Feierlichkeiten begangen wurde. Die Bedeutung, die man dem Jubiläum beimaß, zeigt vor allem, wie sehr man sich in Zeiten der nationalen Demütigung auf eine glorreiche Vergangenheit berief. Angesichts der sprudelnden öffentlichen Mittel für eine Veranstaltung, die letztlich in reichlich konstruierten Bezügen zur Gegenwart die deutsche Kaiserherrlichkeit beschwor, spotteten die Gegner der immerhin von 150 000 Menschen besuchten Ausstellung: „Kinder, was könnte die republikanische Reichsverfassung heute volkstümlich sein, wenn alle Räte und Oberbürgermeister, die Abgeordneten, Stadtverordneten und Pressemenschen in den letzten sechs Jahren ein Zehntel der Mühe und Kosten aufgewandt hätten, um die alten schwarzrotgoldenen Reichsfarben und den Freistaat dem Volke zu bringen. Aber ... für ein versunkenes Jahrtausend werden ... alle monarchistischen Reliquien von den Frankenkaisern bis zu den Hohenzollern zur öffentlichen Anbetung ausgestellt.“[396]

Auch der endgültige Abzug der Besatzer am 30. November 1929 gab Anlass für nationale Töne und schwarz-weiß-rote Nostalgie. Presse und Behörden schienen darum zu wetteifern, den Tag zum Großereignis zu stilisieren. Fast wirkt es befremdlich, wie unter den Augen der Belgier die Feierlichkeiten für den Augenblick vorbereitet wurden, an dem man sie endlich los sein würde. Die örtlichen Zeitungen brachten Sondernummern. Am Abend läuteten alle Glocken, ein Fackelzug floss durch die Straßen und endete in einer feierlichen Kundgebung. Es folgten am nächsten Tag eine Reihe von Dankgottesdiensten und weitere Feierlichkeiten. Aachen war seit mehr als zehn Jahren zum ersten Mal frei von fremden Soldaten. Den nächsten Grund zum Feiern bekamen die Aachener schon im folgenden Jahr: Nach einem Konkordat zwischen Preußen und dem Heiligen Stuhl wurde die Stadt wieder zum Sitz eines Bistums. Am 10. Dezember 1930 fiel die Wahl des zum Domkapitel erhobenen Stiftskapitels aus einer vom Vatikan vorgelegten Dreierliste auf den Kölner Generalvikar Joseph Vogt. Aachen hatte wieder einen Bischof.

Was die Wahlergebnisse ihrer Partei anging, so hatte das zentrumsnahe Kirchenvolk weit weniger Anlass zur Freude. Im Verlauf der Weimarer Zeit verlor die Partei immer weiter an Boden und verfehlte bei der Reichstagswahl im Mai 1924 zum ersten Mal die absolute Mehrheit. Bei dieser Wahl deutete sich bereits die Verschiebung der politischen Gewichte an, bei der die Gegner der Republik an beiden Enden des politischen Spektrums den etablierten und staatstragenden Parteien die Stimmen wegnagten. Die Kommunistische Partei erzielte inzwischen auch in Aachen zweistellige Ergebnisse vor allem auf Kosten der SPD. Und als im Dezember 1924 schon wieder ein neuer Reichstag gewählt wurde, stand zum ersten Mal, trotz zwischenzeitlich eingegangener Ortsgruppe, eine „Nationalsozialistische Freiheitsbewegung" auf dem Stimmzettel. Ihr Ergebnis blieb indessen mit 189 Stimmen oder 0,3 % geradezu kläglich. Im Mai 1928 hieß die Partei ganz offiziell NSDAP und hatte immer noch nicht mehr als 768 Stimmen. Ein Jahr darauf stellte sie mit Hans Schoeneck zum ersten Mal einen Stadtverordneten, der in der Folgezeit viel Unruhe in die Versammlung brachte.

Postkarte zur Erinnerung an die Jahrtausendausstellung 1925

Die Propagandamaschine lief zu dieser Zeit auch im Rheinland schon auf vollen Touren. Der „Westdeutsche Beobachter", das Blatt der NSDAP in der Region, das ab September 1930 täglich mit einer Lokalseite erschien, wurde ab 1925 von Joseph Grohé, dem späteren Gauleiter von Köln-Aachen geleitet, gegen den in dieser Funktion nicht weniger als 121 Verfahren anhängig wurden, meistens wegen Beleidigung.[397] Die NSDAP vor Ort führte damals eine Clique um Rudolf Schmeer, seinen Vater Eduard und seine beiden Brüder Eduard und Hugo, die dem Ansehen der Partei nicht gerade förderlich war. Es kam so weit, dass ein parteiinterner Untersuchungsausschuss eingesetzt wurde, um finanzielle Unregelmäßigkeiten und Gerüchte über den ausschweifenden Lebenswandel der Aachener Führungsriege unter die Lupe zu nehmen, dabei kamen Disziplinlosigkeiten, Saufgelage und ein hemmungsloser Lebensstil der Schmeers und ihrer Spießgesellen ans Licht, die vor allem angesichts der bescheidenen Lebensverhältnisse der meisten SA-Leute als nicht hinnehmbar eingestuft wurden. Das Verfahren brachte nicht viel, weil der ehemalige Gauleiter Robert Ley seine schützende Hand über Rudolf Schmeer hielt. Immerhin wurde dessen Bruder Eduard im Juni 1932 als Standartenführer abgesetzt, dabei hatte seine Partei gerade im April bei der Wahl zum preußischen Landtag mit 19,9 % ihr bestes Aachener Ergebnis vor 1933 eingefahren. Grohé holte

Schmeer zur Gauleitung nach Köln. Ein Jahr später durfte Aachen diesen wieder begrüßen – als Kreisleiter.

Die NSDAP profitierte auch in Aachen von der katastrophalen Wirtschaftslage und der hohen Arbeitslosigkeit. Als man in der Stadt den Abzug der belgischen Besatzer feierte, war in New York gerade die Börse im rasanten Zusammenbruch. Die anschließende Weltwirtschaftskrise traf die deutsche Industrie besonders hart. In Aachen fielen ihr eine Reihe von Tuchfirmen zum Opfer. Die Witwe von Carl Delius, einem der größten und bekanntesten einheimischen Fabrikanten, endete als Fürsorgeempfängerin. Drei Jahre nach der Krise fraß die Wohlfahrt 80 % der Steuereinnahmen der Stadt auf.[398] Zu dieser Zeit gab es 16 000 Arbeitslose in Aachen. Wohnungsbauprojekte für die Beschäftigung dieser Menschen waren wie in anderen Städten auch schon in den Jahren zuvor aus dem Boden gestampft worden. Nun kam im März 1932 noch ein freiwilliger Arbeitsdienst dazu, gleichzeitig erreichte der Schmuggel mit mehr als 5000 Strafverfahren nur in diesem einen Monat einen sensationellen Höhepunkt. Kurz darauf hielt Hitler eine Wahlkampfrede auf der Radrennbahn Krummerück vor 15 000 Zuhörern. Es blieb sein einziger Auftritt in der alten Kaiserstadt, in der die Wahlergebnisse seiner Partei eher Anlass zu Katerstimmung boten.

Reichspräsident Paul von Hindenburg bei seinem Besuch im Oktober 1930 mit Oberbürgermeister Wilhelm Rombach und dessen Sohn

11. Nationalsozialismus

Der Nationalsozialismus, faszinierend und abstoßend zugleich, bewegt die Gemüter, seit es ihn gibt – und erst recht, seit es ihn nicht mehr gibt. Angesichts des unglaublichen Ausmaßes der politischen und menschlichen Katastrophe, in die Hitlers Herrschaft mündete und in der sie schließlich unterging, stellt sich immer wieder die Frage nach den Gründen für die Entstehung dieses durch und durch bösartigen Systems; es ist die Frage, die Kinder und Enkel an eine Generation von Tätern und Opfern richten: Wie konnte das passieren? Wie konnte die von kaum jemandem ernst genommene Pöbeltruppe sich zur stärksten Reichstagsfraktion emporschwingen? Wie konnte diese Bewegung, nachdem deren Führer dann auch noch Reichskanzler geworden war, innerhalb von kürzester Zeit den gesamten Staatsapparat in ihre Hand bringen, Parteien, Gewerkschaften, Vereine und die gesamte Presse unterdrücken oder gleichschalten und gleichzeitig einen Apparat der Indoktrination und Bespitzelung aufbauen, der scheinbar alles kontrollierte? Wie konnte der von Anfang an auf extrem aggressive Weise zelebrierte Antisemitismus so weit getrieben werden, dass man ein ganzes Volk vor Erschießungskommandos und in Gaskammern auszulöschen begann? Wie war es möglich, dass ein längst verlorener Krieg einfach immer weiterging und dass ein Millionenheer von Soldaten noch in der ausweglosesten Lage nicht aufhörte zu kämpfen, obwohl dadurch doch offensichtlich nur eine mehr und mehr verhasste Clique von Parteikarrieristen an der Macht gehalten wurde?

Eine endlose Kette von Untersuchungen ist diesen Fragen wissenschaftlich nachgegangen, und dennoch hat man manchmal den Eindruck, dass hinter jeder vorläufig beantworteten Frage drei neue auftauchen. Vor allem die Haltung der Bevölkerung zum Nationalsozialismus ist schwer und kaum mit wenigen Worten zu beschreiben. Schweigen bedeutete nicht Einverständnis, und Zustimmung entsprang oft eher dem Opportunismus als der Überzeugung. Schweigender Widerstand richtete sich oft nicht gegen das ganze System, sondern nur gegen die Einengung bestimmter Freiräume. Manch einer, der die verschrobene Ideologie von Rasse und Lebensraum belächelte, bejubelte die Wehrmacht auf ihrem anfänglichen Triumphzug durch Europa, ohne zu erkennen, dass genau diese Ideologie sie in Bewegung gesetzt hatte. Schließlich waren solche Haltungen nicht nur in sich vielschichtig, sondern änderten sich auch mit der Zeit: Wer der Machtübernahme 1933 vielleicht reserviert gegenübergestanden hatte, beklatschte 1936 die Wiederbesetzung des Rheinlandes, wandte sich 1938 dann doch kopfschüttelnd von der brennenden Synagoge ab, hatte 1939 beim Kriegsausbruch eine Gänsehaut, war 1941 noch voller Siegeszuversicht, schüttelte 1943 die Fäuste gegen die alliierten Bomber und wünschte 1944 schließlich die ganze Partei zum Teufel. Diese Vielschichtigkeit der Haltungen machte es den meisten Deutschen am Ende einfach, sich kollektiv als Opfer von Verführung und Verrat zu fühlen und dabei bisweilen zu vergessen, wer die wirklichen Opfer gewesen waren.

Diese komplizierten Zusammenhänge lassen sich im überschaubaren Rahmen einer einzelnen Stadt gewissermaßen unter der Lupe betrachten. Der Nationalsozialismus, so widersprüchlich er in sich war und so egoistisch die Motive seiner Vertreter vor Ort bisweilen sein mochten, lebte von Gleichschaltung, Führerprinzip, Uniformität und Disziplin, und dementsprechend verliefen die Eroberung, Konsolidierung und Inszenierung der Macht in den meisten Städten des Reiches zeitgleich und ähnlich ab. Auch in Aachen stehen an diesem Weg die gleichen Meilensteine wie anderswo: die linken Parteien wurden ausgeschaltet und die rechten zumeist ins eigene Lager gezogen, in der Verwaltung wurde vom Regierungspräsidenten bis zum kleinen Beamten alles ausgetauscht, was politisch oder rassisch missliebig war, die Schikanen gegen die Juden nahmen systematisch zu und die Partei wurde schließlich so allgegenwärtig, dass man auf den ersten Blick den Eindruck bekommen konnte, Aachen sei nie anders als nationalsozialistisch gewesen.

Adolf Hitler (1889 – 1945)

Dabei gab es im Dunstkreis der katholischen Kirche eine Verweigerungshaltung wie nur an wenigen anderen Orten im Reich. Diese Verweigerung richtete sich nicht ausdrücklich gegen den Nationalsozialismus an sich, sondern vor allem gegen dessen Erziehungspolitik und die offensichtliche Gottlosigkeit seiner Ideologie. Sie wurde aber letztlich zu einer Form des Widerstandes, da die Partei ihren ideologischen Absolutheitsanspruch nicht aufgeben konnte, so dass sie die kirchliche Bewegung unablässig bekämpfte und diese gezwungen war, sich weitgehend in ihr Schneckenhaus zurückzuziehen. Am Ende saßen die Nazis vor allem seit dem Kriegsausbruch am längeren Hebel. Was blieb, war eine mühsam aufrecht erhaltene Gegenkultur, die das Zusammengehörigkeitsgefühl der Katholiken stärkte und Mitmenschlichkeit aufleuchten ließ, wo ansonsten die Unmenschlichkeit regierte.

Die schrecklichen zwölf Jahre des Nationalsozialismus – tausend hatten es werden sollen, in Aachen wurden es am Ende nur elf. Die einstmals erste Stadt des deutschen Königreiches war nun die erste, die den Amerikanern in die Hände fiel. Am 21. Oktober 1944 kapitulierten die Verteidiger, bald eher aus Munitionsmangel als aus Einsicht in die Aussichtslosigkeit der Lage, womit Aachen zwar nicht bis zum letzten Blutstropfen, aber immerhin doch mehr oder weniger bis zur letzten Patrone verteidigt worden war. Es begann eine merkwürdige Zeit, denn das, was weiter im Osten vom Dritten Reich noch übrig war, brauchte mehr als sechs Monate, um endgültig unterzugehen. Für die Amerikaner war Aachen damit in mehrfacher Hinsicht ein Modell, an dem sie die Mentalität der deutschen Bevölkerung studieren und die Verwaltung besetzter Gebiete erproben konnten. Die Aachener klagten erstaunlich viel, lernten aber schließlich auch erstaunlich schnell.

11.1. Aachen 1933

„In zwei Monaten haben wir Hitler in die Ecke gedrückt, dass er quietscht" – so hatte sich Franz von Papen, selbst ehemaliger Reichskanzler und einer der Wegbereiter von Hitlers Kanzlerschaft, anlässlich von dessen Ernennung zum Regierungschef am 30. Januar 1933 ausgedrückt und damit, wie sich bald erweisen sollte, eine der fatalsten Fehleinschätzungen der Geschichte auf den Punkt gebracht. Hitlers Partei hatte bei der Reichstagswahl zwei Monate zuvor 34 Mandate eingebüßt und hielt im Parlament nicht mehr als ein Drittel der Sitze. Und dennoch gelang es ihr innerhalb von wenigen Monaten, eine Diktatur aufzubauen, die weder seine Gegner, noch seine Unterstützer für möglich gehalten hatten. Dabei bediente Hitler sich legaler wie illegaler Mittel. Auf den Straßen erzeugte vor allem die SA mit ihrer aufdringlichen und gewalttätigen Präsenz ein Klima der Einschüchterung. In Amtsstuben und Büros führten plötzlich überall Nationalsozialisten das große Wort. Nicht wenige Skeptiker ließen sich mitreißen von dieser Bewegung, die allein schon durch ihre unbändige Wucht und Durchsetzungskraft zu imponieren verstand, vor Selbstbewusstsein fast platzte und für den Aufbruch in eine ganz und gar neue Zeit zu stehen schien. Wem dabei nicht wohl war, der tat bald gut daran, den Mund zu halten und konnte sich damit trösten, dass Hitlers konservative Verbündete den neuen Kanzler schon im Zaum halten würden.

Zwischen den legalen und den illegalen Mitteln bestand eine Grauzone. Einschüchterung war nicht illegal, die Prügelorgien der SA, die schon bald wilde Konzentrationslager für willkürlich verhaftete Regimegegner einrichtete, erfüllten dagegen in der Regel Straftatbestände. Sie wurden allerdings nur in den seltensten Fällen von Amts wegen verfolgt, weil auch in den Schlüsselpositionen von Polizei und Justiz die Nationalsozialisten wie die Pilze aus dem Boden schossen und alle Übergriffe deckten. Die „Verordnung zum Schutz von Volk und Staat" vom 28. Februar, durch die vor allem freie Meinungsäußerung und Pressefreiheit eingeschränkt wurden, war auf legalem Weg zustande gekommen, obwohl sie zur Grundlage für Willkür und Polizeiterror wurde. Und das „Ermächtigungsgesetz" vom 23. März, das der Reichsregierung gesetzgebende Kompetenzen verlieh und damit das Parlament praktisch entmachtete, wurde sogar mit den zur Zweidrittelmehrheit nötigen

Stimmen der Zentrumspartei auf den Weg gebracht, die damit, halb eingeschüchtert, halb geblendet, der weit verbreiteten Ansicht nachgab, dass dem Starken nun das Handeln ermöglicht werden müsste. Mit dem Ermächtigungsgesetz trat die Diktatur in Kraft. Die letzten demokratischen Widerstandsnester wurden in den folgenden Monaten eins nach dem anderen ausgeräuchert.

Vor Ort vollzog sich diese Entwicklung in ähnlicher Weise, womit wir endlich wieder in Aachen sind. Anders als in Berlin und in den meisten anderen Städten des Reiches, wo sich am Tag von Hitlers Ernennung zum Reichskanzler riesige Aufmärsche durch die Straßen wälzten, reagierte die alte Kaiserstadt zunächst fast überhaupt nicht. Kein Fackelzug der Nationalsozialisten, keine Protestkundgebung der Kommunisten – Aachen schien mit einer gewissen Verspätung zu begreifen, was die Stunde geschlagen hatte.

Drei Tage später gab es dann schon die ersten Durchsuchungen in den Büros der KPD, deren Zeitung nach einem Monat verboten wurde. Am 12. Februar fand immerhin eine Demonstration gegen die Nazis statt, an der mehr als 1000 Personen teilnahmen. Hinter den Kulissen liefen zu dieser Zeit bereits Verhaftungen und Hausdurchsuchungen. Als am 5. März der auf Hitlers Drängen aufgelöste Reichstag neu gewählt wurde, zeigten sich in Aachen die ersten Erfolge der „Nationalen Revolution". Die NSDAP konnte ihr Ergebnis mehr als verdoppeln und erreichte 27 % der Stimmen – für Aachener Verhältnisse ein Traumergebnis, im reichsweiten Vergleich eher mager. Die erhoffte absolute Mehrheit hatte Hitler verfehlt.

Die Wahlen vom 5. März waren die letzten freien Parlamentswahlen in Deutschland. Als der neue Reichstag am 21. März eröffnet wurde, war auch Aachen ein schwarz-weiß-rotes Flaggenmeer; SS und SA paradierten neben Schützenvereinen und katholischen Verbänden. Zwar hatte die Welle von Verhaftungen, Überfällen und Verwüstungen von Büros regimefeindlicher Parteien, Gewerkschaften und Zeitungen bereits ihren Höhepunkt erreicht, doch fast alle hohen Amtsträger von Stadt und Regierungsbezirk waren noch im Amt. Einzig Polizeipräsident Arthur Drews, ein bekennender Republikaner, der der SA bei ihren Eingriffen in die Befugnisse der Polizei in die Quere gekommen war, war schon Ende Februar entlassen worden. Um seine Nachfolge gab es ein Gerangel zwischen SA und SS, das sich bei der Neubesetzung einflussreicher und einträglicher Ämter in dieser Zeit überall wiederholte und zeigt, dass in der scheinbar so geschlossenen Hitlerpartei ein Gestrüpp von Sonderinteressen wucherte, bei denen das Machtstreben einzelner Gruppierungen eine ebenso wichtige Rolle spielte wie der persönliche Ehrgeiz oder die Raffgier ihrer Vertreter.

Drews wurde im Juli durch den SS-Mann Adolf Katz ersetzt. Katz brachte die gründliche politische Reinigung der Polizei zum Abschluss, die bereits im Februar durch die Unterstellung unter einen von Göring ernannten „Höheren Polizeiführer im Westen" mit Amtssitz in Recklinghausen begonnen hatte. Die Polizei selbst bekam vor Ort bald zweifelhafte Verstärkung: 200 Hilfspolizisten, rekrutiert vor allem aus SS und SA, traten nach einer Schnellausbildung ihren Dienst an und sorgten für öffentliche Sicherheit im Sinne der Partei, die zu dieser Zeit eine hysterische Panikmache vor angeblich bevorstehenden kommunistischen Umsturzversuchen betrieb und die künstlich aufgeheizte Stimmung für Gewaltmaßnahmen gegen politische Gegner nutzte. Die Ordnungskräfte waren von Göring in dessen berüchtigtem „Schießerlass" vom 17. Februar ausdrücklich aufgefordert worden, gegen politische Gegner rücksichtslos von der Schusswaffe Gebrauch zu machen. Die Gewaltenteilung war in fliegender Auflösung.

Görings Name taucht auch im Zusammenhang mit der Gleichschaltung der Verwaltung immer wieder auf. Sein Vorgehen war dabei immer und überall dasselbe: Als preußischer Ministerpräsident beurlaubte er missliebige Amtsträger, die durch Nationalsozialisten zunächst kommissarisch, dann dauerhaft ersetzt wurden. Regierungspräsident Georg Stieler war schon am 13. Februar auf diese Weise aus dem Amt entfernt worden, wurde aber wieder eingesetzt, nachdem sich der Aachener Bischof Vogt für ihn verwendet hatte. Dennoch war die Rückberufung nur der Beginn einer Galgenfrist, denn keine drei Monate später verschwand Stieler, der sich weigerte, der NSDAP beizutreten, endgültig im Ruhestand. Sein Nachfolger, der ehemalige Flensburger Landrat Eggert Reeder, war am 1. Mai 1933, zwei Wochen vor seiner Amtseinführung, noch schnell der Partei beigetreten, übrigens gerade noch rechtzeitig: am selben Tag trat eine Aufnahmesperre der NSDAP in Kraft, mit der die Parteiführung dem massenhaften Zulauf von Opportunisten, der die Mitgliederzahl innerhalb von drei Monaten von 850 000 auf 2,5 Millionen katapultiert hatte, ein abruptes Ende setzte.

Eine Woche nach der Reichstagswahl vom 5. März stand eine Kommunalwahl auf dem Programm. Der Wahlkampf wurde von den übliche Themen beherrscht: die NSDAP schob die Verantwortung für die katastrophale wirtschaftliche Lage den „Systemparteien" zu und kündigte an, mit eisernem Besen zu kehren. Verdächtigungen gegen die alten Amtsinhaber wurden von der NS-Presse in die Welt gesetzt, genüsslich breitgetreten und in fadenscheinigen Aufdeckungskampagnen beleuchtet. Das Dauerbombardement mit Vorwürfen sollte das anschließende Vorgehen gegen die politischen Gegner in den etablierten Kreisen erleichtern. Immerhin erreichte das Zentrum noch 23 von 54 Mandaten und blieb gegenüber den Nationalsozialisten mit ihren 17 Sitzen in der Überzahl, wurde aber durch deren lautstarkes Auftreten schon bald in die Defensive gedrängt. Am 29. März zogen ihre Stadtverordneten, eskortiert von SS und SA, im Braunhemd mit Marschmusik zum Rathaus, wo die Zuschauertribüne von ihren Anhängern überquoll. Gleich in der ersten Sitzung wurde die Ernennung Hitlers zum Ehrenbürger beschlossen, ein Antrag, dem sich die Zentrumsfraktion widerspruchslos anschloss.

Es dauerte noch bis zum Juli, bis auch Oberbürgermeister Wilhelm Rombach seinen Hut nehmen musste, nachdem er durch die Auflösung der Zentrumspartei und den Übertritt vieler seiner Mitstreiter in die Reihen der NSDAP den letzten Rückhalt verloren hatte. Sein Nachfolger war ein alter Kampfgenosse der Schmeer-Clique: Quirin Jansen, eine farblose Gestalt, die bei Freunden und Gegnern nicht gerade für Schneid und Scharfsinn bekannt war. Seine Reden zu öffentlichen Anlässen schrieb ihm der Gauleiter, und in sozialdemokratischen Untergrundkreisen hieß es später über ihn: „Tatsächlich ist Jansen ein Trottel, der von Kommunalverwaltung überhaupt nichts versteht ... Jansen ist nur der Beauftragte der NSDAP und Gehaltsschlucker."[399]

Im Mai wurden die Gewerkschaften zerschlagen, im Juni die Parteiorganisation der SPD, und im Juli löste die Zentrumspartei sich selbst auf. Ihre Stadtverordneten verließen den Rat oder gingen als Hospitanten zur NSDAP. In den nächsten Jahren wurden Stadtverordnete nicht mehr gewählt, sondern ernannt; ihre Aufgabe beschränkte sich weitgehend darauf, die Beschlüsse der Parteileitung abzunicken. Das „Echo der Gegenwart", wie alle Zeitungen längst auf Parteilinie gebracht, berichtete über eine Sitzung des Gremiums im Mai: „20 Minuten Stadtrat – man erlebt noch Zeichen und Wunder ... Alle Vorlagen wurden gestern debattenlos erledigt. Man sieht: es geht auch so."[400] Zu diesem Zeitpunkt waren in der städtischen Verwaltung bereits 70 Mitarbeiter auf der Grundlage des „Gesetzes zur Wiederherstellung des Berufsbeamtentums" ausgetauscht worden.

Wie weit man sich derweil schon vom Rechtsstaat entfernt hatte, zeigt der Fall von Artuhr May, dem Chefredakteur der „Sozialistischen Republik". Nach seiner Verhaftung sollte er in der Nacht zum 22. Juni in Begleitung von zwei SS-Leuten zu einer Vernehmung nach Jülich gebracht werden. May kam nie in Jülich an. Die beiden Begleiter sagten später aus, ihn bei einem Fluchtversuch erschossen zu haben, in Wahrheit war er ganz offensichtlich hingerichtet worden. Trotz widersprüchlicher Aussagen und trotz Schmauchspuren am Einschlussloch in Mays Nacken wurde nach einem Gutachten des Jülicher Kreisarztes das Verfahren vom Aachener Oberstaatsanwalt eingestellt.[401]

Die Gleichschaltung erfasste auch die Hochschule, wo vor allem viele Studenten einen geradezu schockierenden Fanatismus an den Tag legten. Jüdische Professoren, eben noch unangefochtene Respektspersonen, wurden auf vulgärste Art und Weise von Studenten im Braunhemd beschimpft, denen die Säuberung der Hochschule von Regimegegnern und Juden gar nicht schnell genug gehen konnte: Der Allgemeine Studentenausschuss war sich nicht zu schade, der KPD oder SPD nahe stehende Hochschullehrer bei der Partei zu denunzieren, und mehr als ein Professor trat der NSDAP nur bei, um den Schikanen durch seine eigenen Studenten zu entgehen.[402] Insgesamt wurden zwölf Hochschullehrer aus dem Dienst entlassen, elf davon aus rassischen und einer aus politischen Gründen. Einer von ihnen, der Mathematiker

Oberbürgermeister Quirin Jansen (mit Brille) vor dem Rathaus

Otto Blumenthal, starb später im Konzentrationslager. Mehr als zwei Drittel der verbliebenen Professoren ließen sich in die Partei aufnehmen. Auf ähnliche Weise färbte sich das öffentliche Leben auch in allen anderen Einrichtungen braun: Schulen und Vereine, Redaktionen und Ämter, überall sorgten Initiativen aktiver Parteileute sowie vorauseilender Gehorsam, Anbiederung und Stillschweigen einer eingeschüchterten Mehrheit dafür, dass das ideologische Gift der neuen Machthaber die ganze Gesellschaft durchsickern konnte.

11.2. Anpassung und Verweigerung

Die am 1. Mai 1933 in Kraft getretene Beitrittssperre der NSDAP wurde in den folgenden Jahren nach und nach wieder gelockert, aber erst im Mai 1939 vollständig aufgehoben. In diesem Jahr hatte die Aachener NSDAP immerhin etwa 11 000 Mitglieder, was einem Anteil von 7 % an der Gesamtbevölkerung ausmachte und damit nur knapp unter dem Reichsdurchschnitt lag. Zu diesem Zeitpunkt hatte Hitlers Popularität durch seine außenpolitischen Erfolge ihren Höhepunkt erreicht. Als am 7. März 1936 die Wehrmacht ins Rheinland einrückte und damit den Bestimmungen des Versailler Vertrages ein weiteres Mal offen zuwiderhandelte, kannte die Begeisterung keine

Die Wehrmacht rückt im Zug der Rheinlandbesetzung am 7. März 1936 in Aachen ein

Grenzen. Ein Jahr nach der Wiedereinführung der Wehrpflicht, mit der sich das Reich über die Beschränkung der Truppenstärke hinweggesetzt hatte, war es Hitler geglückt, gegenüber den alten Kriegsgegnern erneut vollendete Tatsachen zu schaffen, ohne dafür zur Rechenschaft gezogen zu werden. Alles schien möglich.

In der Stadt beherrschte die Partei mit ihren Organisationen wie überall in Deutschland den gesamten öffentlichen Raum. Hakenkreuzfahnen gehörten zum Stadtbild und Lautsprecherübertragungen von nationalsozialistischen Großereignissen wie Reichsparteitagen oder den Feierlichkeiten zu Hitlers Geburtstag zur Geräuschkulisse. Alles war von Aufmärschen begleitet. Über Ortsgruppenleiter, Zellenleiter und Blockleiter, die für etwa 50 Haushalte zuständig waren, kontrollierte die Partei auch das private Leben und machte es fast unmöglich, sich ihren Ritualen zu entziehen. Hinter der Fassade einer straffen Führung gaben sich Kreisleiter Schmeer und seine Spießgesellen weiterhin dem Lotterleben hin. Als Schmeer bei einer Sauftour in einer Kneipe mit anderen Gästen aneinander geriet und die Polizei einschreiten wollte, trat der Kreisleiter einen der Polizisten so brutal in den Bauch, dass dieser drei Tage später im Krankenhaus seinen inneren Verletzungen erlag. Offiziell hieß es, der Beamte sei an einer Blinddarmentzündung gestorben.[403]

Rückkehr der Aachener Nationalsozialisten vom Nürnberger Parteitag am 11. September 1934

Insgesamt wird die Stimmung in Aachen immer wieder als dem Nationalsozialismus eher feindlich geschildert. Als 1934 nach Hindenburgs Tod über die Vereinigung der Ämter von Reichspräsident und Reichskanzler in Hitlers Person abgestimmt wurde, wagten immer noch knapp 28 % der Wähler ein „Nein" – eins der schlechtesten Ergebnisse im ganzen Reich, das sich die Partei nur durch die Beeinflussung der Bevölkerung durch Emigranten von der anderen Seite der Grenze erklären konnte. In der Tat waren viele Kommunisten und Sozialdemokraten nach Belgien und in die Niederlande geflohen und versorgten ihre Genossen im deutschen Untergrund mit Flugblättern und anderem Material. Dennoch bewegte sich dieser Widerstand angesichts der Allgegenwart der Gestapo und der drakonischen Strafen in einem sehr engen und konspirativen Rahmen und erlosch bald ganz.

Im Lauf der Jahre wuchs den Nationalsozialisten gerade in den katholischen Gegenden des Westens mit der Kirche ein ganz anderer Gegner heran, der ihre Herrschaft zwar nicht ernsthaft gefährdete, aber dennoch zu einem beständigen Ärgernis wurde, weil er sich dem Willen der NSDAP zur vollständigen Beherrschung des Handelns und Denkens der Menschen beharrlich widersetzte. Nachdem die Bischöfe gegenüber den Nationalsozialisten in der Zeit vor der Machtergreifung eine feindselige Haltung eingenommen hatten, wurden sie von Hitler in den ersten Monaten seiner Herrschaft erfolgreich umworben. Ihre Gegnerschaft hatte zunächst kulturpolitische Gründe gehabt; so leidenschaftlich man gegen Erziehungspolitik und Kulturverständnis der Nazis wetterte, so gleichgültig schaute man bei der Demontage der Demokratie zu. Weite katholische Kreise sympathisierten darüber hinaus grundsätzlich mit Führerprinzip und Militarismus und erkannten in Hitler den Garanten für einen entschlossenen Kampf gegen den gottlosen Marxismus. Nachdem der Kanzler in seiner Regierungserklärung den Schutz der Kirche versprochen hatte, ließ die Fuldaer Bischofskonferenz ihre Bedenken fallen und nahm am 29. März 1933 ihre im Vorjahr ausgesprochenen entschiedenen Warnungen zurück. Die Zustimmung der Zentrumspartei zum Ermächtigungsgesetz tat ein übriges, um die Widerstände in der Bevölkerung zu lockern. Kaum zu beschreiben war der Jubel, als im Juli der Abschluss des Konkordats zwischen dem Heiligen Stuhl und dem Deutschen Reich bekannt wurde. In einem Telegramm schrieb der Aachener Bischof Vogt an Hitler: „Erfreut über das Zustandekommen des Reichskonkordates senden Bischof und Diözese Aachen aufrichtigen Dank und herzlichen Glückwunsch ... Diözese und Bischof werden am Aufbau des neuen Reiches freudig mitarbeiten.“[404] Zwischen Kirche und Staat schien glänzendes Einverständnis zu herrschen. Bei einem Besuch von Göring in Aachen standen keine drei Wochen später Bischof Vogt und Weihbischof Sträter neben der fülligen Gestalt des Reichsmarschalls auf der Freitreppe des Rathauses und grüßten die vorbeimarschierenden Kolonnen von SS und SA mit ausgestrecktem Arm.

Mit der trauten Eintracht war es bald vorbei. Schon Ende Juli 1933 entschied der Reichsjugendführer: Hitlerjungen hatten in katholischen Jugendverbänden nichts zu suchen. Es begann eine Auseinandersetzung um die Erziehungspolitik, die mit zunehmender Verbitterung geführt wurde und einen mehr und mehr grundsätzlichen Charakter bekam. Schon im November 1933 klang in einem Aufruf des Aachener Bischofs das Misstrauen gegenüber Hitlers Versprechungen durch: „Dabei vertrauen wir auf des Herrn Reichskanzlers Wort, daß nun endgültig un-

Bischof Joseph Vogt (1931 – 1937)

ter die für so viele treue Staatsbürger schmerzliche Vergangenheit ein Strich gezogen ist und uns Katholiken das Friedenswerk des Konkordats unter Ausschluß von Abstrichen, Umdeutungen und Übergriffen gesichert bleibt."[405] Dem war nicht so. Ende des Jahres wurde mit Gottfried Tersteegen ein erklärter Kirchenfeind zum Oberbannführer der HJ in Aachen ernannt. Geistliche forderten Eltern daraufhin auf, ihre Kinder von der HJ fernzuhalten, und an den Wänden tobte ein Parolenkrieg, bei dem unter anderem Sätze wie „Das Zentrum lebt" zu lesen waren.[406] Die HJ startete eine Werbekampagne und versuchte, die katholischen Jungs etwas linkisch bei der Ehre zu packen: „Hier könnt ihr euch als echte Kerle zeigen ... Ihr seid doch keine alten Weiber, die im Zimmer herumhocken."[407] Dass echte Kerle nicht unbedingt in die HJ eintreten mussten, bewies die katholische Jugend allerdings auch immer wieder bei gelegentlichen Prügeleien mit dem braunen Nachwuchs. Die Führung beantwortete die Renitenz mit Betätigungsverboten für die katholischen Vereine. Bis 1938 wurden diese schrittweise aufgelöst; ein Jahr später war die Mitgliedschaft in der HJ verpflichtend. Dass der Dienst an drei Sonntagen im Monat genau zur Zeit der Messe angesetzt war, dürfte wohl kaum Zufall gewesen sein.

Auch die Kirchenpresse wurde immer weiter geknebelt und auf religiöse Themen zurückgestutzt. Neben der Zensur bedienten sich die Machthaber auch der Beschränkung der Papierzuteilung, und zum 1. Juni 1941 wurden alle Kirchenzeitungen angeblich aus kriegswirtschaftlichen Gründen eingestellt. Gegen die Geistlichkeit ging man mit Bußgeldverfahren und Unterrichtsverboten vor. Der Aachener Kaplan Josef Leyendecker wurde bereits im Februar 1934 verhaftet, weil er die Rede des Propagandaministers zum Jahrestag der Machtergreifung in einer Predigt kritisiert hatte.[408] Im Mai 1935 begann eine Reihe von Schauprozessen gegen Priester, zunächst wegen Devisenschieberei, später auch wegen Sittlichkeitsvergehen. Einziges Ziel der Verfahren war es, die Geistlichkeit durch genüsslich aufgebauschte Sensationsmeldungen von Homosexualität und Kindesmissbrauch zu diskreditieren.

Im März 1937 erschien mit der päpstlichen Enzyklika „Mit brennender Sorge" ein Manifest, das die Machthaber in Deutschland des Vertragsbruches bezichtigte und die kirchenfeindlichen Maßnahmen als Vernichtungskampf brandmarkte. Zwar wurde die Aachener Druckerei Metz zur Strafe für die Vervielfältigung der Enzyklika geschlossen, doch die Verlesung von den Kanzeln konnte nicht verhindert werden. Die Katholiken rückten enger zusammen, wenngleich auch die Propagandatätigkeit der Nazis gerade in diesem Jahr zu einem Spitzenwert bei den Kirchenaustritten führte.

Das war die Situation, in der die Heiligtumsfahrt des Jahres 1937 begann. Trotz allerlei Behinderungen durch die staatlichen Stellen geriet die Wallfahrt zu einer beispiellosen Demonstration der Verweigerung. Wahrscheinlich 800 000 Gläubige fluteten nach Aachen und inszenierten zwei Wochen lang eine Gegenveranstaltung zum braunen Parteispektakel. Ein Zeuge erinnerte sich später: „Wir haben während dieser Tage den Nationalsozialismus in Aachen nicht gemerkt." Als am 21. Juli der Trierer Bischof Bornewasser in seiner Predigt in Anspielung auf die Braunhemden sagte, auf gewissen Uniformen sähe man ganze Dreckhaufen nicht, erntete er tosenden Beifall, während die Gestapospitzel in der Menge kein Wort zu Papier bringen konnten, weil sie von ihren Nachbarn fortwährend angerempelt wurden.[409] Dennoch endete der Tag mit einer Enttäuschung. Der für seine scharfen Worte bekannte Münsteraner Bischof Graf von Galen hielt eine unpolitische Predigt, und Titularbischof Wienken, der als Verhandlungsführer des deutschen Episkopats mit den Parteistellen fungierte, verstieg sich zu einer Bemerkung, die die Menge in dieser Situation nun wirklich nicht hören wollte: Dass man heute hier sei, so begann er seine Rede, verdanke man dem Führer. Die Niedergeschlagenheit war groß – und dennoch blieben kirchliche Veranstaltungen auch in der Folgezeit ein Mittel, der beinahe allmächtigen Partei zu zeigen, dass auch ihre Herrschaft Grenzen hatte. Schon bei der Heiligtumsfahrt hatte man Kommunisten und Sozialdemokraten in der Menschenmenge gesehen. Und noch im April 1942 meldete ein Polizeibericht mit Blick auf die bevorstehende Erstkommunion: „Es haben sich viele Kinder gemeldet, deren Eltern sich bislang gar nicht religiös-kirchlich betätigt haben. Diese Kreise sehen in der Erstkommunion eine Gelegenheit, ihre Opposition gegen den Staat zum Ausdruck zu bringen."[410] Die Opposition kämpfte vor allem für die Rechte ihrer Kirche. Mehrere Aachener Priester landeten in Konzentrationslagern, darunter der spätere Weihbischof Josef Buchkremer, der die letzten drei Jahre der Diktatur in Dachau verbrachte.

11.3. Judenverfolgung

Dachau – der Name dieses Ortes war schon bald nach der Machtergreifung ein beinahe sprichwörtlicher Begriff für den Terror der Nationalsozialisten geworden. Dachau war eins der ersten Konzentrationslager im Reich, es folgten unzählige weitere, in denen zunächst vor allem Regimegegner inhaftiert und geschunden wurden. Nach dem Beginn des Krieges gegen die Sowjetunion wurden im Osten weitere Lager angelegt, deren einziger Zweck die industriemäßige Ermordung von Menschen war. Das größte dieser Lager wurde zum Symbol für das unfassbarste aller nationalsozialistischen Verbrechen: Auschwitz. Hier fand der Terror gegen alle, die als „rassisch minderwertig" eingestuft wurden, seinen tödlichen Abschluss. Die weitaus meisten von ihnen waren Juden, die aus Deutschland und fast allen von den Deutschen besetzten Gebieten Europas dorthin deportiert worden waren. Als der Weg in die Todesfabriken begann, hatten die deutschen Juden bereits jahrelange Schikanen hinter sich, die sich immer weiter und bis zur völligen Entrechtung gesteigert hatten.

Auch die Judenverfolgung wurde zentral von der Partei gesteuert, weshalb ihre Mechanismen in fast allen Städten des Reiches annährend gleich waren. Der Terror gegen die Juden spielte sich dabei auf zwei Ebenen ab, er war staatlich und privat: zum einen engten ungnädige Gesetze den Lebensraum der Juden immer weiter ein und gefährdeten schließlich sogar deren Existenz, zum anderen wurden gewaltsame Übergriffe einiger besonders eifriger Zeitgenossen, vor allem aus den Reihen der SA fast nicht geahndet, selbst wenn sie gegen Gesetze verstießen. Juden wurden zu Freiwild. Eine rastlose Propaganda, deren schlimmstes Organ der „Stürmer" war, überschüttete die Öffentlichkeit mit Schauergeschichten über alles, was die antisemitische Legendenschmiede in Generationen, wenn nicht Jahrhunderten hervorgebracht hatte, von Wucher über Ritualmorde bis hin zu weltumspannenden Verschwörungen.

Eine der ersten Aktionen in Aachen wie anderswo war ein Boykott gegen jüdische Geschäfte. Es wurde argumentiert, die Juden hätten über ihre Auslandskontakte die internationale Presse gegen die deutsche Regierung aufgebracht und Gräuelmärchen über deren Vorgehen gegen die Juden in die Welt gesetzt. Während jüdische Verbände genötigt wurden, in offiziellen Verlautbarungen gegen die angebliche Verleumdung Stellung zu nehmen, war die deutsche Bevölkerung aufgefordert, am 1. April 1933 – einem Samstag – die jüdischen Geschäfte, Anwaltskanzleien und Arztpraxen demonstrativ zu meiden und so der verordneten Empörung Ausdruck zu verleihen. Als der Boykott in Aachen begann, hatten die meisten jüdischen Geschäfte ohnehin geschlossen; bei den anderen standen SA-Posten vor den Ladeneingängen, behelligten die Eintretenden mit ihren Parolen und fotografierten die Uneinsichtigen. Eine Fortsetzung des Boykotts wurde für die folgende Woche angedroht, falls die Meldungen in der Auslandspresse nicht aufhörten. Hier offenbart sich die verquere Logik der gesamten nationalsozialistischen Judenpolitik, die den Juden selbst die Schuld an den Maßnahmen gegen sie gab. Wie weit es im Umgang mit der Wahrheit schon gekommen war, das bewies am Montag nach dem Boykott das „Westdeutsche Grenzblatt" – am Ende hatte die SA die Juden vor dem brodelnden Zorn der Volksgenossen bewahrt: „Der Verlauf der Ereignisse am Samstag hat mit furchtbarer Deutlichkeit gezeigt, wie tief im ganzen deutschen Volk der Haß und Abscheu und Ekel gegen das minderwertige Judentum wurzelt ... Der Verlauf des Samstag hat die deutsche Judenheit dem Nationalsozialismus zu größtem Danke verpflichtet! Hätte nicht unsere Bewegung den Ausbruch der Volkswut gegen die schuldigen Hebräer bezwungen und diszipliniert, der Himmel weiß, was dann von diesen Schändern deutscher Volksehre übriggeblieben wäre! Die Großmut eines heroischen Volkes hat seinen verbrecherischen orientalischen Schändern noch einmal eine letzte Gnadenfrist gegeben. Das ist ein Akt der Ritterlichkeit und Großherzigkeit, den das jüdische Verleumdertum hoffentlich zu schätzen weiß."[411]

Diesem gehässigen und aggressiven Ton entsprach das weitere Vorgehen. Zeitungen denunzierten Firmen, die mit Juden Geschäfte machten oder auch nur in anderen Zeitungen neben jüdischen Unternehmen inserierten. Ständig wurden angeblich betrügerische Geschäftspraktiken enthüllt und rücksichtslos im Privatleben der Bürger herumgeschnüffelt. Wer mit Juden verkehrte, musste damit rechnen, seinen Namen bald in der Zeitung wiederzufinden. Solche Maßnahmen führten zur gesellschaftlichen Isolation der Juden. Auf der Straße ging man ihnen aus dem Weg. Wirte baten sie peinlich berührt, ihr Lokal nicht mehr zu besuchen, weil sie Ärger mit der Partei fürchteten. Ihre Kinder hatten plötzlich keine Spielkameraden mehr. Obwohl die antisemitischen Tiraden der Partei auf weit verbreitetes Unverständnis stießen, versuchten die meisten Deutschen, möglichst wenig anzuecken und schränkten ihre Kontakte zu Juden zumindest in der Öffentlichkeit ein. Doch nicht alle duckten sich weg. Eine Zeitzeugin erinnert sich, dass bei einer weiteren Boykottaktion, bei der die Schaufensterscheibe des Geschäftes ihrer Mutter schwarz angemalt worden war, die Kunden in den Laden kamen und sagten: „Die Schweinerei, das machen wir nicht mit. Jetzt kommen wir gerade."[412]

Nachdem es zwei Jahre lang Berufsverbote und andere Einschränkungen aller Art gehagelt hatte, wurde im September 1935 das Reichsbürgergesetz verabschiedet, durch das die Juden zu Staatsangehörigen zweiter Klasse wurden. Gleichzeitig wurde festgelegt, wer im Sinne des Gesetzes als Jude zu gelten hatte – unabhängig davon, ob er der jüdischen Religionsgemeinschaft angehörte, wenngleich das für die meisten Betroffenen der Fall war. Das Gesetz wurde in den folgenden Jahren durch eine Reihe von Durchführungsverordnungen immer weiter verschärft und konnte zur Rechtfertigung jeder Art von Zwangsmaßnahmen herangezogen werden. Nachdem der Terror wegen der olympischen Spiele im Jahr 1936 etwas nachgelassen hatte und selbst der „Stürmer" zwischenzeitlich aus den Auslagen der Kioske verschwunden war, wurden die Daumenschrauben schon bald wieder angezogen. Im Dezember 1936 wurde den Aachener Juden auch der Besuch der Thermalbäder verboten. Sie wurden auf diese Weise gezwungen, sich immer mehr in ihre Gemeinde zurückzuziehen – oder auszuwandern.

Anfang 1939 waren noch knapp 800 Juden in Aachen, das war etwa die Hälfte der Gemeinde, die vor der Machtergreifung in der Stadt gelebt hatte. Die Auswanderung war vor allem ein finanzielles Problem, denn durch die Berufsverbote und Boykotte hatten viele Juden schon erhebliche Schwierigkeiten, ihren Lebensunterhalt zu bestreiten. Dennoch ist die Liste der kulturellen Aktivitäten der Gemeinde erstaunlich lang. Neben Konzerten und Vorträgen wurden vor allem Sprachkurse veranstaltet, die die Auswanderer auf ihr Leben im Exil vorbereiten sollten – oder in Palästina, denn während die einen sich zu Deutschland bekannten und hofften, dass Hitlers Regierung nicht ewig dauern würde, richteten andere den Blick schon in Richtung Jerusalem. Neben Sprachunterricht in Neuhebräisch wurden sogar Umschulungen auf handwerkliche oder landwirtschaftliche Berufe angeboten, die beim Aufbau einer neuen Gesellschaft besonders gefordert waren.

In der Nacht vom 9. auf den 10. November 1938, die als „Reichskristallnacht" in die Geschichte eingegangen ist, erreichte der Terror seinen vorläufigen Höhepunkt. Am Abend war in einen Sternmarsch zum Katschhof des Münchener Putsches von 1923 gedacht worden. Während die Nazis noch feierten, traf in Berlin die Nachricht vom Tod des deutschen Botschaftssekretärs Ernst Eduard vom Rath ein, der bei einem Attentat in Paris von einem polnischen Juden zwei Tage zuvor schwer verletzt worden war. Der Anlass war willkommen; die Pläne für die folgenden Ereignisse lagen in der Schublade bereit. Gegen Mitternacht ging eine geheime Weisung der Gestapo durch die Telegrafen. In Aachen wurden SA und SS nach Hause geschickt und angewiesen, sich am Langen Turm in Zivilkleidung einzufinden. Von dort aus wurden die Männer mit Lastwagen zur Synagoge in der Promenadenstraße gefahren, wo bereits Oberbürgermeister Jansen, Kreisleiter Schmeer, Polizeipräsident Zenner und einige Kripobeamte und Feuerwehrleute versammelt waren. Es war etwa halb vier Uhr morgens, als die Männer beim Pförtner der Synagoge schellten und die Tür mit Äxten einschlugen, als dieser nicht öffnete. Nachdem der Pförtner und seine Frau verhaftet, die Wertgegenstände und das Archiv auf Lastwagen geladen und abtransportiert und die Nachbarn von den Fenstern verscheucht worden waren, wurde die Synagoge in Brand gesteckt – allerdings zunächst mit wenig Erfolg, denn ein Zeuge, der nach dem Krieg vor einem britischen Gericht aussagte, erinnerte sich an ein lustlos flackerndes Feuer auf dem Boden der Synagoge und daran, dass man sich auf die Suche nach Benzin machte.[413] Schließlich stiegen Feuerwehrleute auf das Gebäude und schlugen ein Zugloch ins Dach, so dass das Gotteshaus gegen vier Uhr endlich in Flammen stand. Eine Stunde später begannen zögerliche Löscharbeiten, die allerdings nicht die Synagoge retten, sondern nur ein Übergreifen des Feuers auf benachbarte Häuser verhindern sollten. Als in den frühen Morgenstunden der Davidsstern vom Dach des Gebäudes gerissen wurde, hatte sich hinter einer Sperrkette bereits eine schweigende Menschenmenge versammelt.

Während der Brand noch wütete, zogen SS und SA in Zivil durch die Straßen und verwüsteten jüdische Geschäfte. Das, was von der Propaganda später als spontaner Ausbruch des Volkszorns dargestellt wurde, war erstaunlich gut organisiert. Die einzelnen Gruppen wurden von Gestapobeamten geführt, die Listen mit den Adressen der Opfer hatten, Lastwagen lieferten Steine zum Einwerfen der Schaufenster. Trotz ausdrücklicher Verbote kam es zu Plünderungen, wie es auch beim anschließenden ungebetenen Besuch in den privaten Wohnungen der Juden trotz ausdrücklicher Verbote zu Misshandlungen kam. Einige der Opfer wurden im

Nachthemd vor die Tür gezerrt und durch die Straßen getrieben.

Auf Anordnung der Gestapo wurden im Anschluss an die Reichskristallnacht in Aachen 70 Juden verhaftet und vorübergehend in die Konzentrationslager Buchenwald und Sachsenhausen gebracht, wo sie bei Hungerrationen und Appellschikanen eine Vorahnung von dem Leidensweg bekamen, den einige von ihnen noch vor sich hatten. Währenddessen landete in Aachen ein anonymes Schreiben in den Briefkästen der Staatsanwaltschaft und des belgischen Konsulats, in dem schwere Vorwürfe wegen der Ereignisse vom 10. November erhoben und sogar die Kennzeichen der Lastwagen genannt wurden, mit denen die erbeuteten Gegenstände aus der Synagoge fortgeschafft worden waren.[414] Die Staatsanwaltschaft hatte vom Reichsjustizministerium die Anweisung bekommen, keine Ermittlungen einzuleiten, doch auf Druck von Richtern des Aachener Landgerichts kam es doch zur Aufnahme von Verfahren, die den zuständigen Stellen allerdings fast augenblicklich wieder entzogen wurden. Was der Staatsanwaltschaft an bürokratischer Korrektheit fehlte, machte indes die Bauaufsicht wieder wett: Schon am 11. November wurde die jüdische Gemeinde darüber in Kenntnis gesetzt, dass die Brandruine der Synagoge baupolizeiliche Vorschriften verletze und abgerissen werden müsse – natürlich auf Kosten der Gemeinde. Da nun aber deren Vorstand inhaftiert worden war, bestellte die Stadt eine knappe Woche später selbst eine Abbruchfirma.

An historischer Stätte neu errichtet: die 1995 eingeweihte Aachener Synagoge

Nach der Reichskristallnacht setzte noch einmal eine Auswanderungswelle ein. Schlepperbanden brachten die Verzweifelten über die belgische Grenze. Immobilien wechselten zum Spottpreis den Besitzer, und wer vorher nicht müde geworden war, die Juden als raffgierige Geschäftemacher anzuprangern, machte nun selbst und auf deren Kosten das Geschäft seines Lebens. Es folgten weitere schikanöse Zwangsmaßnahmen: im Februar 1939 mussten die Juden ihren Schmuck abgeben und als im September desselben Jahres der Krieg ausbrach, wurde ihnen die Nutzung der Luftschutzräume verboten. Im Juli 1940 wurden die Telefone der Juden vom Netz genommen, im Februar 1941 wurden sie zwangsarbeitsverpflichtet und im April in eigens zugewiesene „Judenhäuser" umgesiedelt – die letzte Station auf dem Weg zur Deportation. Im September folgte die Einführung des Judensterns auf der Kleidung und im November wurde den Juden das Bahnfahren untersagt. Oberbürgermeister Jansen hatte das Verbot damit begründet, dass es Deutschen nicht zuzumuten sei, im Gedränge des Pendlerverkehrs mit Juden in körperliche Berührung zu kommen.[415]

Zu diesem Zeitpunkt stand die Wehrmacht kurz vor Moskau; im Rücken der Front hatten Einsatzkommandos mit der planmäßigen Erschießung von Juden begonnen. Der so begonnenen Vernichtung entkam auch die große Mehrheit der Juden nicht, die sich zu diesem Zeitpunkt noch im Reich oder in den von der Wehrmacht besetzten Ländern befanden wie der schon genannte Aachener Mathematiker Otto Blumenthal, der sich in die Niederlande und damit nicht weit genug geflüchtet hatte. Seit dem 1. Oktober 1941 war den deutschen Juden die Auswanderung verwehrt. Mit den Deportationen in die Gaskammern begann ein Grauen, das sich in diesem Ausmaß niemand hatte vorstellen können. Über das Ende der jüdischen Gemeinde in Aachen sind nicht alle Einzelheiten bekannt. Ein erster Deportationstransport verließ die Stadt am 25. März 1942 mit unbekanntem Ziel; zwei weitere Transporte mit Aachener Juden am 22. April und am 15. Juni gingen in das Ghetto von Izbica bei Lublin. Die Opfer bekamen einen Brief mit geschäftsmäßigen Anweisungen über den Termin und das mitzubringende Gepäck. Das Einwohnermeldeamt hatte Anweisung, die Deportierten als ausgewandert oder unbekannt verzogen in den Akten zu führen. Der vierte und mit 278 Personen größte Transport verließ Aachen am 25. Juli in Richtung Theresienstadt im heutigen Tschechien. Viele der Deportierten starben dort, wieder andere wurden mit anderen Transporten in die Ghettos und Vernichtungslager des Ostens gebracht. Ihre letzten Spuren wiederzufinden, ist angesichts der Ausmaße dieses Völkermordes und der verworrenen Deportationswege und wegen der Zerstörung vieler Dokumente reine Glückssache. Ein Gedenkbuch verzeichnet insgesamt 350 Aachener Opfer, über deren Verbleib zumindest irgendetwas bekannt ist. Bei den wenigsten von ihnen ist ein genaues Todesdatum überliefert, und wenn Orte angegeben sind, heißen sie vor allem Auschwitz, Theresienstadt oder Minsk. Über den Verbleib von weiteren 34 Opfern ist gar nichts bekannt.[416]

11.4. Eine Stadt im Krieg

Mit Blick auf eine vielleicht bevorstehende militärische Konfrontation mit Frankreich wurde vom Frühling 1938 an in der Aachener Gegend mit dem Bau von Befestigungsanlagen begonnen, die zur 400 Kilometer langen Anlage des so genannten Westwalls gehörten. Für die Aachener Verwaltung war das Projekt eine organisatorische Herausforderung, für die einheimische Wirtschaft je nach Branche ein Segen oder ein Ärgernis. In der Gastronomie brachen goldene Zeiten an, denn wer tagsüber fleißig Beton in Holzverschalungen gegossen hatte, der goss abends nicht weniger fleißig Bier und Schnaps in die durstige Kehle. Für die Unterbringung der Arbeiter reichten die Gasthäuser nicht aus, so dass auch private Haushalte sich durch Untervermietung von Zimmern ein Zubrot verdienen konnten. Wer einen Lastwagen besaß, konnte reich werden, denn die Auftraggeber bezahlten nach der Anzahl der Fahrten, so dass der Volksmund die Männer am Steuer der Kieslaster schon bald als Wildwestfahrer bezeichnete. Die Kehrseite der Medaille waren zahlreiche Unfälle, verwüstete Landschaften und beschädigte Straßen.[417] War die Arbeitslosigkeit in Aachen in den ersten Jahren von Hitlers Herrschaft noch bedrückend hoch gewesen, so klagten einheimische Unternehmer nun über die Abwerbung von Arbeitskräften durch die am Westwallprojekt beteiligten Baufirmen. Am Ende kam Aachen zwischen zwei Bunkergürtel – einen im Westen und einen im Osten der Stadt. Noch heute sind an einigen Stellen Höckerlinien und Bunker zu sehen, die damals in unermüdlicher Arbeit angelegt wurden und sich sechs Jahre später dennoch als annähernd wertlos erweisen sollten.

Als der Krieg da war, bereitete die Bevölkerung sich auf eine Evakuierung vor. Geld wurde abgehoben und Gepäck aus der Stadt geschickt. Krankenhäuser wurden geräumt und die Schätze des Doms ausgelagert. Bezugsscheine für Lebensmittel gab es schon seit Ende August 1939 wieder. Doch nach dem Überfall auf Polen am 1. September und der Kriegserklärung Großbritanniens und Frankreichs passierte im Westen zunächst einmal nichts. Die Wehrmacht überrannte Polen und ging erst im folgenden Mai auch gegen Frankreich in die Offensive. 40 000 Soldaten, die zuvor in Aachen stationiert gewesen waren, machten sich wieder auf den Weg. Frankreich, das man im letzten Krieg in vier Jahren nicht in die Knie hatte zwingen können, war nach sechs Wochen besiegt. Großbritannien konnte seine Soldaten in letzter Minute über den Kanal retten und blieb den Deutschen als Gegner erhalten. Mit dem Angriff auf die Sowjetunion im Juni 1941 bekam der Kampf dann eine ganz neue Dimension – er wurde nun endgültig zum Weltanschauungskrieg, denn im

Höckerlinien des Westwalls nahe der Monschauer Straße im Südosten von Aachen

Bombentrichter am Kapuzinergraben nach dem Luftangriff vom 11. April 1944

Osten lag der von Hitler geforderte Lebensraum für seine Herrenrasse, und er zog sich in die Länge, nachdem die erste Offensive im Herbst 1941 im Schlamm stecken blieb, ohne dass Moskau erobert war. Blitzsiege gab es nicht mehr. Es wurde ernst.

Wieder wurden die deutschen Arbeitskräfte knapp, dafür wurden jetzt Kriegsgefangene und Zwangsarbeiter eingesetzt. Im Lauf der Zeit gab es nicht weniger als 50 verschiedene Lager auf dem Aachener Stadtgebiet, die teilweise in leer stehenden Gebäuden, teilweise in eigens hochgezogenen Baracken eingerichtet wurden.[418] Männer und Frauen arbeiteten in verschiedenen Aachener Betrieben, in der Landwirtschaft, als Gehilfinnen in privaten Haushalten und als Arbeiter beim Bunkerbau. Unter Bewachung waren sie auch in der Stadt unterwegs und versuchten bisweilen, selbst gebasteltes Spielzeug gegen Lebensmittel einzutauschen – Entwurzelte aus einer anderen Welt, abgemagert und verlaust, die in der feindseligen Umgebung eines Landes überleben mussten, für das sie mehr oder weniger wertloses Menschenmaterial darstellten. Die Bevölkerung war aufgefordert, sie mit Herablassung zu behandeln. Wie der Umgang im Alltag wirklich aussah, ist schwer festzustellen; auf den Höfen des Umlandes gab es eher Kontakt zu den deutschen Familien, weil dort in den einzelnen Betrieben nur wenige Arbeiter eingesetzt wurden. Von manchen Bauern wurden sie geschunden und misshandelt, andere fassten Vertrauen und ließen die Zwangsarbeiter trotz entsprechender Verbote am Tisch der Familie essen. Viele dürften dabei stillschweigend an ihre eigenen Söhne gedacht haben, die irgendwo im Osten einen Krieg führten, der immer unheimlicher wurde.

Spürbar war dieser Krieg in der Heimat vor allem durch die Bombenangriffe, die sich ab 1943 häuften und im folgenden Jahr fast unerträgliche Ausmaße annahmen. Eine erste Kostprobe hatte Aachen dabei schon zwei Tage nach dem Beginn des Angriffs im Westen bekommen. Am 12. Mai kam bei diesem ersten Luftangriff des Zweiten Weltkriegs ein Kind ums Leben. Zehn Tage später starben bei einem weiteren Angriff drei Menschen. Zum Schutz der Zivilbevölkerung wurden in der Stadt insgesamt zehn Hochbunker gebaut, die heute zumeist von Graffiti bedeckt und von Gestrüpp und Efeu überwuchert ihr Dasein fristen. Ein Problem in Aachen war, dass die Stadt wegen ihrer Grenzlage immer wieder von den einfliegenden Bombern gestreift wurde, so dass ständig Alarm gegeben wurde. Da anschließend aber meistens gar nichts passierte, weil die Flugzeuge ihre Bombenlast woanders abwarfen, wurde der Alarm bald nicht mehr ernst genommen. In der Nacht vom 9. zum 10. Juli 1941 hatte diese Unvorsichtigkeit fatale Folgen. Es war mit 30 Bombern der erste Großangriff auf Aachen. 60 Menschen kamen ums Leben, 500 Häuser wurden total zerstört.

Nach einer längeren Phase mit kleineren Angriffen begann der Bombenkrieg im Sommer 1943 in größerem Ausmaß. Im Februar hatte Goebbels in seiner berüchtigten Sportpalastrede vor größtenteils geladenen Claqueuren den „totalen Krieg" angekündigt, womit vor allem der bedingungslose Einsatz der Heimatfront gemeint war. Die alliierten Bombardements zielten ihrerseits darauf ab, die Bevölkerung in ihren Ressourcen zu schwächen und moralisch zu zermürben. Mit scheinbar grenzenlosem Materialaufwand steigerten vor allem die Amerikaner die abgeworfene Bombenlast exponentiell, zumal sie den deutschen Luftraum bald weitgehend beherrschten. In der Nacht vom 13. auf den 14. Juli 1943 waren es bereits 200 Flugzeuge, die ihre Bomben über Aachen ausklinkten und die alte Kaiserstadt in ein einziges Flammenmeer verwandelten. Fast 300 Tote wurden hinterher geborgen,

Die brennende Stadtsilhoutte nach einem Bombenangriff

und etwa 20 000 Aachener waren obdachlos. In der folgenden Zeit verließen fast 30 000 Personen die Stadt. Noch in der Bombennacht war ein Reporter durch die Stadt gefahren und hatte das Chaos, das sich in diesen Jahren im ganzen Reich so und ähnlich wiederholte, in einem Tonbericht dokumentiert. Löschfahrzeuge aus der ganzen Umgebung parkten kreuz und quer und blockierten die Fahrbahn. Menschen rannten kopflos umher, Zeitzünderbomben explodierten und Gebäude stürzten ein. Die Welt schien unterzugehen. Kreisleiter Schmeer indes war voll des Lobes über den disziplinierten Ablauf der Rettungsarbeiten – derselbe Schmeer, dem vier Tage vor dem Inferno ein erbitterter Volksgenosse in einem anonymen Brief die Mitschuld an den Bombenangriffen gegeben hatte: „Sie, Herr Schmeer, der damals mit von der Partie der Brandstifter war, wagen es heute, einen Aufruf loszulassen zu einer Trauerkundgebung für die Opfer der Rachflüge! Dazu sind Sie nicht berufen. Sie sollten in Sack und Asche Buße tun für Ihre Mitschuld. Aber Sie scheinen abgestumpft zu sein gegen höhere Regungen wie die meisten Ihrer Gesinnungsgenossen."[419]

Und es kam noch schlimmer. Am späten Abend des 11. April des folgenden Jahres erlebte Aachen die schwersten Angriffe seiner Geschichte. 350 Flugzeuge warfen mehr als 40 000 Brandbomben und mehr als 4000 Sprengbomben ab – ein Drittel aller Brandbomben und zwei Drittel aller Sprengbomben des gesamten Luftkrieges in Aachen wurden an diesem Abend abgeworfen, und zwei Drittel aller Aachener Bombenopfer starben in dieser Nacht. 1525 Tote zog man aus den Trümmern. Es folgten noch zwei weitere schwere Angriffe im Mai. Und während die Bevölkerung zwischen Verzweiflung und Lethargie schwankte, gelang einer Löschgruppe aus 18 Jungen und Mädchen das Unwahrscheinliche: die Rettung des Aachener Doms. Unter der Leitung von Stephan Buchkremer, einem Bruder des in Dachau inhaftierten Kaplans Josef Buchkremer, wurde die seit 1942 tätige Gruppe zu einer verschworenen Gemeinschaft von gut trainierten und spezialisierten Feuerwehrleuten, die in den Bombennächten auch in der Nachbarschaft des Domes mehrere Leben rettete.[420] Nach dem Einmarsch der Amerikaner erwarb sie sich weitere Verdienste bei der Wasserversorgung der Bevölkerung.

Damit ist das letzte Kapitel des Krieges in Aachen aufgeschlagen. Im Verlauf des Sommers 1944 kämpften sich die Alliierten, die Anfang Juni in der Normandie an Land gegangen waren, durch Frankreich und drängten die Wehrmacht auf den deutschen Boden zurück. Anfang August erging ein Führerbefehl, den Westwall verteidigungsbereit zu machen. Die Anlagen waren zu dieser Zeit schon ziemlich verwahrlost, einige Bunker standen unter Wasser und bei anderen war das Schussfeld vollständig zugewachsen. Die bevorstehende Verteidigung des Reichsgebietes wurde von der Führung genutzt, um die Deutschen auf verbissenen Widerstand einzuschwören. Während draußen die Artillerie bellte, bellte drinnen die Stimme des Propagandaministers aus dem Radio und versprach Verstärkung und Wunderwaffen. Aachen sollte zum „deutschen Stalingrad" werden, zum Schauplatz der Kriegswende.[421] Und tatsächlich stieg bei der Wehrmacht, wo die vollmundigen und von Phrasen überschäumenden Reden der Parteiführer ansonsten nur noch selten ernst genommen wurden, die Entschlossenheit. Es ist immer wieder erstaunlich, welche Selbstverständlichkeit aus den zahlreichen später veröffentlichten Berichten alter Offiziere spricht: selbstverständlich wurde weitergekämpft, obwohl allen die Sinnlosigkeit des Widerstandes klar sein musste, selbstverständlich war die Empörung über die militärischen Fehlentscheidungen des Regimes größer als

Graffiti statt Granaten: Bunker Frankenberg heute

die Empörung über dessen Terror gegen die Bevölkerung, und selbstverständlich galt auch nach dem Ende der Diktatur noch als Teufelskerl, wer in diesen Tagen besondere Leistungen im Kampf gegen die brachte, die eben dieser Diktatur den Todesstoß versetzten. Zeitzeugen verstecken sich hinter einer Flut von militärischen Fakten und bemänteln damit die Tatsache, dass sie einen verlorenen und verbrecherischen Krieg verlängerten und dessen Verursacher an der Macht hielten, ob sie diese nun schätzten oder nicht.

Am 10. September 1944 tauchte Heinrich Himmler im Bunker Frankenberg auf, um Evakuierungsgerüchten entgegenzutreten und die Bevölkerung noch einmal auf die Verteidigung ihrer Stadt einzuschwören. Nachdem am Abend des 11. September mit einem amerikanischen Spähtrupp zum ersten Mal in diesem Krieg alliierte Soldaten deutschen Boden betreten hatten, überschlugen sich in Aachen die Ereignisse: Oberbürgermeister Jansen ernannte Museumsdirektor Felix Kuetgens zum Notverwalter, der für die Sicherheit in der Stadt sorgen sollte, während die lokalen Parteigrößen ihre Koffer packten. In der Stadt schwirrten Gerüchte durch die Luft, die eben noch von Himmler geleugnete Evakuierung stehe nun doch bevor. Tatsächlich fuhren am nächsten Tag Lautsprecherwagen durch die Straßen und verkündeten den Räumungsbefehl. Die meisten Aachener wollten die Stadt dennoch auf keinen Fall verlassen. Einige beugten sich den Anordnungen, andere versteckten sich. Dabei zeigte sich zum ersten Mal der beginnende Verfall des Gehorsams gegenüber den eben noch allmächtigen Autoritäten. Die Zeitzeugin Louise Herné erinnerte sich, dass Angehörige des NS-Kraftfahrkorps, die wahrscheinlich im Auftrag der Kreisleitung die Runde durch die Bunker machten und die Insassen zum Verlassen der Stadt aufforderten, von diesen ausgelacht und beschimpft wurden.[422] Dennoch stauten sich Tausende am Bahnhof, von wo aus sie mit Sonderzügen der Bahn aus der Stadt geschafft werden sollten. Andere verließen Aachen mit Bussen und Lastwagen über teilweise schon unter Beschuss liegende Ausfallstraßen. Im Lauf des Tages fielen Telefon, Wasser, Gas und Strom aus. Die meisten rechneten mit einer baldigen Ankunft der Amerikaner.

Mit der Verteidigung des Aachener Frontabschnitts war die 116. Panzerdivision betraut. Sie war als „Windhund-Division" bekannt und stand unter dem Kommando von Generalleutnant Gerhard Graf von Schwerin. Schwerin traf am 13. September in Aachen ein. Zu diesem Zeitpunkt waren Schmeer und die anderen Parteichargen bereits verschwunden. Damit hatten sie sich nirgendwo Freunde gemacht: die Bevölkerung fühlte sich von den „Goldfasanen" im Stich gelassen, und die Parteileitung war wütend über das schlechte Beispiel, das Schmeer und seine Leute abgaben. Schmeer wurde später degradiert und an die Front versetzt. Schwerin befahl unterdessen sofort nach seiner Ankunft, die Räumung der Stadt abzubrechen und versuchte Kontakt mit den amerikanischen Kommandanten in der Nähe von Eupen aufzunehmen: „I stopped the stupid evacuation of civil population and ask you to give her relief. I'm the last commanding officer here."[423] Diese Nachricht, die später in die Hände der Gauleitung fiel und Schwerin ein Kriegsgerichtsverfahren (das allerdings schnell mit einem Freispruch endete) einbrachte, ist immer wieder gern zitiert und als Beleg für Schwerins Absichten angesehen worden, die Stadt zur Schonung der Bevölkerung den Amerikanern zu übergeben. Der Generalleutnant wurde nach dem Krieg sogar zum „Retter von Aachen" erklärt und stand mit seinem Namen Pate für eine Straße. In Wahrheit aber hatte er schon am Mittag des 13. September alle nötigen Maßnahmen zur Verteidigung der Stadt zu treffen begonnen, nachdem der von allen erwartete sofortige Vorstoß der Amerikaner ausgeblieben war. Anstatt Aachen zu retten, hatte Schwerin die Stadt durch diese Initiative überhaupt erst zum Kampfgebiet gemacht.[424] Von einer Übergabe war nicht mehr die Rede. Am Westwall vor der Stadt begannen Kämpfe um die Bunkeranlagen, während amerikanische Einheiten südlich an Aachen vorbeirückten.

Am Nachmittag des 13. September kam es im Norden der Innenstadt zu einer Tragödie, als ein Standgericht der Windhund-Division zwei Jungen im Alter von 14 Jahren zum Tod verurteilte und vor einem Eckhaus zwischen Saarstraße und Veltmannplatz erschießen ließ. Die beiden, Karl Schwartz und Johann Herren, waren von einer Patrouille zusammen mit anderen Personen vor einem geplünderten Geschäft aufgegriffen worden. Unverständlicherweise wurden die anderen mutmaßlichen Plünderer freigelassen, möglicherweise wollte man ganz bewusst ein Exempel an den beiden Jugendlichen statuieren, zumal von Schwerin ein hartes Vorgehen gegen Plünderer angeordnet worden war. Später beteuerte der Generalleutnant, er habe von der Erschießung der Jungen erst danach erfahren. Wer auch immer am Ende die Verantwortung trug – die Hinrichtung zeigt letztlich nur, dass dieses System auch in seinem Untergang immer noch Helfer fand, die bereit waren mehr zu tun als sie mussten. Eine Augenzeugin berichtete später: „Was mich besonders entsetzt hat, war die Tatsache, daß es deutsche Soldaten waren, die diese Kinder erschossen haben. Wir dachten, so etwas mache nur die SS."[425]

Auch die von Schwerin unterbrochene Räumung der Stadt wurde schon zwei Tage später wieder aufgenommen, nachdem die Spitzen der Aachener NSDAP auf Anordnung von Gauleiter Grohé noch einmal nach Aachen zurückgekehrt waren und durch besonders schneidiges Auftreten von ihrem bisherigen Versagen abzulenken versuchten. Ab dem 16. September wurden noch einmal 18 000 Personen aus der Stadt gebracht. Wer blieb, vegetierte in Kellern und Bunkern vor sich hin und war auf der Hut, dass ihn die Patrouillen nicht erwischten – das galt vor allem für Männer im wehrfähigen Alter zwischen 15 und 60 Jahren, die in ständiger Gefahr waren, als Drückeberger verhaftet oder gleich als Deserteure erschossen zu werden.

Gauleiter Joseph Grohé

Für ihre Versorgung war die verbliebene Bevölkerung auf sich allein gestellt. Trotz des abschreckenden Beispiels von Karl Schwartz und Johann Herren blieb vielen nichts anderes übrig, als sich wie bisweilen auch die Soldaten selbst an Plünderungen zu beteiligen. Durch Gerüchte erfuhr man immer wieder, wo noch etwas zu holen war. Überhaupt schritt der Verfall der Autoritäten fort. In den Räumen der Kreisleitung hatte jemand die Hitlerbilder zertrümmert. Als ein Offizier von Clara Trafford den Schlüssel zu einem Nachbarhaus verlangte, um im Garten einen Granatwerfer in Stellung zu bringen, kam es zum Streit: „Als ich ihn nicht gleich hergeben wollte, brüllte er mich an, er werde es dem Hauptmann melden, dann würde ich wegen Landesverrats erschossen. Ich sagte ihm, ob es noch nicht genug wäre, was ich dem Vaterland geopfert hätte, meinen Sohn und mein Haus, ob er nicht verstände, daß wir keine Lust hätten, auch noch das Letzte zu verlieren."[426]

Bergung eines Verwundeten beim Häuserkampf am Pastorplatz

Angesichts der ständigen Bedrohung des eigenen Lebens durch Luftangriffe, Artilleriebeschuss und Repressalien machte sich eine Endzeitstimmung breit, bei der viele Hemmungen fielen. In manchen Bunkern kam eine fatalistische Feierstimmung auf. Am 15. September notierte Len Burggraf in ihrem Tagebuch: „Der Tanz geht weiter. Gut mit Schnaps und Wein versorgt, ist hier Hochstimmung. Die jungen Frauen, nicht die Männer, sind am Mittag schon betrunken, tummeln über den Hof und umarmen jeden, der ihnen in den Weg kommt." Einen Tag später brachte sie die Aktivitäten auf die knappe Formel: „Essen, Saufen, Rauchen."[427] Versuche der Bunkerwarte, die Disziplin wieder herzustellen, wurden mit höhnischem Gelächter quittiert.

Die Amerikaner aber kamen immer noch nicht, sondern konzentrierten ihre Kräfte in den folgenden Wochen auf eine Offensive über Arnheim und gruben sich vor Aachen ein. Sie nahmen erst im Oktober die Kämpfe in der Aachener Umgebung wieder auf, griffen aber immer noch nicht die Stadt an, sondern begannen mit ihrer Einschließung. Am 10. Oktober erschienen drei Parlamentäre mit einer weißen Fahne in der Stadt, die mit verbundenen Augen zur Kommandantur gebracht wurden und eine Kapitulationsaufforderung überbrachten: „Kurz: es gibt keinen ‚Mittelweg'. Entweder Sie übergeben die Stadt mit ihrem jetzigen Bestand bedingungslos und vermeiden damit den sinnlosen Verlust an deutschem Leben und Eigentum, oder Sie weigern sich und gehen der völligen Vernichtung entgegen. Die Wahl und die Verantwortung liegen bei Ihnen."[428] Als die deutsche Seite das Ultimatum ablehnte, setzte schwerer Artilleriebeschuss ein. Neben Bomben und Granaten gingen auch Flugblätter über der Stadt nieder, in denen die Soldaten auf die Aussichtslosigkeit ihrer Lage aufmerksam gemacht wurden: „Wenn in Hörweite, rufe ‚ei ssörrender'. Das ist die Uebersetzung von ‚Ich ergebe mich'."[429]

Abtransport deutscher Soldaten in die Gefangenschaft nach dem Ende der Kämpfe

So weit aber war es immer noch nicht. Durch einen letzten schmalen Korridor wurden am 14. Oktober einige Einheiten der Waffen-SS nach Aachen geschleust. Zwei Tage darauf schnappte die Falle zu. Das Kommando in Aachen hatte inzwischen Oberst Wilck, der seinen Gefechtsstand zunächst im Quellenhof hatte und dann an den Hang des Lousbergs in einen Bunker zwischen Rütscher Straße und Försterstraße verlegte. Die Zustände in der Stadt waren inzwischen unbeschreiblich. Die Bunker waren voller Ungeziefer und Wasser und Essen konnten nur unter Lebensgefahr geholt werden, während Ärzte die Verwundeten bei Kerzenschein in schmutzigen Löchern operierten. SA und SS durchkämmten immer noch Keller und Bunker nach verwendungsfähigen Zivilisten, und Tote mussten notdürftig in Gärten und Grünstreifen begraben werden. Am 19. Oktober waren die Amerikaner im Stadtkern, wo sie immer noch aus Kellern und Fenstern beschossen wurden. Zwei Tage später waren die letzten Verteidiger in der Umgebung von Wilcks Gefechtsstand zusammengedrängt. Munition gab es nicht mehr. Der Oberst meldete sich ordnungsgemäß ab und begab sich mit dem, was von seinen Truppen noch übrig war, in Gefangenschaft. Seine letzte Ansprache vor den Soldaten endete mit Worten, die von Einsicht wenig verraten: „Ich habe erkannt, dass weiterer Kampf sinnlos wäre. Ich habe gegen meine Befehle gehandelt. Ich sollte bis zum letzten Mann kämpfen. Nun muss ich Sie daran erinnern, dass Sie immer noch deutsche Soldaten sind. Bitte, verhalten Sie sich entsprechend ... Die Amerikaner haben mir die Genehmigung verweigert, mit ‚Sieg Heil!' und ‚Heil Hitler!' zu schließen, aber wir können das immer noch in unseren Gedanken tun."[430]

Der Bunker in der Rütscher Straße – Gefechtsstand von Oberst Wilck und Schauplatz der letzten Kämpfe um Aachen

Der Kampf um Aachen war vorbei. Die Verluste der Amerikaner waren mit 2000 Toten und 5000 Verwundeten dreimal so hoch wie die der Deutschen.[431] Die Stadt war ein Trümmerfeld. Der amerikanische Offizier Saul Kussiel Padover beobachtete die Szenerie mit einem Fernglas: „Nirgendwo ein Lebenszeichen. Die Gestalten, die sich an den Häuserwänden entlangdrückten, waren unsere Infanteristen ... Ich sah die vielen weißen Fahnen, die aus den Häusern hingen. In der Luft lag eine gespenstische Stille ..."[432] In dieser scheinbar ausgestorbenen Stadt hockten noch etwa 6000 Menschen.

11.5. Aachen als besetzte Stadt

Diese Menschen und alle anderen, die in den nächsten Wochen und Monaten nach Aachen zurückkehrten, lebten in gewisser Hinsicht zwischen zwei Welten: der Staat, zu dem sie gehört hatten, taumelte weiter im Osten seinem Ende entgegen, und während die alten Autoritäten mit ihm untergingen, etablierte sich mit der Besatzungsmacht eine neue Autorität, nicht unbedingt furchteinflößend, aber dennoch fremd und provisorisch. „Die Neger sind freundlich, sie grüßen mehr als andere Soldaten" – so und ähnlich kommentierten die Aachener das Auftreten der neuen Herren, die sich zunächst eine gewisse Zurückhaltung auferlegten.[433]

Die Evakuierung, vor der sich die verbliebene Bevölkerung erfolgreich versteckt hatte, wurde von den Amerikanern nun doch durchgeführt. Eine Kaserne in Brand und ein Barackenlager im belgischen Hombourg wurden für die Internierung eingerichtet. Die Aachener sollten registriert und verhört werden, bevor sie wieder in ihre Stadt gelassen wurden. Zwei Monate lang studierte man ihre Gesinnung, fast wie in einem Versuchslabor wurden Daten gesammelt, von denen man sich Erkenntnisse für die Umerziehung eines ganzen Volkes versprach.

Ein amerikanischer Soldat vor einem brennenden Schaufenster

Etwa 10 000 Personen wurden erfasst. Zuständig war die Psychological Warfare Division der amerikanischen Streitkräfte. Saul Kussiel Padover, ein in Wien geborener Historiker und inzwischen Offizier der US-Armee, war einer der Männer, die die Befragung durchführten. Mit der Zeit wurden Befragungsmethoden entwickelt, mit denen die oft abgesprochenen und zurechtgelegten Antworten an Verwertbarkeit gewannen. Die Jahre der Bevormundung hatten ihre Spuren bei den Zeugen hinterlassen: „Diese Deutschen waren derart autoritätshörig und dokumentengläubig, daß sie sich erst beruhigten, wenn wir ihre Ausweise angeschaut hatten ... Sie klammerten sich an Geburtsurkunden, Wehrpässe, Reisegenehmigungen, Entlassungspapiere, Taufscheine, Ariernachweise, Heiratsurkunden, Sozialversicherungsausweise, Gehaltsbescheinigungen, Arbeitsbescheinigungen, Impfpässe – an irgendwelche Papiere eben, die beweisen sollten, daß sie am Leben waren und wohl auch das Recht hatten, am Leben zu sein."[434] Die Protokolle sind ein einzigartiges Zeugnis für die Mentalität dieser frisch aus der Diktatur entlassenen Menschen. Fast alle legten größten Wert darauf, immer unpolitisch gewesen zu sein, Unmündigkeit wurde zur Tugend, hochgehalten wie ein Schutzschild, das die Mitverantwortung an der Katastrophe fernhielt. Unfähig zur Selbstkritik, sahen sich diese Deutschen als Opfer verlogener Machenschaften; ein Heer von Betrogenen und Hintergangenen nahm da einer nach dem anderen im Befragungszimmer Platz, der eine schüchtern, der andere nassforsch, unverblümt oder verborgen in einem Strom von Phrasen, so packten sie aus und gaben ihre Gesinnung zu Protokoll – oder das, was sie als ihre Gesinnung verkaufen wollten. Die Gräuel des Regimes kannten und bedauerten sie, offensichtlich aber mehr wegen der Schädigung des deutschen Ansehens als wegen der Opfer. Jeder einzelne betonte, inmitten dieses Unrechts anständig und sauber geblieben zu sein. Angesichts von soviel Unschuld bemerkte Padover seinem Fahrer gegenüber einmal sarkastisch, Hitler müsse wohl tatsächlich übermenschliche Fähigkeiten gehabt haben, um einen ganzen Kontinent zu verwüsten und Millionen von Menschen zu ermorden, ohne dass ihm jemand dabei geholfen habe.[435]

Die nach und nach in die Stadt zurückkehrenden Menschen mussten nun versorgt und verwaltet werden. Dabei erwies es sich als schwierig, Personen zu finden, die gleichzeitig geeignet und unbelastet waren, denn Erfahrung in leitenden Positionen hatte man in Deutschland in den vergangenen Jahren kaum sammeln können, ohne in irgendeiner Weise in das System verstrickt gewesen zu sein. Am 31. Oktober wurde der von Bischof Johannes Joseph van der Velden empfohlene Franz Oppenhoff zum Oberbürgermeister ernannt. Oppenhoff hatte sich zunächst gesträubt, weil er Angst um seine in Stuttgart und damit noch unter NS-Herrschaft lebenden Verwandten hatte. Nachdem die Amerikaner ihm die Geheimhaltung seines Namens zugesichert hatten, sagte er zu. Als sein Name dann doch an die falschen Ohren kam, bezahlte niemand aus seiner Familie dafür mit dem Leben, sondern er selbst.

Franz Oppenhoff, von den Amerikanern eingesetzter Oberbürgermeister

Am 1. November nahm die Stadtverwaltung die Arbeit im Regierungsgebäude am Theaterplatz auf. Es gab kein Licht, keine Heizung, kein Wasser und kein Telefon; die Beamten wurden von Militärfahrzeugen aus der Kaserne in Brand zur Arbeit gefahren und am

Abend wieder zurück gebracht, während immer noch deutsche Artilleriegeschosse von der ostwärts rückenden Front und bis in den Dezember hinein auch noch Raketen vom Typ V1 und V2 über die Stadt pfiffen. Den Ordnungsdienst besorgte eine deutsche Polizei, deren Uniformierung aus Armbinden bestand. Schon am 1. Dezember wurden wieder Steuern erhoben.

Zwischen Oppenhoff und seinem Mitarbeiterstab auf der einen Seite und den Besatzern auf der anderen herrschte ein konstruktives Klima. Einer der Offiziere bemerkte, die Arbeit sei in Deutschland einfacher als in Belgien, weil die Deutschen aufgrund des militärischen Drills gelernt hätten, zu tun was man ihnen sagte.[436] Kontroversen gab es aber schon bald wegen der Beschäftigung ehemaliger Parteigenossen bei der Stadtverwaltung, auf die Oppenhoff nicht verzichten wollte; überhaupt bestanden unter seinen Mitarbeitern allerhand alte Seilschaften. Von ihren ehemaligen politischen Gegnern wurde diese weit ins alte NS-Milieu ausfasernde Mannschaft als „Zentrumsclique" bezeichnet. Eine Umfrage der Psychological Warfare Division über die politischen Sympathien der Bevölkerung ergab indes einen geradezu wundersamen Linksruck: SPD und KPD kamen zusammen auf 75 % der Stimmen.[437] Ohnehin finden sich immer wieder Bemerkungen darüber, dass die Kommunisten in diesen Monaten besondere Aktivitäten entfalteten. Es ging so weit, dass die Unzufriedenheit über die amerikanische Besatzungspolitik immer wieder ungehaltene Bemerkungen provozierte, die Sowjets machten es in den von ihnen besetzten Gebieten besser.[438]

Bei den Amerikanern herrschte die Überzeugung vor, dass vor allem die deutsche Linke die Demokratie aufbauen müsse, weil man hier die Gegnerschaft zum NS-Regime voraussetzen konnte. Die Frage war nur, wie weit links gerade noch tolerierbar war, und sie war eng verknüpft mit dem Verhältnis zum Bündnispartner Stalin. Für solche Experimente aber war Oppenhoff nicht unbedingt der richtige Kandidat. Wie unpopulär die Demokratie bei diesen Männern war, die die Stadt heute wegen ihrer unbestreitbaren Verdienste um den Wiederaufbau in hohem Andenken hält, zeigt eine Bemerkung Oppenhoffs gegenüber Padover: „Die amerikanische Militärregierung wird selbstverständlich klug genug sein und die Bildung von Parteien und Gewerkschaften in Deutschland verbieten."[439]

In der alliierten Presse fanden die Aachener Verhältnisse einigen Widerhall; es entstand das überzeichnete Bild einer durch und durch antidemokratischen und von unverbesserlichen Nationalsozialisten durchsetzten Führungsriege in der Stadt, das schließlich sogar die Beziehungen zur Sowjetunion zu belasten drohte. Zu Beginn des Jahres 1945 griff die Besatzungsmacht dann durch und entfernte konsequent die ehemaligen Parteigenossen aus der städtischen Führungsebene. Auf den unteren Stufen war man aus Personalmangel zunächst weiterhin auf Kompromisse angewiesen. Erst ab dem 1. April 1945 war der Beamtenapparat frei von NSDAP-Mitgliedern.

Oppenhoffs Wohnhaus in der Eupener Straße 251 – hinter dem Haus wurde der Oberbürgermeister am 25. Januar 1945 erschossen

Franz Oppenhoff lebte zu diesem Zeitpunkt schon nicht mehr. Im nationalsozialistischen Reststaat waren nach dem Überschreiten der deutschen Grenzen durch die Alliierten unter Federführung der SS so genannte Werwolf-Kommandos aufgestellt worden, kleine Gruppen von bedingungslosen Anhängern des NS-Regimes, die hinter der Front operierten und vor allem Attentate und Sabotageakte verübten – eine weitere Wunderwaffe, mit der, wie Goebbels den Deutschen einzureden versuchte, eine Kriegswende herbeigeführt werden könne. Der Erfolg dieser Aktionen war äußerst bescheiden und förderte höchstens das Misstrauen der alliierten Soldaten in frisch eroberten Gegenden. Für Franz Oppenhoff aber wurde der Werwolf zum Vollstrecker eines von unmenschlichen Fanatikern gefällten Todesurteils. Am späten Abend des 20. März 1945 sprang eine kleine Gruppe von fünf Männern und einer Frau bei Wolfhaag in der Nähe des Dreiländerecks mit Fallschirmen aus einem erbeuteten amerikanischen Bomber ab. Sie schlugen sich auf deutsches Gebiet durch und nisteten sich in der Nähe des Pelzerturmes ein. Nachdem die junge Frau sich in Aachen eingeschlichen und Oppenhoffs Identität und seine Adresse ausgekundschaftet hatte, machte sich das Mordkommando auf den Weg. Am 25. März wurde Franz Oppenhoff hinter seinem Haus in der Eupener Straße 251 von drei Männern, die sich als abgeschossene deutsche Flieger ausgegeben hatten, erschossen. Es war das letzte nationalsozialistische Verbrechen in Aachen.

Kurz darauf begann der Durchmarsch der befreiten Kriegsgefangenen und Zwangsarbeiter, die im Besatzungsjargon als Displaced Persons bezeichnet wurden. Die Kaserne in Brand wurde noch einmal zum Sammellager, nachdem die Aachener Bevölkerung in ihre Häuser zurückgekehrt war. Die ehemaligen Gefangenen stammten zum größten Teil aus der Sowjetunion und aus Polen und sollten in ihre Heimat zurückgeführt werden, was angesichts des immer noch andauernden Krieges zunächst so gut wie unmöglich war. Zwischenzeitlich waren allein in der Kaserne in Brand wieder 17 000 Personen einquartiert. Es kam zu Diebstahl und Vandalismus; wie die deutschen Soldaten einst ihre Länder ausgeplündert hatten, so plünderten sie nun das Land ihrer Peiniger. Vor allem im Umland von Aachen herrschte stellenweise fast völlige Anarchie, als einzelne Banden Gehöfte überfielen und die Bauern sich selbst zur Gegenwehr organisierten. Nachdem ein amerikanischer Offizier ums Leben gekommen war, wurden am 4. April 1945 schließlich 21 Russen erschossen.[440] Im August wurden die letzten dieser sozusagen auf Raten Befreiten in ihre Heimat entlassen. Zu dieser Zeit war der Krieg seit drei Monaten vorbei. Europa hatte irgendwie überlebt.

12. Nachkriegszeit

Der Aachener Bischof, auf den die Amerikaner am 18. Oktober 1944 in einem Keller in der Adalbertstraße gestoßen waren, hatte nicht nur Empfehlungen für die Besetzung der städtischen Ämter parat, sondern auch für die Neuordnung des gesamten Staates. Die guten alten antipreußischen Ressentiments hatten sich ganz offensichtlich über die Gleichmacherei des Nationalsozialismus gerettet. Das „Land der Junker, wo sie noch bis vor kurzem wie die Affen auf den Bäumen gesessen hätten" habe viel verdorben, so der Bischof, doch mit gründlicher Umerziehungsarbeit könnte man aus diesem Staat der geborenen Unteroffiziere wieder eine zivile Gesellschaft machen. Van der Velden empfahl eine konstitutionelle Monarchie oder eine Republik mit starkem Präsidenten als geeignete Staatsform.[441]

Es kam anders, und es kam besser, als die meisten zu hoffen gewagt hatten. Deutschland in der Nachkriegszeit – das ist in politischer Hinsicht die Geschichte der erfolgreichen Demokratisierung einer scheinbar verdorbenen Gesellschaft, in materieller Hinsicht die Geschichte eines rasanten Wiederaufbaus, in moralischer Hinsicht die Geschichte einer schwerfälligen und langwierigen Aufarbeitung der Vergangenheit, und mit Blick auf die Mentalität der Menschen die Geschichte der Entstehung eines Gemeinwesens, das sich heute als weltoffen, tolerant, vielfältig und umweltbewusst versteht und vor allem verkauft. Selbstkritisch und gegen den Strom zu denken – das gilt in bewusster Abgrenzung an frühere Zeiten als modern. Allerdings ist die Frage berechtigt, inwieweit auch diese Haltung nicht Gefahr läuft, zum selbstgefälligen Markenzeichen zu verkommen.

Bischof Johannes Joseph van der Velden (1943 – 1954)

Die erste Zeit nach dem Krieg war eine schwere, so hört man immer wieder. Sie war arm an Ressourcen, aber reich an Möglichkeiten, und die meisten Zeitzeugen erinnern sich gern an diese Jahre, in denen man endlich wieder leben konnte, wie man wollte. Doch auch diese Freiheit wurde höchstens zwei Jahrzehnte lang als solche empfunden. Nachdem die anstrengende Aufbauarbeit geleistet worden war, wuchs eine neue Generation heran, die hinter der konservativen und autoritätshörigen Fassade der Ära Adenauer eine unbewältigte Vergangenheit erkannte, die viel weiter zurückreichte als in die Zeiten der Diktatur. Eine Protestbewegung formierte sich, die den Hebel ihrer Kritik bei dieser Vergangenheit anlegte, aber nicht nur dort, denn die Globalisierung, die heute in aller Munde ist, hatte im Grunde bereits in der Zeit der weltumspannenden Ideologien begonnen, die aus dem

Zweiten Weltkrieg hervorgegangen waren. Neben dem geschärften Bewusstsein für die Probleme der Menschheit trat das Bewusstsein für die Umwelt; beides wurde anfangs bekämpft und belächelt und ist inzwischen zum Allgemeingut nicht nur in Aachen und nicht nur in Deutschland geworden.

Aachen ist seiner europäischen Vergangenheit treu geblieben, gerade durch die Nähe einer Grenze, die inzwischen kaum noch eine ist. Das Jahrzehnt des mörderischen Krieges war noch nicht zu Ende, da streckte man von hier aus die ersten Fühler zu den Gegnern von gestern aus. Der Karlspreis ist das beste Beispiel für diese Tradition, und die mit Schüleraustausch und Auslandsstudium groß gewordenen Generationen beweisen jeden Tag, dass der europäische Geist der ansonsten viel kritisierten Honoratioren, die sich fast jedes Jahr im alten Rathaus zur Preisvergabe zusammenfinden, gewissermaßen über viele Ecken nach unten weitergegeben wurde. Aachen ist ein Kristallisationskern für die Hoffnung geworden, dass Europa mehr ist als nur ein Kontinent.

12.1. Rückkehr zur Zivilisation

Die Bilanz des Krieges war vor Ort zunächst eine Ansammlung von Lücken: in der Stadt reihten sich die Fassaden der leergebombten Häuser aneinander wie abgestorbene Zähne. In den Familien klafften die Lücken der Kriegsverluste; etwa 6500 Aachener waren an der Front oder zuhause im Bombenhagel umgekommen, und viele weitere wurden noch vermisst. Materielle und geistige Werte waren verloren gegangen und mussten neu erarbeitet werden.

Im Mai 1945 übergaben die Amerikaner die Besatzungshoheit den Briten, und ein Jahr später rückten wieder belgische Streitkräfte ein, die unter britischer Verwaltung die Ordnung aufrecht erhielten. Die Versorgungslage war eigentlich eine Katastrophe, jedem Aachener wurden zunächst 1050 Kalorien am Tag zugestanden; für alles, was darüber hinausging, musste man sich auf dem Schwarzmarkt versorgen. Rund um die Adalbertkirche, wo die mehr oder weniger zwielichtigen Gestalten sich mit ihrer Ware herumdrückten, hieß die Reichsmark jetzt für drei Jahre Lucky Strike. Erst im Juni 1948 kehrte das Geld als Deutsche Mark zurück und zauberte sozusagen über Nacht die Herrlichkeiten der Wohlstandsgesellschaft wieder in die Schaufenster, nachdem es in den Jahren zuvor noch Hungerdemonstrationen gegeben hatte.

Das Leben kehrte langsam zur Normalität zurück, wenn man überhaupt noch wusste, was das war. Die Ausgangssperren lockerten sich, die Nächte wurden kürzer. Die evakuierte Bevölkerung strömte unkontrolliert in die Stadt zurück und fand Unterschlupf in Behausungen, die man eigentlich kaum jemandem anbieten konnte. Noch 1946 lebten mehr als 2000 Personen in Luftschutzbunkern, die von den letzten Bewohnern erst zwölf Jahre später verlassen wurden. Die Wände waren in den ersten Monaten gepflastert mit Suchmeldungen der auseinander gerissenen Familien. Lebenswille äußerte sich im Besuch der schon im April 1945 wieder aufgenommenen Konzerte im Dom. Der Hunger nach solchen Veranstaltungen machte erfinderisch, Zuhörer wärmten sich die Hände an mitgebrachten heißen Ziegelsteinen in ihren Handtaschen. Im Juni 1945 nahmen die Volksschulen den Betrieb wieder auf, und die Eröffnungswelle schwappte über die weiter führenden Schulen bis zur Hochschule hinauf. Über Post, Telefon und Eisenbahn begann eine in Vereinen, Pfarreien und Verbänden reorganisierte Gesellschaft wieder zu kommunizieren.

Die CDU war die erste demokratische Partei, die sich im September 1946 aus den Trümmern erhob, es folgte im Januar des folgenden Jahres die SPD, die dann auch mit Ludwig Kuhnen den ersten, noch von der Besatzungsmacht ernannten Oberbürgermeister stellte. Als im Oktober gewählt wurde, machten die Christdemokraten mit 64 % der Wählerstimmen das Rennen und knüpften damit an die Ergebnisse der Zentrumspartei an, die später zwar noch ein paarmal auf den Listen erschien, aber keine Lorbeeren mehr erntete – im neuen Staat konnte man mit konfessioneller Programmatik offenbar nicht mehr punkten. Die Vormacht der CDU in der städtischen Vertretung sollte bis 1989 dauern.

Das größte Problem der Bevölkerung, nämlich ihre Versorgung, war bald mehr oder weniger gelöst. Das Problem der Unterbringung in der Trümmerwüste blieb dagegen noch lange bestehen. Schon 1945 waren die Männer zwischen 16 und 60 Jahren zum Abräumen der Schuttmassen verpflichtet worden, die zu Sammelstellen gekarrt und von dort aus mit Feldbahnen aus der Stadt geschafft wurden. Allein im Gillesbachtal in Burtscheid wurden mehr als 16 000 Lastwagenladungen abgekippt, über denen anschließend eine Parkanlage ausgerollt wurde, in der man heute spazieren gehen kann. In den Trümmern lagen immer noch Blingänger, die noch Jahre nach dem Krieg zur tödlichen Falle für Räumkommandos, Altmetallsammler und spielende Kinder wurden. Auf dem Land war es nicht besser: die Räumung der Kampfmittel in der Umgebung der Bunkeranlagen des Westwalls war nach Jahrzehnten noch nicht abgeschlossen und förderte Munition in solch unglaublichen Mengen zutage, dass man damit bald einen weiteren Krieg hätte führen können. Für den Wiederaufbau von Aachen wurde im Februar 1948 ein Planungsamt unter der Leitung von Wilhelm Fischer gegründet. Ganze Straßenfluchten wurden versetzt. Das Ergebnis ist der in den zerstörten deutschen Städten übliche Kompromiss.

Für Schmuggler brachen wiederum goldene Zeiten an. Bis 1952 bestand an der Grenze eine Sperrzone, mit der die Behörden den illegalen Grenzverkehr mit mäßigem Erfolg einzudämmen versuchten. Die Schmuggler fuhren mit schwerem Gerät auf: einige besonders dreiste Gestalten hatten sich von den Belgiern ausrangierte amerikanische Panzer besorgt, die mit schusssicheren Reifen, Blendscheinwerfern und gepanzerten Windschutzscheiben Tonnen von Kaffee in die britische Besatzungszone schafften. Manche Soldaten bis hoch zu den Offizieren waren selbst in die Machenschaften verstrickt wie der englische Major Denis Hunt, ein berüchtigter Trunkenbold, der am Grenzübergang Bildchen das Sagen hatte, sich am liebsten selbst am beschlagnahmten Schmuggelgut bereicherte und seine Helfer in den eigenen Reihen rekrutierte. Eine damals 26 Jahre alte Frau erinnert sich: „Der englische Bekannte kam immer zu mir und war ganz verrückt nach mir. Wir gingen natürlich ins Bett, aber ich mochte den gar nicht. Hauptsache, der brachte was aus dem englischen Kasino mit!“[442] Auch Kinder wurden gern als Kuriere eingesetzt, weil die Grenzwachen nicht auf sie schießen durften. „Verdreckt und zerlumpt, mit Schuhen, die den Zehen freien Ausblick lassen, Zigaretten rauchend und Gespräche führend, die manchen Erwachsenen erröten lassen – das ist die Schmuggeljugend von heute.“[443] Eine regelrechte Mafia etablierte sich an der Grenze; im Jahr 1949 lief ein Verfahren gegen einen von Kurt Kemper im Auftrag des Belgiers François Elser, bekannt als „Mann mit der Goldschnauze“ aufgezogenen Schmuggelring, das haarsträubende Zustände ans Licht brachte. Ein Zollamtmann hatte den Beamten 500 000 Mark für die Ermittlungsakten geboten.[444] Der Fall sorgte in der Presse in ganz Deutschland für Aufsehen. Für Elser waren mehrere Panzer unterwegs, ansonsten fuhren die Herren gern mit teuren Straßenkreuzern durch die Gegend. Die Zollfahndung selbst bekam noch 1952 zwei Porsches, die mit Besen vor den Vorderrädern ausgestattet wurden, um die aus den verfolgten „Kaffeepanzern“ geworfenen Krähenfüße von der Fahrbahn zu fegen.[445] Insgesamt kamen bei Schießereien an der Grenze mehr als 30 Personen ums Leben. Erst als 1953 die Kaffeesteuer in Deutschland gesenkt wurde, kam der Schmuggel zum Erliegen.

12.2. Am Puls von Europa

Die Nachkriegsgeschichte der Stadt Aachen ist noch sehr unvollständig geschrieben. Hält man sich an den chronologischen Ablauf der Ereignisse, dann gewinnt man den Eindruck, diese Geschichte sei eine endlose Kette von harmlosen Veranstaltungen: Richtfeste und Einweihungen, Ernennungen und Verabschiedungen, Jubiläen und Kommunalwahlen mit fast immer gleichen Ausgang. Die CDU hielt die Mehrheit im Stadtrat – meistens die absolute – mit selbstzufriedener Souveränität. 1989 wurde mit Jürgen Linden zum ersten Mal in der Geschichte der Stadt ein Oberbürgermeister aus den Reihen der SPD gewählt, unterstützt von einer neuen Partei, den Grünen, die erst wenige Jahre zuvor in den Ring gestiegen waren.

Die Institutionen der Stadt unterlagen bald einem ständigen Druck zur Modernisierung, und es kann kaum verwundern, dass die Hochschule hier zu einem besonderen Motor wurde. Schon 1958 verfügte sie über ein Rechenzentrum, und

Einst ein legendäres Nachtlokal: Die „Bastei" an der Ecke zwischen Krefelder Straße und Ludwigsallee

acht Jahre später wurde hier die erste Großrechenanlage in Deutschland aufgebaut. Das größte Projekt in der Geschichte der Hochschule aber wurde der Neubau des Klinikums auf dem Gelände des ehemaligen Leprosenhospitals Melaten, an historischer Stätte also. Im November 1973 wurde das Richtfest für eine der größten Kliniken Europas gefeiert, die Einweihung des 1,4 Milliarden Mark teuren Baus, unter dessen Dach heute 33 Kliniken und 21 Institute zusammengefasst sind, konnte im März 1985 begangen werden.

Hält man sich an die bebilderten Veröffentlichungen zur Zeitgeschichte, trifft man vor allem auf die Lebenswelt der jüngeren Generationen, die als inzwischen in die Jahre gekommene Zeitzeugen in Erinnerungen schwelgen. Zusammenfassen kann man das offenbar so: eine schwer zu bändigende Lebensfreude suchte sich ihren Weg durch den Verbotswald der Ordnung und Moral ihrer Elterngeneration und eckte dabei zunehmend an. Barrieren wurden nicht mehr heimlich umgangen, sondern immer offener eingerissen. Ein Aachener erinnert sich, dass er noch 1960 im später abgebrochenen Ungarnbad einen Trauschein vorlegen musste, um mit seiner Frau überhaupt ins Einzelbad gelassen zu werden, während andere Bademeister auch die unverheirateten Pärchen angeblich gegen Trinkgeld für eine Stunde in Ruhe ließen, was damals noch den Tatbestand der Kuppelei erfüllte.[446] Gleichzeitig gab es aber auch in Aachen bereits ein Nachtleben, das man in anderen Städten dieser Größenordnung vergeblich sucht. Es gab Etablissements, die bis in die frühen Morgenstunden geöffnet waren wie die „Bastei" oder solche, in denen Striptease zu sehen war wie die „Cortis-Bar". Bands spielten überall. Man ging viel aus, wie es scheint viel öfter als heute. Wer nicht in der Kneipe saß, saß im Kino: 1956 war Aachen die Stadt mit den meisten Kinobesuchen, nämlich etwa 30 pro Einwohner im Jahr.[447] In den 60er Jahren wurden die Vergnügungen dann ausgefallener, es gab das „Why not", wo man auf Toilettendeckeln saß und den „Scotch Club" als angeblich Deutschlands älteste Discothek. Wilder wurde auch das Kulturleben: legendär ist bis heute das „Fluxus-Happening" am 20. Juli 1964 im Audimax der Universität. Joseph Beuys und andere inszenierten absurde Einzelaktionen, nachdem die Sportpalastrede von Goebbels abgespielt worden war. Proteste wurden zu Tumulten, und Tumulte zur Randale: am Ende musste die Feuerwehr anrücken, weil im Saal ein Feuer brannte, während auf der Bühne eine Prügelei tobte. Dennoch wurde der Tag „das wichtigste Datum für Aachens Kulturszene".[448]

Solche Aktionen waren die typischen Vorbeben der politischen Revolte von 1968. Die Bewegung war in Aachen vergleichsweise schwach, denn die angehenden Ingenieure tendierten weit weniger zum Umsturz als ihre Kommilitonen aus den Geisteswissenschaften, die in anderen Städten die Hochschulszene dominierten. Nach dem Tod des Berliner Studenten Benno Ohnesorg bei Protesten gegen den Besuch des Schahs radikalisierte sich die Bewegung und erreichte im Frühsommer 1968 ihren Höhepunkt. Protestiert wurde gegen den Vietnamkrieg und die Springerpresse und für die Demokratisierung der Hochschule. Im Juni demonstrierten dann auch die Aachener Ingenieure und zündeten in der Innenstadt sogar ein Auto an – allerdings eins, das sie selbst mitgebracht hatten.[449] Bei der Immatrikulationsfeier zum anschließenden Wintersemester kam es zu lautstarken Provokationen, so dass der Rektor den Saal schließlich von der Polizei räumen ließ. In den folgenden Jahren kam es noch mehrmals zur Stürmung einzelner Veranstaltungen, doch insgesamt geschah nicht mehr viel. Die Protestbewegung mäanderte in verschiedene Richtungen weiter; auf die Demonstrationen gegen den Vietnamkrieg folgten solche gegen Kernkraft und Aufrüstung, es gab Sitzblockaden und Hausbesetzungen. Inzwischen ist offenbar eine neue Phase der Sättigung eingetreten. Lebensqualität wird wieder stärker mit Konsum verbunden, und das nicht nur in Aachen.

Schließlich hat die Stadt ihre europäischen Traditionen, die sich aus Geschichte und Grenzlage ergeben, zu nutzen gewusst. Wie zur Zeit der Königskrönungen, Wallfahrten und Badereisen, so wurde Aachen auch nach dem Krieg wieder ein Schauplatz internationaler Begegnungen und Veranstaltungen vor allem sportlicher Art – allen voran der CHIO, das Weltfest des Pferdesports, das bereits seit 1924 auf der Soers abgehalten wird und inzwischen zur größten Veranstaltung ihrer Art weltweit geworden ist. Noch in den 40er Jahren waren über Konzertreisen des Domchors und Auftritte ausländischer Orchester und Chöre auch die kulturellen Kontakte zu den Nachbarländern wieder aufgenommen worden. Bereits 1949 reisten Aachener Kinder zum Schüleraustausch nach Halifax. Inzwischen hat Aachen eine ganze Reihe von Partnerstädten, unter anderem Reims, das als Krönungsort der französischen Könige eine besondere historische Parallele zur alten Kaiserstadt aufweist.

Den glanzvollsten Anlass für Feierlichkeiten im europäischen Geist bietet unbestritten der seit 1950 fast jedes Jahr verliehene Karlspreis. Er geht zurück auf eine Initiative des Aachener Unternehmers Kurt Pfeiffer, der die Stiftung des Preises im Dezember 1949 in einer Proklamation angeregt hatte. Gewürdigt werden sollten Personen, die sich um die europäische Einigung „in politischer, wirtschaftlicher und geistiger Beziehung" verdient gemacht hatten. „Der Karlspreis wirkt in die Zukunft, er birgt gleichsam eine Verpflichtung in sich, aber eine Verpflichtung von höchstem ethischen Gehalt. Sie zielt auf den nicht erzwungenen, freiwilligen Zusammenschluß der europäischen Völker, um in neu gewonnener Stärke die höchsten irdischen Güter – Freiheit, Menschlichkeit und Frieden – zu verteidigen und die Zukunft der Kinder und Enkel zu sichern."[450] Die Idee fand einen so kräftigen Widerhall, dass die Medaille schon im folgenden Jahr zum ersten Mal verliehen werden konnte – das zwölfköpfige Gremium entschied sich für den Literaten Richard Nikolaus Graf Coudenhove-Kalergi, den Begründer der Paneuropa-Bewegung. Ihm folgten klingende Namen aus der Politik wie Konrad Adenauer (1954) und Robert Schumann (1958), gekrönte Häupter wie Juan Carlos von Spanien (1982), aber auch Repräsentanten der europäischen Verwaltung. Nicht immer ging der Preis an einzelne Personen: 1969 erhielt ihn die Europäische Kommission und 1986 das luxemburgische Volk. Preisträger 2002 war der Euro, für den die Medaille von Wim Duisenberg als Präsidenten der Europäischen Zentralbank entgegengenommen wurde. Und nicht immer waren die Karlspreisträger unumstritten. Manch einer fragte sich 1955, ob ausgerechnet Winston Churchill der richtige Mann für eine solche Ehrung in einer Stadt war, in der immer noch nicht alle Narben des Bombenkrieges verheilt waren, und bei der Nominierung von Henry Kissinger 1987 traten zwei Mitglieder aus dem Verleihungsgremium aus.

Der europäische Gedanke und seine gefällige Rückführung auf Karl den Großen ist das Leitmotiv des kulturellen Handelns der Stadt und ihrer Tourismusförderung. Einen Dämpfer erlebte diese Politik im Jahr 2006, als ein Ratsbeschluss zur Errichtung eines europäischen Kultur- und Begegnungszentrums unter dem Projektnamen „Bauhaus Europa" durch einen Bürgerentscheid wegen der zu hohen Betriebskosten gekippt wurde. Mit der Haltung der Aachener zu Europa hat das nichts zu tun: Seit Jahrhunderten an der Grenze von Ländern und Sprachen, mehr Einfallstor als Bollwerk, Begegnungsstätte statt Krisenherd – so lebt Aachen, der ewige Schauplatz glanzvoller Ereignisse, getreu seinem karnevalistischen Motto: Alaaf Oche, en wenn et versönk!

Schluss

Die Wölfin beobachtet weiter von ihrem Sockel aus das Geschehen. Die Feststellung, dass man nicht weiß, was die Zukunft bringt, ist ebenso banal wie die Hoffnung selbstverständlich ist, dass diese Zukunft auch weiterhin eine friedliche sein wird. Eigentlich dürfte an dieser Stelle auch der mahnende Hinweis nicht fehlen, dass die Gestaltung der kommenden Zeiten in den Händen von jedem einzelnen liegt. Vielleicht könnte man noch einmal die Wölfin bemühen, um einen gefälligen Vergleich dafür zu finden. Vielleicht ist die Wölfin aber auch müde, ständig als Symbol für die gerade geltenden Werte herangezogen zu werden. Für Karl den Großen war sie ein Sinnbild für die Glorie Roms, für die mittelalterlichen Könige ein allegorisches Mahnmal für den Schutz ihrer Untertanen. Durch ihre symbolische Bedeutung wurde sie zu einer Art Reliquie. Für uns nüchterne Zeitgenossen ist sie ein Kunstwerk, oder, wenn man es ganz genau nimmt, die handwerklich mehr oder weniger vollkommene Kopie eines irgendwann einmal entworfenen Kunstwerks. Falls Kunsthistoriker eines Tages nachweisen sollten, dass sie in Wirklichkeit doch eine Bärin ist, dann werden wir vielleicht wissen, wie ihr Gesichtsausdruck zu deuten ist: sie lacht, gut gelaunt und ungeniert freut sie sich diebisch darüber, dass offenbar selbst der große Frankenkaiser ihr aufgesessen ist. Was lernt man daraus? Die Deutung der Geschichte ist immer in Bewegung, genau wie die Geschichte selbst.

Die Aachener Geschichte wird unbeirrt von allen Deutungen weitergehen, aber ihr Mittelpunkt wird wohl immer da liegen, wo die Wölfin sitzt: über einer Quelle, die sich irgendwo einen neuen Ausgang sucht, wenn man sie zuschüttet. Dass den Historikern der Stoff ausgehen wird, ist nicht zu erwarten. Doch solange die Wölfin nicht reden will, muss weiter gegraben und geblättert werden. Aachen steckt, soviel ist sicher, noch voller ungeahnter Überraschungen. Auch wenn dieses Buch jetzt zu Ende ist: Es hilft nichts, wir müssen weiter die Ohren spitzen.

Anmerkungen

1 WEINER, JÜRGEN; WEISGERBER, GERD: Die Ausgrabungen des jungsteinzeitlichen Feuersteinbergwerks „Lousberg" in Aachen 1978 – 1980. Ein Vorbericht. In: 5000 Jahre Feuersteinbergbau. Die Suche nach dem Stahl der Steinzeit. Ausstellungskatalog. Hrsg. v. Deutschen Bergbau-Museum Bochum. Bochum 1990.

2 WEINER, JÜRGEN: Der Lousberg. Feuersteinbergbau in der Jungsteinzeit. Ein Führer zur prähistorischen Abteilung des stadtgeschichtlichen Museums Burg Frankenberg Aachen. Aachen 1984, ohne Seitenangabe.

3 Verbreitungskarte bei WEINER, Der Lousberg.

4 WEISGERBER, LEO: Erläuterungen zur Karte der römerzeitlich bezeugten rheinischen Namen. In: Rheinische Vierteljahrsblätter 23 (1958). S. 18.

5 Dem Problem widmet sich ausführlich DREES, LUDWIG: Caesars Aduatuca. Das Problem der Lokalisierung – Versuch einer Lösung. In: ZAGV 84/85 (1978). S. 13 – 64.

6 GALSTERER, HARTMUT: Römische Kolonisation im Rheinland. In: Die Stadt in Oberitalien und in den nordwestlichen Provinzen des Römischen Reiches. Hrsg. v. Werner Eck und Hartmut Galsterer. Kölner Forschungen 4. Mainz 1991. S. 13.

7 Koch ist dieser Ansicht, vgl. KOCH, WILFRIED MARIA: Aachen in römischer Zeit. In: ZAGV 98/99 (1993). S. 16. Dem widerspricht Galsterer, vgl. GALSTERER, HARTMUT: Das römische Aachen – Anmerkungen eines Althistorikers. In: ZAGV 98/99 (1993). S. 23 f.

8 KAEMMERER, WALTER: Geschichtliches Aachen. Vom Werden und Wesen einer Reichsstadt. Aachen 1957. S. 10 f. Ferner dazu KAEMMERER, WALTER: Die Aachener Pfalz Karls des Großen in Anlage und Überlieferung. In: Karl der Große. Lebenswerk und Nachleben. Bd. 1: Persönlichkeit und Geschichte. Hrsg. v. Helmut Beumann. Düsseldorf 1965. S. 327.

9 Um den tatsächlichen Ort des Gemetzels wird seit Jahrhunderten debattiert. Der Teutoburger Wald wird in einer römischen Quelle genannt; das heute so bezeichnete Gebiet bekam seinen Namen im frühen 19. Jahrhundert, weil man dort den Schauplatz der Schlacht vermutete. Inzwischen hat sich die Lokalisierung bei Kalkriese in der Nähe von Osnabrück durchgesetzt.

10 BECHERT, TILMANN: Römisches Germanien zwischen Rhein und Maas. Die Provinz Germania inferior. Zürich 1982. S. 39.

11 RÜGER, CHRISTOPH B.: Germania inferior. Untersuchungen zur Territorial- und Verwaltungsgeschichte Niedergermaniens in der Prinzipatszeit. Beihefte der Bonner Jahrbücher, Bd. 30. Köln 1968. S. 107.

12 Dass das Wegenetz versetzt zur Windrichtung angelegt wurden, um den Wind nicht ungebremst durch die Straßen fegen zu lassen, meint SCHMITZ-CLIEVER, EGON: Die Heilkunde in Aachen von römischer Zeit bis zum Anfang des 19. Jahrhunderts. In: ZAGV 74/75 (1963). S. 15. Das Gegenteil, nämlich: die Straßen seien in einer Achse mit der Windrichtung angelegt worden, um die Stadt besser zu belüften, vermutet HUGOT, LEO: Ausgrabungen und Forschungen in Aachen. In: Aquae Granni. Beiträge zur Archäologie von Aachen. Hrsg. v. Heinz Cüppers u. a. Rheinische Ausgrabungen 22. Köln 1982. S. 171.

13 VIGENER, MANFRED: Kleine Geschichte Aachens und seiner Bäder. Aachen 2002. S. 9; KASIG, WERNER: Die Nutzung der geologischen Gegebenheiten durch den Menschen im Bereich der Stadt Aachen. In: ZAGV 102 (2000). S. 25 ff.

14 STÖLTER, WALTER: Römische Fundstellen in Aachen-Burtscheid (mit Beiträgen von Dorothea Haupt). In: Aquae Granni. Beiträge zur Archäologie von Aachen. Hrsg. v. Heinz Cüppers u. a. Rheinische Ausgrabungen 22. Köln 1982. S. 210.

15 Cüppers, Heinz: Beiträge zur Geschichte des römischen Kur- und Badeortes Aachen. In: Aquae Granni. Beiträge zur Archäologie von Aachen. Hrsg. v. Heinz Cüppers u. a. Rheinische Ausgrabungen 22. Köln 1982. S. 20 ff. und Tafel 3.

16 Sage, Walter: Die Ausgrabungen am ‚Hof' 1965. In: Aquae Granni. Beiträge zur Archäologie von Aachen. Hrsg. v. Heinz Cüppers u. a. Rheinische Ausgrabungen 22. Köln 1982. S. 92 ff.

17 Klinkenberg, Joseph: Frühchristliches aus Aachen und Umgebung. In: ZAGV 37 (1915). S. 347.

18 Kunow, Jürgen: Die Militärgeschichte Niedergermaniens. In: Die Römer in Nordrhein-Westfalen. Hrsg. v. Heinz Günter Horn. Stuttgart 1987. S. 55.

19 Cüppers, Beiträge zur Geschichte des römischen Kur- und Badeortes Aachen, S. 13.

20 Das war der Stand im Jahr 1996, nachzulesen bei Strauch, Dorothee: Römische Fundstellen in Aachen. In: ZAGV 100 (1996). S. 28, Anm. 73.

21 Hugot, Ausgrabungen und Forschungen in Aachen, S. 158.

22 Eine Beschreibung des Gräberfeldes und der Funde findet sich bei Rey, Joseph Gerhard: Aufdeckung einer ausgedehnten römischen Begräbnisstätte im Weichbilde der Altstadt Aachen im Jahre 1906. In: Aus Aachens Vorzeit 20 (1907). S. 100 – 117.

23 Plum, Ruth Maria: Die merowingerzeitliche Besiedlung in Stadt und Kreis Aachen und im Kreis Düren. Rheinische Ausgrabungen 49. Mainz 2003. S. 90.

24 So sieht es Wieczorek, Alfred: Die Ausbreitung der fränkischen Herrschaft in den Rheinlanden vor und seit Chlodwig I. In: Die Franken. Wegbereiter Europas. Hrsg. v. Reiss-Museum Mannheim. Mainz 1996. S. 249. Anders Overbeck, Hermann: Das Werden der Aachener Kulturlandschaft. Beiträge zu einer kulturmorphogenetischen Betrachtung der Landschaft um Aachen. Aachener Beiträge zur Heimatkunde 4. Aachen 1928. S. 22 f. Hier wird das Aachener Gebiet noch dem salfränkischen Herrschaftsbereich zugewiesen.

25 Plum, Die merowingerzeitliche Besiedlung, S. 34.

26 Plum, Die merowingerzeitliche Besiedlung, S. 170 f.

27 Kaemmerer, Walter: Aachener Quellentexte. Veröffentlichungen des Stadtarchivs Aachen, Bd. 1. Aachen 1980. S. 17.

28 Christ, Hans: Ein pippinisches Reliquiengrab unter dem karolingischen Marienaltar der Aachener Pfalzkapelle. Beitrag in Schiffers, Heinrich: Karls des Großen Reliquienschatz und die Anfänge der Aachenfahrt. Veröffentlichungen des Bischöflichen Diözesanarchivs Aachen, Bd. 10. Aachen 1951. S. 93.

29 Über das Geburtsjahr des Königs wurde viel gestritten, als wahrscheinlich gilt im Augenblick 748.

30 Rau, Reinhold (Bearb.): Quellen zur karolingischen Reichsgeschichte. Freiherr-vom-Stein-Gedächtnisausgabe, Bd. V, 1. Teil. Darmstadt 1980. S. 193.

31 Hägermann, Dieter: Karl der Große. Herrscher des Abendlandes. Berlin 2000. S. 449.

32 Rau, Quellen zur karolingischen Reichsgeschichte, S. 189.

33 Falkenstein, Ludwig: Zwischenbilanz zur Aachener Pfalzenforschung. In: ZAGV 80 (1970). S. 66 f.

34 Binding, Günther: Die Aachener Pfalz Karls des Großen als archäologisch-baugeschichtliches Problem. In: Zeitschrift für Archäologie des Mittelalters 25/26 (1998). S. 69.

35 Hugot, Leo: Die Pfalz Karls des Großen in Aachen. In: Karl der Große. Lebenswerk und Nachleben. Bd. 3: Karolingische Kunst. Hrsg. v. Wolfgang Braunfels und Hermann Schnitzler. Düsseldorf 1965. S. 544.

36 Giertz, Wolfram: Zur Archäologie von Pfalz, *vicus* und Töpfereibezirk Franzstraße in Aachen. Notbergungen und Untersuchungen der Jahre 2003 bis 2005. In: ZAGV 107/108 (2006). S. 69 ff.

37 Eine Rekonstruktion der Herkunft und der Beschaffenheit der Statue findet sich bei Däntl, Alois: Walahfrid Strabos Widmungsgedicht an die Kaiserin Judith und die Theoderichstatue vor der Kaiserpfalz zu Aachen. In: ZAGV 52 (1931). S. 1 – 38.

38 Rau, Quellen zur karolingischen Reichsgeschichte, S. 197.

39 Hägermann, Karl der Große, S. 683.

40 Löwe, Heinz: Eine Kölner Notiz zum Kaisertum Karls des Großen. In: Rheinische Vierteljahrsblätter 14 (1949). S. 12.

41 Eine Rekonstruktion der Reiseroute findet sich bei Grewe, Klaus; Pohle, Frank: Der Weg des Abul Abaz von Bagdad nach Aachen. In: Ex Oriente. Isaak und der weiße Elefant. Bagdad – Jerusalem – Aachen. Eine Reise durch drei Kulturen um 800 und heute. Hrsg. v. Wolfgang Dreßen u. a. Bd. 1. Aachen 2003. S. 66 – 69.

42 Heuschkel, Gunnar: Zum Aachener Tiergehege zur Zeit Karls des Großen. In: Ex Oriente. Isaak und der weiße Elefant. Bagdad – Jerusalem – Aachen. Eine Reise durch drei Kulturen um 800 und heute. Hrsg. v. Wolfgang Dreßen u. a. Bd. 3. Aachen 2003. S. 155.

43 Kaemmerer, Walter (Hrsg.): Quellentexte zur Aachener Geschichte. II. Vor- und Frühzeit. Aachen 1960. S. 47.

44 Rau, Quellen zur karolingischen Reichsgeschichte, S. 197.

45 Brunhölzl, Franz: Der Bildungsauftrag der Hofschule. In: Karl der Große. Lebenswerk und Nachleben. Bd. 2: Das geistige Leben. Hrsg. v. Bernhard Bischoff. Düsseldorf 1965. S. 29.

46 Fleckenstein, Josef: Alcuin im Kreis der Hofgelehrten Karls des Großen. In: Science in Western and Eastern Civilization in Carolingian Times. Hrsg. v. Paul Leo Butzer und Dietrich Lohrmann. Basel 1993. S. 4 f.

47 Schefers, Hermann: Die Hofschule Karls des Großen. Ad profectum sanctae Dei ecclesiae, et ad decorem imperialis regni. In: Ex Oriente. Isaak und der weiße Elefant. Bagdad – Jerusalem – Aachen. Eine Reise durch drei Kulturen um 800 und heute. Hrsg. v. Wolfgang Dreßen u. a. Bd. 3. Aachen 2003. S. 30.

48 Hägermann, Karl der Grosse, S. 579.

49 McKitterick, Rosamond: Die karolingische Renovatio. Eine Einführung. In: 799 – Kunst und Kultur der Karolingerzeit. Karl der Große und Leo III. in Paderborn. Katalog der Ausstellung Paderborn 1999. Hrsg. v. Christoph Stiegemann und Matthias Wemhoff. Mainz 1999. Bd. 2, S. 675.

50 Lösung: Der Bauer bringt zuerst die Ziege herüber, holt dann den Kohl, wobei er auf dem Rückweg die Ziege wieder mit zurücknimmt und am Ufer gegen den Wolf austauscht, dann bringt er den Wolf herüber und holt zuletzt die Ziege.

51 Jansen, Michael; Pohle, Frank (Hrsgg.): Die Künste am Hofe Karls des Großen. Artes liberales et artes mechanicae. Aachen 2000. S. 35 f.

52 Christ, Ein pippinisches Reliquiengrab, S. 94 f.

53 Binding, Die Aachener Pfalz Karls des Großen, S. 71.

54 Untermann, Matthias: *„opere mirabili constructa“*. Die Aachener ‚Residenz‘ Karls des Großen. In: 799 – Kunst und Kultur der Karolingerzeit. Hrsg. v. Christoph Stiegemann und Matthias Wemhoff. Mainz 1999. S. 159.

55 Schütte, Sven: Überlegungen zu den architektonischen Vorbildern der Pfalzen Ingelheim und Aachen. In: Krönungen. Könige in Aachen – Geschichte und Mythos. Ausstellungskatalog, hrsg. v. Mario Kramp. Mainz 2000. Bd. 1, S. 208 f.

56 Eine ausgiebige Diskussion vor allem der byzantinischen Einflüsse auf den gesamten Bau findet sich bei FICHTENAU, HEINRICH: Byzanz und die Pfalz zu Aachen. In: Mitteilungen des Instituts für Österreichische Geschichtsforschung 59 (1951). S. 1–54. Ferner dazu BANDMANN, GÜNTER: Die Vorbilder der Aachener Pfalzkapelle. In: Karl der Große. Lebenswerk und Nachleben. Bd. 3: Karolingische Kunst. Hrsg. v. Wolfgang Braunfels und Hermann Schnitzler. Düsseldorf 1965. S. 424–462.

57 Mit dem Problem befasst sich FLACH, DIETMAR: Pfalz, Fiskus und Stadt Aachen im Lichte der neuesten Pfalzenforschung. In: ZAGV 98/99 (1993). S. 31–56; ferner FLECKENSTEIN, JOSEF: Über das Aachener Marienstift als Pfalzkapelle Karls des Großen. In: Festschrift für Berent Schwineköper. Hrsg. v. Helmut Maurer und Hans Patze. Sigmaringen 1982. S. 19–28; sowie FALKENSTEIN, LUDWIG: Karl der Große und die Entstehung des Aachener Marienstiftes. Quellen und Forschungen aus dem Gebiet der Geschichte, NF Bd. 3. Paderborn 1981.

58 RAU, Quellen zur karolingischen Reichsgeschichte, S. 199.

59 SCHIFFERS, Karls des Großen Reliquienschatz, S. 81 ff.

60 SCHIFFERS, Karls des Großen Reliquienschatz, S. 10.

61 MÜLLER, HARALD: Karolingisches Aachen. In: Krönungen. Könige in Aachen – Geschichte und Mythos. Ausstellungskatalog, hrsg. v. Mario Kramp. Mainz 2000. Bd. 1, S. 227 vermutet die Weihe im Jahr 802, weil der als Datum gesicherte 17. Juli da auf einen Sonntag fiel; SCHIFFERS, Karls des Großen Reliquienschatz, S. 19, optiert dagegen für das Jahr 800.

62 RAU, Quellen zur karolingischen Reichsgeschichte, S. 204 f.

63 Nach einer anderen Vermutung kamen im Proserpina-Sarkophag die Gebeine der Heiligen drei Könige aus Mailand nach Köln.

64 KAEMMERER, Quellentexte zur Aachener Geschichte. I, S. 3.

65 KAEMMERER, Aachener Quellentexte, S. 83 ff.

66 KAEMMERER, Aachener Quellentexte, S. 49.

67 FLACH, DIETMAR: Untersuchungen zur Verfassung und Verwaltung des Aachener Reichsgutes von der Karlingerzeit bis zur Mitte des 14. Jahrhunderts. Veröffentlichungen des Max-Planck-Instituts für Geschichte 46. Göttingen 1976. S. 64 f.

68 GIERTZ, Zur Archäologie von Pfalz, *vicus* und Töpfereibezirk, S. 69 ff.

69 BAUER, ALBERT; RAU, REINHOLD (BEARBB.): Quellen zur Geschichte der sächsischen Kaiserzeit. Ausgewählte Quellen zur deutschen Geschichte des Mittelalters – Freiherr-vom-Stein-Gedächtnisausgabe, Bd. VIII. Hrsg. v. Rudolf Buchner. Darmstadt 1971. S. 87.

70 GRIMME, ERNST GÜNTHER: Das Evangeliar Kaiser Ottos III. im Domschatz zu Aachen. Freiburg 1984. S. 15.

71 Zitiert auf Deutsch bei GRIMME, ERNST GÜNTHER: Karl der Große in siner Stadt. In: Karl der Große. Lebenswerk und Nachleben. Bd. 4: Das Nachleben. Hrsg. v. Wolfgang Braunfels und Percy Ernst Schramm. Düsseldorf 1967. S. 231.

72 TRILLMICH, WERNER (BEARB.): Thietmar von Merseburg – Chronik. Freiherr-vom-Stein-Gedächtnisausgabe, Bd. IX. Darmstadt 1957. S. 163 ff.

73 1. KÖN. 10, 19.

74 SCHÜTTE, SVEN: Der Aachener Thron. In: Krönungen. Könige in Aachen – Geschichte und Mythos. Ausstellungskatalog, hrsg. v. Mario Kramp. Mainz 2000. Bd. 1, S. 213–222.

75 Mit dieser Frage beschäftigt sich aus kirchenrechtlicher Sicht SIEGER, ALBERT: Probleme um die Kanonisierung Karls des Großen. In: ZAGV 104/105 (2003). S. 637–672. Dazu außerdem PAULS, EMIL: Die Heiligsprechung Karls des Großen und seine kirchliche Verehrung in Aachen bis zum Schluss des 13. Jahrhunderts. In: ZAGV 25 (1903). S. 352.

76 MINKENBERG, GEORG: Der Barbarossaleuchter im Dom zu Aachen. In: ZAGV 96 (1989). S. 92.

77 MINKENBERG, Der Barbarossaleuchter im Dom zu Aachen, S. 79.

78 SCHIFFERS, Karls des Großen Reliquienschatz, S. 44 ff.

79 BAUER; RAU, Quellen zur Geschichte der sächsischen Kaiserzeit, Bd. VIII, S. 87.

80 Inhaltliche Zusammenfassung des Tafelgüterverzeichnisses und Erklärung bei BRÜHL, CARL-RICHARD; KÖLZER, THEO: Das Tafelgüterverzeichnis des römischen Königs (Ms. Bonn S. 1559). Köln 1979. S. 13 – 32.

81 FLACH, DIETMAR: Das Reichsgut im Aachener Raum. Versuch einer vergleichenden Übersicht. In: Rheinische Vierteljahrsblätter 51 (1987). S. 22 f.

82 FLACH, Untersuchungen zur Verfassung und Verwaltung, S. 355.

83 MEUTHEN, ERICH (HRSG.): Aachener Urkunden 1101 – 1250. Publikationen der Gesellschaft für Rheinische Geschichtskunde LVIII. Bonn 1972. Nr. 4, S. 128.

84 MUMMENHOFF, WILHELM (BEARB.): Regesten der Reichsstadt Aachen (einschließlich des Aachener Reiches und der Reichsabtei Burtscheid). Hrsg. v. d. Gesellschaft für rheinische Geschichtskunde und der Stadt Aachen. Publikationen der Gesellschaft für rheinische Geschichtskunde XLVII. Bd. 1, 1251 – 1300. Bonn 1961. Nr. 312, S. 163.

85 ENNEN, EDITH: Aachen im Mittelalter, Sitz des Reiches – Ziel der Wallfahrt – Werk der Bürger. In: ZAGV 86/87 (1981). S. 474 ff.

86 Eine Beschreibung der Verarbeitung findet sich bei DAHMEN, JOSEF: Das Aachener Tuchgewerbe bis zum Ende des 19. Jahrhunderts. Berlin 1930. S. 34 ff.

87 FLACH, Untersuchungen zur Verfassung und Verwaltung, S. 348.

88 Die höchst komplizierten Verflechtungen zwischen den Aachener Ämtern und Gerichten werden auseinandergepflückt bei FLACH, Untersuchungen zur Verfassung und Verwaltung, S. 281 – 315.

89 HUYSKENS, ALBERT: Aachener Verfassungsleben bis zur Gewährung der Ratsverfassung. In: Archiv des Historischen Vereins für den Niederrhein 119 (1931). S. 74.

90 FALKENSTEIN, LUDWIG: Otto III. und Aachen. MGH Studien und Texte, Bd. 22. Hannover 1998. S. 217 f.

91 Eine deutsche Übersetzung der entscheidenden Stellen der Urkunde findet sich bei KAEMMERER, Aachener Quellentexte, S. 196 ff.

92 GROTEN, MANFRED: Studien zum Aachener Karlssiegel und zum gefälschten Dekret Karls des Großen. In: ZAGV 93 (1986). S. 19 ff.

93 MUMMENHOFF, Regesten der Reichsstadt Aachen, Bd. 1, Nr. 94, S. 44.

94 MEUTHEN, Aachener Urkunden 1101 – 1250, Nr. 122, S. 347.

95 MUMMENHOFF, Regesten der Reichsstadt Aachen, Bd. 1, Nr. 251, S. 130.

96 MUMMENHOFF, Regesten der Reichsstadt Aachen, Bd. 1, Nr. 265, S. 138.

97 GROTEN, MANFRED: Die Entstehung des Bürgermeisteramtes und des Rates in Aachen. In: ZAGV 102 (2000). S. 72 f.

98 FLACH, Untersuchungen zur Verfassung und Verwaltung, S. 379.

99 GROTEN, Studien zum Aachener Karlssiegel, S. 15.

100 MEUTHEN, Aachener Urkunden 1101 – 1250, Nr. 73, S. 269.

101 MEUTHEN, ERICH: Zu Datierung und Bedeutung des älteren Aachener Karlssiegels. In: ZAGV 77 (1966). S. 13.

102 RHOEN, CARL: Die Befestigungswerke der freien Reichsstadt Aachen. Aachen 1894. S. 35.

103 BERTRAM, FRIEDRICH WILHELM: Die Aachener Stadtbefestigung im Mittelalter. Aachen 1949. Keine Seitenzählung.

104 Schieffer, Rudolf: Hofkapelle und Aachener Marienstift bis in staufische Zeit. In: Rheinische Vierteljahrsblätter 51 (1987). S. 9.

105 Schieffer, Hofkapelle und Aachener Marienstift bis in staufische Zeit. S. 3.

106 Mummenhoff, Wilhelm: Aachener Testamente in ihrer kultur- und familiengeschichtlichen Bedeutung. In: Mitteilungen der Westdeutschen Gesellschaft für Familienkunde 6 (1930). S. 416.

107 Nolden, Reiner: Besitzungen und Einkünfte des Aachener Marienstifts von seinen Anfängen bis zum Ende des Ancien Régime. Aachen 1977. S. 325.

108 Huyskens, Albert: Die Aachener Kirchengründungen Kaiser Heinrichs II. in ihrer rechtsgeschichtlichen und kirchenrechtlichen Bedeutung. In: ZAGV 42 (1920). S. 249.

109 Mummenhoff, Regesten der Reichsstadt Aachen, Bd. 1, Nr. 152 u. 153, S. 73 f.

110 Mummenhoff, Regesten der Reichsstadt Aachen, Bd. 1, Nr. Nr. 240, S. 125.

111 Klauser, Hermann: Der Erzpriester von Aachen (Archipresbyter Plebanus Aquensis). Eine kirchenrechtsgeschichtliche Studie. In: ZAGV 74/75 (1963). S. 182.

112 Klauser, Der Erzpriester von Aachen, S. 220 f.

113 zitiert bei Altmann, Hans: Die Pfarre St. Foillan in der Aachener Stadt- und Kirchengeschichte. Aachen 1997. Bd. 1, S. 70.

114 Altmann, Die Pfarre St. Foillan, S. 50.

115 Rhoen, Die Befestigungswerke der freien Reichsstadt Aachen, Karte.

116 Kaemmerer, Aachener Quellentexte, S. 135.

117 Die ganze Korrespondenz in Regestenform bei Kraus, Thomas R.: Studien zur Vorgeschichte der Krönung Karls IV. in Aachen. In: ZAGV 88/89 (1982). S. 69 – 91.

118 Müller, Konrad (Bearb.): Die Goldene Bulle Kaiser Karls IV. 1356. Quellen zur neueren Geschichte 25. Bern 1970. S. 93.

119 Kaemmerer, Walter (Hrsg.): Quellentexte zur Aachener Geschichte. III. Die Aachener Königs-Krönungen. Aachen 1961. S. 55.

120 Kaemmerer, Quellentexte zur Aachener Geschichte III, S. 73.

121 Wynands, Dieter: Geschichte der Wallfahrten im Bistum Aachen. Veröffentlichungen des Diözesanarchivs Aachen 41. Aachen 1986. S. 48.

122 Beissel, Stephan: Die Aachenfahrt. Verehrung der Aachener Heiligtümer seit den Tagen Karls des Großen bis in unsere Zeit. Freiburg 1902. S. 69 ff.

123 Mummenhoff, Wilhelm (Bearb.): Regesten der Reichsstadt Aachen (einschließlich des Aachener Reiches und der Reichsabtei Burtscheid). Hrsg. v. d. Gesellschaft für rheinische Geschichtskunde und der Stadt Aachen. Publikationen der Gesellschaft für rheinische Geschichtskunde XLVII. Bd. 2, 1301 – 1350. Köln 1937. Nr. 52, S. 25 f.

124 Becker, Friedrich Karl: Zur kirchlichen Feier der Aachener Heiligtumsfahrt während des Mittelalters. In: ZAGV 31 (1909). S. 170 ff.

125 Noppius, Johannes: Aacher Chronick. Das ist eine kurze historische Beschreibung aller gedenckwürdigen Antiquitäten und Geschichten, sampt zugefügten Privilegien und Statuten deß Königlichen Stuhls und H. Römischen Reichs Stadt Aach. Neudruck 1774. S. 35.

126 Wynands, Die Geschichte der Wallfahrten im Bistum Aachen, S. 443 ff.

127 Koch, Wilfried Maria: Aachen – erste Ergebnisse einer Stadtarchäologie. In: Dörfer und Städte. Ausgrabungen im Rheinland 1985/86. Hrsg. v. Rheinischen Amt für Bodendenkmalpflege. Köln 1987. S. 102.

128 Loersch, Hugo: Aachener Urkunden aus dem 13., 14. und 15. Jahrhundert. In: ZAGV 1 (1879). S. 166 f.

129 Beissel, Die Aachenfahrt, S. 92.

[130] HUYSKENS, ALBERT: Ein bei der Krönung Karls V. (1520) gekauftes Aachener Heiligtumsbüchlein. In: ZAGV 58 (1937). S. 115.

[131] KEUSSEN, HERMANN: Urkunden des 15. Jahrhunderts zur Aachener Lokalgeschichte. In: ZAGV 15 (1893). S. 334.

[132] BEISSEL, Die Aachenfahrt, S. 117 ff.

[133] KAEMMERER, Aachener Quellentexte, S. 255 f.

[134] LICHIUS, HEINRICH: Die Verfassung des Marienstifts zu Aachen bis zur französischen Zeit. In: ZAGV 37 (1915). S. 12.

[135] MUMMENHOFF, Regesten der Reichsstadt Aachen, Bd. 2, Nr. 786, S. 357 f.

[136] PELTZER, RUDOLF ARTHUR: Geschichte der Messingindustrie und der künstlerischen Arbeiten in Messing (Dinanderies) in Aachen und den Ländern zwischen Maas und Rhein von der Römerzeit bis zur Gegenwart. In: ZAGV 30 (1908). S. 414 f.

[137] HERBORN, WOLFGANG: Der Antwerpener Markt und die Kauf- und Fuhrmannschaft der Reichsstadt Aachen (1490 – 1513). In: ZAGV 90/91 (1984). S. 98.

[138] MUMMENHOFF, WILHELM: Eine Baurechnung des Aachener Münsters aus der Zeit der Errichtung des gotischen Chores (1400/01). In: ZAGV 44 (1922). S. 87 ff.

[139] NOLDEN, Besitzungen und Einkünfte des Aachener Marienstifts, S. 46 f.

[140] HILLEBRAND, HEINRICH: Die Getreidepolitik und Brotversorgung der Reichsstadt Aachen. In: ZAGV 45 (1925). S. 57. Der Preis für ein Brot von 7/4 Pfund Gewicht betrug nach dieser Quelle 4 Pfennige.

[141] Die Löhne finden sich in den Stadtrechnungen immer wieder: LAURENT, JOSEF: Aachener Stadtrechnungen aus dem XIV. Jahrhundert, nach den Stadtarchiv-Urkunden. Aachen 1866; KRAUS, THOMAS R. (HRSG.): Die Aachener Stadtrechnungen des 15. Jahrhunderts. Publikationen der Gesellschaft für Rheinische Geschichtskunde 72. Düsseldorf 2004; ferner KRAUS, THOMAS R.: Krone und Geld. In: Krönungen. Könige in Aachen – Geschichte und Mythos. Ausstellungskatalog, hrsg. v. Mario Kramp. Mainz 2000. Bd. 2, S. 487. Die Berechnungen sind natürlich sehr ungenau: Neben den Preisunterschieden zwischen den verschiedenen Getreidesorten schwankte auch die Ergiebigkeit des Mehls beim Backen.

[142] HILLEBRAND, Die Getreidepolitik und Brotversorgung, S. 14. LOERSCH, Aachener Chronik, S. 10, spricht von 6 Gulden, was zu dieser Zeit etwa 30 Aachener Mark waren.

[143] MUMMENHOFF, Regesten der Reichsstadt Aachen, Bd. 2, Nr. 595, S. 274.

[144] KLÜSSENDORF, NIKLOT: Studien zu Währung und Wirtschaft am Niederrhein vom Ausgang der Periode des regionalen Pfennigs bis zum Münzvertrag von 1357. Rheinisches Archiv 93. Bonn 1974. S. 135.

[145] Eine Edition der Aussagen mit deutscher Übersetzung findet sich bei KLÜSSENDORF, NIKLOT: Der Aachener Wechslerprozeß. Städtische Münzpolizei und Devisenschmuggler im Spätmittelalter. Frankfurt 1975. S. 40 – 65.

[146] KAEMMERER, Aachener Quellentexte, S. 269 f.

[147] BIERGANS, JOSEPH: Die Wohlfahrtspflege der Stadt Aachen in den letzten Jahrhunderten des Mittelalters. In: ZAGV 31 (1909). S. 125.

[148] KRAUS, Die Aachener Stadtrechnungen des 15. Jahrhunderts, S. 244.

[149] PICK, RICHARD: Aus dem Aachener Stadtarchiv. I. Verpflichtungsurkunden städtischer Beamten. In: ZAGV 8 (1886). S. 224 – 251.

[150] HILLEBRAND, Die Getreidepolitik und Brotversorgung, S. 40.

[151] HOEFFLER, HEINRICH: Entwickelung der kommunalen Verfassung und Verwaltung der Stadt Aachen bis zum Jahre 1450. In: ZAGV 23 (1901). S. 264.

152 LOHRMANN, DIETRICH: Die Aachener Malzmühlen im Mittelalter. In: ZAGV 102 (2000). S. 62.
153 SCHIRMEYER, HELENE: Geschichte der Aachener Weinakzise. In: ZAGV 46 (1926). S. 241.
154 LAURENT, Aachener Stadtrechnungen aus dem XIV. Jahrhundert, S. 68 ff.
155 KRAUS, Die Aachener Stadtrechnungen des 15. Jahrhunderts, S. 71.
156 SCHMITZ-CLIEVER, Die Heilkunde in Aachen, S. 46.
157 KOCH, WILFRIED MARIA: Die mittelalterliche Leprastation Aachen-Melaten. In: Archäologie im Rheinland 1988. S. 133 f.
158 SCHMITZ-CLIEVER, EGON: Pest und pestilenzialische Krankheiten in der Geschichte der Reichsstadt Aachen. In: ZAGV 66/67 (1955). S. 117.
159 LOERSCH, HUGO (HRSG.): Aachener Rechtsdenkmäler aus dem 13., 14. und 15. Jahrhundert. Bonn 1871. S. 66 f.
160 BIERGANS, Die Wohlfahrtspflege der Stadt Aachen, S. 92 f.
161 Eine Zusammenfassung der um 1500 auftretenden neuen Seuchen in Aachen findet sich bei SCHMITZ-CLIEVER, Pest und pestilenzialische Krankheiten, S. 132 – 13.
162 MUMMENHOFF, Regesten der Reichsstadt Aachen, Bd. 2, Nr. 348, S. 169.
163 HUYSKENS, ALBERT: Der Aufenthalt des Landgrafen Ludwig I von Hessen in Aachen und Burtscheid 1431. In: ZAGV 33 (1911). S. 233 f.
164 PICK, RICHARD: Aus dem Aachener Stadtarchiv. II. Fehdebriefe. In: ZAGV 9 (1887). S. 47.
165 Eine Rekonstruktion des Hergangs findet sich bei KRAUS, THOMAS R.: Jülich, Aachen und das Reich. Studien zur Entstehung der Landesherrschaft der Grafen von Jülich bis zum Jahr 1328. Veröffentlichungen des Stadtarchivs Aachen 5. Aachen 1987. S. 144 ff.
166 MUMMENHOFF, Regesten der Reichsstadt Aachen, Bd. 1, Nr. 379, S. 205 f.
167 MUMMENHOFF, Regesten der Reichsstadt Aachen, Bd. 2, Nr. 872, S. 394 f., sowie PICK, Aus dem Aachener Stadtarchiv. II. Fehdebriefe, S. 50 f.
168 KAEMMERER, Aachener Quellentexte, S. 227.
169 KELLETER, FRITZ JOSEPH: Die Landfriedensbünde zwischen Maas und Rhein im 14. Jahrhundert. Münsterische Beiträge zur Geschichtsforschung 11. Paderborn 1888. S. 13.
170 Die Beschreibung der ganzen Belagerung bei LAURENT, Aachener Stadtrechnungen aus dem XIV. Jahrhundert, S. 56 – 67.
171 KELLETER, Die Landfriedensbünde zwischen Maas und Rhein, S. 88.
172 PICK, Aus dem Aachener Stadtarchiv. II. Fehdebriefe, Nr. 38, S. 82.
173 PICK, Aus dem Aachener Stadtarchiv. II. Fehdebriefe, Nr. 53, S. 92.
174 LOERSCH, Aachener Chronik, S. 7.
175 MEUTHEN, ERICH: Der gesellschaftliche Hintergrund der Aachener Verfassungskämpfe an der Wende vom Mittelalter zur Neuzeit. In: ZAGV 74/75 (1963). S. 312.
176 Der Gaffelbrief findet sich in hochdeutscher Übersetzung bei KAEMMERER, Aachener Quellentexte, S. 256 – 263.
177 KAEMMERER, Aachener Quellentexte, S. 255.
178 REDLICH, OTTO REINHARD: Herzog Johann von Jülich und die Aachener Revolution des Jahres 1513. In: ZAGV 23 (1901). S. 348.
179 KAEMMERER, Quellentexte zur Aachener Geschichte III, S. 85.
180 Eine Krönungsordnung und ein Augenzeugenbericht von der Krönung finden sich bei KAEMMERER, Aachener Quellentexte, S. 178 – 189, ein weiterer Augenzeugenbericht aus einem Druck bei HUYSKENS, ALBERT: Die Krönung Maximilians I. in Aachen 1486 nach einem noch unbekannten Frühdruck. In: ZAGV 64/65 (1952). S. 79 – 99.

181 Schneider, Eugen: Johann Reuchlins Berichte über die Krönung Maximilians I. im Jahre 1486. In: Zeitschrift für die Geschichte des Oberrheins NF 13 (1898). S. 554.

182 Huyskens, Die Krönung Maximilians I. in Aachen 1486, S. 93.

183 Huyskens, Die Krönung Maximilians I. in Aachen 1486, S. 97.

184 Classen, Friedrich: Beiträge zur Geschichte der Reichsstadt Aachen unter Karl V. In: ZAGV 36 (1914). S. 23.

185 Die Beschreibung des ganzen Zuges findet sich bei Fromm, Emil: Zeitgenössische Berichte über Einzug und Krönung Karls V. in Aachen am 22. und 23. Oktober 1520. In: ZAGV 17 (1895). S. 225 – 237.

186 Meyer, Karl Franz: Aachensche Geschichten, überhaupt als Beyträge zur Reichs-allgemeinen insbesondere aber zur Anlage einer vollständigen Historie über den königlichen Stuhl und des Heiligen Römischen Reichs freye Haupt- Kron- und Cur-Stadt Aachen von ihrem Ursprung bis auf heutige Zeiten, in drey Bücher abgetheilt. Mülheim 1781. S. 442.

187 Noppius, Aacher Chronick, S. 146.

188 Das Urteil bei Pauls, Emil: Verurteilung eines Wiedertäufers durch das Schöffengericht in Aachen zu der Strafe, mit einem leinenen Kleide bekleidet, barfuss in einer Prozession brennende Kerzen zu tragen. 1537, September 5. In: ZAGV26 (1904). S. 385.

189 Macco, Hermann Friedrich: Zur Reformationsgeschichte Aachens während des 16. Jahrhunderts. Aachen 1907. S. 12.

190 Ursprünglich ist von 25 bis 30 Familien die Rede, die neueren Darstellungen geben aber meistens 30 an.

191 Schmitz, Walter: Verfassung und Bekenntnis. Die Aachener Wirren im Spiegel der kaiserlichen Politik (1550 – 1616). Frankfurt 1983. S. 30 f.

192 Müller, Der Konflikt Kaiser Rudolfs II. mit den deutschen Reichsstädten, S. 257.

193 Molitor, Hansgeorg: Reformation und Gegenreformation in der Reichsstadt Aachen. In: ZAGV 98/99 (1993). S. 189.

194 Meyer, Aachensche Geschichten, S. 465.

195 Edition der Kirchenordnung bei Korth, Hermann: Die Hauskirchenordnung von 1578 der lutherischen Gemeinde zu Aachen. In: Monatshefte für evangelische Kirchengeschichte des Rheinlandes 9 (1960). S. 69 – 78.

196 Hansen, Joseph: Die lutherische Gemeinde in Aachen im Laufe des 16. Jahrhunderts. In: Beiträge zur Geschichte von Aachen 1 (1886). S. 32.

197 Müller, Johannes: Der Konflikt Kaiser Rudolfs II. mit den deutschen Reichsstädten. In: Westdeutsche Zeitschrift für Geschichte und Kunst 14 (1895). S. 258.

198 Wolff, Walther: Beiträge zu einer Reformationsgeschichte der Stadt Aachen. Sonderdruck aus: Theologische Arbeiten aus dem Rheinischen wissenschaftlichen Prediger-Verein (1903 – 1904). Teil IV, S. 63 ff.

199 Hansen, Joseph: Die Aachener Rathswahlen in den Jahren 1581 und 1582. In: ZAGV 10 (1888). S. 235.

200 Classen, Mathias: Die konfessionelle und politische Bewegung in der Reichsstadt Aachen zu Anfang des 17. Jahrhunderts. In: ZAGV 28 (1906). S. 401.

201 Kaemmerer, Aachener Quellentexte, S. 297.

202 Korth, Die Hauskirchenordnung von 1578, S. 72.

203 Schilling, Heinz: Bürgerkämpfe in Aachen zu Beginn des 17. Jahrhunderts. Konflikte im Rahmen der alteuropäischen Stadtgesellschaft oder im Umkreis der frühbürgerlichen Revolution? In: Zeitschrift für historische Forschung 1 (1974). S. 187.

204 Macco, Zur Reformationsgeschichte Aachens während des 16. Jahrhunderts, S. 88 f.

205 Rosing, Klaus (Hrsg.): Aachen in alten und neuen Reisebeschreibungen. Düsseldorf 1990. S. 39
206 Brecher, August: Die kirchliche Reform in Stadt und Reich Aachen von der Mitte des 16. bis zum Anfang des 18. Jahrhunderts. Reformationsgeschichtliche Studien und Texte 80/81. Münster 1956. S. 213.
207 Brecher, Die kirchliche Reform in Stadt und Reich Aachen. S. 105.
208 Schmitz, Walter: Möglichkeiten und Grenzen der Toleranz im späten 16. Jahrhundert. Bonifacius Colin als katholischer Bürgermeister im protestantischen Rat der Reichsstadt Aachen (1582 – 1598). In: ZAGV 90/91 (1984). S. 162.
209 Brecher, Die kirchliche Reform in Stadt und Reich Aachen. S. 97 f.
210 Classen, Die konfessionelle und politische Bewegung, S. 310.
211 Wolff, Beiträge zu einer Reformationsgeschichte der Stadt Aachen, Teil IV, S. 56 f.
212 Brecher, Die kirchliche Reform in Stadt und Reich Aachen. S. 129 f.
213 Brecher, Die kirchliche Reform in Stadt und Reich Aachen. S. 131.
214 Kellenbenz, Hermann: Die Aachener Kupfermeister. In: ZAGV 80 (1970). S. 111 ff.
215 Peltzer, Geschichte der Messingindustrie, S. 427 ff. und 448.
216 Kaemmerer, Aachener Quellentexte, S. 309.
217 Keussen, Hermann: Unterstützung Aachens durch Köln nach dem Stadtbrand von 1656. In: ZAGV 22 (1900). S. 349.
218 Poll, Bernhard (Hrsg.): Geschichte Aachens in Daten. Aachen 2003. S. 83.
219 Vigener, Kleine Geschichte Aachens und seiner Bäder, S. 73.
220 Asten, Herbert von: Die religiöse Spaltung in der Reichsstadt Aachen und ihr Einfluß auf die industrielle Entwicklung in der Umgebung. In: ZAGV 68 (1956). S. 146.
221 Loersch, Hugo: Die Rolle der Aachener Goldschmiedezunft vom 16. April 1573. In: ZAGV 13 (1891). S. 249 ff.
222 Hermandung, Alex: Das Zunftwesen der Stadt Aachen bis zum Jahre 1681. Aachen 1908. S. 94.
223 Kisch, Herbert: Das Erbe des Mittelalters, ein Hemmnis wirtschaftlicher Entwicklung: Aachens Tuchgewerbe vor 1790. In: Rheinische Vierteljahrsblätter 30 (1965). S. 267.
224 Hermandung, Das Zunftwesen der Stadt Aachen bis zum Jahre 1681, S. 83.
225 Für die Löhne Savelsberg, Heinrich: Aachener Tagelöhne am Anfange des 17. Jahrhunderts. In: Aus Aachens Vorzeit 17 (1904). S. 144 – 145. Für die Preise Hillebrand, Die Getreidepolitik und Brotversorgung, S. 14.
226 Schnock, Heinrich: Über gewerbliche Verhältnisse in der ehemaligen „Herrlichkeit Burtscheid“. In: Aus Aachens Vorzeit 18 (1905). S. 37 ff.
227 Koch, Geschichte der Aachener Nähnadelzunft, S. 57.
228 Fürth, Hermann Ariovist von (Hrsg.): Die historischen Notizen des Bürgermeisterei-Dieners Johannes Janssen. In: Beiträge und Material zur Geschichte der Aachener Patrizier-Familien. Hrsg. v. Hermann Ariovist von Fürth. Bd. 3. Aachen 1890. S. 219.
229 Kisch, Das Erbe des Mittelalters, S. 275.
230 Barkhausen, Max: Der Aufstieg der rheinischen Industrie im 18. Jahrhundert und die Entstehung eines industriellen Großbürgertums. In: Rheinische Vierteljahrsblätter 19 (1954) S. 152.
231 Müller, Klaus: Die Reichsstadt Aachen im 18. Jahrhundert. In: ZAGV 98/99 (1993). S. 208.
232 Scheins, Martin (Hrsg.): Aachen vor hundert Jahren. Nach dem Berichte eines französischen Zeitgenossen. Aachen 1887. S. 11.
233 Müller, Die Reichsstadt Aachen im 18. Jahrhundert, S. 229.

234 FÜRTH, Die historischen Notizen des Bürgermeisterei-Dieners Johannes Janssen, S. 224.
235 MUMMENHOFF, WILHELM: Verschollene Aachener Zeitungen des 17. Jahrhunderts und ihre Drucker. In: ZAGV 62 (1949). S. 92.
236 ZIMMERMANN, CARL: Aachen im 18. Jahrhundert. In: Aus Aachens Vorzeit 14 (1901). S. 74.
237 ZIMMERMANN, Aachen im 18. Jahrhundert, S, 79.
238 ZIMMERMANN, Aachen im 18. Jahrhundert, S, 94.
239 PAULS, EMIL: Beiträge zur Geschichte der Buchdruckereien, des Buchhandels, der Censur und der Zeitungspresse in Aachen bis zum Jahre 1816. In: ZAGV 15 (1893). S. 115.
240 PAULS, Beiträge zur Geschichte der Buchdruckereien, S. 135.
241 WERHAHN, HEINZ MARTIN: Friedrich von der Trenck und die Aachener Publizistik in den Jahren 1773 bis 1775. In: ZAGV 84/85 (1978). S. 867.
242 PICK, RICHARD: Aus den untergegangenen Ratsprotokollen der Reichsstadt Aachen. In: ZAGV 35 (1913). S. 346.
243 BÖHMER, C.: Kornpreise in Aachen in den Jahren 1560 – 1628 und 1708 – 1713. In: Aus Aachens Vorzeit 7 (1889). S. 93.
244 Eine Auflistung aller Ausgaben findet sich bei BRÜNING, WILHELM: Die Reichsstadt Aachen im dreissigjährigen Kriege. In: Aus Aachens Vorzeit 12 (1899). S. 79 – 85.
245 WOHLHAGE, MAX: Aachen im Dreißigjährigen Kriege. In: ZAGV 36 (1911). S. 55.
246 BRÜNING, Die Reichsstadt Aachen im dreissigjährigen Kriege, S. 86.
247 FINKEN, JOSEPH: Die Reichsstadt Aachen auf dem westfälischen Friedenskongress. In: ZAGV 32 (1910). S. 61 ff.
248 FÜRTH, Die historischen Notizen des Bürgermeisterei-Dieners Johannes Janssen, S. 46.
249 BRÜNING, WILHELM: Zur Geschichte Aachens im siebenjährigen Kriege. In: Aus Aachens Vorzeit 14 (1901). S. 39.
250 BRÜNING, Zur Geschichte Aachens im siebenjährigen Kriege, S. 44.
251 HUYSKENS, ALBERT: Aachener Leben im Zeitalter des Barock und Rokoko. Rheinische Neujahrsblätter 8. Bonn 1929. S. 95.
252 FÜRTH, Die historischen Notizen des Bürgermeisterei-Dieners Johannes Janssen, S. 62.
253 MICHEL, JOHANN JAKOB: Die Bockreiter im Lande von Herzogenrath und Umgegend. In: ZAGV 4 (1882). S. 61.
254 PICK, RICHARD: Die Gebühren des Aachener Scharfrichters um 1700. In: ZAGV 8 (1886). S. 286.
255 BECKER, FRIEDRICH KARL: Aachener Drohbriefe des 18. Jahrhunderts. In: Aus Aachens Vorzeit 19 (1906). S. 169.
256 FÜRTH, Die historischen Notizen des Bürgermeisterei-Dieners Johannes Janssen, S. 117.
257 POLL, BERNHARD: Zur Geschichte des Aachener Friedens von 1748. In: ZAGV 81 (1971). S. 22.
258 FÜRTH, Die historischen Notizen des Bürgermeisterei-Dieners Johannes Janssen, S. 153.
259 BLONDEL, FRANCISCUS: Außführliche Erklärung und augenscheinliche Wunderwirckung deren heylsamen Badt- und Trinckwässeren zu Aach. Aachen 1688. S. 61 ff.
260 BLONDEL, Außführliche Erklärung, S. 224 f.
261 SCHMITZ-CLIEVER, Die Heilkunde in Aachen, S. 79.
262 SCHMITZ-CLIEVER, Die Heilkunde in Aachen, S. 84 ff.
263 STEIN, ROBERT: Georg Friedrich Händel in Aachen. Eine 200-Jahr-Erinnerung. In: ZAGV 58 (1937). S. 164.
264 FROMM, EMIL: König Friedrich II. von Preußen in Aachen vom 26. August bis 9. September 1742. In: ZAGV 13 (1891). S. 217.
265 POLL, Geschichte Aachens in Daten, S. 88.

[266] Scheins, Aachen vor hundert Jahren, S. 30.

[267] Rosing, Aachen in alten und neuen Reisebeschreibungen, S. 90.

[268] Hermanns, Will: Kaiser Karls Stadt. Bilder aus Aachens Vergangenheit und Gegenwart. Aachen 1928. S. 50 f.

[269] Hermanns, Kaiser Karls Stadt, S. 31.

[270] Ilges, Walther: Auf den Spuren Casanovas in Aachen. Neue Forschungen über die Aachener Ereignisse in Casanovas Memoiren. In: ZAGV 53 (1932). S. 87.

[271] Die ganze Geschichte wird ausführlich berichtet bei Siemons, Hans: Casanova in Aachen. Im Weltbad der heißen Quellen machte der venezianische Abenteurer sein Meisterstück. Aachen 2000.

[272] Rosing, Aachen in alten und neuen Reisebeschreibungen, S. 82.

[273] Hildebrandt, Reinhard: Der Haushalt der Reichsstadt Aachen 1682 – 1784/85. Ein Zwischenbericht. In: ZAGV 98/99 (1993). S. 240.

[274] Fürth, Die historischen Notizen des Bürgermeisterei-Dieners Johannes Janssen, S. 214.

[275] zitiert bei Kempen, Reiner von: Die Streitigkeiten zwischen dem Kurfürsten von der Pfalz als Herzog von Jülich und der Reichsstadt Aachen wegen der Vogtmeierei im 18. Jahrhundert. In: ZAGV 34 (1912). S. 245.

[276] Fürth, Die historischen Notizen des Bürgermeisterei-Dieners Johannes Janssen, S. 279 f.

[277] Huyskens, Albert: Die Aachener Annalen aus der Zeit von 1770 bis 1803. In: ZAGV 59 (1938). S. 27.

[278] Brunert, Maria-Elisabeth: Die Aachener „Neue Partei" im Frühjahr 1787. Werbekampagne und Selbstdarstellung unter Ausnutzung der Großmannschen Schauspielergesellschaft. In: ZAGV 88/99 (1993). S. 261.

[279] Brunert, Die Aachener „Neue Partei" im Frühjahr 1787, S. 326.

[280] Reumont, Alfred von: König Gustav III. von Schweden in Aachen in den Jahren 1780 und 1791. In: ZAGV 2 (1880). S. 40.

[281] Hansen, Joseph (Hrsg.): Quellen zur Geschichte des Rheinlandes im Zeitalter der französischen Revolution 1780 – 1801. Publikationen der Gesellschaft für rheinische Geschichtskunde 42. Bonn 1931 – 1938. Bd. 2. S. 583.

[282] Ernstberger, Anton: Aachen im französischen Revolutionsfieber. Aus Briefen von Friedrich und Friedrich Heinrich Jacobi an Christian Wilhelm v. Dohm (September 1792 bis März 1793). In: Festschrift Hermann Aubin zum 80. Geburtstag. Hrsg. v. Otto Brunner u. a. Wiesbaden 1965. Bd. 1, S. 540 u. 542.

[283] Ernstberger, Aachen im französischen Revolutionsfieber, S. 546.

[284] Brüning, Wilhelm: Handschriftliche Chronik. 1770 – 1796. In: Aus Aachens Vorzeit 11 (1898). S. 48.

[285] Reumont, Alfred von: Jugenderinnerungen. In: Annalen des historischen Vereins für den Niederrhein 77 (1904). S. 38.

[286] Kraus, Thomas R.: Auf dem Weg in die Moderne. Aachen in französischer Zeit 1792/93, 1794 – 1814. Beihefte der ZAGV, Bd. 4. Aachen 1994. S. 46.

[287] Coels von der Brügghen, Luise Freiin von: Das Tagebuch des Gilles-Leonard von Thimus-Goudenrath, 1772 – 1799. In: ZAGV 60 (1939). S. 174.

[288] Kraus, Auf dem Weg in die Moderne, S. 51.

[289] Rey, Joseph Gerhard: Ein Stück Aachener Chronik aus dem Ende des 18. und Anfang des 19. Jahrhunderts. In: Aus Aachens Vorzeit 20 (1907). S. 213.

[290] Kraus, Auf dem Weg in die Moderne, S. 53.

291 NIESSNER, ALOIS: Zwanzig Jahre Franzosenherrschaft am Niederrhein 1794 – 1814. Aachen 1907. S. 60.

292 PAULS, EMIL: Beiträge zur neuern Geschichte Aachens. In: ZAGV 21 (1899). S. 240.

293 KENTENICH, GOTTFRIED; HUYSKENS, ALBERT: Der Lebensbericht des Aachener Kaufmanns Aloys Perger. In: ZAGV 56 (1935). S. 141.

294 PAULS, EMIL: Aus der Zeit der Fremdherrschaft. III. Der 2. März 1793 und seine Folgen für Aachen. In: ZAGV 10 (1888). S. 201.

295 PAULS, AUGUST: Beiträge zur Haltung der Aachener Bevölkerung während der Fremdherrschaft 1792 – 1814. In: ZAGV 63 (1950). S. 44 und 69 ff.

296 BRÜNING, WILHELM: Aktenstücke aus dem Aachener Stadtarchiv. In: Aus Aachens Vorzeit 9 (1896). S. 93.

297 SCHMITZ-CLIEVER, EGON: Die Militärspitäler Aachens und Jülichs in Französischer Zeit (1792 – 1815). In: ZAGV 70 (1958). S. 145.

298 PAULS, EMIL: Aus der Zeit der Fremdherrschaft. In: ZAGV 6 (1884). S. 237 f.

299 MÜLLER, KLAUS: Aachen im Zeitalter der Französischen Revolution und Napoleons. Umbruch und Kontinuität. In: ZAGV 97 (1991). S. 303.

300 Die folgenden Anekdoten finden sich bei HUYSKENS, Die Aachener Annalen aus der Zeit von 1770 bis 1803, S. 1 – 80.

301 MINKE, ALFRED: Zwischen Lüttich und Aachen: Die katholische Kirche in der französischen Revolution. In: ZAGV 100 (1996). S. 308 f.

302 PAULS, Beiträge zur Geschichte der Buchdruckereien, S. 165.

303 NIESSNER, Zwanzig Jahre Franzosenherrschaft am Niederrhein, S. 156.

304 zitiert bei KRAUS, Auf dem Weg in die Moderne, S. 144 f.

305 WYNANDS, DIETER: Die Aachenfahrt während der französischen Herrschaft im Rheinland (1792/94 – 1814). Ein Beitrag zur Auslagerung des Aachener Münsterschatzes nach Paderborn. In: Annalen des historischen Vereins für den Niederrhein 197 (1995). S. 142.

306 SPOELGEN, J.: Stimmung der Aachener Bürgerschaft zur Zeit der Fremdherrschaft. In: Aus Aachens Vorzeit 5 (1892). S. 31.

307 KAISER, PAUL: Der kirchliche Besitz im Arrondissement Aachen gegen Ende des 18. Jahrhunderts und seine Schicksale in der Säkularisation durch die französische Herrschaft. Ein Beitrag zur Kirchen- und Wirtschaftsgeschichte der Rheinlande. Aachen 1906. S. 170 f.

308 PAULS, AUGUST: Ein Geheimbericht über Zustände und Beamte im Roerdepartement aus dem Ende der Konsularzeit. In: ZAGV 57 (1936). S. 72.

309 KRAUS, Auf dem Weg in die Moderne, S. 11.

310 SOBANIA, MICHAEL: Das Aachener Bürgertum am Vorabend der Industrialisierung. In: Vom alten zum neuen Bürgertum. Die mitteleuropäische Stadt im Umbruch 1780 – 1820. Hrsg. v. Lothar Gall. München 1991. S. 217

311 ROUETTE, HANS-KARL: Aachener Textil-Geschichte(n) im 19. und 20. Jahrhundert. Entwicklungen in Tuchindustrie und Textilmaschinenbau der Aachener Region. Aachen 1992. S. 58.

312 ERDMANN, CLAUDIA: Aachen im Jahre 1812. Wirtschafts- und sozialräumliche Gliederung einer frühindustriellen Stadt. Erdkundliches Wissen 8. Stuttgart 1986. S. 85; SOBANIA, Das Aachener Bürgertum am Vorabend der Industrialisierung, S. 215; KRAUS, Auf dem Weg in die Moderne, S. 221.

313 PAULS, Beiträge zur Haltung der Aachener Bevölkerung, S. 87 ff.

314 KRAUS, Auf dem Weg in die Moderne, S. 233 ff.

315 ERDMANN, Aachen im Jahre 1812, S. 85.

316 KRAUS, Auf dem Weg in die Moderne, S. 245.

317 PAULS, Beiträge zur Geschichte der Buchdruckereien, S. 183.

318 SCHIFFERS, HEINRICH: Peter Kaatzer (1808 – 1870) und das geistige Aachen seiner Zeit. Ein Beitrag zur Geschichte der Presse, des Buchhandels und des Parteiwesens. Aachen 1924. S. 41.

319 FEY, JOHANNES: Aus den Jahren 1814 und 1815. In: Aus Aachens Vorzeit 12 (1899). S. 69.

320 BRÜNING, WILHELM: Aachen während der Fremdherrschaft und der Befreiungskriege. In: ZAGV 19 (1897). S. 199.

321 ROSING, Aachen in alten und neuen Reisebeschreibungen, S. 114.

322 POLL, BERNHARD: Preußen und die Rheinlande. In: ZAGV 76 (1964). S. 14.

323 WANDERSLEB, HERMANN: Bismarck als Regierungsreferendar in Aachen 1836/1837. In: ZAGV 56 (1935). S. 188.

324 SCHNOCK, HEINRICH: Die Rückerstattung der zur Zeit der Fremdherrschaft nach Paris verschleppten Aachener Kunstgegenstände und Archivalien. In: Aus Aachens Vorzeit 12 (1899). S. 97.

325 MEYER, KARL FRANZ: Aachen, der Monarchen-Kongreß im Jahr 1818. Aachen 1819. S. 9 f.

326 POLL, BERNHARD: Der dritte Richelieu und die Rehabilitierung Frankreichs auf dem Kongreß in Aachen 1818. In: ZAGV 63 (1950). S. 127.

327 MEYER, Aachen, der Monarchen-Kongreß im Jahr 1818, S. 96.

328 FEHL, GERHARD; KASPARI-KÜFFEN, DIETER; MEYER, LUTZ-HENNING (HRSGG.): Mit Wasser und Dampf ... ins Industriezeitalter. Zeitzeugen der frühen Industrialisierung im belgisch-deutschen Grenzraum. Aachen 1991. S. 163.

329 ROUETTE, Aachener Textil-Geschichte(n) im 19. und 20. Jahrhundert, S. 61.

330 SCHAINBERG, HARTMUT: Traditionelles und frühindustrielles Eisengewerbe. Aachen in der 1. Hälfte des 19. Jahrhunderts. In: Protoindustrie in der Region. Europäische Gewerbelandschaften vom 16. bis zum 19. Jahrhundert. Bielefeld 1997. S. 417.

331 Genauere Einzelheiten darüber bei PUSCHMANN, BERNHARD: Der Aachener Eisenbahntelegraf. In: ZAGV 77 (1966). S. 162 – 182.

332 EYLL, KLARA VAN: Der Aachener Wirtschaftsraum in der ersten Hälfte des 19. Jahrhunderts. Aspekte der Frühindustrialisierung im preußischen Westen. Schriftenreihe der Industrie- und Handelskammer zu Aachen 1. Aachen 1980. S. 9.

333 HEPPLE, VOLKER: Streiflicher der industriellen Entwicklung. Der Aachener Wirtschaftsraum in den Jahren 1850 – 1950. Aachen 1982. S. 6.

334 SOBANIA, MICHAEL: Stadtbürgertum und Stadtrat in Aachen 1800 – 1870. In: Aachen, die westlichen Rheinlande und die Revolution 1848/49. Hrsg. v. Guido Müller und Jürgen Herres. Aachen 2000. S. 83

335 SEEGER, ULRIKE: Aachen im 19. Jahrhundert. Die Zeit der Frühindustrialisierung. Aachen 1991. S. 39. Ein Rückgang der Löhne um zwei Drittel zwischen 1816 und der Zeit kurz vor 1848 bestätigt sich auch durch andere Berechnungen, siehe HERRES, JÜRGEN: „Die geringen Klassen und der Mittelstand“ gehen „täglich mehr der Verarmung entgegen“. Zur Sozialgeschichte der „Fabrikstadt“ Aachen in der ersten Hälfte des 19. Jahrhunderts. In: ZAGV 98/99 (1993). S. 425.

336 JANSSEN, ELISABETH: Zur Wohnsituation der Aachener Textilarbeiter um 1830. In: ZAGV 92 (1985). S. 212.

337 METZMACHER, DORETTE: Die Wohnverhältnisse der Arbeiter in den Städten. In: Mit Wasser und Dampf ... ins Industriezeitalter. Zeitzeugen der frühen Industrialisierung im belgisch-deutschen Grenzraum. Hrsg. v. Gerhard Fehl u. a. Aachen 1991. S. 240 f.

338 KRAUS, Auf dem Weg in die Moderne, S. 232.

339 KRAUS, Auf dem Weg in die Moderne, S. 238.

340 zitiert bei SEEGER, Aachen im 19. Jahrhundert, S. 45.

341 zitiert bei KUHNEN, LUDWIG: Geschichtliches aus Arbeit und Industrie im Regierungsbezirk Aachen. Aachen 1947. S. 11.

342 GATZ, ERWIN: Die Elisabethinnen und das Aachener Krankenhauswesen in der ersten Hälfte des 19. Jahrhunderts. In: ZAGV 78 (1967). S. 265 ff.

343 LEPPER, HERBERT (BEARB.): Sozialer Katholizismus in Aachen. Quellen zur Geschichte des Arbeitervereins zum hl. Paulus für Aachen und Burtscheid 1869 – 1878(88). Veröffentlichungen des bischöflichen Diözesanarchivs Aachen 36. Mönchengladbach 1977. S. 11*.

344 HERRES, Die geringen Klassen und der Mittelstand, S. 382.

345 ALTHAMMER, BEATE: Herrschaft, Fürsorge, Protest. Eliten und Unterschichten in den Textilgewerbestädten Aachen und Barcelona 1830 – 1870. Bonn 2002. S. 199.

346 Dieses und die folgenden Zitate bei SCHRÖRS, HEINRICH: Die Geheimpolizei am Rhein zur Zeit der Kölner Wirren mit besonderer Rücksicht auf Aachen. In: ZAGV 48/49 (1928). S. 24 – 60.

347 ALTHAMMER, Herrschaft, Fürsorge, Protest, S. 425.

348 SOBANIA, Stadtbürgertum und Stadtrat in Aachen 1800 – 1870, S. 86 f.

349 NIESSNER, ALOIS: Aachen während der Sturmjahre 1848/49. Stimmungsbilder aus der deutschen Revolution. Aachen 1906. S. 39.

350 NIESSNER, Aachen während der Sturmjahre 1848/49, S. 83.

351 zitiert bei SCHÜTZ, RÜDIGER: „Einheit, Freiheit und Wohlstand des deutschen Volkes und Vaterlandes". Dimensionen der Revolution von 1848/49. In: Aachen, die westlichen Rheinlande und die Revolution 1848/49. Hrsg. v. Guido Müller und Jürgen Herres. Aachen 2000. S. 27.

352 REPGEN, KONRAD: Märzbewegung und Maiwahlen des Revolutionsjahres 1848 im Rheinland. Bonner Historische Forschungen 4. Bonn 1955. S. 227.

353 HEINEN, ERNST: Anfänge des politischen Katholizismus in Aachen. Der Piusverein (1848 – 1854/55). In: ZAGV 100 (1996). S. 355.

354 HERRES, JÜRGEN: Dokumente zu den Wahl-, Petitions- und Vereinsbewegungen von 1848/49 in Aachen. In: Aachen, die westlichen Rheinlande und die Revolution 1848/49. Hrsg. v. Guido Müller und Jürgen Herres. Aachen 2000. S. 207.

355 CROUS, HELMUT: Karneval in Aachen. Wie er wurde. Wie er war. Wie er ist. Aachener Karnevalsverein 1859 – 1959. Aachen 1959. Louis Napoleon und die Marseillaise.

356 ERDMANN, Aachen im Jahre 1812, S. 95.

357 REUMONT, GÉRARD: Aachen und seine Heilquellen. Ein Taschenbuch für Badegäste. Aachen 1828. S. 107 ff.

358 ROSING, Aachen in alten und neuen Reisebeschreibungen, S. 137 f.

359 REUMONT, Aachen und seine Heilquellen, S. 158.

360 HERMANNS, Kaiser Karls Stadt, S. 55.

361 HERMANNS, Kaiser Karls Stadt, S. 39 ff.

362 ROSING, Aachen in alten und neuen Reisebeschreibungen, S. 192.

363 POLL, Geschichte Aachens in Daten, S. 192; LEPPER, Sozialer Katholizismus in Aachen, S. 114*.

364 HEPPLE, Streiflichter der industriellen Entwicklung, S. 8 f.

365 DÜWELL, KURT: Die Gründung der Königlichen Polytechnischen Schule in Aachen. Ein Abschnitt preußischer Schul- und Hochschulgeschichte in einer rheinischen Stadt. In: ZAGV 81 (1971). S. 197 ff.

366 SCHIFFERS, HEINRICH: Der Kulturkampf in Stadt und Regierungsbezirk Aachen. Aachen 1929. S. 81.

367 Lepper, Herbert: Die kirchenpolitische Gesetzgebung der Jahre 1872 bis 1875 und ihre Ausführung im Regierungsbezirk Aachen. Ein Beitrag zur Geschichte des „Kulturkampfes" in der Erzdiözese Köln. In: Annalen des Historischen Vereins für den Niederrhein 171 (1969). S. 229.

368 Schütz, Rüdiger: Die Aachener Oberbürgermeister der Bismarckära im Spannungsfeld von kommunaler Selbstverwaltung und staatlicher Exekutive. In: ZAGV 98/99 (1993). S. 451.

369 Lepper, Herbert: Die Generalversammlung der Katholiken Deutschlands vom 8. bis 11. September 1879 in Aachen. In: ZAGV 80 (1970). S. 241 f.

370 Lepper, Sozialer Katholizismus in Aachen, S. 60.

371 Lepper, Herbert: Kaplan Franz Eduard Cronenberg und die christlich-soziale Bewegung in Aachen 1868 – 1878. In: ZAGV 79 (1968). S. 96.

372 zitiert bei Kuhnen, Geschichtliches aus Arbeit und Industrie , S. 30.

373 Bers, Günter: Katholische Arbeitervereine im Raum Aachen 1903 – 1914. Aufbau und Organisation des Aachener Bezirksverbandes im Spiegel seiner Delegiertenversammlung. Die Arbeiterbewegung in den Rheinlanden 12. Hamburg 1979. S. 13.

374 Alle Informationen zum Kongress bei Haupts, Leo: Der VII. Internationale Bergarbeiterkongreß 1896 in Aachen. In: ZAGV 88/89 (1982). S. 183 – 203.

375 Kuhnen, Geschichtliches aus Arbeit und Industrie , S. 30.

376 Klöcker, Michael: Die Sozialdemokratie im Regierungsbezirk Aachen vor dem 1. Weltkrieg. Die Arbeiterbewegung in den Rheinlanden 6. Reinbek 1977. S. 347.

377 Gielen, Viktor: Es stand im Echo. Aachen 1914 – 1932. Eupen 1986. S. 7. Aus diesem Buch stammen auch die folgenden Informationen über Aachen im Ersten Weltkrieg.

378 Gielen, Es stand im Echo, S. 51.

379 Hermanns, Will: Stadt in Ketten. Geschichte der Besatzungs- und Separatistenzeit 1918 – 1929 in und um Aachen. Aachen 1933. S. 12.

380 Brüning, Heinrich: Memoiren 1918 – 1934. Stuttgart 1970. S. 27 f.

381 Gielen, Es stand im Echo, S. 70.

382 Gielen, Es stand im Echo, S. 77.

383 Hermanns, Stadt in Ketten, S. 71.

384 Stieve, Tilman: Die „Rheinische Bewegung" in Aachen bis zur Ruhrkrise. In: ZAGV 100 (1996). S. 535.

385 Stieve, Die „Rheinische Bewegung" in Aachen bis zur Ruhrkrise, S. 548 f.

386 Hermanns, Stadt in Ketten, S. 128 f.

387 Gielen, Es stand im Echo, S. 98 f.

388 Loo, Wilhelm van: Notgeld Stadt- und Landkreis Aachen. Heimatblätter des Kreises Aachen 2/4 (1975). S. 20.

389 Hermanns, Stadt in Ketten, S. 190.

390 Hermanns, Stadt in Ketten, S. 178.

391 Bischof, Erwin: Rheinischer Separatismus 1918 – 1924. Hans Adam Dortens Rheinstaatbestrebungen. Bern 1969. S. 121 f.

392 Schwabe, Klaus: Die Ruhrkrise und das Rheinland. In: ZAGV 93 (1986). S. 127.

393 Hermanns, Stadt in Ketten, S. 204.

394 Hermanns, Stadt in Ketten, S. 229 f. und 252.

395 Hermanns, Stadt in Ketten, S. 219.

396 Plum, Günter: Gesellschaftsstruktur und politisches Bewusstsein in einer katholischen Region 1928 – 1933. Untersuchung am Beispiel des Regierungsbezirks Aachen. Stuttgart 1972. S. 62.

397 GASTEN, ELMAR: Aachen in der Zeit der nationalsozialistischen Herrschaft 1933–1944. Europäische Hochschulschriften III/541. Frankfurt 1993. S. 33.

398 GASTEN, Aachen in der Zeit der nationalsozialistischen Herrschaft, 232.

399 BEHNKEN, KLAUS (HRSG.): Deutschland-Berichte der Sozialdemokratischen Partei Deutschlands (Sopade) 1934–1940. 4. Jahrgang 1937. Frankfurt 1980. S. 520 f.

400 KIRSCHGENS, ALBERT; SPELSBERG, GERD: Einigkeit statt Recht und Freiheit. Aachen 1933. Aachen 1983. S. 120.

401 PEHLE, WALTER: Die nationalsozialistische Machtergreifung im Regierungsbezirk Aachen unter besonderer Berücksichtigung der staatlichen und kommunalen Verwaltung 1922–1933. Düsseldorf 1976. S. 389.

402 DÜWELL, KURT: Zwischen nationalsozialistischer Indienstnahme und hochschulpolitischer Selbstanpassung. Die RWTH Aachen 1933–1945. In: ZAGV 101 (1998). S. 70.

403 BEHNKEN, Deutschland-Berichte, 3. Jahrgang 1936, S. 1145.

404 MÜLLER, HANS (HRSG.): Katholische Kirche und Nationalsozialismus. Dokumente 1930–1935. München 1963. S. 168.

405 GASTEN, Aachen in der Zeit der nationalsozialistischen Herrschaft, S. 290.

406 GASTEN, Aachen in der Zeit der nationalsozialistischen Herrschaft, S. 294.

407 HUGOT, YVONNE: Die Hitlerjugend in Aachen bis 1936. In: ZAGV 107/108 (2006). S. 455.

408 VOLLMER, BERNHARD (HRSG.): Volksopposition im Polizeistaat. Gestapo- und Regierungsberichte 1934–1936. Quellen und Darstellungen zur Zeitgeschichte 2. Stuttgart 1957. S. 30.

409 EMUNDS, PAUL: Der stumme Protest. Aachen 1963. S. 79 ff.

410 SIEMONS, HANS: Kriegsalltag in Aachen. Not, Tod und Überleben in der alten Kaiserstadt zwischen 1939 und 1944. Aachen 1998. S. 76.

411 LEPPER, HERBERT: Von der Emanzipation zum Holocaust. Die Israelitische Synagogengemeinde zu Aachen 1801–1942. Veröffentlichungen des Stadtarchivs Aachen 8. Aachen 1994. Dok. Nr. 871. S. 1134.

412 HAASE, ANNEMARIE (HRSG.): Zum Novemberpogrom 1938. Fragen, erinnern, Spuren sichern. Aachen 1992. S. 89.

413 FAUST, ANSELM: Die Kristallnacht im Rheinland. Dokumente zum Judenpogrom im November 1938. Düsseldorf 1987. S. 79.

414 HAASE, Zum Novemberpogrom 1938, S. 46 f.

415 LEPPER, Von der Emanzipation zum Holocaust, Dok. Nr. 1121, S. 1331.

416 Die vollständige Liste bei LEPPER, Von der Emanzipation zum Holocaust, Dok. Nr. 1153, S. 1353.

417 GROSS, MANFRED: Der Westwall zwischen Niederrhein und Schnee-Eifel. Archäologische Funde und Denkmäler des Rheinlandes 5. Köln 1982. S. 285.

418 ENGELS, MARC: Aspekte der Zwangsarbeit in Aachen – Lehr- und Forschungsgebiet Wirtschafts- und Sozialgeschichte der RWTH Aachen. In: Zwangsarbeit in der Stadt Aachen. Ausländereinsatz in einer westdeutschen Grenzstadt. Hrsg. v. Thomas R. Kraus und Paul Thomes. Veröffentlichungen des Stadtarchivs Aachen. Aachen 2002. S. 101.

419 LEPPER, Von der Emanzipation zum Holocaust, Dok. Nr. 1151, S. 1352. Zwei kleine Rechtschreibfehler wurden aus Gründen der Lesbarkeit korrigiert.

420 Eine Namensliste findet sich bei ENGELS, HANNS JOACHIM: Die Feuerlöschgruppe Dom 1941 bis 1945. In: ZAGV 76 (1964). S. 520 f.

421 SCHWABE, KLAUS: Aachen am Ende des Zweiten Weltkrieges: Von der NS-Herrschaft zu den Anfängen der alliierten Besatzung. In: ZAGV 101 (1998). S. 321.

422 Poll, Bernhard: Das Schicksal Aachens im Herbst 1944. Authentische Berichte. In: ZAGV 66/67 (1955) und 73 (1961). 66/67, S. 176.
423 Heckmann, Dieter: „Halten bis zum letzten Mann ..." Der Kampf um Aachen im Herbst 1944. Aachen 2003. S. 29.
424 Diesem Sachverhalt widmet sich ausgiebig die Untersuchung von Rass, Christoph; Rohrkamp, René; Quadflieg, Peter M.: Gerhard Graf von Schwerin und das Kriegsende in Aachen – Ereignis, Mythos, Analyse. Aachen 2007.
425 Baumann, Guido; Bönnemann, Otto; Meven, Walter: Die Tragödie von Aachen. Die Hinrichtung von zwei Kindern. Aachen 2003. S. 125.
426 Poll, Das Schicksal Aachens im Herbst 1944, 73, S. 199 f.
427 Poll, Das Schicksal Aachens im Herbst 1944, 73, S. 154 ff.
428 Heckmann, „Halten bis zum letzten Mann ...", S. 45.
429 Heckmann, „Halten bis zum letzten Mann ...", S. 70.
430 Heckmann, „Halten bis zum letzten Mann ...", S. 82.
431 Trees, Wolfgang; Whiting, Charles: Die Amis sind da! Wie Aachen 1944 erobert wurde. Aachen 1984. S. 249.
432 Padover, Saul Kussiel: Lügendetektor. Vernehmungen im besiegten Deutschland 1944/45. München 2001. S. 39.
433 Pabst, Klaus: Aachen im Frühjahr 1945. Aufzeichnungen des Bürgermeisters Dr. Helmut Pontesegger. In: ZAGV 96 (1989). S. 380.
434 Padover, Lügendetektor, S. 27.
435 Padover, Lügendetektor, S. 46.
436 Schwabe, Aachen am Ende des Zweiten Weltkrieges, S. 347.
437 Schwabe, Aachen am Ende des Zweiten Weltkrieges, S. 345 f.
438 Pabst, Aachen im Frühjahr 1945, S. 382 u. 387.
439 Padover, Lügendetektor, S. 198.
440 Pabst, Aachen im Frühjahr 1945, S. 395.
441 Volk, Ludwig: Ausblick auf Trümmern. US-Protokoll über eine Befragung des Bischofs Johannes Joseph van der Velden nach der Einnahme Aachens im Oktober 1944. In: ZAGV 88/89 (1982). S. 207 ff.
442 Trees, Wolfgang: Schmuggler, Zöllner und die Kaffeepanzer. Die wilden Nachkriegsjahre an der deutschen Westgrenze. Aachen 2002. S. 52.
443 Zitiert bei Trees, Schmuggler, Zöllner und die Kaffeepanzer, S. 63.
444 Trees, Schmuggler, Zöllner und die Kaffeepanzer, S. 130 ff.
445 Trees, Schmuggler, Zöllner und die Kaffeepanzer, S. 267 ff.
446 Vigener, Manfred: Was war los in Aachen 1950 – 2000. Erfurt 2001. S. 39.
447 Vigener, Was war los in Aachen, S. 23.
448 Vigener, Was war los in Aachen, S. 55.
449 Poll, Geschichte Aachens in Daten, S. 496.
450 Stiftung Internationaler Karlspreis zu Aachen (Hrsg.): 50 Jahre Internationaler Karlspreis zu Aachen 1950 – 2000. Aachen 2000. S. 29.

Bibliografie

Althammer, Beate: Die Angst vor der sozialen Revolte. Bürgertum und Unterschichten in der Fabrikstadt Aachen im März und April 1848. In: Aachen, die westlichen Rheinlande und die Revolution 1848/49. Hrsg. v. Guido Müller und Jürgen Herres. Aachen 2000. S. 105 – 134.

Altmann, Hans: Die Pfarre St. Foillan in der Aachener Stadt- und Kirchengeschichte. Aachen 1997.

Asten, Herbert von: Die religiöse Spaltung in der Reichsstadt Aachen und ihr Einfluß auf die industrielle Entwicklung in der Umgebung. In: ZAGV 68 (1956). S. 77 – 190.

Bandmann, Günter: Die Vorbilder der Aachener Pfalzkapelle. In: Karl der Große. Lebenswerk und Nachleben. Bd. 3: Karolingische Kunst. Hrsg. v. Wolfgang Braunfels und Hermann Schnitzler. Düsseldorf 1965. S. 424 – 462.

Barkhausen, Max: Der Aufstieg der rheinischen Industrie im 18. Jahrhundert und die Entstehung eines industriellen Großbürgertums. In: Rheinische Vierteljahrsblätter 19 (1954) S. 135 – 177.

Bauer, Albert; Rau, Reinhold (Bearbb.): Quellen zur Geschichte der sächsischen Kaiserzeit. Ausgewählte Quellen zur deutschen Geschichte des Mittelalters – Freiherr-vom-Stein-Gedächtnisausgabe, Bd. VIII. Hrsg. v. Rudolf Buchner. Darmstadt 1971.

Baumann, Guido; Bönnemann, Otto; Meven, Walter: Die Tragödie von Aachen. Die Hinrichtung von zwei Kindern. Aachen 2003.

Bechert, Tilmann: Römisches Germanien zwischen Rhein und Maas. Die Provinz Germania inferior. Zürich 1982.

Becker, Friedrich Karl: Aachener Drohbriefe des 18. Jahrhunderts. In: Aus Aachens Vorzeit 19 (1906). S. 168 – 173.

Becker, Friedrich Karl: Zur kirchlichen Feier der Aachener Heiligtumsfahrt während des Mittelalters. In: ZAGV 31 (1909). S. 169 – 174.

Beckers, Philomene: Parteien und Parteienkampf in der Reichsstadt Aachen im letzten Jahrhundert ihres Bestehens. In: ZAGV 55 (1935), S. 1 – 40 und 56 (1936), S. 105 – 131.

Behnken, Klaus (Hrsg.): Deutschland-Berichte der Sozialdemokratischen Partei Deutschlands (Sopade) 1934 – 1940. Frankfurt 1980.

Beissel, Stephan: Die Aachenfahrt. Verehrung der Aachener Heiligtümer seit den Tagen Karls des Großen bis in unsere Zeit. Freiburg 1902.

Bellesheim, Alphons: Beiträge zur Geschichte Aachens im 16. Jahrhundert. In: ZAGV 19 (1897), S. 105 – 119 und 21 (1899), S. 122 – 134.

Bers, Günter: Katholische Arbeitervereine im Raum Aachen 1903 – 1914. Aufbau und Organisation des Aachener Bezirksverbandes im Spiegel seiner Delegiertenversammlung. Die Arbeiterbewegung in den Rheinlanden 12. Reinbek 1979.

Bers, Günter: Eine Regionalgliederung der KPD. Der Bezirk Mittelrhein und seine Parteitage in den Jahren 1927/1929. Reinbek 1981.

Bertram, Friedrich Wilhelm: Die Aachener Stadtbefestigung im Mittelalter. Aachen 1949.

Beumann, Helmut: Grab und Thron Karls des Großen. In: Karl der Große. Lebenswerk und Nachleben. Bd. 4: Das Nachleben. Hrsg. v. Wolfgang Braunfels und Percy Ernst Schramm. Düsseldorf 1967. S. 9 – 38.

Beumann, Helmut: Die Ottonen. Stuttgart 1991.

Biergans, Joseph: Die Wohlfahrtspflege der Stadt Aachen in den letzten Jahrhunderten des Mittelalters. In: ZAGV 31 (1909). S. 74 – 148.

Bierganz, Manfred: Der Aachener Hütten-Aktien-Verein Rothe Erde. In: Mit Wasser und Dampf … ins Industriezeitalter. Zeitzeugen der frühen Industrialisierung im belgisch-deutschen Grenzraum. Hrsg. v. Gerhard Fehl u. a. Aachen 1991. S. 189.

Binding, Günther: Die Aachener Pfalz Karls des Großen als archäologisch-baugeschichtliches Problem. In: Zeitschrift für Archäologie des Mittelalters 25/26 (1998). S. 63 – 85.

Birmanns, Martin: Die Aachener Justiz im Zeitalter des Nationalsozialismus. In: ZAGV 101 (1998). S. 209 – 265.

Bischof, Erwin: Rheinischer Separatismus 1918 – 1924. Hans Adam Dortens Rheinstaatbestrebungen. Bern 1969.

Blondel, Franciscus: Außführliche Erklärung und augenscheinliche Wunderwirckung deren heylsamen Badt- und Trinckwässeren zu Aach. Aachen 1688.

Böhmer, C.: Kornpreise in Aachen in den Jahren 1560 – 1628 und 1708 – 1713. In: Aus Aachens Vorzeit 7 (1889). S. 91 – 94.

Borgolte, Michael: Der Gesandtenaustausch der Karolinger mit den Abbasiden und mit den Patriarchen von Jerusalem. Münchener Beiträge zur Mediävistik und Renaissance-Forschung 25. München 1976.

Boshof, Egon: Aachen und die Thronerhebung des deutschen Königs. In: ZAGV 97 (1991). S. 5 – 32.

Boshof, Egon: Ludwig der Fromme. Darmstadt 1996.

Braubach, Max: Der Einmarsch deutscher Truppen in die entmilitarisierte Zone am Rhein im März 1936. Ein Beitrag zur Vorgeschichte des zweiten Weltkrieges. Arbeitsgemeinschaft für Forschung des Landes Nordrhein-Westfalen, Heft 54. Köln 1956.

Brecher, August: Die kirchliche Reform in Stadt und Reich Aachen von der Mitte des 16. bis zum Anfang des 18. Jahrhunderts. Reformationsgeschichtliche Studien und Texte 80/81. Münster 1956.

Brühl, Carlrichard: Fodrum, gistum, servitium regis. Studien zu den wirtschaftlichen Grundlagen des Königtums im Frankenreich und in den fränkischen Nachfolgestaaten Deutschland, Frankreich und Italien vom 6. bis zur Mitte des 14. Jahrhunderts. Kölner historische Abhandlungen 14. Köln 1968.

Brühl, Carlrichard; Kölzer, Theo: Das Tafelgüterverzeichnis des römischen Königs (Ms. Bonn S. 1559). Köln 1979.

Brüning, Heinrich: Memoiren 1918 – 1934. Stuttgart 1970.

Brüning, Wilhelm: Aktenstücke aus dem Aachener Stadtarchiv. In: Aus Aachens Vorzeit 9 (1896). S. 92 – 95.

Brüning, Wilhelm: Aachen während der Fremdherrschaft und der Befreiungskriege. In: ZAGV 19 (1897). S. 171 – 210.

Brüning, Wilhelm: Handschriftliche Chronik. 1770 – 1796. In: Aus Aachens Vorzeit 11 (1898). S. 18 – 70.

Brüning, Wilhelm: Die Reichsstadt Aachen im dreissigjährigen Kriege. In: Aus Aachens Vorzeit 12 (1899). S. 77 – 87.

Brüning, Wilhelm: Zur Geschichte Aachens im siebenjährigen Kriege. In: Aus Aachens Vorzeit 14 (1901). S. 34 – 52.

Brunert, Maria-Elisabeth: Die Aachener „Neue Partei“ im Frühjahr 1787. Werbekampagne und Selbstdarstellung unter Ausnutzung der Großmannschen Schauspielergesellschaft. In: ZAGV 88/99 (1993). S. 251 – 349.

Brunhölzl, Franz: Der Bildungsauftrag der Hofschule. In: Karl der Große. Lebenswerk und Nachleben. Bd. 2: Das geistige Leben. Hrsg. v. Bernhard Bischoff. Düsseldorf 1965. S. 28 – 41.

CARL, HORST: Die Aachener Mäkelei 1786–1792. Konfliktregelungsmechanismen im alten Reich. In: ZAGV 92 (1985). S. 103–187.
CHRIST, HANS: Ein pippinisches Reliquiengrab unter dem karolingischen Marienaltar der Aachener Pfalzkapelle. Beitrag in Schiffers, Heinrich: Karls des Großen Reliquienschatz und die Anfänge der Aachenfahrt. Veröffentlichungen des Bischöflichen Diözesanarchivs Aachen, Bd. 10. Aachen 1951.
CLASSEN, MATHIAS: Die konfessionelle und politische Bewegung in der Reichsstadt Aachen zu Anfang des 17. Jahrhunderts. In: ZAGV 28 (1906). S. 286–442.
CLASSEN, FRIEDRICH: Beiträge zur Geschichte der Reichsstadt Aachen unter Karl V. In: ZAGV 36 (1914). S. 1–98.
COELS VON DER BRÜGGHEN, LUISE FREIIN VON: Die Schöffen des königlichen Stuhls von Aachen von der frühesten Zeit bis zur endgültigen Aufhebung der reichsstädtischen Verfassung 1798. In: ZAGV 50 (1928). S. 1–596.
COELS VON DER BRÜGGHEN, LUISE FREIIN VON: Das Tagebuch des Gilles-Leonard von Thimus-Goudenrath, 1772–1799. In: ZAGV 60 (1939). S. 133–188.
CROUS, HELMUT: Karneval in Aachen. Wie er wurde. Wie er war. Wie er ist. Aachener Karnevalsverein 1859–1959. Aachen 1959.
CÜPPERS, HEINZ: Beiträge zur Geschichte des römischen Kur- und Badeortes Aachen. In: Aquae Granni. Beiträge zur Archäologie von Aachen. Hrsg. v. Heinz Cüppers u. a. Rheinische Ausgrabungen 22. Köln 1982. S. 1–75.
CURTIUS, A.: Albrecht Dürer in Aachen 1520. In: ZAGV 9 (1887). S. 144–169.
DAHMEN, JOSEF: Das Aachener Tuchgewerbe bis zum Ende des 19. Jahrhunderts. Berlin 1930.
DÄNTL, ALOIS: Walahfrid Strabos Widmungsgedicht an die Kaiserin Judith und die Theoderichstatue vor der Kaiserpfalz zu Aachen. In: ZAGV 52 (1931). 1–38.
DEMANDT, ALEXANDER: Die Anfänge der Staatenbildung bei den Germanen. In: Historische Zeitschrift 230 (1980). S. 265–291.
DREES, LUDWIG: Caesars Aduatuca. Das Problem der Lokalisierung – Versuch einer Lösung. In: ZAGV 84/85 (1978). S. 13–64.
DUBOIS, KÄTHE: Die Reichsstadt Aachen als Stand des niederrheinisch-westfälischen Kreises in den Reichskriegen des ausgehenden 17. und 18. Jahrhunderts (1674–1794). In: ZAGV 60 (1939). S. 1–92.
DÜWELL, KURT: Die Gründung der Königlichen Polytechnischen Schule in Aachen. Ein Abschnitt preußischer Schul- und Hochschulgeschichte in einer rheinischen Stadt. In: ZAGV 81 (1971). S. 173–212.
DÜWELL, KURT: Die Unruhen der Aachener Textilarbeiter 1830. In: Rheinland-Westfalen im Industriezeitalter. Bd. 1: Von der Entstehung der Provinz bis zur Reichsgründung. Hrsg. v. Kurt Düwell und Wolfgang Köllmann. Wuppertal 1983.
DÜWELL, KURT: Stadt und Hochschule – Aachen als Standort der zweiten Gründung einer Technischen Hochschule in Preußen. In: ZAGV 98/99 (1993). S. 533–545.
DÜWELL, KURT: Zwischen nationalsozialistischer Indienstnahme und hochschulpolitischer Selbstanpassung. Die RWTH Aachen 1933–1945. In: ZAGV 101 (1998). S. 65–86.
DÜWELL, KURT: Exil und Remigration von RWTH-Professoren (1933–1945). In: ZAGV 102 (2000). S. 519–532.
DUX, HOLGER A.: Das war das 20. Jahrhundert in Aachen. Gudensberg 2001.
EBELING, DIETRICH; SCHMIDT, MARTIN: Zünftige Handwerkswirtschaft und protoindustrieller Arbeitsmarkt. Die Aachener Tuchregion (1750 bis 1815). In: Protoindustrie in der Region.

Europäische Gewerbelandschaften vom 16. bis zum 19. Jahrhundert. Hrsg. v. Dietrich Ebeling und Wolfgang Mager. Studien zur Regionalgeschichte 9. Bielefeld 1997.

Eck, Werner: Zur Christianisierung in den nordwestlichen Provinzen des Imperium Romanum. In: Die Stadt in Oberitalien und in den nordwestlichen Provinzen des Römischen Reiches. Hrsg. v. Werner Eck und Hartmut Galsterer. Kölner Forschungen 4. Mainz 1991. S. 251 – 261.

Emunds, Paul: Der stumme Protest. Aachen 1963.

Engels, Hanns Joachim: Die Feuerlöschgruppe Dom 1941 bis 1945. In: ZAGV 76 (1964). S. 519 – 528.

Engels, Marc: Aspekte der Zwangsarbeit in Aachen – Lehr- und Forschungsgebiet Wirtschafts- und Sozialgeschichte der RWTH Aachen. In: Zwangsarbeit in der Stadt Aachen. Ausländereinsatz in einer westdeutschen Grenzstadt. Hrsg. v. Thomas R. Kraus und Paul Thomes. Veröffentlichungen des Stadtarchivs Aachen. Aachen 2002. S. 21 – 174.

Engels, Odilo: Des Reiches heiliger Gründer. Die Kanonisation Karls des Großen und ihre Beweggründe. In: Karl der Große und sein Schrein in Aachen. Eine Festschrift. Hrsg. v. Hans Müllejans. Aachen 1988. S. 37 – 46.

Engels, Odilo: Karl der Große und Aachen im 12. Jahrhundert. In: Krönungen. Könige in Aachen – Geschichte und Mythos. Ausstellungskatalog, hrsg. v. Mario Kramp. Mainz 2000. Bd. 1, S. 348 – 356.

Ennen, Edith: Aachen im Mittelalter, Sitz des Reiches – Ziel der Wallfahrt – Werk der Bürger. In: ZAGV 86/87 (1981). S. 457 – 487.

Erdmann, Claudia: Aachen im Jahre 1812. Wirtschafts- und sozialräumliche Gliederung einer frühindustriellen Stadt. Erdkundliches Wissen 8. Stuttgart 1986.

Erkens, Franz-Reiner: Ex jure regni debitur coronator: Zum Krönungsrecht des Kölner Erzbischofs. In: ZAGV 104/105 (2003). S. 25 – 49.

Ernstberger, Anton: Aachen im französischen Revolutionsfieber. Aus Briefen von Friedrich und Friedrich Heinrich Jacobi an Christian Wilhelm v. Dohm (September 1792 bis März 1793). In: Festschrift Hermann Aubin zum 80. Geburtstag. Hrsg. v. Otto Brunner u. a. Wiesbaden 1965. Bd. 1, S. 526 – 560.

Eyll, Klara van: Der Aachener Wirtschaftsraum in der ersten Hälfte des 19. Jahrhunderts. Aspekte der Frühindustrialisierung im preußischen Westen. Schriftenreihe der Industrie- und Handelskammer zu Aachen 1. Aachen 1980.

Faber, Karl-Georg: Die Rheinlande zwischen Restauration und Revolution. Probleme der rheinischen Geschichte von 1814 bis 1848 im Spiegel der zeitgenössischen Publizistik. Wiesbaden 1966.

Falkenstein, Ludwig: Zwischenbilanz zur Aachener Pfalzenforschung. In: ZAGV 80 (1970). S. 7 – 71.

Falkenstein, Ludwig: Karl der Große und die Entstehung des Aachener Marienstiftes. Quellen und Forschungen aus dem Gebiet der Geschichte, NF Bd. 3. Paderborn 1981.

Falkenstein, Ludwig: Otto III. und Aachen. MGH Studien und Texte, Bd. 22. Hannover 1998.

Faust, Anselm: Die Kristallnacht im Rheinland. Dokumente zum Judenpogrom im November 1938. Düsseldorf 1987.

Fehl, Gerhard u. a. (Hrsgg.): Mit Wasser und Dampf … ins Industriezeitalter. Zeitzeugen der frühen Industrialisierung im belgisch-deutschen Grenzraum. Aachen 1991.

Fey, Johannes: Aus den Jahren 1814 und 1815. In: Aus Aachens Vorzeit 12 (1899). S. 65 – 76.

Fey, Johannes: Zur Geschichte Aachens im 16. Jahrhundert. Aachen 1905.

FICHTENAU, HEINRICH: Byzanz und die Pfalz zu Aachen. In: Mitteilungen des Instituts für Österreichische Geschichtsforschung 59 (1951). S. 1 – 54.

FILLITZ, HERMANN: Die Reichskleinodien. In: Krönungen. Könige in Aachen – Geschichte und Mythos. Ausstellungskatalog, hrsg. v. Mario Kramp. Mainz 2000. Bd. 1, S. 141 – 149.

FINKEN, JOSEPH: Die Reichsstadt Aachen auf dem westfälischen Friedenskongress. In: ZAGV 32 (1910). S. 1 – 77.

FLACH, DIETMAR: Untersuchungen zur Verfassung und Verwaltung des Aachener Reichsgutes von der Karlingerzeit bis zur Mitte des 14. Jahrhunderts. Veröffentlichungen des Max-Planck-Instituts für Geschichte 46. Göttingen 1976.

FLACH, DIETMAR: Das Reichsgut im Aachener Raum. Versuch einer vergleichenden Übersicht. In: Rheinische Vierteljahrsblätter 51 (1987). S. 22 – 51.

FLACH, DIETMAR: Pfalz, Fiskus und Stadt Aachen im Lichte der neuesten Pfalzenforschung. In: ZAGV 98/99 (1993). S. 31 – 56.

FLECKENSTEIN, JOSEF: Die Struktur des Hofes Karls des Großen im Spiegel von Hinkmars De ordine palatii. In: ZAGV 83 (1976). S. 5 – 22.

FLECKENSTEIN, JOSEF: Über das Aachener Marienstift als Pfalzkapelle Karls des Großen. In: Festschrift für Berent Schwineköper. Hrsg. v. Helmut Maurer und Hans Patze. Sigmaringen 1982. S. 19 – 28.

FLECKENSTEIN, JOSEF: Alcuin im Kreis der Hofgelehrten Karls des Großen. In: Science in Western and Eastern Civilization in Carolingian Times. Hrsg. v. Paul Leo Butzer und Dietrich Lohrmann. Basel 1993. S. 3 – 21.

FRITZ, ALFONS: Das Aachener Jesuiten-Gymnasium. In: ZAGV 28 (1906). S. 1 – 285.

FRITZ, ALFONS: Ein Mißbrauch der Immunität im 18. Jahrhundert. In: ZAGV 35 (1913). S. 347 – 352.

FROHN, CHRISTINA: Der organisierte Narr. Karneval in Aachen, Düsseldorf und Köln von 1823 bis 1914. Marburg 2000.

FROMM, EMIL: Zeitgenössische Berichte über Einzug und Krönung Karls V. in Aachen am 22. und 23. Oktober 1520. In: ZAGV 17 (1895). S. 207 – 251.

FROMM, EMIL: König Friedrich II. von Preußen in Aachen vom 26. August bis 9. September 1742. In: ZAGV 13 (1891). S. 213 – 229.

FÜRTH, HERMANN ARIOVIST VON (HRSG.): Die historischen Notizen des Bürgermeisterei-Dieners Johannes Janssen. In: Beiträge und Material zur Geschichte der Aachener Patrizier-Familien. Hrsg. v. Hermann Ariovist von Fürth. Bd. 3. Aachen 1890. S. 5 – 390.

GALSTERER, HARTMUT: Von den Eburonen zu den Agrippinensern. Aspekte der Romanisation zwischen Rhein, Maas und Mosel. In: Alma Mater Aquensis 24 (1988). S. 135 – 145.

GALSTERER, HARTMUT: Römische Kolonisation im Rheinland. In: Die Stadt in Oberitalien und in den nordwestlichen Provinzen des Römischen Reiches. Hrsg. v. Werner Eck und Hartmut Galsterer. Kölner Forschungen 4. Mainz 1991. S. 9 – 15.

GALSTERER, HARTMUT: Das römische Aachen – Anmerkungen eines Althistorikers. In: ZAGV 98/99 (1993). S. 21 – 27.

GANSHOF, FRANÇOIS LOUIS: Was waren die Kapitularien? Darmstadt 1961.

GASTEN, ELMAR: Aachen in der Zeit der nationalsozialistischen Herrschaft 1933 – 1944. Europäische Hochschulschriften III/541. Frankfurt 1993.

GATZ, ERWIN: Die Elisabethinnen und das Aachener Krankenhauswesen in der ersten Hälfte des 19. Jahrhunderts. In: ZAGV 78 (1967). S. 260 – 295.

GATZ, ERWIN: Geschichte des Bistums Aachen in Daten 1930 – 1985. Aachen 1986.

GIELEN, VIKTOR: Es stand im Echo. Aachen 1914 – 1932. Eupen 1986.

GIERTZ, WOLFRAM: Zur Archäologie von Pfalz, *vicus* und Töpfereibezirk Franzstraße in Aachen. Notbergungen und Untersuchungen der Jahre 2003 bis 2005. In: ZAGV 107/108 (2006). S. 7 – 89.

GÖRICH, KNUT: Otto III. öffnet das Karlsgrab in Aachen. Überlegungen zu Heiligenverehrung, Heiligsprechung und Traditionsbildung. In: Herrschaftsrepräsentation im ottonischen Sachsen. Hrsg. v. Gerd Althoff und Ernst Schubert. Vorträge und Forschungen 46. Sigmaringen 1998. S. 381 – 430.

GRASS, FRITZ: Der Aachener Schöffenstuhl. Ein Beitrag zur Verfassungsgeschichte der freien Reichsstadt Aachen. In: ZAGV. Teil I: Bd. 41 (1920), S. 123 – 150. Teil II: Bd. 42 (1920), S. 1 – 89.

GRAUMANN, SABINE: Französische Verwaltung am Niederrhein. Das Roerdepartement 1798 – 1814. Düsseldorfer Schriften zur Neueren Landesgeschichte und zur Geschichte Nordrhein-Westfalens 27. Essen 1990.

GREWE, KLAUS; POHLE, FRANK: Der Weg des Abul Abaz von Bagdad nach Aachen. In: Ex Oriente. Isaak und der weiße Elefant. Bagdad – Jerusalem – Aachen. Eine Reise durch drei Kulturen um 800 und heute. Hrsg. v. Wolfgang Dreßen u. a. Bd. 1. Aachen 2003. S. 66 – 69.

GRIMME, ERNST GÜNTHER: Karl der Große in seiner Stadt. In: Karl der Große. Lebenswerk und Nachleben. Bd. 4: Das Nachleben. Hrsg. v. Wolfgang Braunfels und Percy Ernst Schramm. Düsseldorf 1967. S. 229 – 273.

GRIMME, ERNST GÜNTHER: Das Evangeliar Kaiser Ottos III. im Domschatz zu Aachen. Freiburg 1984.

GRIMME, ERNST GÜNTHER: Der Karlsschrein und der Marienschrein im Aachener Dom. Aachen 2002.

GRIMME, ERNST GÜNTHER: Die ideengeschichtliche Bedeutung des Aachener Domschatzes. In: ZAGV 98/99 (1993). S. 57 – 67.

GROSS, MANFRED: Der Westwall zwischen Niederrhein und Schnee-Eifel. Archäologische Funde und Denkmäler des Rheinlandes 5. Köln 1982.

GROTEN, MANFRED: Studien zum Aachener Karlssiegel und zum gefälschten Dekret Karls des Großen. In: ZAGV 93 (1986). S. 5 – 30.

GROTEN, MANFRED: Die Entstehung des Bürgermeisteramtes und des Rates in Aachen. In: ZAGV 102 (2000). S. 65 – 76.

HAAGEN, FRIEDRICH: Geschichte Aachens von seinen Anfängen bis zur neuesten Zeit. Aachen 1874.

HAASE, ANNEMARIE (HRSG.): Zum Novemberpogrom 1938. Fragen, erinnern, Spuren sichern. Aachen 1992.

HÄGERMANN, DIETER: Karl der Große – Herrscher des Abendlandes. Berlin 2000.

HANSEN, JOSEPH: Die Wiedertäufer in Aachen und in der Aachener Gegend. In: ZAGV 6 (1884). S. 295 – 338.

HANSEN, JOSEPH: Kriegsdrangsale Aachens in der zweiten Hälfte des 16. Jahrhunderts. In: ZAGV 7 (1885). S. 65 – 104.

HANSEN, JOSEPH: Die lutherische Gemeinde in Aachen im Laufe des 16. Jahrhunderts. In: Beiträge zur Geschichte von Aachen 1 (1886). S. 21 – 80.

HANSEN, JOSEPH (HRSG.): Quellen zur Geschichte des Rheinlandes im Zeitalter der französischen Revolution 1780 – 1801. Publikationen der Gesellschaft für rheinische Geschichtskunde 42. Bonn 1931 – 1938.

HANTSCHE, IRMGARD: Atlas zur Geschichte des Niederrheins. Schriftenreihe der Niederrhein-Akademie, Bd. 4. Bottrop 2000.

HAUPTS, LEO: Der VII. Internationale Bergarbeiterkongreß 1896 in Aachen. In: ZAGV 88/89 (1982). S. 183 – 203.

HAUPTS, LEO: Nationalsozialismus in Aachen. In: ZAGV 98/99 (1993). S. 609 – 634.

HAUSMANN, AXEL: Aachen im Mittelalter. Königlicher Stuhl und kaiserliche Stadt. Aachen 2002.

HECKMANN, DIETER: „Halten bis zum letzten Mann ..." Der Kampf um Aachen im Herbst 1944. Aachen 2003.

HEINEN, ERNST: Anfänge des politischen Katholizismus in Aachen. Der Piusverein (1848 – 1854/55). In: ZAGV 100 (1996). S. 327 – 471.

HEPPLE, VOLKER: Streiflichter der industriellen Entwicklung. Der Aachener Wirtschaftsraum in den Jahren 1850 – 1950. Aachen 1982.

HERBORN, WOLFGANG: Der Antwerpener Markt und die Kauf- und Fuhrmannschaft der Reichsstadt Aachen (1490 – 1513). In: ZAGV 90/91 (1984). S. 97 – 147.

HERMANDUNG, ALEX: Das Zunftwesen der Stadt Aachen bis zum Jahre 1681. Aachen 1908.

HERRMANN, MATTHIAS: „Unser althe wahre catholische und christliche religioni mit allem fleiß verthadigen". Zwei unbekannte Schreiben des Aachener Marienstifts vom Mai 1559 und August 1569 als ein Beitrag zur Aachener Reformationsgeschichte. In: ZAGV 100 (1996). S. 579 – 594.

HERMANNS, WILL: Kaiser Karls Stadt. Bilder aus Aachens Vergangenheit und Gegenwart. Aachen 1928.

HERMANNS, WILL: Stadt in Ketten. Geschichte der Besatzungs- und Separatistenzeit 1918 – 1929 in und um Aachen. Aachen 1933.

HERRES, JÜRGEN: „Die geringen Klassen und der Mittelstand" gehen „täglich mehr der Verarmung entgegen". Zur Sozialgeschichte der „Fabrikstadt" Aachen in der ersten Hälfte des 19. Jahrhunderts. In: ZAGV 98/99 (1993). S. 381 – 446.

HERRES, JÜRGEN: Parteipolitik und Religion 1848/49. Die Wahl- und Vereinsbewegungen in der katholischen Fabrikstadt Aachen. In: Aachen, die westlichen Rheinlande und die Revolution 1848/49. Hrsg. v. Guido Müller und Jürgen Herres. Aachen 2000. S. 135 – 182.

HERRES, JÜRGEN: Wer ging am 1. Mai 1848 in Aachen zur ersten demokratischen Wahl? In: Aachen, die westlichen Rheinlande und die Revolution 1848/49. Hrsg. v. Guido Müller und Jürgen Herres. Aachen 2000. S. 135 – 182.

HERRES, JÜRGEN: Dokumente zu den Wahl-, Petitions- und Vereinsbewegungen von 1848/49 in Aachen. In: Aachen, die westlichen Rheinlande und die Revolution 1848/49. Hrsg. v. Guido Müller und Jürgen Herres. Aachen 2000. S. 197 – 213.

HEUSCHKEL, GUNNAR: Zum Aachener Tiergehege zur Zeit Karls des Großen. In: Ex Oriente. Isaak und der weiße Elefant. Bagdad – Jerusalem – Aachen. Eine Reise durch drei Kulturen um 800 und heute. Hrsg. v. Wolfgang Dreßen u. a. Bd. 3. Aachen 2003. S. 144 – 155.

HILDEBRANDT, REINHARD: Reich und Reichsstadt um die Mitte des 17. Jahrhunderts. Zur Bedeutung des Aachener Stadtbrandes von 1656. In: ZAGV 84/85 (1978). S. 459 – 472.

HILDEBRANDT, REINHARD: Der Haushalt der Reichsstadt Aachen 1682 – 1784/85. Ein Zwischenbericht. In: ZAGV 98/99 (1993). S. 231 – 249.

HILLEBRAND, HEINRICH: Die Getreidepolitik und Brotversorgung der Reichsstadt Aachen. In: ZAGV 45 (1925). S. 1 – 66.

HOEFFLER, HEINRICH: Entwickelung der kommunalen Verfassung und Verwaltung der Stadt Aachen bis zum Jahre 1450. In: ZAGV 23 (1901). S. 171 – 289.

HOLLÄNDER, GEORG: Katholische Avantgarden in der Reaktion auf 1848: Der Bau der Aachener Marienkirche. In: Aachen, die westlichen Rheinlande und die Revolution 1848/49. Hrsg. v. Guido Müller und Jürgen Herres. Aachen 2000. S. 309 – 329.

HORN, HEINZ GÜNTER: Das Leben im römischen Rheinland. In: Die Römer in Nordrhein-Westfalen. Hrsg. v. Heinz Günter Horn. Stuttgart 1987. S. 139 – 317.

HUGOT, LEO: Die Pfalz Karls des Großen in Aachen. In: Karl der Große. Lebenswerk und Nachleben. Bd. 3: Karolingische Kunst. Hrsg. v. Wolfgang Braunfels und Hermann Schnitzler. Düsseldorf 1965. S. 534 – 572.

HUGOT, LEO: Ausgrabungen und Forschungen in Aachen. In: Aquae Granni. Beiträge zur Archäologie von Aachen. Hrsg. v. Heinz Cüppers u. a. Rheinische Ausgrabungen 22. Köln 1982. S. 115 – 173.

HUGOT, YVONNE: Die Hitlerjugend in Aachen bis 1936. In: ZAGV 107/108 (2006). S. 437 – 466.

HUYSKENS, ALBERT: Der Aufenthalt des Landgrafen Ludwig I von Hessen in Aachen und Burtscheid 1431. In: ZAGV 33 (1911). S. 232 – 240.

HUYSKENS, ALBERT: Die Aachener Kirchengründungen Kaiser Heinrichs II. in ihrer rechtsgeschichtlichen und kirchenrechtlichen Bedeutung. In: ZAGV 42 (1920). S. 233 – 294.

HUYSKENS, ALBERT: Der Aachener Kongreß von 1818 und Schinkels Kongreßdenkmal. In: ZAGV 43 (1922). S. 195 – 227.

HUYSKENS, ALBERT: Aachener Leben im Zeitalter des Barock und Rokoko. Rheinische Neujahrsblätter 8. Bonn 1929.

HUYSKENS, ALBERT: Aachener Verfassungsleben bis zur Gewährung der Ratsverfassung. In: Annalen des Historischen Vereins für den Niederrhein 119 (1931). S. 54 – 86.

HUYSKENS, ALBERT: Cosimo von Medici, Prinz von Toskana, in Aachen 1669. In: ZAGV 53 (1932). S. 149 – 164.

HUYSKENS, ALBERT: Die erste deutsche Königskrönung in Aachen. Zur Erinnerung an die Königskrönung des Sachsenkaisers Otto des Großen in Aachen vor tausend Jahren am 7. August 936. In: ZAGV 56 (1936). S. 1 – 26.

HUYSKENS, ALBERT: Ein bei der Krönung Karls V. (1520) gekauftes Aachener Heiligtumsbüchlein. In: ZAGV 58 (1937). S. 104 – 120.

HUYSKENS, ALBERT: Die Aachener Annalen aus der Zeit von 1770 bis 1803. In: ZAGV 59 (1938). S. 1 – 80.

HUYSKENS, ALBERT: Stadtbefestigung, Landgraben und Warten der ehemaligen Reichsstadt Aachen. In: ZAGV 61 (1941). S. 167 – 200.

HUYSKENS, ALBERT: Die Krönung Maximilians I. in Aachen 1486 nach einem noch unbekannten Frühdruck. In: ZAGV 64/65 (1952). S. 72 – 99.

HUYSKENS, ALBERT: Die Krönungsmähler im Reichssaal des Aachener gotischen Rathauses. In: ZAGV 66/67 (1955). S. 35 – 71.

ILGES, WALTHER: Auf den Spuren Casanovas in Aachen. Neue Forschungen über die Aachener Ereignisse in Casanovas Memoiren. In: ZAGV 53 (1932). S. 80 – 117.

JANSEN, MICHAEL; POHLE, FRANK (HRSGG.): Die Künste am Hofe Karls des Großen. Artes liberales et artes mechanicae. Aachen 2000.

JANSSEN, ELISABETH: Zur Wohnsituation der Aachener Textilarbeiter um 1830. In: ZAGV 92 (1985). S. 209 – 217.

JANSSEN, WILHELM: Die Reichsstadt zwischen den Territorien. Aachens Außenpolitik im Spätmittelalter. In: ZAGV 98/99 (1993). S. 145 – 182.

KAEMMERER, WALTER: Geschichtliches Aachen. Vom Werden und Wesen einer Reichsstadt. Aachen 1957.

KAEMMERER, WALTER: Quellentexte zur Aachener Geschichte. I. Aus dem Verfassungsleben. Aachen 1958. II. Vor- und Frühzeit. Aachen 1960. III. Die Aachener Königs-Krönungen. Aachen 1961.

KAEMMERER, WALTER: Die Aachener Pfalz Karls des Großen in Anlage und Überlieferung. In: Karl der Große. Lebenswerk und Nachleben. Bd. 1: Persönlichkeit und Geschichte. Hrsg. v. Helmut Beumann. Düsseldorf 1965. S. 322 – 348.

KAEMMERER, WALTER: Aachener Quellentexte. Veröffentlichungen des Stadtarchivs Aachen, Bd. 1. Aachen 1980.

KÄNTZELER, PETER STEPHAN: Die Niederlassung der Jesuiten in Aachen im letzten Viertel des 16. Jahrhunderts und ihre dortige Geschichte bis 1742. In: Annalen des historischen Vereins für den Niederrhein 17 (1866). S. 30 – 52.

KÄNTZELER, PETER STEPHAN (HRSG.): Des Peter à Beeck Aquisgranum oder Geschichte der Stadt Aachen. Aus dem Latein übersetzt und durch eine kurze chronologische Übersicht bis zur Jetztzeit fortgeführt. Aachen 1874.

KAISER, PAUL: Der kirchliche Besitz im Arrondissement Aachen gegen Ende des 18. Jahrhunderts und seine Schicksale in der Säkularisation durch die französische Herrschaft. Ein Beitrag zur Kirchen- und Wirtschaftsgeschichte der Rheinlande. Aachen 1906.

KAISER, REINHOLD: Das römische Erbe und das Merowingerreich. Enzyklopädie deutscher Geschichte 26. München 2004.

KALKMANN, ULRICH: Die technische Hochschule Aachen im Dritten Reich (1933 – 1945). Aachener Studien zu Technik und Gesellschaft 4. Aachen 2003.

KASIG, WERNER: Die Nutzung der geologischen Gegebenheiten durch den Menschen im Bereich der Stadt Aachen. In: ZAGV 102 (2000). S. 3 – 49.

KAVKA, FRANTIŠEK: Karl IV. (1349 – 1378) und Aachen. In: Krönungen. Könige in Aachen – Geschichte und Mythos. Ausstellungskatalog, hrsg. v. Mario Kramp. Mainz 2000. Bd. 2, S. 477 – 585.

KELLENBENZ, HERMANN: Die Aachener Kupfermeister. In: ZAGV 80 (1970). S. 99 – 125.

KELLER, CHRISTOPH: Die Pfalz Karls des Großen in Aachen. Eine archäologische Bestandsaufnahme. In: Ex Oriente. Isaak und der weiße Elefant. Bagdad – Jerusalem – Aachen. Eine Reise durch drei Kulturen um 800 und heute. Hrsg. v. Wolfgang Dreßen u. a. Bd. 3. Aachen 2003. S. 6 – 23.

KELLER, CHRISTOPH: Archäologische Forschungen in Aachen. Katalog der Fundstellen in der Innenstadt und in Burtscheid. Rheinische Ausgrabungen 55. Mainz 2004.

KELLETER, FRITZ JOSEPH: Die Landfriedensbünde zwischen Maas und Rhein im 14. Jahrhundert. Münsterische Beiträge zur Geschichtsforschung 11. Paderborn 1888.

KEMPEN, REINER VON: Die Streitigkeiten zwischen dem Kurfürsten von der Pfalz als Herzog von Jülich und der Reichsstadt Aachen wegen der Vogtmeierei im 18. Jahrhundert. In: ZAGV 34 (1912). S. 227 – 296.

KENTENICH, GOTTFRIED; HUYSKENS, ALBERT: Der Lebensbericht des Aachener Kaufmanns Aloys Perger. In: ZAGV 56 (1935). S. 132 – 158.

KEUSSEN, HERMANN: Urkunden des 15. Jahrhunderts zur Aachener Lokalgeschichte. In: ZAGV 15 (1893). S. 329 – 334.

KEUSSEN, HERMANN: Unterstützung Aachens durch Köln nach dem Stadtbrand von 1656. In: ZAGV 22 (1900). S. 348 – 350.

KEUSSEN, HERMANN: Aachen und Köln im 17. Jahrhundert (1601 – 1681) nach den Kölner Ratsprotokollen. In: ZAGV 54 (1932). S. 109 – 127.

KIRSCHGENS, ALBERT; SPELSBERG, GERD: Einigkeit statt Recht und Freiheit. Aachen 1933. Aachen 1983.

KISCH, HERBERT: Das Erbe des Mittelalters, ein Hemmnis wirtschaftlicher Entwicklung: Aachens Tuchgewerbe vor 1790. In: Rheinische Vierteljahrsblätter 30 (1965). S. 253 – 308.

KLAUSA, UDO: Die Verwaltung der Provinz. In: Das Rheinland in preußischer Zeit. 10 Beiträge zur Geschichte der Rheinprovinz. Hrsg. v. Walter Först. Köln 1965.

KLAUSER, HERMANN: Der Erzpriester von Aachen (Archipresbyter Plebanus Aquensis). Eine kirchenrechtsgeschichtliche Studie. In: ZAGV 74/75 (1963). S. 163 – 298.

KLEY, HERIBERT: Studien zur Geschichte und Verfassung des Aachener Wollenambachts wie überhaupt der Tuchindustrie der Reichsstadt Aachen. Bonn 1916.

KLINKENBERG, JOSEPH: Frühchristliches aus Aachen und Umgebung. In: ZAGV 37 (1915). S. 337 – 350.

KLÖCKER, MICHAEL: Die Sozialdemokratie im Regierungsbezirk Aachen vor dem 1. Weltkrieg. Die Arbeiterbewegung in den Rheinlanden 6. Reinbek 1977.

KLÜSSENDORF, NIKLOT: Studien zu Währung und Wirtschaft am Niederrhein vom Ausgang der Periode des regionalen Pfennigs bis zum Münzvertrag von 1357. Rheinisches Archiv 93. Bonn 1974.

KLÜSSENDORF, NIKLOT: Der Aachener Wechslerprozeß. Städtische Münzpolizei und Devisenschmuggler im Spätmittelalter. Frankfurt 1975.

KOCH, JOSEPH: Geschichte der Aachener Nähnadelzunft und Nähnadelindustrie bis zur Aufhebung der Zünfte in der französischen Zeit (1798). In: ZAGV 41 (1920). S. 16 – 122.

KOCH, WILFRIED MARIA: Führer zur römischen Abteilung des Museums Burg Frankenberg. Aachen 1986.

KOCH, WILFRIED MARIA: Aachen – erste Ergebnisse einer Stadtarchäologie. In: Dörfer und Städte. Ausgrabungen im Rheinland 1985/86. Hrsg. v. Rheinischen Amt für Bodendenkmalpflege. Köln 1987. S. 95 – 102.

KOCH, WILFRIED MARIA: Die mittelalterliche Leprastation Aachen-Melaten. In: Archäologie im Rheinland 1988. S. 132 – 135.

KOCH, WILFRIED MARIA: Aachen in römischer Zeit. In: ZAGV 98/99 (1993). S. 11 – 20.

KOCH, WILFRIED MARIA: Neue Aspekte zur Bau- und Siedlungsgeschichte des mittelalterlichen Aachens. In: ZAGV 98/99 (1993). S. 135 – 143.

KÖSTERS, CHRISTOPH: Katholische Kirche und Nationalsozialismus in Aachen. In: ZAGV 101 (1998). S. 87 – 124.

KOLEWA, HERBERT: Reichsstadt und Territorium. Studien zum Verhältnis zwischen der Reichsstadt Aachen und dem Herzogtum Jülich 1769 – 1777. Europäische Hochschulschriften, Reihe III, Bd. 583. Frankfurt 1993.

KORTH, HERMANN: Die Hauskirchenordnung von 1578 der lutherischen Gemeinde zu Aachen. In: Monatshefte für evangelische Kirchengeschichte des Rheinlandes 9 (1960). S. 65 – 84.

KRAUS, THOMAS R.: Studien zur Vorgeschichte der Krönung Karls IV. in Aachen. In: ZAGV 88/89 (1982). S. 43 – 93.

KRAUS, THOMAS R.: Jülich, Aachen und das Reich. Studien zur Entstehung der Landesherrschaft der Grafen von Jülich bis zum Jahr 1328. Veröffentlichungen des Stadtarchivs Aachen 5. Aachen 1987.

KRAUS, THOMAS R.: Zur Geschichte Aachens im späten Mittelalter. Quellen und Fragen. In: ZAGV 98/99 (1993). S. 125 – 134.

KRAUS, THOMAS R.: Auf dem Weg in die Moderne. Aachen in französischer Zeit 1792/93, 1794 – 1814. Beihefte der ZAGV, Bd. 4. Aachen 1994.

Kraus, Thomas R.: „Europa sieht den Tag leuchten ..." – Der Aachener Friede von 1748. Veröffentlichungen des Stadtarchivs Aachen, Bd. 10. Aachen 1998.

Kraus, Thomas R.: Aachen und der Aachener Friede von 1748. In: Städte und Friedenskongresse. Hrsg. v. Heinz Duchhardt. Städteforschung A/49. Köln 1999. S. 117 – 133.

Kraus, Thomas R.: Krone und Geld. In: Krönungen. Könige in Aachen – Geschichte und Mythos. Ausstellungskatalog, hrsg. v. Mario Kramp. Mainz 2000. Bd. 2, S. 485 – 488.

Kraus, Thomas R. (Hrsg.): Die Aachener Stadtrechnungen des 15. Jahrhunderts. Publikationen der Gesellschaft für Rheinische Geschichtskunde 72. Düsseldorf 2004.

Kuhnen, Ludwig: Geschichtliches aus Arbeit und Industrie im Regierungsbezirk Aachen. Aachen 1947.

Kunow, Jürgen: Die Militärgeschichte Niedergermaniens. In: Die Römer in Nordrhein-Westfalen. Hrsg. v. Heinz Günter Horn. Stuttgart 1987. S. 27 – 109.

Laurent, Josef: Aachener Stadtrechnungen aus dem XIV. Jahrhundert, nach den Stadtarchiv-Urkunden. Aachen 1866.

Lehmann, Edgar: Die Architektur zur Zeit Karls des Großen. In: Karl der Große. Lebenswerk und Nachleben. Bd. 3: Karolingische Kunst. Hrsg. v. Wolfgang Braunfels und Hermann Schnitzler. Düsseldorf 1965. S. 301 – 319.

Lepper, Herbert: Die politischen Strömungen im Regierungsbezirk Aachen zur Zeit der Reichsgründung und des Kulturkampfes. Dissertation. Bonn 1967.

Lepper, Herbert: Kaplan Franz Eduard Cronenberg und die christlich-soziale Bewegung in Aachen 1868 – 1878. In: ZAGV 79 (1968). S. 57 – 148.

Lepper, Herbert: Die kirchenpolitische Gesetzgebung der Jahre 1872 bis 1875 und ihre Ausführung im Regierungsbezirk Aachen. Ein Beitrag zur Geschichte des „Kulturkampfes" in der Erzdiözese Köln. In: Annalen des Historischen Vereins für den Niederrhein 171 (1969). S. 200 – 258.

Lepper, Herbert: Die Generalversammlung der Katholiken Deutschlands vom 8. bis 11. September 1879 in Aachen. In: ZAGV 80 (1970). S. 235 – 242.

Lepper, Herbert (Bearb.): Sozialer Katholizismus in Aachen. Quellen zur Geschichte des Arbeitervereins zum hl. Paulus für Aachen und Burtscheid 1869 – 1878(88). Veröffentlichungen des bischöflichen Diözesanarchivs Aachen 36. Mönchengladbach 1977.

Lepper, Herbert: Sozialfürsorge aus christlicher Verantwortung. In: Mit Wasser und Dampf ... ins Industriezeitalter. Zeitzeugen der frühen Industrialisierung im belgisch-deutschen Grenzraum. Hrsg. v. Gerhard Fehl u. a. Aachen 1991. S. 250 – 251.

Lepper, Herbert: Der Kampf um die Würde des Menschen ... In: Mit Wasser und Dampf ... ins Industriezeitalter. Zeitzeugen der frühen Industrialisierung im belgisch-deutschen Grenzraum. Hrsg. v. Gerhard Fehl u. a. Aachen 1991. S. 252 – 253.

Lepper, Herbert: Von der Emanzipation zum Holocaust. Die Israelitische Synagogengemeinde zu Aachen 1801 – 1942. Veröffentlichungen des Stadtarchivs Aachen 7 und 8. Aachen 1994.

Lerho, Bruno: Aachen – in alten Zeiten. Personen, Orte, Gebäude & „Ammeröllschere". Bd. 1: Aachen 1997, Bd. 2: Aachen 2003.

Lichius, Heinrich: Die Verfassung des Marienstifts zu Aachen bis zur französischen Zeit. In: ZAGV 37 (1915). S. 1 – 140.

Loersch, Hugo: Aachener Chronik, aus einer Handschrift der königlichen Bibliothek in Berlin. In: Annalen des Historischen Vereins für den Niederrhein 17 (1866). S. 1 – 29.

Loersch, Hugo (Hrsg.): Aachener Rechtsdenkmäler aus dem 13., 14. und 15. Jahrhundert. Bonn 1871.

Loersch, Hugo: Aachener Urkunden aus dem 13., 14. und 15. Jahrhundert. In: ZAGV 1 (1879). S. 120 – 175.

Loersch, Hugo: Die Rolle der Aachener Goldschmiedezunft vom 16. April 1573. In: ZAGV 13 (1891). S. 230 – 258.

Löwe, Heinz: Eine Kölner Notiz zum Kaisertum Karls des Großen. In: Rheinische Vierteljahrsblätter 14 (1949). S. 7 – 34.

Lohrmann, Dietrich: Natürliche Ressourcen und wirtschaftliche Entwicklung der Reichsstadt Aachen im späten Mittelalter. In: ZAGV 98/99 (1993). S. 85 – 106.

Lohrmann, Dietrich: Die Aachener Malzmühlen im Mittelalter. In: ZAGV 102 (2000). S. 51 – 63.

Lohrmann, Dietrich: Politische Instrumentalisierung Karls des Großen durch die Staufer und ihre Gegner. In: ZAGV 104/105 (2003). S. 95 – 112.

Loo, Wilhelm van: Notgeld Stadt- und Landkreis Aachen. Heimatblätter des Kreises Aachen 2/4 (1975).

Macco, Hermann Friedrich: Zur Reformationsgeschichte Aachens während des 16. Jahrhunderts. Aachen 1907.

Macco, Hermann Friedrich: Peter der Grosse in Aachen (1717). In: ZAGV 33 (1911). S. 82 – 83.

McKitterick, Rosamond: Die karolingische Renovatio. Eine Einführung. In: 799 – Kunst und Kultur der Karolingerzeit. Karl der Große und Leo III. in Paderborn. Katalog der Ausstellung Paderborn 1999. Hrsg. v. Christoph Stiegemann und Matthias Wemhoff. Mainz 1999. Bd. 2, S. 668 – 685.

Mende, Ursula: Die Bronzetüren des Mittelalters 800 – 1200. München 1983.

Mergel, Thomas: Zwischen Klasse und Konfession. Katholisches Bürgertum im Rheinland 1794 – 1914. Göttingen 1994.

Metzmacher, Dorette: Die Wohnverhältnisse der Arbeiter in den Städten. In: Mit Wasser und Dampf … ins Industriezeitalter. Zeitzeugen der frühen Industrialisierung im belgisch-deutschen Grenzraum. Hrsg. v. Gerhard Fehl u. a. Aachen 1991. S. 240 – 241.

Metzmacher, Helmut: Der Arbeiter- und Soldatenrat 1918 in Aachen. In: ZAGV 79 (1968). S. 149 – 161.

Metzmacher, Helmut: Der Novemberumsturz 1918 in der Rheinprovinz. In: Annalen des Historischen Vereins für den Niederrhein 168/169 (1967). S. 135 – 265.

Meuthen, Erich: Der gesellschaftliche Hintergrund der Aachener Verfassungskämpfe an der Wende vom Mittelalter zur Neuzeit. In: ZAGV 74/75 (1963). S. 299 – 392.

Meuthen, Erich: Zu Datierung und Bedeutung des älteren Aachener Karlssiegels. In: ZAGV 77 (1966). S. 5 – 16.

Meuthen, Erich (Hrsg.): Aachener Urkunden 1101 – 1250. Publikationen der Gesellschaft für Rheinische Geschichtskunde LVIII. Bonn 1972.

Meuthen, Erich: Barbarossa und Aachen. In: Rheinische Vierteljahrsblätter 39 (1975). S. 28 – 59.

Meyer, Karl Franz: Aachensche Geschichten, überhaupt als Beyträge zur Reichs-allgemeinen insbesondere aber zur Anlage einer vollständigen Historie über den königlichen Stuhl und des Heiligen Römischen Reichs freye Haupt- Kron- und Cur-Stadt Aachen von ihrem Ursprung bis auf heutige Zeiten, in drey Bücher abgetheilt. Mülheim 1781.

Meyer, Karl Franz: Aachen, der Monarchen-Kongreß im Jahr 1818. Aachen 1819.

Meyer, Lutz-Henning: Eisenbahn. In: Mit Wasser und Dampf … ins Industriezeitalter. Zeitzeugen der frühen Industrialisierung im belgisch-deutschen Grenzraum. Hrsg. v. Gerhard Fehl u. a. Aachen 1991. S. 194 – 195.

MICHEL, JOHANN JAKOB: Die Bockreiter im Lande von Herzogenrath und Umgegend. In: ZAGV 4 (1882). S. 21 – 90.

MIELKE, RITA; BERTSCH, LUDWIG (HRSGG.): Glaube und Gerechtigkeit. 400 Jahre Jesuiten in Aachen. Aachen 2001.

MINKE, ALFRED: Zwischen Lüttich und Aachen: Die katholische Kirche in der französischen Revolution. In: ZAGV 100 (1996). S. 289 – 326.

MINKENBERG, GEORG: Der Barbarossaleuchter im Dom zu Aachen. In: ZAGV 96 (1989). S. 69 – 102.

MINKENBERG, GEORG: Der Aachener Domschatz und die sogenannten Krönungsgeschenke. In: Krönungen. Könige in Aachen – Geschichte und Mythos. Ausstellungskatalog, hrsg. v. Mario Kramp. Mainz 2000. Bd. 1, S. 59 – 68.

MOLITOR, HANSGEORG: Reformation und Gegenreformation in der Reichsstadt Aachen. In: ZAGV 98/99 (1993). S. 185 – 203.

MÜLLER, HANS (HRSG.): Katholische Kirche und Nationalsozialismus. Dokumente 1930 – 1935. München 1963.

MÜLLER, HARALD: Karolingisches Aachen. In: Krönungen. Könige in Aachen – Geschichte und Mythos. Ausstellungskatalog, hrsg. v. Mario Kramp. Mainz 2000. Bd. 1, S. 223 – 232.

MÜLLER, JOHANNES: Der Konflikt Kaiser Rudolfs II. mit den deutschen Reichsstädten. In: Westdeutsche Zeitschrift für Geschichte und Kunst 14 (1895). S. 257 – 293.

MÜLLER, KLAUS: Studien zum Übergang vom Ancien Régime zur Revolution im Rheinland. Bürgerkämpfe und Patriotenbewegung in Aachen und Köln. In: Rheinische Vierteljahrsblätter 46 (1982). S. 102 – 160.

MÜLLER, KLAUS: Aachen im Zeitalter der Französischen Revolution und Napoleons. Umbruch und Kontinuität. In: ZAGV 97 (1991). S. 293 – 333.

MÜLLER, KLAUS: Die Reichsstadt Aachen im 18. Jahrhundert. In: ZAGV 98/99 (1993). S. 205 – 230.

MÜLLER, KONRAD (BEARB.): Die Goldene Bulle Kaiser Karls IV. 1356. Quellen zur neueren Geschichte 25. Bern 1970.

MÜLLER, MICHAEL: Die preußische Rheinprovinz unter dem Einfluß von Julirevolution und Hambacher Fest 1830 – 1834. In: Jahrbuch für westdeutsche Landesgeschichte 6 (1980). S. 270 – 290.

MÜLLER, SILVINUS: Die Königskrönungen in Aachen (936 – 1531). Ein Überblick. In: Krönungen. Könige in Aachen – Geschichte und Mythos. Ausstellungskatalog, hrsg. v. Mario Kramp. Mainz 2000. Bd. 1, S. 49 – 58.

MUMMENHOFF, WILHELM: Eine Baurechnung des Aachener Münsters aus der Zeit der Errichtung des gotischen Chores (1400/01). In: ZAGV 44 (1922). S. 85 – 97.

MUMMENHOFF, WILHELM: Aachener Testamente in ihrer kultur- und familiengeschichtlichen Bedeutung. In: Mitteilungen der Westdeutschen Gesellschaft für Familienkunde 6 (1930). S. 409 – 420.

MUMMENHOFF, WILHELM: Verschollene Aachener Zeitungen des 17. Jahrhunderts und ihre Drucker. In: ZAGV 62 (1949). S. 83 – 96.

MUMMENHOFF, WILHELM: Die Aachener Leproserie Melaten. In: ZAGV 66/67 (1955). S. 12 – 34.

MUMMENHOFF, WILHELM (BEARB.): Regesten der Reichsstadt Aachen (einschließlich des Aachener Reiches und der Reichsabtei Burtscheid). Hrsg. v. d. Gesellschaft für rheinische Geschichtskunde und der Stadt Aachen. Publikationen der Gesellschaft für rheinische Geschichtskunde XLVII. Bd. 1, 1251 – 1300. Bonn 1961. Bd. 2, 1301 – 1350. Köln 1937.

MURKEN, AXEL HINRICH: Zur Heilung und zum Vergnügen. Grundzüge der historischen Entwicklung Aachens als Heilbad von der Römerzeit bis zum Ersten Weltkrieg. In: ZAGV 98/99 (1993). S. 351 – 378.

NEUSS, WILLY: Die Steuerverwaltung der Reichsstadt Aachen. Köln 1928.

NIESSNER, ALOIS: Aachen während der Sturmjahre 1848/49. Stimmungsbilder aus der deutschen Revolution. Aachen 1906.

NIESSNER, ALOIS: Zwanzig Jahre Franzosenherrschaft am Niederrhein 1794 – 1814. Aachen 1907.

NOLDEN, REINER: Besitzungen und Einkünfte des Aachener Marienstifts von seinen Anfängen bis zum Ende des Ancien Régime. Aachen 1977.

NOPPIUS, JOHANNES: Aacher Chronick. Das ist eine kurze historische Beschreibung aller gedenckwürdigen Antiquitäten und Geschichten, sampt zugefügten Privilegien und Statuten deß Königlichen Stuhls und H. Römischen Reichs Stadt Aach. Neudruck 1774.

OELLERS, HEINRICH: Das Jülicher Herrscherhaus und die Reichsstadt Aachen im 13. und 14. Jahrhundert. Aachen 1912.

OPPENHOFF, THEODOR: Die Aachener Sternzunft. In: ZAGV 15 (1893). S. 236 – 326.

OPPENHOFF, JOSEPH: Kaiserkrönung 1871? In: ZAGV 58 (1937). S. 167 – 174.

OVERBECK, HERMANN: Das Werden der Aachener Kulturlandschaft. Beiträge zu einer kulturmorphogenetischen Betrachtung der Landschaft um Aachen. Aachener Beiträge zur Heimatkunde 4. Aachen 1928.

PABST, KLAUS: Die Aachener Oberbürgermeisterwahl von 1916. In: ZAGV 84/85 (1978). S. 745 – 781.

PABST, KLAUS: Aachen im Frühjahr 1945. Aufzeichnungen des Bürgermeisters Dr. Helmut Pontesegger. In: ZAGV 96 (1989). S. 373 – 408.

PABST, KLAUS: Probleme einer Geschichte der Stadt Aachen während der Weimarer Republik. In: ZAGV 98/99 (1993). S. 595 – 607.

PADOVER, SAUL KUSSIEL: Lügendetektor. Vernehmungen im besiegten Deutschland 1944/45. München 2001.

PAULS, AUGUST: Friedrich der Große und die Aachener Mäkelei. In: ZAGV 48/49 (1928). S. 1 – 23.

PAULS, AUGUST: Ein Geheimbericht über Zustände und Beamte im Roerdepartement aus dem Ende der Konsularzeit. In: ZAGV 57 (1936). S. 70 – 79.

PAULS, AUGUST: Beiträge zur Haltung der Aachener Bevölkerung während der Fremdherrschaft 1792 – 1814. In: ZAGV 63 (1950). S. 41 – 102.

PAULS, EMIL: Aus der Zeit der Fremdherrschaft. In: ZAGV 6 (1884). S. 227 – 238.

PAULS, EMIL: Aus dem Tagebuch des Aachener Stadtsyndikus Dr. Peter Fell. In: Aus Aachens Vorzeit 1 (1888). S. 153 – 162.

PAULS, EMIL: Aus der Zeit der Fremdherrschaft. III. Der 2. März 1793 und seine Folgen für Aachen. In: ZAGV 10 (1888). S. 198 – 219.

PAULS, EMIL: Eine verschollene Schrift über Aachen aus dem Jahre 1701. In: Aus Aachens Vorzeit 1 (1888). S. 58 – 63.

PAULS, EMIL: Beiträge zur Geschichte der Buchdruckereien, des Buchhandels, der Censur und der Zeitungspresse in Aachen bis zum Jahre 1816. In: ZAGV 15 (1893). S. 97 – 235.

PAULS, EMIL: Auszüge aus der Chronik des Aachener Notars Johann Adam Weinandts. In: ZAGV 16 (1894). S. 163 – 171.

PAULS, EMIL: Beiträge zur neuern Geschichte Aachens. In: ZAGV 21 (1899). S. 216 – 253.

PAULS, EMIL: Die Heiligsprechung Karls des Großen und seine kirchliche Verehrung in Aachen bis zum Schluss des 13. Jahrhunderts. In: ZAGV 25 (1903). S. 335 – 354.

PAULS, EMIL: Verurteilung eines Wiedertäufers durch das Schöffengericht in Aachen zu der Strafe, mit einem leinenen Kleide bekleidet, barfuss in einer Prozession brennende Kerzen zu tragen. 1537, September 5. In: ZAGV 26 (1904). S. 384 – 386.

PAULS, EMIL: Zur Geschichte der Juden in der Aachener Gegend. In: ZAGV 40 (1918). S. 287 – 293.

PEHLE, WALTER: Die nationalsozialistische Machtergreifung im Regierungsbezirk Aachen unter besonderer Berücksichtigung der staatlichen und kommunalen Verwaltung 1922 – 1933. Düsseldorf 1976.

PELTZER, RUDOLF ARTHUR: Geschichte der Messingindustrie und der künstlerischen Arbeiten in Messing (Dinanderies) in Aachen und den Ländern zwischen Maas und Rhein von der Römerzeit bis zur Gegenwart. In: ZAGV 30 (1908). S. 235 – 463.

PETRIKOVITS, HARALD VON: Reichs-, Macht- und Volkstumsgrenze am linken Niederrhein im 3. und 4. Jahrhundert n. Chr. In: Festschrift für August Oxé. Hrsg. v. Harald von Petrikovits und Albert Steeger. Darmstadt 1938. S. 220 – 240.

PETRIKOVITS, HARALD VON: Die Wohnsitze von Germanen am linken Mittel- und Niederrhein nach antiken Quellen. In: Rheinische Vorzeit in Wort und Bild 1 (1938). S. 83 – 90.

PICK, RICHARD: Die Gebühren des Aachener Scharfrichters um 1700. In: ZAGV 8 (1886). S. 286.

PICK, RICHARD: Aus dem Aachener Stadtarchiv. II. Fehdebriefe. In: ZAGV 9 (1887). S. 42 – 143 und S. 224 – 255.

PICK, RICHARD: Aus den untergegangenen Ratsprotokollen der Reichsstadt Aachen. In: ZAGV 35 (1913). S. 345 – 347.

PLUM, GÜNTER: Gesellschaftsstruktur und politisches Bewusstsein in einer katholischen Region 1928 – 1933. Untersuchung am Beispiel des Regierungsbezirks Aachen. Stuttgart 1972.

PLUM, RUTH MARIA: Die merowingerzeitliche Besiedlung in Stadt und Kreis Aachen und im Kreis Düren. Rheinische Ausgrabungen 49. Mainz 2003.

POLIZEIPRÄSIDIUM AACHEN (HRSG.): 150 Jahre staatliche Polizei in Aachen. Koblenz 1968.

POLL, BERNHARD: Der dritte Richelieu und die Rehabilitierung Frankreichs auf dem Kongreß in Aachen 1818. In: ZAGV 63 (1950). S. 124 – 128.

POLL, BERNHARD: Mozart in Aachen. In: ZAGV 68 (1956). S. 360 – 370.

POLL, BERNHARD (HRSG.): Geschichte Aachens in Daten. Aachen 2003.

POLL, BERNHARD: Das Schicksal Aachens im Herbst 1944. Authentische Berichte. In: ZAGV 66/67 (1955) und 73 (1961). S. 193 – 268 und S. 33 – 254.

POLL, BERNHARD: Preußen und die Rheinlande. In: ZAGV 76 (1964). S. 5 – 44.

POLL, BERNHARD: Zur Geschichte des Aachener Friedens von 1748. In: ZAGV 81 (1971). S. 5 – 142.

PUSCHMANN, BERNHARD: Der Aachener Eisenbahntelegraf. In: ZAGV 77 (1966). S. 162 – 182.

QUADFLIEG, EBERHARD: Über das Verfahren der Landfriedensbünde zwischen Maas und Rhein im 14. Jahrhundert. In: ZAGV 77 (1965). S. 30 – 50.

RAMACKERS, JOHANNES: Zur ersten deutschen Königskrönung in Aachen (936). In: ZAGV 62 (1949). S. 45 – 56.

RASS, CHRISTOPH; ROHRKAMP, RENÉ; QUADFLIEG, PETER M.: Gerhard Graf von Schwerin und das Kriegsende in Aachen – Ereignis, Mythos, Analyse. Aachen 2007.

RAU, REINHOLD (BEARB.): Quellen zur karolingischen Reichsgeschichte. Freiherr-vom-Stein-Gedächtnisausgabe, Bd. V, 1. Teil. Darmstadt 1980.

REDLICH, OTTO REINHARD: Herzog Johann von Jülich und die Aachener Revolution des Jahres 1513. In: ZAGV 23 (1901). S. 338 – 365.

REPGEN, KONRAD: Märzbewegung und Maiwahlen des Revolutionsjahres 1848 im Rheinland. Bonner Historische Forschungen 4. Bonn 1955.

Reumont, Alfred von: König Gustav III. von Schweden in Aachen in den Jahren 1780 und 1791. In: ZAGV 2 (1880). S. 1–74.

Reumont, Alfred von: Monsignor Agostino Franciotti und der Aachener Friede von 1668. In: ZAGV 5 (1883). S. 53–74.

Reumont, Alfred von: Jugenderinnerungen. In: Annalen des historischen Vereins für den Niederrhein 77 (1904). S. 17–123.

Reumont, Gérard: Aachen und seine Heilquellen. Ein Taschenbuch für Badegäste. Aachen 1828.

Rey, Joseph Gerhard: Aufdeckung einer ausgedehnten römischen Begräbnisstätte im Weichbilde der Altstadt Aachen im Jahre 1906. In: Aus Aachens Vorzeit 20 (1907). S. 100–117.

Rey, Joseph Gerhard: Ein Stück Aachener Chronik aus dem Ende des 18. und Anfang des 19. Jahrhunderts. In: Aus Aachens Vorzeit 20 (1907). S. 207–232.

Rhoen, Carl: Die Befestigungswerke der freien Reichsstadt Aachen. Aachen 1894.

Rober, Wilhelm: Die Beziehungen zwischen der Stadt Aachen und dem Marienstift bis zur französischen Zeit (1798). In: ZAGV 47 (1925). S. 1–81.

Rosing, Klaus (Hrsg.): Aachen in alten und neuen Reisebeschreibungen. Düsseldorf 1990.

Rotthoff-Kraus, Claudia: Krönungsfestmähler der römisch-deutschen Könige. In: Krönungen. Könige in Aachen – Geschichte und Mythos. Ausstellungskatalog, hrsg. v. Mario Kramp. Mainz 2000. Bd. 2, S. 573–583.

Rotthoff-Kraus, Claudia: Das Aachener Hospital am Radermarkt von seiner Gründung im Jahre 1336 bis zu seiner Übergabe an die Elisabethinnen im Jahre 1622. In: ZAGV 107/108 (2006). S. 123–147.

Rouette, Hans-Karl: Der historische Umbruch der Aachener Tuchherstellung vom Handwerk zur Industrie. In: Mit Wasser und Dampf ... ins Industriezeitalter. Zeitzeugen der frühen Industrialisierung im belgisch-deutschen Grenzraum. Hrsg. v. Gerhard Fehl u. a. Aachen 1991. S. 172–173.

Rouette, Hans-Karl: Aachener Textil-Geschichte(n) im 19. und 20. Jahrhundert. Entwicklungen in Tuchindustrie und Textilmaschinenbau der Aachener Region. Aachen 1992.

Rübmann, Alfred: Aachen ein Jahrhundert preußische Garnison. Aachen 1937.

Rüger, Christoph B.: Germania inferior. Untersuchungen zur Territorial- und Verwaltungsgeschichte Niedergermaniens in der Prinzipatszeit. Beihefte der Bonner Jahrbücher, Bd. 30. Köln 1968.

Sage, Walter: Die Ausgrabungen am ‚Hof' 1965. In: Aquae Granni. Beiträge zur Archäologie von Aachen. Hrsg. v. Heinz Cüppers u. a. Rheinische Ausgrabungen 22. Köln 1982. S. 91–100.

Savelsberg, Heinrich: Aachener Tagelöhne am Anfange des 17. Jahrhunderts. In: Aus Aachens Vorzeit 17 (1904). S. 144–145.

Schäfer, Maria: Tagebuchaufzeichnungen der Aachener Elisabethin Schwester Maria über ihre Erlebnisse im Zweiten Weltkrieg und in der ersten Nachkriegszeit. In: ZAGV 82 (1972). S. 111–156.

Schainberg, Hartmut: Traditionelles und frühindustrielles Eisengewerbe. Aachen in der 1. Hälfte des 19. Jahrhunderts. In: Protoindustrie in der Region. Europäische Gewerbelandschaften vom 16. bis zum 19. Jahrhundert. Bielefeld 1997. S. 411–441.

Schefers, Hermann: Die Hofschule Karls des Großen. Ad profectum sanctae Dei ecclesiae, et ad decorem imperialis regni. In: Ex Oriente. Isaak und der weiße Elefant. Bagdad – Jerusalem – Aachen. Eine Reise durch drei Kulturen um 800 und heute. Hrsg. v. Wolfgang Dreßen u. a. Bd. 3. Aachen 2003. S. 28–35.

Scheins, Martin (Hrsg.): Aachen vor hundert Jahren. Nach dem Berichte eines französischen Zeitgenossen. Aachen 1887.

Scherpenberg, Jens van: Beispiel Aachen? Die finanzwirtschaftlichen Notmaßnahmen der Aachener Stadtverwaltung vom Dezember 1944 und ihre Beurteilung durch die Besatzungsmächte. In: ZAGV 90/91 (1984). S. 221 – 232.

Schieffer, Rudolf: Hofkapelle und Aachener Marienstift bis in staufische Zeit. In: Rheinische Vierteljahrsblätter 51 (1987). S. 1 – 21.

Schieffer, Rudolf: Der Weg zur Kaiserkrönung 800. In: ZAGV 104/105 (2003). S. 11 – 23.

Schiffers, Heinrich: Peter Kaatzer (1808 – 1870) und das geistige Aachen seiner Zeit. Ein Beitrag zur Geschichte der Presse, des Buchhandels und des Parteiwesens. Aachen 1924.

Schiffers, Heinrich: Der Kulturkampf in Stadt und Regierungsbezirk Aachen. Aachen 1929.

Schiffers, Heinrich: Karls des Großen Reliquienschatz und die Anfänge der Aachenfahrt. Veröffentlichungen des Bischöflichen Diözesanarchivs Aachen, Bd. 10. Aachen 1951.

Schilling, Heinz: Bürgerkämpfe in Aachen zu Beginn des 17. Jahrhunderts. Konflikte im Rahmen der alteuropäischen Stadtgesellschaft oder im Umkreis der frühbürgerlichen Revolution? In: Zeitschrift für historische Forschung 1 (1974). S. 75 – 231.

Schirmeyer, Helene: Geschichte der Aachener Weinakzise. In: ZAGV 46 (1926). S. 223 – 272.

Schmitz, Walter: Verfassung und Bekenntnis. Die Aachener Wirren im Spiegel der kaiserlichen Politik (1550 – 1616). Frankfurt 1983.

Schmitz, Walter: Möglichkeiten und Grenzen der Toleranz im späten 16. Jahrhundert. Bonifacius Colin als katholischer Bürgermeister im protestantischen Rat der Reichsstadt Aachen (1582 – 1598). In: ZAGV 90/91 (1984). S. 149 – 164.

Schmitz-Cliever, Egon: Pest und pestilenzialische Krankheiten in der Geschichte der Reichsstadt Aachen. In: ZAGV 66/67 (1955). S. 107 – 168.

Schmitz-Cliever, Egon: Die Militärspitäler Aachens und Jülichs in Französischer Zeit (1792 – 1815). In: ZAGV 70 (1958). S. 135 – 165.

Schmitz-Cliever, Egon: Die Heilkunde in Aachen von römischer Zeit bis zum Anfang des 19. Jahrhunderts. In: ZAGV 74/75 (1963). S. 5 – 162.

Schmitt, Michael: Die städtebauliche Entwicklung Aachens im Mittelalter unter Berücksichtigung der gestaltbildenden Faktoren. Aachen 1972.

Schneider, Eugen: Johann Reuchlins Berichte über die Krönung Maximilians I. im Jahre 1486. In: Zeitschrift für die Geschichte des Oberrheins NF 13 (1898). S. 547 – 559.

Schneider, Reinhard: Die Erben Karls des Großen im 9. Jahrhundert. In: ZAGV 104/105 (2003). S. 51 – 67.

Schnock, Heinrich: Die Rückerstattung der zur Zeit der Fremdherrschaft nach Paris verschleppten Aachener Kunstgegenstände und Archivalien. In: Aus Aachens Vorzeit 12 (1899). S. 93 – 104.

Schnock, Heinrich: Über gewerbliche Verhältnisse in der ehemaligen „Herrlichkeit Burtscheid“. In: Aus Aachens Vorzeit 18 (1905). S. 34 – 60.

Schrörs, Heinrich: Die Geheimpolizei am Rhein zur Zeit der Kölner Wirren mit besonderer Rücksicht auf Aachen. In: ZAGV 48/49 (1928). S. 24 – 60.

Schütte, Sven: Überlegungen zu den architektonischen Vorbildern der Pfalzen Ingelheim und Aachen. In: Krönungen. Könige in Aachen – Geschichte und Mythos. Ausstellungskatalog, hrsg. v. Mario Kramp. Mainz 2000. Bd. 1, S. 203 – 211.

Schütte, Sven: Der Aachener Thron. In: Krönungen. Könige in Aachen – Geschichte und Mythos. Ausstellungskatalog, hrsg. v. Mario Kramp. Mainz 2000. Bd. 1, S. 213 – 222.

SCHÜTZ, RÜDIGER: Die Aachener Oberbürgermeister der Bismarckära im Spannungsfeld von kommunaler Selbstverwaltung und staatlicher Exekutive. In: ZAGV 98/99 (1993). S. 447 – 506.

SCHÜTZ, RÜDIGER: „Einheit, Freiheit und Wohlstand des deutschen Volkes und Vaterlandes". Dimensionen der Revolution von 1848/49. In: Aachen, die westlichen Rheinlande und die Revolution 1848/49. Hrsg. v. Guido Müller und Jürgen Herres. Aachen 2000. S. 17 – 53.

SCHULTE, ALOYS: Die Kaiser- und Königskrönungen zu Aachen 813 – 1531. Darmstadt 1965.

SCHWABE, KLAUS: Die Ruhrkrise und das Rheinland. In: ZAGV 93 (1986). S. 127 – 142.

SCHWABE, KLAUS: Aachen am Ende des Zweiten Weltkrieges: Von der NS-Herrschaft zu den Anfängen der alliierten Besatzung. In: ZAGV 101 (1998). S. 321 – 392.

SCHWABE, KLAUS: Vorspiel zur Nachkriegszeit. Ein amerikanischer Nachrichtenoffizier berichtet über seine erste Begegnung mit Aachenern im November 1944. In: ZAGV 102 (2000). S. 491 – 518.

SEEGER, ULRIKE: Aachen im 19. Jahrhundert. Die Zeit der Frühindustrialisierung. Aachen 1991.

SIEMONS, HANS: Blues, Luckys und Kartoffelschnaps. Was die Aachener in den Trümmerjahren nach dem letzten Krieg mit ihrer Freizeit anfingen. Aachen 1988.

SIEMONS, HANS: Aachens junge Wilde aus dem Hörsaal. Die 68er Studenten-Revolution an der Rheinisch-Westfälischen Technischen Hochschule. Aachen 1997.

SIEMONS, HANS: Kriegsalltag in Aachen. Not, Tod und Überleben in der alten Kaiserstadt zwischen 1939 und 1944. Aachen 1998.

SIEMONS, HANS: Casanova in Aachen. Im Weltbad der heißen Quellen machte der venezianische Abenteurer sein Meisterstück. Aachen 2000.

SOBANIA, MICHAEL: Stadtbürgertum und Stadtrat in Aachen 1800 – 1870. In: Aachen, die westlichen Rheinlande und die Revolution 1848/49. Hrsg. v. Guido Müller und Jürgen Herres. Aachen 2000. S. 71 – 103.

SPOELGEN, J.: Stimmung der Aachener Bürgerschaft zur Zeit der Fremdherrschaft. In: Aus Aachens Vorzeit 5 (1892). S. 26 – 32.

STEIN, ROBERT: Georg Friedrich Händel in Aachen. Eine 200-Jahr-Erinnerung. In: ZAGV 58 (1937). S. 163 – 167.

STIEGEMANN, CHRISTOPH; WEMHOFF, MATTHIAS (HRSGG.): 799 – Kunst und Kultur der Karolingerzeit. Karl der Große und Papst Leo III. in Paderborn. Mainz 1999.

STIEVE, TILMAN: Die „Rheinische Bewegung" in Aachen bis zur Ruhrkrise. In: ZAGV 100 (1996). S. 521 – 573.

STIFTUNG INTERNATIONALER KARLSPREIS ZU AACHEN (HRSG.): 50 Jahre Internationaler Karlspreis zu Aachen 1950 – 2000. Aachen 2000.

STÖLTER, WALTER: Römische Fundstellen in Aachen-Burtscheid (mit Beiträgen von Dorothea Haupt). In: Aquae Granni. Beiträge zur Archäologie von Aachen. Hrsg. v. Heinz Cüppers u. a. Rheinische Ausgrabungen 22. Köln 1982. S. 205 – 213.

STRAUCH, DOROTHEE: Römische Fundstellen in Aachen. In: ZAGV 100 (1996). S. 7 – 128.

TEPPE, KARL: Zur Charakterisierung der lokalen Unruhen in Aachen 1786 bis 1792. In: ZAGV 82 (1972). S. 35 – 68.

THUN, ALPHONS: Die Industrie am Niederrhein und ihre Arbeiter. 1. Teil: Die linksrheinische Textilindustrie. Staats- und socialwissenschaftliche Forschungen 2, Heft 2. Leipzig 1879.

TREES, WOLFGANG; WHITING, CHARLES: Die Amis sind da! Wie Aachen 1944 erobert wurde. Aachen 1984.

TREES, WOLFGANG: Schmuggler, Zöllner und die Kaffeepanzer. Die wilden Nachkriegsjahre an der deutschen Westgrenze. Aachen 2002.

TRILLMICH, WERNER (BEARB.): Thietmar von Merseburg – Chronik. Freiherr-vom-Stein-Gedächtnisausgabe, Bd. IX. Darmstadt 1957.

UNTERMANN, MATTHIAS: *„opere mirabili constructa"*. Die Aachener ‚Residenz' Karls des Großen. In: 799 – Kunst und Kultur der Karolingerzeit. Hrsg. v. Christoph Stiegemann und Matthias Wemhoff. Mainz 1999. Bd. 3. S. 152 – 164.

VIGENER, MANFRED: Was war los in Aachen 1950 – 2000. Erfurt 2001.

VIGENER, MANFRED: Kleine Geschichte Aachens und seiner Bäder. Aachen 2002.

VOLK, LUDWIG: Ausblick auf Trümmern. US-Protokoll über eine Befragung des Bischofs Johannes Joseph van der Velden nach der Einnahme Aachens im Oktober 1944. In: ZAGV 88/89 (1982). S. 205 – 214.

VOLKMANN, HEINRICH: Wirtschaftlicher Strukturwandel und sozialer Konflikt in der Frühindustrialisierung. Eine Fallstudie zum Aachener Aufruhr von 1830. In: Kölner Zeitschrift für Soziologie und Sozialpsychologie, Sonderheft 16 (1973). S. 550 – 565.

VOLLMER, BERNHARD (HRSG.): Volksopposition im Polizeistaat. Gestapo- und Regierungsberichte 1934 – 1936. Quellen und Darstellungen zur Zeitgeschichte 2. Stuttgart 1957.

WACKER, C.: Ein republikanisches Siegesfest in Aachen. In: Aus Aachens Vorzeit 2 (1889). S. 61 – 63.

WANDERSLEB, HERMANN: Bismarck als Regierungsreferendar in Aachen 1836/1837. In: ZAGV 56 (1935). S. 159 – 189.

WEINER, JÜRGEN: Der Lousberg. Feuersteinbergbau in der Jungsteinzeit. Ein Führer zur prähistorischen Abteilung des stadtgeschichtlichen Museums Burg Frankenberg Aachen. Aachen 1984.

WEINER, JÜRGEN; WEISGERBER, GERD: Die Ausgrabungen des jungsteinzeitlichen Feuersteinbergwerks „Lousberg" in Aachen 1978 – 1980. Ein Vorbericht. In: 5000 Jahre Feuersteinbergbau. Die Suche nach dem Stahl der Steinzeit. Ausstellungskatalog. Hrsg. v. Deutschen Bergbau-Museum Bochum. Bochum 1990. S. 92 – 119.

WEISGERBER, LEO: Erläuterungen zur Karte der römerzeitlich bezeugten rheinischen Namen. In: Rheinische Vierteljahrsblätter 23 (1958). S. 1 – 49.

WERHAHN, HEINZ MARTIN: Friedrich von der Trenck und die Aachener Publizistik in den Jahren 1773 bis 1775. In: ZAGV 84/85 (1978). S. 853 – 873.

WIECZOREK, ALFRED: Die Ausbreitung der fränkischen Herrschaft in den Rheinlanden vor und seit Chlodwig I. In: Die Franken. Wegbereiter Europas. Hrsg. v. Reiss-Museum Mannheim. Mainz 1996. S. 241 – 260.

WIETH, K.: Das Tagebuch des Aachener Stadtsyndikus Melchior Klocker von 1602 – 1608. In: Aus Aachens Vorzeit 3 (1890), S. 17 – 24 und 7 (1894), S. 81 – 93.

WIRTZ, HERMANN: Die städtische Gerichtsbarkeit in der Reichsstadt Aachen. In: ZAGV 43 (1922). S. 47 – 158.

WINANDS, KLAUS: Das Aachener Münster. Geschichte und Architektur des Chores und der Kapellenbauten. Recklinghausen 1989.

WISPLINGHOFF, ERICH (HRSG.): Rheinisches Urkundenbuch. Ältere Urkunden bis 1100. Bd. 1: Aachen – Deutz. Publikationen der Gesellschaft für Rheinische Geschichtskunde LVII. Bonn 1972.

WOHLHAGE, MAX: Aachen im Dreißigjährigen Kriege. In: ZAGV 36 (1911). S. 1 – 64.

WOLFF, WALTHER: Beiträge zu einer Reformationsgeschichte der Stadt Aachen. Sonderdruck aus: Theologische Arbeiten aus dem Rheinischen wissenschaftlichen Prediger-Verein (1903 – 1904).

WOOD, IAN: Die Franken und ihr Erbe – „Translatio Imperii". In: Die Franken. Wegbereiter Europas. Hrsg. v. Reiss-Museum Mannheim. Mainz 1996. S. 358 – 364.

WURZEL, THOMAS: Die Reichsabtei Burtscheid von der Gründung bis zur frühen Neuzeit. Veröffentlichungen des Stadtarchivs Aachen, Bd. 4. Aachen 1984.
WYNANDS, DIETER: Geschichte der Wallfahrten im Bistum Aachen. Veröffentlichungen des Diözesanarchivs Aachen 41. Aachen 1986.
WYNANDS, DIETER: Die Aachenfahrt während der französischen Herrschaft im Rheinland (1792/94 – 1814). Ein Beitrag zur Auslagerung des Aachener Münsterschatzes nach Paderborn. In: Annalen des historischen Vereins für den Niederrhein 197 (1995). S. 127 – 145.
ZIMMERMANN, CARL: Aachen im 18. Jahrhundert. In: Aus Aachens Vorzeit 14 (1901). S. 67 – 100.

Abbildungsnachweis

Umschlag: Diözesanarchiv Aachen

Diözesanarchiv Aachen: 158, 187, 209, 221, 237, 279, 301

Domschatzkammer Aachen: 53, 61, 72, 110

Mit freundlicher Genehmigung der Domverwaltung Aachen (Fotos Michael Römling): 10, 27, 75, 77, 80, 81, 141

Mit freundlicher Genehmigung des Museums Burg Frankenberg (Fotos Michael Römling): 13, 17, 22, 23, 26, 33, 37, 50, 71, 73 (oben), 73 (unten), 87, 91, 101, 113, 130, 159, 161, 163, 166, 183, 198, 201, 206, 207, 225, 235, 241 (unten), 245, 262

Mit freundlicher Genehmigung der Städtischen Museen Aachen (Foto Michael Römling): 184, 238

Öffentliche Bibliothek der Stadt Aachen: 171 (oben), 171 (unten)

Sammlung Crous: 107, 129, 132, 139, 142, 144, 149, 153, 154 (unten), 169, 173, 195, 226, 228

Sammlung Gerhard Bücken (Fotos Michael Römling): 40, 126, 128, 200, 217

Mit freundlicher Genehmigung der Stadt Aachen (Fotos Michael Römling): 63, 135, 178, 180, 181, 190, 231

Stadtarchiv Aachen: 93, 94, 118, 124, 136, 154 (oben), 197 (mit freundlicher Genehmigung von Herrn Stephan Beissel, Aachen), 212, 218, 223, 230, 242, 250, 251, 252, 257, 258, 264, 266, 269, 270, 277 (oben), 277 (unten), 278, 288, 289, 293 (oben), 293 (unten), 294, 296, 297

Public Domain: 18 (oben), 29, 272

© Linda Antochewicz: Portrait Michael Römling

© Andreas Herrmann: 204

© Michael Römling: 14, 18 (unten), 21, 24, 43, 46, 47, 52, 55, 56, 57, 84, 96, 97, 98, 106, 131, 157, 164, 168, 215, 219, 224, 241 (oben), 263, 285, 287, 291, 295, 299, 305

Weitere Stadtgeschichten im Tertulla-Verlag

Andreas Herrmann

Aachen

Bilder einer Stadt

Dass tief im Westen weder die Sonne, noch sonst irgendetwas verstaubt, zeigt dieser Bildband auf mitreißende Weise. Der bekannte Fotograf und Wahl-Öcher Andreas Herrmann brennt hier Seite für Seite ein Feuerwerk seines Schaffens in Aachen ab.

Dieses Buch ist die Liebeserklärung eines Künstlers an Karl den Großen und das Printenmädchen, an die unerschütterlichen Blausteinquader des Doms und die schräge und sprunghafte Geometrie moderner Architektur, an Aachen bei Tag und Aachen bei Nacht, an eine Stadt und ihre Bewohner, denen Herrmann mit der Kamera beim Arbeiten und Feiern und ab und zu auch beim Nichtstun über die Schulter und ins Gesicht geschaut hat. Das Ergebnis ist ein facettenreiches Portrait Aachens – einer von Deutschlands ältesten, westlichsten, europäischsten, vielseitigsten und unverwechselbarsten Städten.